CREATING PUBLIC VALUE
Strategic Management in Government

パブリックマネジメント

不確実な時代の公共戦略　Mark H. Moore　松野憲治 訳

晃 洋 書 房

CREATING PUBLIC VALUE:

Strategic Management in Government

By

Mark H. Moore

Copyright © 1995 by the President and Fellows of Harvard College
Published by arrangement with Harvard University Press
through The English Agency (Japan) Ltd.

日本語版への序文

　あらゆる政治主体，あらゆる国家は，それぞれの独自のアイデンティティや価値の表現として，また，それぞれの国に存在する経済的，社会的，そして政治的条件を改善するための道具として，政府を設立する．これらの目標を達成するために必要なマネジメント上の業務の多くは，政府の中で執行権限を与えられた地位を占める個人に委ねられている．これらの地位に与えられた職務上の権限は，その地位にある者が達成することを期待される目的を定義する規則と，彼らが導く機関について定められた目標を達成するために用いることができる財政資源と国の権力によって制限されている．これらの規則は，ある特定の機関の活動や成果についての比較的詳細かつ全般的な報告の上によって立つ，監督プロセスによって執行される．政府の幹部は，より高い地位にある選挙で選ばれた政治家の行政官や，メディアや，政府機関の活動によってその価値が影響を受ける個人とその集団から，説明を求められる．

　これらの政府の官僚機構ができることはせいぜい，政治的に決定された目標を効率的，効果的かつ公平に達成することでしかない．しかし，それを実現するためには，政府の業務に反映され推進されるべき価値を明確かつ測定可能な形で示すような，一貫性のあるマンデートが政治システムから提供されなければならず，また，マネージャーたちはこれらの目標を達成するためには何が実務上求められるのかを知っている必要がある．このことはまた，政府の業務の価値や目標を定義する政治環境，政府が少なくとも現状維持し，できれば改善することを望むような外部の経済的，社会的，政治的条件，そして，望ましい結果を生むために用いられる業務方法が，高い程度で安定していることを必要とする．

　残念なことに，今日政府が業務を行う世界は極めて不安定なものである．政府の業務の目標や目的を定義する「政治環境」は複雑かつダイナミックなものである．それは，様々な政治主体が，政府の行動を通じて追求する様々な目的が存在し，そしてそれぞれが対立を生む可能性があるという意味において複雑であり，そして，一定の価値の集合が持つ，他の価値の集合に対する相対的な重要性が，しばしば，しかも，選挙期間以外の時にも変わりうるという点でダイナミックなのである．

　「課題環境」——個々人が生活する既存の環境，そして，政府の行動の対象となる，個々人が直面するリスク——もまた，複雑かつダイナミックなものである．それは

多くの異なる政府が管理しなければならない特定の状況やリスクが存在し，それぞれについて固有の技術的・運用面での課題が存在するという意味で複雑であり，それぞれの課題の相対的重要性と緊急性はしばしば変化し，そして，それまで直面したことのなかった新しい条件やリスクが生じるという意味で，ダイナミックなものである．

「業務環境」——政府が有する既存の組織の能力，そして，新たな政治的要求や社会的条件にどうやって最適に対応できるかについての知識もまた，複雑かつ流動的である．経験は何がうまくいかなかったかについての痛みを伴う教訓を与えてくれ，研究や実験はより良い解決策を見つけようとしてくれる．しかし，そのペースや，効果的な道筋，またはイノベーションを見つけることは困難である——とりわけ，イノベーションの失敗を極めて厳しく罰する政治的環境においては．

パブリックマネージャーが業務を行う世界は多様かつ不安定であるから，彼らは，民間セクターのマネージャーと同様，自分の責任に照らしてその環境を照査及び評価し，そして，彼らの義務感に加えて想像力を働かせて，変化する環境に政府が効果的に対応することを助けなければならないのである．このことは，変化し続ける環境に対応するため，彼らに法律上一定の裁量が与えられ，そして，新しい目的や手法を推薦する一定の役割が与えられなければならないことを意味する．つまり，彼らは単に官僚制の一部であるだけでなく，戦略的なリーダーであり，マネージャーとなることを学ばなければならないのである．

本書において私は，米国における，戦略的マネージャーとして考え，振舞うことを学ぶ行政官の実際の事例を提示している．私はこれらの事例を，行政官が官僚的のみならず，戦略的に考え行動する必要性を描写し，彼らの思考と行動を分析し，そして，これらの少数のサンプルによって政府における戦略的マネジメントの実務についての理論を開発しはじめるために用いている．

正直に言って，日本の政府の幹部の地位にある政治家やキャリア官僚にとってこの考え方がどれだけ実用的かはわからない．日本においてこの考え方を実行するには単に言葉を翻訳することと比べてはるかに大きな労力を必要とすることは間違いないだろう．しかし私は，本書によって，誠実なマネージャーたちがその中核的なミッション，すなわち，多くのリスクと，多くのチャンスがあるこの世界において，日本の全市民一人一人にとっての公的価値を作り上げることを，より上手く実施できるようにするプロセスが始動されることを期待している．

2022年 8 月22日

マーク H. ムーア

私の師；
パブリックマネジメント研究の同僚と，
ケネディスクール・エグゼクティブプログラムの参加者
に捧げる

v

目　　次

日本語版への序文
凡　例
謝　辞

序　章 ——————————————————————————— 1
目　　的　1
情報源と方法論　5
検　　証　9

第1章　マネジメントにおける想像力 ————————————— 13
町の図書館の司書と鍵っ子たち　13
パブリックマネージャーとパブリックマネジメント　16
行政管理に対する代替的アプローチ　21

第Ⅰ部　公的価値を思い描く

第2章　公的価値の定義 ————————————————— 25
マネージャーの業務の目的　25
公的価値を測るための別の基準　29
事例——市町村における衛生業務　36
マネジメントの視点から見た公的価値　49

第3章　公的セクターにおける組織戦略 ——————————— 54
ウィリアム・ラッケルスハウスと環境保護庁　54
ジェローム・ミラーと青少年サービス局　56
公的セクターにおけるマネジメントの裁量とリーダーシップ　59
民間セクターにおけるミッションと目標の定義　60
公的セクターにおけるミッションと目標の定義　67

環境保護庁のミッション──汚染対策　73

DYS のミッション──人道的な児童の処遇　80

組織のミッションを宣言することのマネジメント上の効用　85

組織戦略の評価基準　90

第Ⅱ部　支持と正統性の構築

第4章　政治マネジメントの機能 ───────────── 101
──支持，正統性と共同作業の創出──

マイルス・マホーニーとパークプラザ再開発計画　101

デビッド・センサーと豚インフルエンザの脅威　106

政治マネジメント──主要なマネジメント上の機能　108

誰が政治マネジメントにおいて重要か　115

多様な利益と価値の組み合わせ　123

授権環境のダイナミズム　127

政治マネジメントという課題　129

第5章　政治マネジメントの技術 ───────────── 132
──アドボカシー，交渉，リーダーシップ──

マホーニーのイニシアチブ　132

センサーのイニシアチブ　137

評　　価　143

政治マネジメントの技法と倫理　146

起業的アドボカシー（Entrepreneurial Advocacy）　149

政策立案マネジメント　161

交　　渉　172

公共の討議，社会学習及びリーダーシップ　179

公的セクターにおけるマーケティングと戦略的コミュニケーション　185

公的価値の定義づけと創造を助けること　188

目　　次　vii

第Ⅲ部　公的価値の提供

第6章　公的セクターにおける生産の再構築 ———— 191
——オペレーション管理の機能——

ハリー・スペンスとボストン住宅公社　191

リー・ブラウンとヒューストン警察　198

運営マネジメントの機能　204

組織のミッションと製品の定義　210

生産プロセスの再設計　217

行政管理システムを通じた運営管理　224

革新と資本化　230

分析から介入へ　236

第7章　実施戦略 ———— 238
——運営マネジメントの技法——

スペンス——ボストン公営住宅の再建　239

ブラウン——警察業務のフロンティアの探求　255

組織の再構成——戦略的マネージャーが考え，実行すべきこと　273

流れの中で行動する　292

終　章　分断された，不確実な世界における行動 ———— 295

公的なリーダーシップに伴う倫理上の課題　295

公的リーダーシップにおける心理的課題　308

注　　　釈　313

訳者あとがき　379

索　　　引　381

凡　　例

一　本書は Creating Public Value: Strategic Management in Government 1997 の全訳である.

一　できるだけ原文に即しつつ，一般の読者に読みやすいよう，平易な言葉を用いて翻訳した．固有名詞のうち，本文中の人名については訳者の調べえた限りで，一般的な読み方を当てた．組織名や肩書は，一般的な和訳がある場合はそれを用い，ない場合は相当すると考えられる名称を当てた.

一　原文中のイタリック体はゴシック体で示した.

謝　辞

　この20年間，ハーバード・ケネディスクールの教授陣と学生は，どのようにすれ
ばパブリックマネジメントにおける卓越性を生み出せるかについて，集中的な議論
を続けてきた．現在も続くこの議論の記録者としての役割を担えたことは，私にとっ
て光栄である．本書が私の名の下に発刊されたのは，ただそれだけが理由である．
本書に記録され，整理された考えの真の著者は以下に記されている．

　私は，Richard Neustadt と Graham Allison から最も恩恵を受けている．彼らは
もう20年ほども前になるが，公的セクターにおけるマネジメントについて研究する
という課題を与えてくれた．彼らによって立たされたその旅路は，私だけでなく彼
らの予期したものよりも長いものとなったが，この課題は私が当初考えていたもの
よりもはるかに複雑で，私を夢中にさせてくれるものであった．初めは，私は卓越
したこの旅の仲間達の助言から多大な貢献を得た．それには，Joseph L. Bower,
Charles J. Christensen, Philip B. Heymann, Stephen V. Hitchner, そして，Laur-
ence E. Lynn Jr. が含まれる．私は彼らから「実行すること」と「マネジメント
すること」や，「政策」と「組織」との違いを学んだ．間も無く，彼らに加えて熟
慮に富んだ実務家たちが加わった．Manuel Carballo, Hale Champion, Gordon
Chase, Richard Darman, そして Harry Weiner である．彼らは我々の知的作業に
明確性と，関連性についての基準を定めてくれた．私はまた，ハーバード・ビジネ
ススクールの Colyer Crum と George Lodge から大きく学びを得た．彼らとは公
的セクターのマネージャー向けのエグゼクティブプログラムで教鞭をとる機会を得
ることができた．

　ケネディスクール独自のパブリックマネジメントに関する教育・研究プログラム
が（Graham Allison 学長，Hale Champion エグゼクティブディーン及び Peter Zimmerman アソ
シエイトディーンのリーダーシップとアルフレッド・P・スローン財団からの寛大な寄付のおかげ
で）軌道に乗り始め，極めて想像力豊かな学者と実務家双方の教授陣が，研究，カ
リキュラム開発，そして学位プログラムとエグゼクティブプログラム双方での学生
教育のために集まってくれた．このグループには，政治マネジメントの面では，
Nancy Altman, Richard Darman, Michael Dukakis, Ronnie Heifetz, Susan Irving,
Martin Linsky, Jonathan Moore, Gary Orren, Roger Porter, Robert Reich, James
K. Sebenius, Larry Smith, そして Greg Treverton が含まれる．運営マネジメント

の面では，Mary Jo Bane, Michael Barzelay, Walter Broadnax, Olivia Golden, Steve Kelman, Dutch Leonard, Robert Leone, Michael O'Hare, そしてSteve Rosenthal が含まれる．パブリックマネージャーを導くための分析については，H. James Brown, Tony Gomez-Ibanez, Marc Roberts, そして James Verdier が重要な役割を果たした．Michael Nacht と Peter Zimmerman は，公的セクターにおける戦略に焦点を当て続けるグループの活動を促進した．

政治マネジメントについての研究は，（スローン財団補助金の支援を受けて）我々が開催した，「政策立案過程のマネジメント」と題したセミナーによって大きく加速された．このセミナーには，Hale Champion, Richard Darman, Richard Neustadt, Roger Porter, そして Greg Treverton が参加し，Robert Zoellick がラポラトゥールを務めた．この取組は，Robert Reich と Ronnie Heifetz による，それぞれ民主的熟議とリーダーシップというコンセプトの開発，そして，我々全員を "The Power of Public Ideas" という書籍の出版に向けて進めさせた Robert Reich の決意と効率的な努力よって助けられた．James Sebenius の交渉分析の分野におけるリーダーシップは我々をさらに刺激した．政治マネジメントをテーマにした国防政策セミナーにおける Marty Linsky や Larry Smith との作業もまた極めて価値のあるものであった．

運営マネジメントについての研究は，フォード財団からの補助金によって行われた「国・地方政府におけるイノベーション」プログラムの一部としてのイノベーション研究によって大きく進展した．この事業の中で，Alan Altshuler, Michael Barzelay, Walter Broadnax, Dutch Leonard, Robert Leone, Michael O'Hare, そして Marc Zegans は特に重要な役割を果たした．少し後に，Frank Weil からの補助金が，Mark Abramson と，the Council for Excellence in Government からの貴重な助力とともに，公的セクターと民間セクターのイノベーション創出における重要な差異についての研究と会議開催を支援してくれた．

私は，ケネディスクールのケーススタディプログラムにおいてリーダーシップを発揮し，私の研究に多くの材料を与えてくれ，彼のプログラムが作り出した事例集を寛大に利用させてくれた Howard Husock に感謝している．

私はまた，私に研究面で挑戦を与えてくれ，たびたび助言を乞うた，ケネディスクール外の同僚，特に，Eugene Bardach, Robert Behn, そして Marty Levin からも恩恵を受けている．

また直近では，我々の取組に新しい視点を与えてくれた新しい教授陣からも大きく学びを得た．Arthur Applbaum, Robert Blackwell, Robin Ely, Jane Fountain,

謝　辞　xi

Olivia Golden, Linda Kaboolian, Chris Letts, Marc Lindenberg, Jan Shubert, Malcolm Sparrow, Michael Watkins, そして Philip Zelikow たちである.

　私はまた本書の草稿をさまざまな段階で読み，貴重な示唆を与えてくれた者にも感謝している．これまで挙げてきた多くのケネディスクールの同僚たちに加え，Edward Banfield, Derek Bok, Winthrop Knowlton, Theodore Leavitt, そして Ray Vernon に謝意を表する．3 人の優秀な若手研究者である David Kennedy, Zachary Tumin, そして Marc Zegans は，草稿のレビューを通じて重要な専門家の同僚となった．そして二人の「大英帝国の同僚」である John Alford と Greg Parston は，この本がそれぞれの母国－オーストラリア，イギリスにおけるマネジメントの発展と環境についても意味あるものとなるよう励まし，挑戦し続けてくれた．私が知る限り最高の熟慮する実務家のうちの 2 人である Judy Pinke と Ellen Schall もまた，私を激励し，助言をくれた.

　本書にかけられた長い準備が示すように，これらの考えを紙面に起こすことは容易な作業ではなかった．2 つの決定的なタイミングで，私は Linda Kaboolian と Aida Donald から，まさに必要としていた助けを得た．そして，私が全く先行きを見失っていた時には，従兄弟の Curtis Church が貴重な編集上の支援を与えてくれた．本書を執筆し，校正する長い過程を通じて，私のアシスタントの Flo Chan, Kincade Dunn, そして Janet Fletcher は称賛すべき支えをくれた.

　これが，本書に提示された考えが形成されたるつぼである．これらの関係者全員に，心からの感謝を捧げる.

序　章

　私の同僚のグレアム・アリソンはかつてなぜこの本に前書きが必要か説明してくれた．「君は納屋の壁に泥の塊を投げつけることによってこの本を書き上げていったのだろう．この前書きは，君が的を外さないよう，その泥を投げるための目標となる赤い丸を引いてくれるのだよ．」そう，これがこの序章のポイントである．すなわち，私が狙おうとしている目標を記すことである．私はまたその中で，議論を構築するために用いた材料と，私が実際に的に当てることができたかどうかを検証するためのテストについても説明する．

目　的

　この本は極めて特定された目的を持っている．それは，公的事業のマネージャーを導いてくれる具体的な理論の構成を提示することである⁽¹⁾．本書はパブリックマネージャーが直面する具体的な状況を活用して公的価値を生み出すため，何を考え，また，何をしなければならないかという質問に対する一般的な回答を提示する．[訳注1]

　この目的を実現するため，本書ではいくつかの新しい考え方を提示している．まず，本書はパブリックマネジメントの**哲学**を提示している．それは，我々市民がパブリックマネージャーに対して何を期待するか，パブリックマネージャーが職務に就くに当たって担うべき倫理的責任，そして彼らがその職務を執行するに当たって何が美徳とされるかについての考え方である．第二に，本書はマネージャーが業務を運営する環境を分析し，そして効果的な活動を行う可能性を測るための指標となる**分析フレームワーク**を提示する．第三に，本書はマネージャーが政治的・組織的状況を活用して公的価値を生み出すために行うことのできる具体的な**対応方法**を特定する．

　私の目的が具体的であるということは同時に，この本は多くの重要なことを**しない**ということをも意味する．例えば本書はなぜ公的組織がそのような行動をとるのか，また，なぜマネージャーがそのような行動をとるのかについて説明はしない⁽²⁾⁽³⁾．また，本書は組織ではなく，マネージャーに焦点を当てていることから，組織の行動について説明はしない．また，本書はマネージャーが**どう考え**，**どう動くべき**かを述べることから，マネージャーがなぜある行動をとったかについて説明することもしない．つまり私は，（組織ではなく）マネジメント上の，（実証的ではなく）規範的

な理論を打ち立てようとしているのである.

　しかし，本書でいうところのパブリックマネージャーとは厳密に誰を指しているのだろうか．この問いに対する回答は残念ながら直ちに明らかにはならない．アメリカ合衆国憲法は公権力を集中させるのではなく分散させている[4]．その結果，多くの公務員が政府の活動に対する効果的な影響力を持ち，したがって，パブリックマネージャーの責任を負っていると言えるのである.

　選挙で選ばれた行政のトップ——例えば大統領，知事，そして市長——は，パブリックマネージャーと考えることができる[5]．彼らは憲法上，法の執行と公的資源の開発に対して責任を負っている．また，このような行政のトップにライン官庁を導くよう任命された行政官——長官，委員，部長などの名前で呼ばれる——もまた，パブリックマネージャーと見ることができる[6]．また，これらの行政のトップは時に特定の政策イニシアチブを実施するに当たって，プロジェクトマネジメントの責任を負わせるため，政策スタッフを任命することもある[7]．このような政策スタッフも，彼らが政策を実施する限り，パブリックマネージャーと考えることができる．また，このような行政のトップや政策スタッフを支える幹部公務員もパブリックマネージャーと見ることができる．管理部門や，財務・人事等の計画，維持管理，運営部門で働く者もいれば[8]，公的組織の中のライン部署において働く，具体的な業務運営に関する深く重要なノウハウ（と長い経験）を持った者もいる．これらの行政官は全て公権力のラインを手がけているため，皆パブリックマネージャーたる資格を持っているのである.

　このような直接の権力のラインから離れた所に（影響力の面では何ら劣らないが），強力な監督権限を持つ行政官が存在する．例えば，伝統的な見方に反するが，主要な行政監督委員会の議員とそのスタッフを，公的事業における重要なマネージャーと考えることができる[9]．このような考え方は，立法委員会が行政運営について詳細な制約を課すことで行政運営をマイクロマネージしようとする時にとりわけよく当てはまる．また，通常行政運営から個人の権利を守る権限を与えられている裁判官からも，異なる種類の監督が行われる．実際，学校，刑務所，精神病院や住宅公社においてパブリックマネージャーが個人の権利を侵害した時には，裁判官は彼らを直接的に監督下に置くこととなる[10].

　利害関係団体を率いる人々でさえも，しばしば公的セクターにおける事業を立ち上げ，または中止させることから，重要な公的起業家と見ることができる[11]．最後に，一定の民間セクターのマネージャーも，主に政府向けに事業活動を行うことからパブリックマネージャーとなる．実際，公的セクターにおける生産の民営化推進の動

きの中で，より多くの「パブリックマネージャー」が「民間セクター」で活動する
ようになるのである[12].

　多くの行政官がパブリックマネージャーに該当する一方で，公的セクターの業績
に対する責任や，公的な資源に対する直接の権限を有するのはその内の一部の者の
みである．一般的に，これらの者は私が最初に述べた行政官の集団に属する——す
なわち，政治的に選ばれたか任命された執行機関の行政官と，彼らを補佐する幹部
行政官である．まずこれらの行政官——あらゆる階層の政府における——を，本書
は特に対象としている.

　それでも，私は個々のマネージャーのみならず，パブリックマネジメント全体の
機能に関心があるため，その他の者——監督者やロビイストも含む——をも対象に
したいのである．これらその他の公務員がパブリックマネージャーから何を期待し，
また何を要求するか，そして彼らがその職務に関してどのように思考しどのように
行動するかは，パブリックマネージャーが働く文脈と，彼らが目的を達成できるか
どうかに重要な影響を持っている．したがって私は，行政ラインを管理するポジショ
ンを占める者についてまず議論するが，同時にマネージャーの行動の文脈を形作る
その他の者についても議論することにする.

　私が注目しているのはマネージャーが何を考え，何をなすべきかであって，公的
セクターの業績改善にとってマネージャーの能力改善が唯一か，最善の策であると
いう考えについて見解を述べようとしているのではないことに注意してほしい[13]．マ
ネージャーの行動以外にも数多くの要因が公的事業の成功に影響しているというこ
とを私は前提として考えている．得られた結果の幅に対するマネージャーの特定の
行動による影響などほとんどないと言われても，私にとってはもっともな考えなの
である.

　また私は，組織の構成と政策形成過程がマネージャーの思考を形作り，また彼ら
ができることに影響するということも前提として考えている．この意味で，マネー
ジャーの業績を従属変数，組織構成を独立変数として考えうることも私は理解して
いる．端的に言って私は，「組織改革」か「経営改善」のどちらが公的セクターの
業績改善にとって最善の策かという重要な問題について何ら見解を取らないのであ
る.

　しかしその上で，私がなぜ組織改革ではなく，マネジメントの改善について書く
ことにしたのか，その理由を2つ挙げたい．まず，私のハーバード大学・ケネディ
行政大学院における位置付けが，マネジメント改善に係る研究を行うにあたって比
較優位を与えてくれたことである．ケネディスクールのクラスには毎年，何百人も

のパブリックマネジメントの実務家が訪れる．彼らは行政組織に関する総合的知識に非常に関心が高いが，とりわけ自身の職務をどうやってよりよくできるか，そのアイデアに飢えている．彼らの意欲を踏まえると，彼らにとって最も価値のある理論の開発に注力しなければ，それは能力とエネルギーの無駄遣いのみならず，職務の放棄とも思えたのである．

　もう一つは，公的組織の業績改善にとってマネジメントの考え方と実践を改善することが重要な道筋であると私が引き続き信じていることである．結局，大規模な組織改革はマネージャーを駆逐はせず，単にその地位と責任を再定義するだけなのである．そのマネージャーが新たな地位において何をするかが，組織改革がどれだけうまくいくかどうかを左右するのである．例えば，権限の分散と「トータルクオリティマネジメント」の方針はしばしば，突然新たな責任を負うことになった下位のマネージャーの能力に決定的に影響を受けることとなる．⁽¹⁴⁾

　さらに，改革が必要な最も重要な「組織」は，我々が伝統的に有している，パブリックマネージャーが私たちの代わりに何をでき，何をすべきか，という見方なのである．⁽¹⁵⁾ もし我々がこの特別な「組織」を変えることができたなら，我々は多くの既存の組織において業績が改善できることに気づくのではないかと思う．これらの理由から，我々はその意識のうち幾ばくかを，組織改革に加えて，マネジメントの改善にも向け続けなければならないのである．

　本書における助言は，パブリックマネージャーが，本書に示された理論を彼らが直面する具体的かつ特定の状況に当てはめる際，ほんの少しの知的飛躍だけで住むよう，可能な限り具体的にしつつも，公的セクターにおける多様なマネジメントの地位に応用できるだけの一般性を有するよう企図されている．これこそが本書をマネジメント一般に関するものたらしめている点であり，特定の種類の機関のマネジメントや特定のマネージャーの機能，または特定のマネジメント上の課題についての本とも異なる点である．

　本書は文化的に中立的であるとも，歴史的文脈から真に独立しているとも考えていない．実際，その前提も描写も，20世紀最終四半期におけるアメリカ政府の文脈に基づいている．それが他の国，または他の時代におけるマネージャーの思考・行動様式に対して示唆を持つかどうかについては，私は何もいうことができない．⁽¹⁶⁾ 私はもっぱら20世紀後半の行政管理分野の学生であり，私が主に助けようとしているのは，この分野における実践者なのである．

情報源と方法論

プディングの最大の証明は食べることにある．そして，私は食事をあまり先延ばしにはしたくない．それでも，慎重な参加者は食事を開始する前にプディングの中には何が入っているのかを知りたいと思うかもしれない．このような合理的な要求に応えるために，内容物のリストを提示したいと思う．

この本は公的セクターの執行部門における文脈，目的及びテクニックを理解するために必要と考えられる研究書に基づいている．これは，政治科学，経済学，組織論，行政管理，行政法及び経営管理に関する研究書を含む．おそらく，これらの多岐にわたる研究をマスターしてその要点を抽出し，パブリックマネジメントの規範的理論に仕上げようと本当に思う者は誰も（もちろん私も含め）いないだろう．それでも，私はこれらの研究を概観し，それぞれが持つ最も重要な点のうち幾ばくかを学ぶことができ，この知的課題に生かすことができたのである．

政治科学分野の研究はパブリックマネージャーが活動する舞台の性質について多くのことを明らかにしてきた．例えば，政策形成及び実施過程を取り巻く政治的環境[17]，立法機関の本質と行動様式[18]，どのように報道陣が行動し，それが政府の行動にどう影響するか[19]，そして，何が選挙で選ばれた行政の長の行動を動機付け，形作るかなどである[20]．

経済学の研究は社会における政府の適切な役割に関する学説を潜在的に含んでいるのみならず[21]，提案された，または実行されている政府の活動を評価するための有益な方法を提示した[22]．さらに経済学は，プロジェクトのオーナーや監督者が，どのようにして彼らに代わって行動するマネージャーに対するインセンティブを与えることができるかについても示唆を与え[23]，また，複雑な交渉に関する分析方法や実践論も提示した[24]．

組織論の研究は，組織に関する新たな見方を提示し，公的セクターと民間セクターがなぜそれぞれの行動様式を取るのかを明らかにした[25]．組織論はまたなぜ組織がイノベーションを起こし，維持することが難しいのか，またなぜマネージャーはその業績を改善しようとする際に困難に直面するのかについて，説明を容易にしてくれた[26]．

行政管理に関する研究は，民主主義社会におけるパブリックマネジメントに関する多くのよく練られた理論を提供してくれた[27]．行政管理論は公的組織に対する効率的な民主的コントロールの確保と，公的セクターの運営における一貫性と効率性の両立という目標に向けて，パブリックマネジメントの哲学を提供した[28]．行政管理論

はまた，マネージャーが影響力を及ぼすための重要な手段と，効率的に効果を高めるためにその手段をどう用いることができるかという点も明らかにした[29]．これに加えて，行政管理論は公的セクターのマネージャーが実際に何を行い，またいかにして公的組織が一貫した行動をとったか，またはとらなかったか，もしくは変化する環境に適応したか，またはしなかったかについてもいくつかの重要な研究成果を提示している[30]．

行政法に関する研究は，国民の財産を使うような決定が公平性を確保するためにどのように行われなければならないかという規範的な概念を提示し，また，公的セクターにおける決定に際して，効率性や有効性のみでなく，衡平性と適正手続を確保することが引き続き重要であることを強調した[31]．この研究はまた，具体的な裁判に巻き込まれた行政庁の主要なケーススタディも分析している[32]．

最後に，民間セクターのマネジメントに関する研究は，公的セクターとは異なる，そしてある意味対立的な文脈，哲学，そして，マネジメントツールと組織のリーダーシップを提示した[33]．その中では，政府の権限の安定性よりもむしろ，マーケットのダイナミズム[34]，つまり，旧来のオペレーションの中でいかに効率性を上げるかではなく，いかにしてイノベーションと，新たなミッションのもとでの変革を喚起するかに[35]，また，技術力や忠誠心だけでなく，マネジメントレベルにおける想像力と起業家精神の果たす役割に，焦点が当てられているのである[36]．

これらの研究のうち私の課題に最も関係が深いのはもちろん，行政管理である．行政管理に関する研究は私にとって宝箱であり，また，公的セクターの執行部門に対するガイダンスを考えるにあたっていつでも大事な出発点となった．私はこれらの研究から多くのことを拝借した．

同時に私は，古典的な研究の中核にはないものの，公的セクターの幹部の頭の中で大きな位置を占めている，2つの疑問にとりわけ重きを置いた．そのうちの一つは，一貫性がなく，気まぐれな政治的指示に，パブリックマネージャーはどのように対応すべきかという点．もう一つは，刻々と変化する環境の中で，公的組織をいかにうまく試し，改革し，そして再構築できるか，という点である[37]．

これらの問題の答えを得るために，私はケネディスクールの同僚と共に，これまでの研究に新たな要素を加えた．それは，公的セクターの現場の幹部による実際の経験である．我々は3つの方法でこのような経験を取り入れた．一つは，パブリックマネージャーが経験した問題，彼らの行った計算，彼らが選択した行動，そして（我々が最大限知りうる限りの），その結末について，ケーススタディを記すことである．ケネディスクールでは過去10年間で600以上もの，マネジメントに関する問題と解

決策に関する事例研究を出版してきている[(38)].

　第二に，我々はケネディスクールの教育課程，特にエグゼクティブプログラムの中で，何百もの現場のマネージャーに遭遇した．我々はエグゼクティブプログラムを双方向のケーススタディの形で行ったため，長年の経験を通じて我々は，受講生たちが，事例における主人公達がどう考え，どう行動したかのみならず，彼ら自身ならどう考え，どう行動したかということについても学ぶことができた．これはすなわち，受講者が我々から学んだことに匹敵するだけのことを，我々も彼らから学んだということである．我々の尊敬すべき同僚の一人はこういった．「彼らはただの生徒じゃない．彼らは生きた情報であり，先生でもあるのだ[(39)]！」

　第三に，我々はケネディスクールの教授陣に著名な実務家達を招くことによって，様々な業績を挙げていて，その業績からどのようにしてチャンスを掴み，それを最大限生かして公的価値を創造するか知っていると窺い知れる人物達と継続的に接点を持つことができるようにした[(40)]．彼らは，我々の教育課程の受講者達と同様，我々の実験と説明の中に，生きた「ベストプラクティス」の視点と知恵を持ち込んでくれた．

　我々の生徒や同僚の実務家達からのヒアリングと，事例研究を通じて，我々は彼らについての理解を深めた．どのようにすれば事例に描かれた状況が最もよく分析できるか，どのような関与が可能であったか，彼らにとっての成功の見込みはいかなるものであったか．このようなプロセスを繰り返すことを通じて，次第に我々は，どのように具体的な事例を一般化し抽象化すべきか，また，その一般化した内容を一貫した知的様式に仕立て上げるべきかを学んでいった．私が本書で書きとめようとしたのは，これらの知的様式である．

　もう一つの材料について触れておかねばならない．それは，ケネディスクールという組織の中で働いていた，ある種特別な影響力である．ケネディスクールが作り上げたマネジメントに関する理論は，外界からの要求に加え，我々自身の知的伝統をも反映しているといってもいいだろう．より具体的に言えば，我々のマネジメントに関する見方は，ケネディスクールが，実際に行われている，または行われようとしている政策の本質的価値を分析するにあたって，経済学，オペレーション研究，統計学から得られた特別な分析ツールの活用を重視していたことによって形作られている．

　（行政管理と反対に）公共政策の研究をしていて楽しいのは，それが政府の持つ手段だけでなく，その目標に焦点を当てているところにある．またその研究では，行政組織の日常的な維持活動よりもむしろ，政府における新たなアイデアやイノベー

ションに着目する．その上で一つ認めなければならないのは，既存の，または提案されている政策における公的価値について，異なった測り方をもって挑戦することを可能にするための分析技術を修得することの困難さである[41]．

このようなケネディスクールの文化から，マネジメントに関する見方として最終的に我々がたどり着いたのが，組織の維持管理や行政のコントロールシステムの改善（これは長い間行政管理の関心の中心であった．）ではなく，いかにして具体的な政策決定が行われ，実施されたかという点を追求するものとなったことは当然の帰結である．長い間，特定の政策の効率的な実施（公的組織の上手なマネジメントではなく）はパブリックマネジメントの中心課題と考えられてきた[42]．このようにマネジメントを政策実施として捉える考え方は次第に弱まっていった．というのも，組織よりも政策に焦点を当てることによって，どのように公的組織が作られ，使われるべきかという重要な疑問を置き去りにしてしまったからである．これまでの行政管理の研究は，例えば，ある新しい政策に参画していない行政組織の一部の資産をどう活用すべきか，といった問題には沈黙していたのである．そして，新しい政策を実施しようとする努力が，組織全体の能力や地位向上にどのような影響があるかということにも無関心であったのである[43]．

そして，究極的には，行政管理の分野を長い間席巻していた問題意識——それは効果的な行政と行政「組織」の発展に焦点を当てていたのである——は，再発見され，公共政策分野の「政策」への関心に成功裏に統合されなければならなかったのである．これらの二分野における伝統が自然に合成された結果，行政組織は，変化する公共目的を達成するための比較的柔軟な道具として捉えられるようになったのである．公共目的は政治的欲求と要望や世の中の課題が刻々と変化する結果として発展する．物事をこのような観点から見ることで，ケネディスクールの教授陣はさらに次の2つの潮流にも取り組んできた．一つは，行政組織を取り巻く政治的環境の一貫性の無さと変動に関する，政策科学的研究，もう一つは，政府が過去その地平線を拡大し，そして縮小した流れの中で，政府を変革する明白な必要性である[44]．このようなマネジメントの見方は公的セクターにおけるマネジメントの考え方と，現在生まれつつある民間セクターにおけるマネジメントの考え方が強く共鳴していることによっても支えられている[45]．

かくして，ケネディスクールの誰かが，公的セクターに関して，合目的性と，刻々と変化する政治的要請への対応と，そして対応力があり，柔軟な組織を特に重視した「戦略的マネジメント」の考え方を発展させることは，ケネディスクールの文化からして必然であったのである．そして，このような考え方が持つ魅力の源泉は，

それが生まれた文脈を離れた真実性や有益性にあるのではなく，ケネディスクールの文化的潮流やその組織の熱意から生まれたということにあるのではないだろうか．

検　　証

　本書の理論が特定の文化的文脈から生まれてきたものであるがゆえに，とりわけ，その検証方法の検討が重要となる．原則として，どう検証するかを考えるのはそれほど難しくはない．マネージャーに対する助言であるがゆえに，これらの理論はマネージャーによる実践の中で検証されるべきであろう．[46] 本質的に，これらの理論を理解して活用し，自身の役割を定義し，状況を分析し，取るべき政策を考えるマネージャーは，これらの技術に頼らないマネージャーよりも良い結果を残すことが期待される．しかし，実際にはそのような検証を実施することは困難である．まず第一に，どうやって我々はマネージャーにとって何が「よりよくやった」ことを意味すると定義できるだろうか．

　成功の定義の一つとして，マネージャーたち自身の個人的成功を重視するものがある．マネージャーが自身の個人的評価を高め，キャリアを向上させればマネージャーは成功したという考えである．もしマネージャーの成功が適切に評価されれば，個人的な成功はマネジメントの成功に関するよい評価方法となるだろう．しかし，評判を高めるために用いられる検証が実際のマネジメント能力を信頼できるレベルで反映するとは必ずしもないのである．我々は皆，本来彼らの評価となるべき本質的な結果を出すことよりも，自身の評判を磨き上げるのにより長けているマネージャーがたくさんいることを知っている．

　次に，成功のもう一つの定義は，マネージャーが巨大，堅固でかつ強力な組織を構築するのに成功したかどうかに着目する．[47] このような定義は評価よりもむしろマネジメント上の成果に着目するという点で優れている．そしてこれは民間セクターにおけるマネジメント上の成功の要素に関する一般的な考え方と整合しているようにも見える．[48]

　それでも少し立ち止まって（公的セクターにおける，自らの帝国を築き上げたいくつかの醜悪な事例とともに）考えると，これを公的セクターのマネージャーに当てはめた時の不適切さに気がつく．[49] 公的組織の生存を確保することは極めて容易なことである．[50] 課題はむしろそれを効率化し，コストを削減し，そしてそれを変化する政治的要求や新たな本質的課題に適合させることである．特に困難なのは，ある組織がその必要性を失った時，そこから資源を取り上げるようにできることである．かくして，公的セクターにおいて，組織の権力や規模の拡大は成果というよりもむしろ問

題の兆候であることが多い.

　成功の三つめの定義は, 政策目標を達成する個人的能力を評価するものである. すなわち, あるマネージャーが選択する政策目標が採用され実施された時, 成功したとみなされるのである. この定義は組織を構築し維持するというだけでなく, ある本質的な目的を達成するためのマネジメント上の努力を評価するという点で優れている. しかしこの定義にもまた欠点がある. この定義はマネージャー自身が求める特定の事柄に重点を置きすぎているのである. パブリックマネージャーが, 彼らの好む政策目標を達成すべきかどうかは全く明らかではないのである. そうではなく, 彼らは社会のために行動すべき立場にあるのであり, 社会が何を求めているかに関する彼らの個人的な見方のために行動すべき立場にはないのである.[51]

　もちろんマネージャーたちは, 重要な政策上の論点について自身の立場を示さなければならないだろう. しかし, 重要なのは彼らがとった立場が持つ権力と正統性は, 彼ら自身がその立場を採用したことよりもむしろ, どれだけその立場が彼らの置かれた政治的環境における関係者の考えを反映しまた取り入れているかに依存していることにある. パブリックマネジメントにおける成功をある者自身の政策目的の達成として捉える考え方は, マネージャーの視野を狭くし, 他の者が何を求めているかを学ぶことを妨げるとともに, マネージャーに大きすぎる自由を与え, 政治過程を自身の公的利益に関する見方によって支配させることを可能にしてしまう.

　残された定義は, 公的セクターにおけるマネジメント上の成功を, 公的セクターにおける, 公共にとっての短期・長期的な価値を高めるような, 事業の立ち上げや再構築と同視する. これは私が好きな定義である. それは既に内容の固まった任務について, 効率性, 有効性や公平性を高めることを意味することもある. またそれは新しい政治的欲求や, 組織の課題環境における新たな必要性に応えるため, 新しい計画を導入することを意味することもある. その他にも, それは組織の使命を一から考え直すことや, 政治的環境や課題環境の中で, 古い能力がより責任を持って効果的に用いられるよう位置付け直すことを意味することもある. 時にはそれは政府組織が納税者に対して求める要求を削減することや, 組織に割り当てられている資源を取り上げて, 他の公的または民間の用途に充てることもある. これは明らかに適切なマネジメント上の成功の概念定義である. すなわち, 公的組織が生み出す, 短期または長期的な公的価値の増大である. 改めて言うが, パブリックマネージャーが公的価値を生み出す組織を作り上げなければならないという考え方は, 民間セクターにおける成功の定義に合致するのである.[52]

　それでは, どうやってこの定義を実際に用いるのだろうか. 民間セクターの利益

率の成績のように，過去の業績を図るための道具は我々にはない．また，株価のような，将来期待される価値を図るためのメカニズムもない．したがって，たとえパブリックマネージャーの成功の概念的定義が明確であったとしても，それをどう測るかは明らかではないのである．我々にとっては，どのようなマネジメントの取組が他のものよりも優れているかを確かめるための厳格なテストを行う方法を持ち合わせていないのである．

さらに，「行うこと」を定義することは，「よりよく行うこと」を定義することと同じくらい難しいのである．結局，ここで示された概念はマネージャーが行動について考えることを助けるために作られているのである．したがって，実際の行動が取られなければならない．マネジメント上の介入が効果を生むかどうかは，その概念のみならず，実行にあたっての細部に大きく依ることが多いのである．この意味において，本書はマネジメント上の思考と行動の複雑な過程におけるほんの一部しか立ち入ることができない．

最後に，言うまでもないが，組織の業績の変化を特定のマネジメント上の介入のみに帰することができることは極めて稀である．あまりにも多くの要素が組織の業績に影響を与えるため，我々は観察されたどの成功もマネジメント上の介入に帰すことができないことが多々ある．この助言が実際に受け入れられ，実際にうまくいく限りにおいて，マネジメント上の行動の影響と，外部の力の影響との間の区別はあいまいなものとなる．マネジメント上の行動は大きな意味を持つと考えがちな者は，外圧を刺激し，またはそれに自身を適応させ，または利用するようなマネージャーは大きな才能を持っていると考えるだろう．一方，マネジメントの重要性についてより懐疑的な者は，そのようなマネージャーはただ単に外圧の波に乗って，実際は何もしないまま成功したと捉えるであろう．

ここで提示した考えを厳格に検証することは難しいことから，私はその有用性ともっともらしさを確かめるよりシンプルな2つの方法を提示したい．一つは，理論が次のような意味において，「根拠がある」ものでなければならないというものである．すなわち，認識可能な階層で問題を特定すること，そして，厳格な論理的事項として，問題が解決されるために考察されなければならないであろう多くの事柄を厳密に特定すること，という意味である．このテストは，提示されている知的構造が，ある変数がどのように他の変数と関連しているかについての経験に基づく仮定ではなく，マネージャーの思考方法についての理論であるがゆえにまさに適切なのである．

もう一つは，理論は，問題に直面している実践家たちが，現在の状況において重

要かつ関係の深い事実について注意を喚起し，状況がどう進展しうるかについて彼らの想像力を掻き立て，そして良いアイデアと悪いアイデアを区別するためのいくつかの基本的な指針を与えるような形で，外界に対して意識を向けることを助けるという意味において「役に立つ」ものでなければならないというものである．これは理論がその目的どおりに役に立つという意味において適切なものである．

　一定程度において，私は本書で提示する理論を厳格な，またはやや弱い厳格さのテストにかけた．私がなし得た最も厳格なテストは，「成功した」マネージャーと「成功しなかった」マネージャーとを比較し，そして「成功した」マネージャーが考え行ったと思われることを，「成功しなかった」マネージャーが考え行ったと思われることと比較したことである．私の理論は本書で取り上げたものよりはるかに多くの事例を考慮しているが，私は成功したマネージャーと成功しなかったマネージャーの双方を提示する．これらから得られた証拠は次の三点を明確に浮かび上がらせる．すなわち，（1）しっかりと目的を持ち続けることの決定的重要性，（2）公的セクターにおけるマネジメントの主要な機能としての「政治マネジメント」の重要性の認識，そして（3）我々が持つ行政運営管理のイメージを，多種多様なイノベーションを励起することにより集中させるよう刷新する必要性である．と言っても私はサンプル調査においても，データを集める努力においても，完全に厳格であったわけではなく，そのような水準の厳格性から生じる力を主張することはできない．

　より弱い厳格性のテストにおいて私は，私の理論の影響を受けた，現場で活躍するパブリックマネージャーからのフィードバックに頼った．彼らの証言は好意的であり，私を勇気付けてくれるものであった．

　最後になるが，それでも私は何かを証明したとは思っていないのである．私がなしたことはさらなる検討と検証に向けて，どのようにパブリックマネージャーがその仕事に立ち向かい，状況を分析し，彼らのとる介入手段を考えるべきかに関する，複雑な理論体系を提示したことである．私が提示した方法論は現在多くのパブリックマネージャーが採用するものとは異なり，また，彼らが教えられてきたものとも，考え行動すべきと促されてきたものとも異なる．この新しいアプローチはおそらく，彼らが過去頼ってきたものと比べて，彼らが現在直面する現実の状況によりよく適合していると思われる．そしてこのアプローチは，彼らが，その与えられた資源を用いて，公的価値を突き止め，生み出すことに彼らを集中させ続けることによって，彼らが社会の役に立つのを助けるだろう．それが，私の燃え盛る望みである．

第1章　マネジメントにおける想像力

　街の図書館の司書は悩んでいた[(1)]. 毎日3時ごろになると学校の生徒たちの波が読書室に押し寄せて来るのである. そして, 生徒たちの波は5時ごろになると引き始め, 6時までには図書館は再び静まりかえるのである. 非公式の調査の結果何が起きているのかがわかった. 図書館は鍵っ子たちのデイケアセンターとして使われていたのである. 司書はどう対応すべきだろうか.

町の図書館の司書と鍵っ子たち

　彼女がまず考えたのは, 生まれつつある習慣を食い止めることであった. 結局, 子供たちの流入は図書館を妨害していたのである. かつて一日のうちほとんどの時間において静かでゆとりのあった読書室は騒がしく, 混雑するようになっていた. 蔵書, 特に脆いペーパーバックは, 乱暴に扱われ, テーブルの上に積み上げられた挙句, 床の上に滑り落ちて綴じ口にひびが入っていた. 疲れ果てた補助員たちには大量の本の山を書架に戻す仕事が待ち受けており, それを終えてやっと家路につくことができた. 用務員たちは絶え間ないトイレ利用者に忙殺され, 彼らはさらにトイレをきれいかつ清潔で, 用品がきれないようにするために特別の注意を払わなければならなかった.

　ところで, 鍵っ子たちの面倒を見るのは町の図書館の仕事ではなかった. そのような任務は保護者か, 他のデイケアサービスによって行われるべきであり, 図書館がやることでは決してなかった. おそらく地元の新聞に, 図書館の適切な利用を呼びかける投稿をすれば, 物事は正しい道に進んでいたかもしれない. もしそれがうまくいかなければ, 児童による図書館の利用を制限する新しい規則が作られなければならないかもしれない.

　そこで司書は, より創造的なアイデアを考えついた. 鍵っ子たちの存在は, 財政難にある町から, 図書館の予算をより多く獲得するために使うことができるかもしれない[(2)]. 司書は鍵っ子たちによる新たな需要に対応するため, 追加的な財源が必要と主張できるかもしれない. 子供たちが他の図書館利用者に迷惑をかけないようにするため, 追加的な人員が必要かもしれない. 補助員や用務員が閉館後に片付けをするため, 残業代も必要となるかもしれない. もしかすると, 小学生や中学生向けの読書室を作るため, 図書館自体を再設計しなければいけないかもしれない. そう

だ，彼女はそう考えるに至って，再整備費用は図書館全体を塗りなおすために使う
こともできるかもしれない．それは彼女が長年温めていたアイデアだった．しかし
これらは全て費用がかかり，町は，州全体の課税反対運動によって，予算をきつく
絞られてしまっていた．

　町の財政委員会から資金を獲得する見込みが薄くなるにつれ，司書は別のアイデ
アを考えるようになった．鍵っ子対策のための費用は，その親に負担を求めること
ができるかもしれない．しかし，これについてもいくつか現実的な問題があった．
例えば，そのサービスの料金はいくらにすればいいのだろうか？　司書は鍵っ子対
策のためにかかる直接的なコストを比較的容易に記録することができ，この費用を
賄うための価格を見つけることができるだろう．しかし，司書はこれらの活動のマ
ネジメントや，建物の減価償却費といった間接費用をどうやって計算すればいいの
かわからなかった．もし彼女がこれらの間接費用をサービスの対価に十分含めなけ
れば，一般市民は知らぬ間に共働きの親を補助することになってしまうだろう．逆
に間接費用を取りすぎてしまえば，町は知らぬ間に共働きの親たちを利用して図書
館を支援することになってしまうだろう．

　司書はさらに，町民とその代表者たちは，図書館という施設をこの種の事業に用
いること適切かどうかについて意見を持ちうるのではないかと考え，そしてそれが
どのような意見となるか確信がなかった．もし彼女が対価型のプログラムを始めた
時，町の住民は彼女の創造的エネルギーを称賛するだろうか．それとも，彼女が一
人で突っ走っていると懸念するだろうか．同じように，町の住民は鍵っ子対策を意
義のあることと考えるだろうか．それとも，あまりに範囲が狭く，そこまで重視す
る必要のないことと考えるだろうか．明らかに，彼女は住民の意見を求めるため，
町議会に諮る必要があった．

　クライアントからサービスの対価を徴収することの難しさを踏まえ，司書はさら
に別のアイデアを考えていた．この新たなサービスはボランティアによって「ファ
イナンス」できるかもしれない．児童たちの保護者を組織化し，子供たちの監督と，
利用後の清掃のうち一部を引き受けてもらうことができるかもしれない．もしかす
れば，保護者たちをうまく誘導して，図書館の物理的な配置を変え，新たな機能を
より簡単に導入し，図書館を読書や集会のために使っている高齢者たちと，図書館
を同じ目的ではあるがより活発で騒々しく使っている子供たちとを適切に分離する
ための助けを得ることができるかもしれない．このような活動がもつコミュニティ
精神をもってすれば，図書館を鍵っ子たちのために使うべきかどうかに関する市民
の懸念や，公的な財源を比較的狭く，あまり重要でない目的のために用いることに

対する一部の不満を乗り越えることができるかもしれない.

しかし, ボランティア活動をたちあげることは単純ではなかった. 司書はそのようなことには慣れていなかった. 実際, 彼女がこれまで考えたことは全て彼女を図書館の外の政治的活動に巻き込むものであり, 困難で, 慣れないことのように思われた. 町の財政委員会で予算要求のプレゼンテーションをし, 地元紙に鍵っ子たちの問題について投稿することと, 独立採算のプログラムを立ち上げ, 大規模なボランティアグループを組織することは全く違っていた.

そして彼女は最後のアイデアを思いついた. 多分この問題は彼女自身の組織の中で解決できるかもしれない. 少しスケジュール調整をすれば, 子供の監督や, 読書充実プログラムまで行うための人員を捻出できるかもしれない. また, 図書館の中の配置をいくばくか変更することで, プログラムのための特別室を作ることができるかもしれない. また, この特別室で, 放課後プログラムの一環として映画を時々上映することもできるかもしれない.

事実, 考えれば考えるほど, 鍵っ子たちの面倒を図書館で見ることは, 彼女の組織の任務に十分含まれると思えてくるのであった. これは彼女とその補助員たちにとって, 子供たちに生涯の宝物となる, 読書と書物への愛を促すチャンスを与えるかもしれなかった. さらに, 子供たちやその親による図書館への要求は, 図書館を他の用途で使っている他の者たちに劣らず正当であるようにも思えた. 高校生は夕方に研究プロジェクトを片付けるために来て, 噂話にふけっていた. 高齢者たちは日中新聞や雑誌を読みに来て, 友人たちと会話を楽しんでいた. さらに, 日曜大工のために来館し, 確固たる計画もなしに始めたプロジェクトをどうやって形にするかを勉強している者もいた.

司書は鍵っ子たちが突きつけた新たな要求にどうやって彼女の組織が対応するか考える中で, 組織について新たな視点で見るようになった[8]. 彼女とそのスタッフは, これまでの職業訓練の中で, 図書館を書物を保管し, 大衆が利用できるようにする場所と教えられてきた. この機能を達成するために, 在庫管理と配架記録のための充実したシステムが開発されてきた. また, どの市民がどの本を借り, 本を期限を超えて借りる市民に対して罰金を科すための, 同じように充実したシステムも作られてきた. これが図書館の中心的機能であり, 図書館のスタッフたちが最も強く意識している任務であった.

しかし, 時が経つにつれ, 図書館の機能は市民のニーズや図書館自身の能力の向上に伴って拡大して来たように思われる. 一旦図書館が書物の在庫管理システムを導入すると, そのシステムをレコードやCD, ビデオテープのコレクションの管理

に使うのも当然のように考えられた（もちろんビデオテープの貸与システムは，地元のレンタルビデオ店と競合しないよう多少修正する必要はあった.）．書物を管理するための物理的施設は拡張され，自宅に加えて図書館での読書を促すようになった．冬場は暖房が効き，夏には冷房が入れられ，スタッフや利用者は快適に過ごすことができるようになった．学生のための勉強机も整備された．本を備えた子供室や，おもちゃ付きの乳幼児室も作られた．さらに，図書館はアマチュアの室内楽コンサート開催や，工芸教室，書物批評クラブの集会にも使われるようになっていった．

　結果として，図書館は単に本を保管するためだけのもの以上の何かになったのである．図書館は様々な市民によって，様々な目的のために使われる，室内公園のようなものになったのである．もし司書が，これまでの経緯から聖域となっている他の用途に影響を与えず，経済的，効果的かつ公平に進める方法を思いつけば，鍵っ子の面倒を見ることが図書館の適切か意義のある機能でないなどという者がいるだろうか．

パブリックマネージャーとパブリックマネジメント

　町の司書はパブリックマネージャーである．彼女は一連の公的資産を権限として与えられているが故にそうなのである．彼女はそれらの資産を町とその市民の利益のために利用する責任を負っている．彼女の任務の一つは，それらの資源の，最も価値のある使い方を見つけることだろう．[9] この事例で彼女が直面する具体的な問題は，鍵っ子の面倒を見るという，彼女の組織に突きつけられた新たな要求に応えることは価値があるかどうか，また，もし価値があるとするならば，どうやって要求に応えるべきか，ということである．

ある重要な教義

　米国では，パブリックマネージャーは，彼らの仕事についてどう考え，どうするべきかを示す伝統的な教義に依存してきた．[10] その教義は一義的には自己の利益を求める官僚や，誤った方向に向かう官僚が自己の権限拡大に走ったり，自己中心的な，又は誤った公的利益の考えに基づいて社会を導こうとしたりする可能性を制限するために作られてきた．それは即ち公的セクターのマネージャーたちをしっかりと民主的コントロールの下に置くことを目的としているのである．[11]

　この教義の下では，図書館のような公的企業の目的は立法機関が制定した設立憲章や選挙の洗礼を受けた行政の長による政治宣言において明確に定められることが予定されている．[12] 一貫した民主的な議論の末に苦労して得られた結果として，これ

らの公式なマンデートは公的事業の正統性を裏付けるのである．これらのマンデートは，それに基づいて設立された事業は公の利益に沿い，したがって適切に社会の資源を求めることができると，権威を持って宣言するのである．それらはさらに，(13)どの公的事業にどのような具体的な目的を求めるべきか，また，どのような具体的な手段が使われてよいのかを示すことで，マネージャーたちに具体的な運営の指針を示すのである．これらが相まって，マンデートを受けた目的と手段について，公(14)的マネージャーが責任を有することとなる条件が定義されるのである．(15)

パブリックマネージャーの側では，彼らはこれらのマンデートの忠実な代理人であることが期待される．彼らの責任は授けられた目的を可能な限り効率的かつ効果的に達成することにある．彼らはその働く分野において十分な専門性を有しており，(16)期待される結果を生み出すために用いることのできる主要な行政手段を知っていて，また，何がそれらの手段の中で品質と効果を生み出すかを知っていることが求められる．彼らはさらに行政管理においても有能であることが求められる．組織が(17)効率的かつ効果的に運営されるような組織構造・体制を考案するスキルを持っており，また，彼らに公的資源が盗まれたり，浪費されたり，または誤って用いられることのないよう，彼らに信託された人的及び財政的資源を管理するスキルも持っていることが求められる．(18)

この教義は公的セクターのマネージャーたちにある特徴的なマインドセットを生むようになる．監理者や官僚のマインドセットであり，起業家や，リーダーやエグゼクティブのそれとは異なるものである．それは即ち「**下向き**」志向であり，「**外**(19)**向き**」即ち価値のある結果の達成や，「**上向き**」即ち新たな政治的マンデートの追求ではなく，組織が安定的なコントロールの下で運営されることを志向するのである．彼らは与えられた任務について，変革を起こしたり促したりすることと捉えるのでは無く，移ろいがちな政治的意向の中で組織の長期的見通しを維持することとして捉えがちなのである．彼らのマネジメント上の主要な目的とは，伝統的な役割に関して組織の運営を完璧にすることであって，彼らに新たな役割を与えたり，政治機構における彼らの価値を高めるようなイノベーションを探したりすることではないのである．

このような公的セクターのマネジメントの見方こそが，はっきりとした，官僚的な「ノー」という，鍵っ子たちに対する司書のとっさの直感的な反応を生み出したものである．伝統的な見方からすると，まさに，彼女の明確な責務とは，このような新しい要求に応えることではなく，その正反対，すなわち，このような新しい，認められていない公的図書館の乱用に対抗するため，あらゆる手段を用いることで

ある.

さらに，彼女の補助員の多くは，これまで図書館についてある特定の条件のもとに考えるように訓練された影響から，彼女の達した結論に同意するだろう．図書館を同じような伝統的なレンズを通してみる多くの市民も同様に，直ちに，図書館は静かであるべきであり，職務放棄した親たちのベビーシッティングのために用いられるべきではないという結論に達するだろう.

多数派の教義に対する緩やかな抵抗

ところで，この町の司書の話の中で興味深くかつ重要なことは，彼女がこの直感的な対応に止まらなかったことである．彼女の次の対応，すなわち，鍵っ子たちの問題を図書館に追加的な資金を調達するために使おうとしたことは，パブリックマネージャーが公然とではないが，よく使う対応なのである（そしてこのような対応を取るからこそ，納税者は彼らを厳しいコントロールのもとに置こうとするのである）[20].

民間セクターのみならず公的セクターでも大きく広まっているマネジメント上の考えに関する風向きの変化を反映し，司書のマネジメント上の想像力はその歴史的な授権範囲や，官僚的な事業運営に関するイメージを超えて行ったのである[21]．彼女はその業務について何ができるかということに関する，慣習的な制約の外に踏み出したのである.

図書館に課せられた新たな要求を問題としてみるのではなく，彼女はこれを機会として捉えた．彼女は鍵っ子たちに図書館を使うのを認めるか，さらに奨励することによって，少なくとも一部の市民に対して何か新たな価値を生み出せるのではないかと感じたのである．彼女はこの価値の実現のためにどうやって資金と権限を得て，実行するべきかを考え始めたのである.

これらの観点において，司書は，社会が民間セクターの幹部に求めるような考え方をするようになっているのである．彼女は図書館に与えられた資産と能力の集合が，町にとって追加的な価値を生み出すために使うことができるか，という問題に集中する．彼女は与えられた資源が動かしようのないものとも，また，彼女の任務は石版に刻まれた，動かし難く解釈の余地のないものとも，また，彼女の組織は今やっていることしかできないとも考えない．逆に彼女はその想像力をもって，彼女の組織を鍵っ子という新たな課題に対応するためにどうやって変化させることができるかということを考えるのである．つまり彼女は指導者や起業家のように思考したのである.

多くの人にとって，パブリックマネージャーの頭の中のこのような考えは問題が

多く，止められるべきものであろう．この事例のようにパブリックマネージャーが選挙によって選ばれたか，政治的任命を受けたものではない，通常の公務員である場合は特にそうだろう．[22] 市民は公務員が自己目的化したり，公益に関する独善的な考えを追求したりするのではないかと考え，公務員が立ち上げる政策についてとりわけ疑いを持って見るのである．[23] 市民はまた，公務員は公務員制度のおかげで市民へ直接説明責任を持たないことに憤慨する．市民は選挙で選ばれ，任命された公務員を投票を通じて責任を持たせることができるため，このような公務員に新しい公的事業を始める広い裁量を与える．しかしそれでも市民は選挙で選ばれ任命された公務員が始めたものであっても，それがしばしば公的に価値のある何かを見つけ生み出すことではなく，特別な利益団体を満足させ票を集めることを目的としているように見えることから，新しい政策には疑いの目を向けるのである．[24]

　このような見方が正しい限りにおいて，彼らは明らかではあるが，しばしば見過ごされてきた社会的事実を過小評価しているのである．つまり，民間セクターと公的セクターでは，社会がマネージャーに求める期待が大きく異なるのである．我々は公的セクターの（選挙で選ばれていない）管理職による想像力とイニシアチブを危険で，公益に反するものと捉える傾向にある一方，民間企業の管理職がこのような能力を持っている場合，単に容認できるだけではなく，究極的に社会の経済福祉の向上につながると受け止めるのである．

　疑いようもなく，このように相反する期待には多くの理由がある．公的事業を監督するための政治的メカニズムは，民間企業を縛る資金メカニズムと比べてマネジメント上の影響や虚偽に対してより脆弱であることは間違いないため，パブリックマネージャーは民間企業のマネージャーよりもより厳しく統制されなければならないだろう．[25] また，パブリックマネージャーの決定には全ての市民が拘束されることから，その政策は限定された（任意の）株主の利益のためだけに行われる民間企業のマネージャーのものよりもはるかに詳細に評価されなければならないだろう．[26] また，公的事業におけるマネジメント上の結果は，民間と比べてより主観的であり，かつしばしば発現に時間がかかることから，公的セクターでは民間セクターのように，マネージャーが成果に基づいて責任を取るということに大きく依存することができない．[27] などである．

　しかし，これらの異なる期待は，あまり一般には認識または議論されていない重要な影響をもたらしている．司書が抱いたような思考と，それに続く行動を思いとどまらせることによって，社会は，民間セクターが迅速に応答し，ダイナミックでかつ価値創造的であるために強く依存している主要な要素を公的セクターには否定

しているのである．それはすなわち，マネージャーと呼ばれる人々の想像力を活用
し，大衆の需要への感覚と，資源へのアクセスと組織運営上の能力とを結びつけ，
価値を生み出すことから生まれる適応力と効率性なのである．

　もちろん社会は，長い間このような制約に揉まれつつ，社会の利益のためにそれ
を迂回する道筋を見つけてきたパブリックマネージャーたちの想像力や起業家精神
の利益を享受してきたかもしれない[28]．しかし，私が言いたいのは，社会はこの利益
を望まない形で受けてきたということである．社会はパブリックマネージャーとの
間で，そのような努力を要求または期待し，それに報いるような関係を構築してこ
なかったのである．そして，このことから必然的に社会は，パブリックマネージャー
にもしそのような貢献を期待し，要求しまたはただ単に認めるようにしていたなら
ば得られたであろう貢献よりも少ない貢献しか得られていないのである．

公的セクターにおける戦略的マネジメント

　パブリックマネージャーの役割を考えるにあたって，別のより便利な方法がある．
それは，社会が民間のマネージャーに対して持つイメージとより近い（ただし同一で
はない）ものである．この見方のもとで，パブリックマネージャーは，公的価値を
探求し，定義し，創造する探求者として捉えられる．彼らは，単に与えられた目的
を実現するための手段を考案するだけでなく，何をすることに価値があるかを見つ
け，定義づけることを助けるための重要なエージェントとなるのである．彼らは継
続性を確保することだけに責任を持つのではなく，公的機関が何を，どのように進
めるのかを変えていく重要な変革者となるのである．

　端的に言って，この見方の下でパブリックマネージャーは技術屋ではなく戦略家
となるのである[29]．彼らは彼らの手段が効果的かどうか，また適切かどうかを確認す
るだけでなく，彼らが作り出しているものの価値についても注意を払うのである．
彼らは技術屋として組織の運営に関わるだけでなく，その周囲を取り巻く政治的環
境にも関与し，公的価値の定義づけを助けることもするのである．また彼らはしば
しば，現状の組織運営を完璧にできるような予定調和を期待するのではなく，組織
の再編が求められるような政治的闘争と技術的変化の世界に向けた準備を整える[30]．
このような世界の中では，司書が行った，鍵っ子たちの要求に応えるためにどう図
書館を使うべきかという熟考は，官僚による帝国建設のための危険な思考というよ
りも，潜在的に価値のある資産として捉えられるのである．

　このようなパブリックマネージャーの役割に対する捉えかたの持つ主要な問題点
は，もちろん，それが馴染み深い，伝統的なコンセプトがまさに避けようとしてき

たものを脅かすことにある．すなわち，利己的なまたは誤った考えを持つ官僚による，民主的政治過程の支配である．[31] しかし，この伝統的な考え方にも問題がある．それは，単にパブリックマネージャーによる潜在的に有益な貢献を抑圧するというだけでなく，そもそも政治過程を官僚の影響から守るという約束を果たしていないというところにある．

実際，伝統的な教義が開発されるや否や，政治と行政の間の厳格な区別の維持は理論的にも実用上も不可能であると示そうとする決意に満ちた学者によって，それは切り崩されていったのである．[32] 理論的には，伝統的な立場は官僚が政府のあるべき目的について多くの想像力を働かせることを防ぎ，官僚がその定義づけに責任を持つことを防いできた．しかし，実際にはこの教義は，選挙で選ばれていない官僚がそのどちらをすることをも防ぐことはできなかったのである．資源を十分に有する公務員は，自分の手元に議題を持つことで，公益とは何か，という問いに対する政府の考え方を秘密裏に形作る方法を見つけ続けてきたのである．[33] さらに，彼らの影響力は非公然に行使されるため，それは行政の説明責任を脅かし，かつ，関係者を堕落した皮肉屋に変えてしまうということで，とりわけ有害であることが明らかになったのである．[34]

マネジメント上の影響力をコントロールするための代替的なアプローチは，その潜在的な利用価値を，その不可避性とともに認め，公的価値を生み出す機会に関するマネジメント上のアイデアを，適切な形で表現することができるようなより公式のチャネルを提供することではないだろうか．パブリックマネージャーに対してどのようにして，今以上に適切かつ効率的に公的価値を探求し，定義することができるかを教えることもまた重要となるだろう．そのような努力は社会が「開き直る」のを助けるだろう．つまり，これは社会が，官僚の持つ公益に関する特定の考えに妥協することなく，パブリックマネージャーの経験と想像力から利益を得ることを可能にするのである．そしてこの作業こそがこれまで行われてこなかったものである．行政管理に関する伝統的教義を長い間攻撃され続けつつも，我々は未だに，パブリックマネージャーがどう考え行動すべきかという点について，代替となる考えを構築してこなかったのである．

行政管理に対する代替的アプローチ

本書の根本的な目的とは，町の司書のようなパブリックマネージャーが公的価値を創造するために機会を探求し，利用するにあたって，どうすればより社会に役に立つことができるか，という点についての概念を構築することである．その判断の

もとには，社会は，民間のマネージャーと同様，パブリックマネージャーに対して，価値を追求する想像力（それと関連する技術）を求めているということが前提にある[35]．このような概念構築のために，私は次のような手順をとった．

　第2章では私は，公的セクターのマネジメントの目的について論ずる．私はマネージャーは「公的価値の創造」を追求しなければならないと主張する．これは抽象的な概念であるので，私は続いて，どうやってマネージャーは彼らが導く事業の価値を測るかについてのいくつかの考え方を提示する．

　これは，予想がつくとおり，簡単な作業ではない．公的価値を図るための基準は数多く存在し，そのどれもが十分役割を果たせていないのである．例えば，民主的理論の側からも，実務的な要求からも，選挙で選ばれた監督者がどれだけ組織のパフォーマンスに満足しているかということが注目される．また，プログラム評価の技術を用いて，マネージャーは，自分の組織が主要な目的（政治から授権されるが，分析的に定義づけられた）をどれだけ効率的に達成できたかどうかを判断することができる[36]．また，費用便益分析を用いることで，個々の受益者が，その事業の支持者が支払った対価に対してどれだけの価値を得ることができたかを推計することもできる[37]．そして，民間セクターのマネジメントとの弱い類推を利用し，また，最近の「利用者中心の政府運営」に向けた熱意に沿えば，我々は組織の価値を，その利用者やクライアントとしてその組織と接触する人々の満足度を測ることによっても推計できる[38]．

　もちろん，これらの基準はどれもマネージャーが（そして我々その他の市民が）公的事業の価値を判断するにあたって一定の根拠となりうる．しかし，これらの基準は必ずしもお互いに両立するとは限らず，また，それぞれが独自の弱点を持っているのである．

　様々な困難にもかかわらず，パブリックマネージャーをその任務に立ち向かわせるために，いくつかの重要な結論が得られる．とりわけ重要なのは，問いかけを続けることは常に重要であるということである．そう，公的事業の価値について常に問いかけを続けることは，マネージャーが，社会全体の利益の達成という目的を見失うことなく，創造的であり続けることを助けるための重要な点なのである．

　パブリックマネージャーは究極的には公的価値に関する一定の理論のもとに行動しなければならないことから，第3章では，特定の状況において価値を構想するための実用的な方法論を議論する．その方法論では，民間セクターにおける企業戦略の概念を，公的セクターにおける特殊な状況に当てはめる[39]．公的価値に関する有益かつ状況に応じた概念は，パブリックマネージャーが（1）何に価値があり，効果

的かという実質的な判断，（2）政治的期待の分析，そして（3）何が実務上フィージブルかという冷徹な計算を統合することによって生み出すことができると私は主張する。端的に言って，公的価値を思い描くにあたって，マネージャーは政治，実質，そして管理を統合する方法を見出さなければならないということである．

この基本的な主張を理解するにあたって，戦略的トライアングルが助けになる．このイメージはマネージャーの注意を，彼らが組織の目的・ビジョンを検証するにあたって答えなければならない3つの主要な疑問——その目的は公的に価値があるか，それは政治的に，法的に支持を得られるか，そして，それは行政管理上，また運営上実行可能か——に振り向ける．

戦略的トライアングルはさらにマネージャーにとって，彼らがビジョンを定義し，実現するにあたって行わなければならない主要な役割と任務について思い出させてくれる道具としても機能する．具体的には，（1）彼らが思い描く目的の価値を判断すること，（2）上流すなわち政治の世界に対して，彼らが描いた目的に対して正統性と政治的支持が得られるようマネジメントすること，そして，（3）下流すなわち行政組織に対して，組織の能力を改善し，望ましい目的を達成できるようにマネジメントすることの，3つの異なる任務に焦点を当てる．これらはそのまま本書の各章における焦点となっていく．

第4章と第5章では，政治マネジメント——上流・政治の世界に向けたマネジメントに関する，戦略的マネジメントの一環——の機能と技術を追究する．第4章で私は，なぜ政治マネジメントがパブリックマネージャーの重要な任務の一つであるのか，また，どうやって政治的環境を分析すれば良いかを説明する．マネージャーは自分が責任を持つ主要な結果を達成するために自分の組織外からの助けを求めると同時に，その組織に対する支援と資源を動員しなければならない。第5章では，起業アドボカシー，政策立案マネジメント，交渉，一般討議とリーダーシップ，そして公的セクターにおけるマーケティングという，政治マネジメントにおける5つの異なる手法を取り上げる．政治マネジメントはマネージャーの任務の一つであるとともに，民主主義にとって最も危険なものであることから，私は何が効果的であるかだけでなく，何が適切であるか，という問題についてとりわけ注意を払った。

第6章と第7章では自らの組織に向けた，下流向けのマネジメントに関する戦略的マネジメントに焦点を当てている．第6章は公的組織が生産する「製品」，組織が依存する生産過程，そして組織の管理機構がどうやってその生産過程を作り出し，運営しているかを分析するために用いられる枠組みを提示する。戦略的マネジメントの概念では常に変化する政治情勢や任務環境を前提としているので，私はマネー

ジャーが組織に持続的な変革をもたらすことのできるようなテクニックを強調す
る.⁽⁴⁹⁾ そして，第7章ではマネージャーが戦略的に重要なイノベーションを組織にも
たらすために用いる技術について深掘りする.

　最後に，終章で私はこの最初の章で提示した問題に立ち戻る．すなわち，パブリッ
クマネージャーが効果的かつ民主的なマネジメントを実現しようとするなら，どの
ような意識と気質が求められるだろうか．私は，パブリックマネージャーとして成
功する（または，効果を発揮する）ためには，倫理上のコミットメントと，しっかりと
した心構えが必要だと言いたい.⁽⁵⁰⁾

　さて，技術面や徳の話に移る前に，次の章ではまず，公的価値とは何か，という
基本的な点について考えなければならない.

第Ⅰ部　公的価値を思い描く

第2章　公的価値の定義

　任命の当日，衛生局長は街を車で巡っていた[(1)]．町中のいたるところにおいて彼は公共，民間双方における怠慢のしるしを見た．道路脇のゴミ箱はあまりにも長い間放置され，溢れかえっていた．裏通りには巨大な溢れかえったゴミ箱が放置され，一度も回収されていなかった．空になったゴミ箱は回収作業の間に溢れたゴミで囲まれていた．町の貧しい地区では，ネズミがゴミ箱の間を駆け回っていた．

　おそらく彼はまだ着任したばかりであったため，衛生局長は自分の責任を強く感じていた．市は毎年，組織の活動を維持するために膨大な額の予算を使っていた．何百もの従業員が給料を得て，彼の組織でキャリアを積んでいた．また，多くのトラックが配備され，維持され，彼の監督の下で出動していた．そして，最も重要なことに，何百万もの市民が清潔で衛生的な市の維持のために彼の組織に頼っていた．

　喜ばしいことに彼は，街中を車で走っていると，自分の組織が仕事をしている証拠を見ることができた．目立つ色で塗られた巨大なトラックの大きな胃袋の中に，清掃員がゴミバケツを放り込んでいた．道路清掃車は，レッカー車が違法駐車を移動させた後の側溝を掃除していた．時折，ほうきとゴミ箱を持った道路掃除人が現れ，道端のゴミ箱のゴミを回収していた．

　それでも彼は自分の組織にはもっとできることがあるのではないかと考えざるを得なかった．新たに衛生局長に任命された以上，変化を生じさせたかった．彼は自分の組織に，自分の周りに見える状況に対して影響を与えさせたいと考えた．彼は市民に対して価値を創造したかった．しかし，どうやって？

　新たに選ばれた市長が彼に衛生局のマネジメント目標を策定するよう依頼してきたこともあり，この問いはとりわけ緊急のものとなっていた．市長は，戦略プランの一環として，衛生局の運営の一部か全部を民営化することが可能か知りたかったのである．

マネージャーの業務の目的

　衛生局長は現役のマネージャーである．問題は，その仕事とは何であるのか，また，彼の努力のポイントは何なのか，ということである．

我々は民間セクターにおけるマネジメント業務の目的を知っている．それは，企業の株主のためにカネを生み出すことである．⁽²⁾さらに，我々はどうやってその目的が達成されるかも知っている．生産に要する費用以上の利潤を稼ぎ出せる価格で売れる商品（サービスを含む）を生産することである．⁽³⁾そして我々はどうやってマネジメント上の成果を測るかも知っている．損益という財務手法と，企業の株価の変化を通じることである．⁽⁴⁾もし民間のマネージャーが利益を生む商品を考え生産できれば，またもし彼らの会社がこれを続けることができたならば，そのマネージャーは価値を創造したという強い推定が成り立つ．⁽⁵⁾

公的セクターではマネジメント業務の全体的な目的はそれほど明確ではないようだ．マネージャーが価値を創造するためにしなければならないことははるかに曖昧であり，価値が生み出されたかどうかを測る方法はさらにより難しい．それでも，パブリックマネージャーがどう振る舞うべきかについての理論を開発するためには，これらの基本的な問題を解決しなければならないのである．マネジメント業務のポイントを知らずには，いかなるマネジメントに関する行動についてもそれが良かったか悪かったか判断することなどできないのである．パブリックマネジメントとは結局，それが技術的な企てであるのと同じ程度に規範的なものなのである．

まず第一歩として，シンプルな概念を提示することから始めたい．民間セクターにおけるマネジメント業務の目的が「私的な」価値を創造することにあるように，公的セクターにおけるマネジメント業務の目的は「公的な」価値を創造することであると考えよう．

このシンプルな概念はしばしば憤慨，時には激怒をもって迎えられる．我々の生きるようなリベラルな社会においては，政府は「非生産的な部門」として見られがちである．このような見方の下では，政府は価値を創造できない．せいぜい必要悪として，市民社会と市場経済がうまく運営されるようなルールを定めるレフェリーのような役割を果たすだけか，資本主義自由経済におけるちょっとした隙間を埋めるための組織である．そのような活動は必要ではあるものの，それが価値創造と見られることはほとんどない．

だが，このような見方はパブリックマネージャーたちが毎日経験している現実を否定するものである．彼らの視点からは，マネージャーを通じて行動する政府こそが，国家を外国の敵から守り，通りを安全で清潔に保ち，子供たちを教育し，市民を過去何世代もの間苦しめてきた人為・自然災害から保護しているのである．彼らにとって，政府が社会に対して価値を創造しているということは当然のように思えるのである．それこそが彼らの仕事そのものなのである．

もちろん，このような説明は完全に満足のいくものではない．それは政府の活動によって得られる便益のみしか見ておらず，費用を見ていない．現実にはパブリックマネージャーは他の目的に使うことのできる資源を使わずに，求める結果を生み出すことはできない．通りを綺麗にし，不利な条件に置かれた者を貧困，放置，失業という荒廃から守り，また，社会が支払うと約束した税金を徴収するためでさえも，パブリックマネージャーは道具を購入し，職員に給料を払い，クライアントに必要な利益を提供するために，資金を持っていなければならないのである．彼らが使うその資金は，租税という強制力を持って調達される．その資金は他の目的，主に民間消費，に使うことができなくなる．その損失は公的事業による想定の利益を生むために発生するのである．

さらに，パブリックマネージャーはその目的を達成するため，しばしばカネ以外の資源も用いる．彼らは国家の権力を使って，個人を公的な目的の達成のために直接貢献するよう強制するのである.[6]都市の清潔を維持するため，ゴミのポイ捨てには罰金が科せられる．社会保障受給者は時に求職することが義務付けられる．そして全ての市民は，社会が集団的目標を達成するのを助けるため，税金を払わなければならないという義務の重さを感じるよう仕向けられている.[7]

民間消費を集団的目標の達成よりも崇拝し，個人の自由に大きく価値を置き，個人による起業家精神が政府の活動よりもはるかに重要な社会経済の発展のための原動力であるとみなす社会では，パブリックマネージャーが必要な資源は嫌々ながらにしか提供されない．したがってパブリックマネージャーは単に彼らが価値があると思った結果を生み出すだけでは足りないのである．彼らは，得られた結果がそれを得るために失われた，民間消費と制約のない自由に見合ったものであるということを示せなければならないのである．

政治の市場——消費者集団としての「私たち市民」

しかし，そのような働きかけは誰に対して行えばいいのだろうか．そして，どうすればそのような働きかけが有効かどうかを知ることができるのだろうか．

民間セクターではこれらの重要な質問は，個人が商品の購入のために苦労して稼いだカネをつぎ込み，また，その支払われた価格がその商品を作るためにかかった費用を超えた瞬間に答えが出る．これらの事実が企業価値の推計の根拠となる．もし個人がある商品かサービスについてカネを払うだけの価値がないと判断したならば，彼らはそれを買わない．そして彼らがそれを買わなければ，その商品は生産されないのである.[8]

しかし，公的セクターでは価値を生む事業のために投じられる資金は個々の消費者による自由な選択から得られるのではない．それは徴税という強制力によって公的事業体にもたらされるのである．この事実こそがまさに政府の活動を（少なくとも一つの見方から）評価する際の問題を生み出すのである(9)．

その問題とは（この見方からは），国家による強制力の使用が「消費者の主権」，すなわち，民間セクターの事業の規範的根拠となる，何に価値があるかという個人の判断と，何が生産されるべきかについてのコントロールとの間の重要なリンクを侵害するということにある(10)．租税による強制は個人が自身の選好を表現し，その選好によって何が生産されるかをコントロールする機会を消し去るのである．個人は自ら購入の判断を行わず，もしくは個々の政府活動に貢献しないため，我々は政府が提供する物を個人が望んでいるかどうか確信が得られないのである．そして我々は，個人が政府の生産する商品を求めているかどうかわからないのであれば，少なくともある意味において，我々は政府が何か価値のあるものを作っているかどうか確信が持てないということにつながるのである．

しかし，このような説明において見過ごされているのは，公的セクターのマネージャーに利用が認められている資源は，代表たる政府の選択という，自発的な選択を経て生み出されているということである．もちろん，個人による自発的な選択はこのシステムを動かしてはいない．しかし，代表民主制という制度とプロセスは今やあと少しで，個人が自発的に集まって，自分自身の欲望を犠牲にすることなく，共同で何を達成したいかを決めることができるようになるところまで発展してきている．それは我々が自由な個人の集合から「我々」を作り出すために知っている唯一の方法である(11)．そしてこの「我々」は，資源を調達し，目標を達成するための組織を作り上げる，共通の理念を決めることができるのである．そしてこれらの活動は全て，政府における政策決定と実施の役割につながるものとなる．

実際，規範的強制力を持った集団の目標を作り上げるための政治権力を明示的に認めることこそが，法律と政治による授権を伝統的な行政管理の概念の中心に位置付ける根拠となるのである．そのような法律の授権はまさに，社会集団の希望を定義づけることによって，公的セクターによる生産活動をあるべき姿に導くのである．このような社会集団の希望はそのまま，少なくとも，それが与えられた権限の範囲内で達成できる限り市場メカニズムが私的な価値を定義づけるのと同じくらい強く，公的価値を定義づけるのである．というわけで我々は公的セクターのマネージャーの努力を，個々の消費者からなる経済市場の中ではなく，市民からなる政治市場と，代表民主制の中において評価しなければならない(12)．

まさにそのような働きかけをするために，衛生局長は新任の市長に対して計画を説明する準備を進めていた．そうすることを通じて彼は，彼の組織は市民のニーズに応えていることを示し，市民の代表を満足させようとしているのである．計画を説明した後は，その計画の目的とゴールが実際に達成されたことを示すための手段を生み出す責任が生まれる[13]．

パブリックマネージャーは彼らが政治市場のテストに合格したら公的価値が生み出されたと推定するという主張もまた嘲笑をもって迎えられることが多い．我々は皆政治家の愚行や汚職が代表民主制における熟議と選択の過程に常に付きまとうということを痛いほど理解している[14]．

しかし，現場のパブリックマネージャーは（少なくとも一定程度）代表制の過程を通じて示された選好の規範力を信じる以外に選択肢がないのである．これらの選択肢が公的セクターにおけるマネジメント上の行動の正統性の根拠となるのである．パブリックマネージャーはその事業の中で公的資源を消費するからこそ，彼らは，たとえ疑念を抱いていようとも，一貫性のある，規範的強制力を持つ「我々」というものが存在するかのように行動しなければならないのである．そうでなければ彼らの事業は誤った根拠に基づいているということになる．

公的価値を測るための別の基準

公的セクターが何を生み出すべきかの決定を民主政治に委ねようとする希望と，民主政治は様々な汚職に対して脆弱であるという認識の間の緊張を緩和することは，民主制の中でのパブリックマネジメントの理論を提案しようとする人々にとって，常に課題であり続けてきた[15]．時が経つにつれ我々はマネジメント上の目的を定義するための基準として，異なる概念を用いるようになった．

与えられた目的を効果的かつ効率的に達成すること

パブリックマネージャーは法律上定められた目的と彼らの組織の目標をできる限り効率的かつ効果的に達成できるように働かなければならないという考えは，近年の歴史の多くの間で主流であった[16]．したがって，衛生局長の任務はできる限り効率的かつ効果的に街路を清掃することである．

この考えに同意するのは極めて容易である．しかしよく考えてみるとこの一般的な基準が持つ重要な特徴はしばしば見過ごされているか，当然のごとく考えられていることがわかる．それは，この基準は，公的セクターが何を生産すべきかを決めるにあたっての，政治，主に立法権の優越を前提としているということである．政

治を集団的意思を生み出すための方法として重視する人々にとって，また民主政治を個人の利益と手段の利益を仲裁するという課題に対する最良の回答であるとみなす人々にとって，公的資源を使って何を生産すべきかということを政治過程によって決めることが許されるというのは全く驚くに値しないのである.[17] 他のいかなる手続きも民主制の原則に調和しないのである.

　しかし政治過程の一貫性と便利さに不信感を抱く人々にとって，公的価値は政治によって判断されるという考えはいささか腑に落ちないものとなる.　彼らは公的価値の決定を政治過程に委ねるにはあまりにも多くの汚職を目の当たりにしてしまったのである.

　これらの批判者としては少なくとも政治過程が，その権限を生み出す熟議の過程において，適切な政府活動の境界線を受け入れるか，公平性と能力に関する最低限の基準を満たすような，秩序づけられたものであるという安心感を得たいのである.[18]　または，彼らは公的セクターの事業の価値を確かめるより客観的な方法と，この客観的な情報によって政治過程に対抗する何らかの場を志向するのである.[19]

政治的に中立な能力

　20世紀が始まろうとする頃，ウッドロー・ウィルソンはある解決策を提案した.　行政から政治を切り離し，それぞれの活動をそれぞれ自身の範疇の中で完璧とする方法である.[20]　かくして，行政官は政治からの権限委任が一貫性のある，十分定義づけられた政策の形で下りてくると考えるべきとされるのである.　集中的な政治過程を通じてやっと得られた産物として，その政策は効果的な民主政治が与えうるあらゆる道徳的重みを備えていると考えられるのである.

　政治におけるこのような成果に基づいて，行政側としては安心して，与えられた目的を達成するための最も効率的かつ効果的な方法を見つけ出すことに注力することができるのである.　これらの責務を果たすために，行政官は彼らが引き受ける分野の内容についての知識と，行政管理の技法を有していることが期待されるのである.[21]　何を生み出せるか，また，望ましい結果を得るためにどう組織を構築するかを知っていることで，行政管理者は食い扶持を稼いできたのである.

　しかし，この伝統的な考え方は，もし政治的現実が理想に届かなかった時どうなるかを想定できなかった.　政治からの要請はしばしば特別な利害関係が満載されていて，市民一般の利益を守るという目標と調和することが難しい.[22]　またパブリックマネージャーは一貫性のない任務を与えられることもある.　彼らはお互い矛盾する複数のことをするよう期待され，もし対立が生じた場合にどの目的とゴールを優先

させるべきかについて何ら有益な指示を与えられないのである。さらに時には政治[23]からの要請は好き勝手かつ予測できない形で移り変わって行き，将来政治的バランスが元の位置に戻った際にまた必要になるであろう，それまで積み上げられてきた投資を破壊し，機運を削いでしまうのである[24]．

　このような政治的現実を目の当たりにして，ウィルソン派の行政官でさえも，時には政治が示した政策のマンデートに抵抗することも必要となると理解した．彼らはそれを，公の利益を守り，重要な公的事業の継続性を維持するという道徳的義務を根拠として行った[25]．彼らの頭の中では，彼らが持つ重要な行政上の専門知識が，誤った政治の移り気に対して立ち上がる権利を認めたのである．官僚の英雄の神殿の中では，悪辣な動機に突き動かされた政治家から長期的な公の利益を守るために立ち上がった公務員のイメージは，責任感ある忠誠心溢れた公僕と比肩するのである．

　しかし，一旦明るみに出てしまうと，このような政治家の授権に対する官僚の抵抗は我々のような民主主義社会の中ではもたない．実際，官僚の世界は我々のポピュリズム政治の格好の標的なのである．その結果，このような官僚の抵抗の多くは水面下に避難した．このように，政治家は誤った情報に基づいているか，近視眼的か，邪な動機があるという根拠に基づいて，政治家の要求を返させるためのゲリラ戦を仕掛けることは，あらゆる政治主義の官僚にとって，隠された，しかし正当な理屈となったのである．

公的価値を評価するための分析的技術

　このように，我々の政治文化の中では政治も不信感がもたれていたため，程なくして，民主政治を統制し合理化する新たなプラットフォームが登場した．この新たなプラットフォームは新しい専門技術に基づいている．伝統的な行政管理の理論においては，専門家たちは行政の実質面と管理運営面双方での知識を（専門的経験と教育を通じて身につけ）有していると認めていたのに対して，この新たな処方では，経済学，統計学と経営工学（オペレーションズリサーチ）の分野からもたらされた特別な分析技術を用いて，公的事業が有意義かどうかを事前に客観的に測る，もしくは事実に即して知ることができるとしたのである[26]．この新たな技術は政策分析，プログラム評価，費用効果分析，そして費用便益分析を含む．改革主義者たちはこれらの技術を使うことで政治議論の中に，提案された政策がどの程度うまくいくか，また政府の努力にかかる費用がどの程度社会一般に対する利益をもたらすとして正当化されうるか，という点に関する客観的事実を付加してくれると期待した．

32　第Ⅰ部　公的価値を思い描く

　これらの技術がその期待に答えたかどうかについては十分議論の余地がある．本書で取り上げるにははるかに膨大な量となる．政策立案の全体的な影響を分析するものの見方からすると，これらの技術は定期的に使われているわけでもなく，また，使われたとしても反論できないほど強力なものではないと言っていいだろう．それ(27)でもこれらの技術は政府の政策に関する政治的な議論に変化をもたらすことに成功した．それらは政治的過程における，政府の政策がどこまでその目標を達成し，一般的利益に貢献したかということに関する，事実に即した議論に対する関心を高めたのである．(28)

　しかし，これらの技術がパブリックマネージャーが彼らが成し遂げようとしていることの価値を定義し測るために有効であるかどうかを議論するにあたっては，3つの点が重要になってくる．まず，必ずしも理由が完全に明らかとはなっていないが，これらの技術は組織全体の取組の価値よりも，個別のプログラムや政策の価値を測るのにより有効であるように見えることである．私が考える理由の一つとして，これらの技術をうまく用いるためには，パブリックマネージャーは細かく特定された目標と，目的を達成するための細かく特定された手段を持っていなければならないことが挙げられる．特定の目的と特定の手段とはまさに政府の政策とプログラムを定義するものである．

　対照的に，ある組織は単一のプログラムや政策として簡単にまとめられるものではない．しばしば組織はプログラムと政策の束を内包する．様々なプログラムと政策が何らかのより大きな一貫した目標を達成するために組み合わされるが，その大きな目標が達成されたかどうかを測ることはしばしば極めて困難であり，またその大きな目標の達成が，どの組織の活動によるものかを判断することはさらに困難なのである．

　すでに述べたように，公的組織は新たな任務や課題に適応するため，その能力の根底にある種の資本を持っていることも重要である．その限りでは，実施中の課題やプログラムの業績の評価はその組織の社会に対する便益全てを映し出すことはできない．いずれにせよ，これらの技術は，公的組織が生み出す価値全体の評価よりも，プログラムや政策の評価においてはるかに一般的に使われるようになった．

　次に，我々はこれらの技術をある政府の政策に価値があるかどうかを測るために事前に用いることと，ある政策が成功であったかどうかを判断するために事後的に用いることとで区別しなければならない．政策評価はしばしば前者を，プログラム評価はしばしば後者を重視する．この区別は公的セクターのマネージャーが，事業の価値をよりよく計測するための指針として民間セクターにおけるマネジメントと

の比較を用いる場合にとりわけ重要である．

　すでに述べたように，民間セクターは公的セクターと比較してその商品の価値を測るためのはるかに信頼できる手法を持っている．ある商品やサービスを販売して得られる収入と利益，すなわち，最終損益として知られるものは，民間セクターにおける事業の成功を測る直接的な指標となる．しかし，興味深いことに利益率は過去に起こったことを測るための指標なのである．この情報が民間セクターで極めて深刻に捉えられるのは，一つはそれがマネージャーに責任感を持ち続けさせるとともに，彼らが業績を上げるインセンティブとしてために使われるからであるが，同時にそれが民間セクターのマネージャーに未来について考える際のアドバンテージを与えてくれるからなのである．実際，多くの民間企業はより正確な未来予測を得るための戦略計画への依存を減らし，その代わりに現在の経営の中で直面する市場環境の変化に迅速に対応する能力を高めるよう助言されているのである．

　かくして，民間セクターからの教訓として得られるのは，それは過去の業績について正確な情報を得るために極めて価値があるということであって，未来について考えることに全力を尽くすということではないように見える．これが正しい限りにおいて，公的セクターの各部門は，政策分析よりもプログラム評価により注力すべきであるという結論が得られる．しかし，私の印象としては彼らはそれと反対のことをやっている．これは残念なことである．というのも，プログラム評価に対して継続的に注意が払われないために，公的セクターにおいては，民間セクターでこの点に高い注意を払うことで得られる，説明責任，行動に対するインセンティブ，そして迅速に反応する能力が失われるからである．

　三つめに，我々は公的事業が一体どのような選好を満足させようとしているかについて理解しなければならない．大体の場合において，分析的手法はあたかもそれらが全て政府にとってその努力に価値があるか否かを理解するのを助けるための便利なツールであるかのように提示される．中でも，費用便益分析は最も一般的かつ最も信頼できる形で価値と結びついている，優れた技術として提示されることが多い．費用便益分析に頼れない唯一の理由はそれを完遂するのがより難しいということだけである．このため，プログラム評価と費用効果分析は費用便益分析の簡易版の代替手段として提示される．

　しかし，これらの技術には重要な概念上の差異があり，したがって私はほとんどの公的な目的にとって，プログラム評価と費用効果分析は，費用便益分析と比べて理論上も，実用上もより優れたアプローチであると考える．厚生経済学の原則から引用すると，費用便益分析は，公的セクターの活動は（良いものであれ，悪いものであれ）

その結果の影響を受ける個人によって評価されなければならないという前提をとる．対照的に，プログラム評価と費用効果分析は，個人が政策の結果を評価するのではなく，そのプログラムや政策が政府によって定められた具体的な目標をどれだけよく達成したかによってその価値を評価する．そして，プログラム評価はそのプログラムが意図した目的をどれだけよく達成したかを測り，それらの目的とは，委任の基となる法令や政策の用語から導かれるのである．費用効果分析はある政府の活動が，その活動に関して，おそらく何が価値のある「効果」を構成するかを政府の政策立案者が判断するのを助ける専門家の助力を得て，定義された一定の目的群に関してどれだけ高い得点を挙げたかを測る．

　端的に言って，費用便益分析が集団的意思決定プロセスとは関係なく，個人が何を望むかに関して価値を定義するのに対して，プログラム評価と費用効果分析はどちらも，公的価値を，集団的意思決定の過程を通じて産み出された，集団的に定義された目標との関係で定義するのである．費用便益分析が純粋な個人の選好に依存することこそがもちろん，厚生経済学者たちが同分析を概念的に優れたものとする理由である．しかし，政治的過程が有する，統合された集団的願望を構築する能力を信じる人々や，それこそが大衆の行動に対する最も適切な案内役であると信じる人々にとっては，プログラム評価と費用効率性分析は，それが個人の選好から離れ，集団的に作り上げられた目標に向かっているからこそ，より良い技法のように思えるのである．

顧客サービスと顧客満足度への注目

　さらに最近になって，行政管理者は彼らの事業の価値を図るための新しいコンセプトを考え出した．民間セクターから概念を拝借し，顧客サービスという目標を重視し，彼らの努力の価値を「顧客」の満足の中に見出したのである．[29]このアイデアにはある重要な特長がある．この考え方は，政府のマネージャーに対して，政府機関がその顧客として遭遇する市民との間での交流の質について考え，それをより満足度の高いものとするよう促す限りにおいて，より良い結果をもたらすものである．我々は無礼な官僚や出来の悪い政府の計画や政策手法にうんざりしているのである．

　それでもこの考え方にも欠陥がある．政府機関の顧客とは一体誰なのかは全く明らかではない．ある人は自分が政府機関の「顧客」であると当然のように考えるだろう．それは，その機関が個別の出会いや取引を通じて，「事業の末端」において遭遇する市民である．

　このようなモデルは政府が市民に対してサービスや利益をもたらす限りよく当て

はまるように思える．しかし政府は単にサービスを提供するだけではないのである．
しばしば政府はサービスの提供ではなく，義務を課するという役割をもつ．これは(30)
とりわけ警察機関，環境保護機関，差別対策機関，そして徴税機関についてよく当
てはまる．それらの組織は個人に対してサービス提供者としてではなく，国家の代
表として，社会全体の代わりに損失を受け入れることを求めてくるのである．

　もちろん，規制当局や法執行部門が規制対象となる市民を顧客として考え，市民
の「義務との遭遇」を「サービスとの遭遇」と同様の配慮を持って設計することは
価値があるかもしれない．それでも，規制当局や法執行部門が自身の正統性の根拠(31)
を彼らが強制力を持って公益に貢献させる人々の満足度に見いだすとは考えにく
い．それよりも，正統性の根拠はある特定の義務を少数の人々に課すことによって
得られる，その他の者にとって通常好ましい結果に帰せられる．さらに言えば，多
くの人々はその義務が課せられる際の正当性や公平性に関心がある．それは，自分
たちが同様に義務を課せられた場合に公平に扱われるのを望むからである．

　この論点は，サービス提供機関もまたその機関のクライアントだけでなく，市民
から判断され，評価されることを想起させるという点で重要である．福祉部局を例
に挙げて考えてみよう．福祉部局の業績を評価するにあたって我々は，クライアン
トが受けるサービスについてどのように感じるかを知る必要がある．しかし，提供
されたサービスの価値を判断するにあたってクライアントの評価を唯一の，または
最も重要な方法と捉えることはできない．市民やその代表は福祉プログラムの総コ
ストが低く抑えられ，誰もそのプログラムから不当に利益を受けることがなく（た
とえそれを防ぐためのコストが不当利益よりも大きかったとしても），さらには福祉プログラ
ムの受給者が，プログラムに参加することによって一定程度の負い目を感じること
を望むのである（自立して生活できる人々と国家に依存しなければならない人々とを区別する
ため）．

　端的に言って，**市民**とその代表が政府の活動に対して与える評価と，政府サービ
スの**クライアント**が与える評価とを区別することは重要なのである．逮捕された加
害者は警察機関の業務を評価するにあたって良い立場にあるとは全く言えない．福
祉サービスの受給者も同じである．政府の活動にとっての最終消費者とは，政府と
の個々の遭遇においてサービスの提供を受けたり，義務を強制されたりする個人（事
業のクライアント）ではなく，警察機関がどう組織されるべきか，また，福祉サービ
スがどう提供されるかについてのより一般的な意見を有する市民やその政府代表な
のである．彼らは公的セクターで何を生産すべきかを決定し，そして彼らの価値観
こそが，政府のプログラムに価値があるかどうかを決定するにあたって究極的に意

味があるのである.

最後になるが,「政治的に中立な能力」,「政策分析」と「プログラム評価」,「顧客サービス」のいずれの概念も,公的セクターが何を生み出すべきかを決定する過程の中心的位置から政治を消し去ることはできないのである. 政治は,民間消費が私的価値の最終的な仲裁者であるのと同様に,公的価値の最終的な仲裁者であり続けるのである. パブリックマネージャーは政治を改善する道筋を見つけ,何が公的に価値があるかについてのより確固たる案内とすることによってしか前に進むことができないのである. このために私は政治マネジメントをパブリックマネージャーが行わなければならないことの一部に含めるのである[32].

これらの一般的な考え方が公的セクターのマネージャーの思考と計算にどう影響を与えるかを理解するために,本章のはじめに示した,衛生局長が直面した課題に立ちもどろう. 彼は,自分がどのような価値を,誰のために,どのように生み出しているのかという疑問に対してどう考えるべきだろうか.

事例——市町村における衛生業務

衛生局長は代々受け継がれてきた公的事業である. 資産(税収,公的権力,建築物,トラックに加え,彼の組織に蓄積された経験)は,ある程度よく定義された公的目的を達成するために彼に信託されていた. 市民から託されたこれらの資産を用いる責任があるということが,彼をパブリックマネージャーたらしめていた. 彼が就任した時にはこれらの資産は完全には流用可能ではなく,組織の伝統,標準事務手続,そして技術によって決められる,一定の運用目的のために用いることが決まっていた[33].

現在の運用は一定の結果を生み出す. 市民団体,メディア,市議会議員,そして市長は事業を取り囲み,いかにしてそれらの資産は再利用できるかについての助言を提供していた. それにはその資源を個々の市民に返還することや,官僚ではなく民間の事業を支援するために使うことも含まれていた[34].

その目的が具体的というよりは一般的に定義されていたことから,また事業の監督者たちはその事業がどうあるべきかについて一致していなかったことから,またマネージャー自身が社会が直面する課題を定義し解決する専門家として見られていたことから,衛生局長は資源がどのように利用されるべきかを提案し,決定するにあたって一定の裁量を持っていた[35]. そこで彼にとって問題となるのは彼が(一時的にせよ)責任を負う事業の価値を向上させるために,彼に与えられた資産を具体的にどう再分配すべきかを決めることであった[36].

ごみ収集事業が生み出す価値

　一見すると，単純に部門の事業運営を調べることでどのような価値が生み出されるかが明らかになるように見える．清掃部門は町の住宅，大通りや路地を綺麗にしてくれる．しかしこの事実はまた別の疑問を生み出す．なぜこのような結果は「価値がある」と言えるのだろうか．一度この疑問が生じると，この分析は物理的現象の観察から，市民が何に価値を見出すか（またはおそらく見出すべきか）についての主張の領域に入ってくる．

　この論点はもしゴミ収集サービスが市場で取引されていた場合には生じ得ないことに注意してほしい．この場合，市民がきれいな通りに与える価値は彼らがそのサービスを購入する意思によって明らかになるだろう．そのようなサービスが税金によって賄われる場合に限って，この資源を動員する責任を有するマネージャーはなぜそのサービスに価値があるかという質問に対する，一般的かつ政治的に受け入れ可能な回答を用意しなければならないのである．その活動が公的資金によって賄われることによって，個人の希望（個人が彼・彼女自身の金を消費したいと思うことによって表現される）と提供される商品の間のつながりが断絶されるのである．それは市民のそのサービス（ひいてはその価値）に対する希望に対して疑問を生じさせるだけでなく，事業の価値を，（サービスの受益者だけでなく）コミュニティ全体が満足するような形で説明することを必要にするのである．

　一般的で政治的に受け入れられる回答を提供する必要性，また，公的事業によって実現する社会的条件に対して十分定義された選好を持った消費者集合があるかのように振る舞う必要性，それは，政府の活動の価値を決める際の中心的な知的課題である．理論レベルでのディレンマがどれだけ困難であろうと，現実問題として，政治システムはこの問題を，パブリックマネージャーに公的資源を消費する権限を与えることによって，日々解決しているのである．

　このような授権は通常，事業の価値についての説明，もしくは物語によって正当化される(37)．その説明が使い物になるためには，単に街路清掃の恩恵を被るようなクライアントとしての個人に働きかけるのみではなく，それに加えて，コミュニティ一般，より正確にいうと，社会の一員たる個人と，政治組織における彼らの代表にも働きかけなければならない．もちろんそのような物語は毎日繰り返し述べられる必要はない．一旦確立してしまえば伝統は続いていく．しかし，その事業を再考したり，改めて授権し直したりしなければならないような時が来た際に思い出せるような物語の存在が必要なのである．

　ごみ収集の場合，一つの説明はきれいな街は汚い街よりも美的に優れているとい

うものである．市民はきれいな街を良く感じることから，街をきれいにすることによって公的価値が創造されたというのである．

ここまで直接的に言明されると，この主張は若干奇妙に聞こえるかもしれない．というのもこれは政府が清潔さを生み出すために市民に課税していると言っているからである．それなのに，清潔さの価値に関しては特に何も説得力のあるところがない．確かにリベラルな社会において，清潔さの美徳を説いてその目的を達成するために市民に課税するというのは若干当惑する気持ちになる．したがって，事業の価値を確立するため，単なる清潔さよりも強力な公的価値，より良い物語を探す誘惑にかられるのである．

より強力な理由は，衛生部局は公衆衛生を守っているという主張である．この概念の下では，ごみ収集はそれによって市民を感染症拡大から守るという結果につながる連鎖を生むことから価値があると考えられる[38]．生ゴミを街路から排除することによって危険なバクテリア（美的にマイナスでありかつそれ自身が衛生上のリスクであるネズミについてはいうまでもなく）が発生する可能性を減少させることができる．これを続けることで感染症の可能性を減少させることができる．

このような説明は新たな問題を生み出すことに注意してほしい．つまり，ごみ収集が実際に感染症を防ぐかどうかについての経験上の問題である．この問題，すなわち公的事業の価値は政府による介入の時点から遠く離れた，不確実な因果関係の連鎖の先にあるという問題は，公的セクターの事業に共通する問題である．政府の活動のアウトプット（ごみ収集）と望ましい社会的アウトカム（死亡率や疾病率の減少）その間の因果関係が明らかでない限り，この二つ目の説明方法の力は弱くなるのである[39]．しかし，実際の事業の業績がかなり不確実な場合であっても，しばしば事業の目的の重要性によって正当化されることもある．

ごみ収集に対する2つの異なる見方，美的アメニティの生産と，公衆衛生の保護，は，人々の頭の中において公的に提供されるサービスの水準と分配のあり方について大きく異なる考え方を生み出す．アメニティの生産の場合，公的セクターの活動は裁量的と考えられる．そのようなサービスの提供の緊急度は低く，そして，より重要なことに，その分配に対する懸念はあまりない．一方，公衆衛生の保護の場合，政府の努力は不可欠と考えられる．市民の関心はより高いため，必要な衛生保護を図るためにより多くの資源が消費されるだろう．サービスの分配についてもより大きな関心が寄せられるだろう．全ての人々が公衆衛生上の脅威から守られる「権利」があるという主張がされてもおかしくない．

政治的決定の多くは，ある事柄が個人が好きなように購入すべきアメニティとし

て扱われるべきか，それともより広い社会によって保証されるべき権利として扱われるべきかという問題をめぐるものである。(40) この議論は，社会においてどのような環境が私的な関心事項ではなく公的な事項として扱われるべきか，という議論を体現している。これはすなわち，公的セクターの境界についての議論である。ある商品とサービスが権利の問題として確立し，正義と公平という概念とつながった場合，公的セクターの境界はこの義務を包含するように拡張され，これらの商品とサービスを一定の量生産し市民に行き渡らせるのである。一方，ある商品とサービスが社会にとっては価値があるが正義と公平の概念とはそれほど密接には関連づけられなかった場合，公的セクターの境界は狭められるのである。

ごみ収集のコスト

　清潔な街路や路地の価値が問題となるのはその活動を組織化する別のやり方があるからだけではない。清掃活動にはコストがかかるという理由もある。ごみ収集事業のために，他の目的に使うことができたかもしれない資源が消費されるのである。もし費用が何もなければ，最小限の利益だけでその事業は正当化されたであろう。しかし，実質的なコストが発生するがゆえに，生み出される価値が生産にかかるコストを上回るかどうかという決定的な問題が生じるのである。

　ごみ収集事業には基本的に2種類の費用がかかる。最も明らかなのはサービス提供にかかる予算である。一定のカネが民間消費から奪われ，通りをきれいにするという公的活動に充当されるのである。消費された額は予算・決算システムに反映される。その額は，通りがどれだけきれいに保たれるか，また，どのような手段できれいにするかによって変わってくる。

　第二のコストはこれに比べてはっきりとはしていないが，公的資金に加え，公的機関が関わっているという点である。我々は普段政府の権力を法執行機関や規制当局と関連づけてしか考えない。しかし，ごみ収集活動もまた政府の権力に関係しているのである。少なくとも，税金を集めてそのサービスに充てるために政府の権力が用いられる。権力はさらにもう一つの重要な形で行使されている。価値のあるサービスが一般市民に提供されるときは常に，そのサービスを購入または提供しようとする民間の努力は萎縮してしまうのである。ごみ収集の例でいうと，政府がゴミを集めると，市民は自分ではあまりゴミ拾いをしなくなってしまう。また市民は民間の事業者からごみ収集サービスを購入することをやめてしまうだろう。彼らは自らの店舗の前の歩道の掃除さえもやめてしまうかもしれない。

　民間のこのような努力がなくなってしまうという意味で，そのような努力が継続

していた場合と比べて都市は汚くなってしまうだろう．利益も生まれる．つまり，民間のごみ収集事業者に代金を支払っていたり，時間をかけていた人にとっては，余暇の増大や可処分所得の向上という結果がもたらされる．しかし，都市はそれほどきれいにならない．極端な場合，民間による都市をきれいにしようという努力が崩壊する結果，都市が以前よりも汚くなってしまうこともありうる．

　このような事態を防ぐために，政府は道徳的権力を用いて公式に，また非公式に市民に対して街を清潔に保つよう従わせるのである[41]．非公式には，政府は市民が無秩序なゴミのポイ捨てよりも責任ある清潔さを志向するよう，特別な規範意識を高めるための公的プログラムを支援することがありうる[42]．例えば，衛生局はゴミのポイ捨て防止運動や町中にゴミ箱を設置する活動に資金提供することができる[43]．このような政策は自発的な努力を促し，市民による「無責任」の言い訳を封じていくのである．

　民間の清掃活動を維持するためのより強制的（したがってより費用のかかる）な方法として，ゴミのポイ捨ての禁止と，市民による歩道の清掃の義務づけがある．これらの義務を罰金や過激な法執行によって裏付けることで，公権力は牙を剥いてくる．

　我々は通常公権力の行使が段階的に行われるとは考えず，行使するかしないかの二択と考える．しかし，資金と同じく，公権力もある事業の中で強弱をつけて用いられることがあるのである．権力の度合いは，市民に課せられる義務の大きさや，従わなかった場合の罰の厳しさ，またさらにはそれに従わせるために用いられる手段がどれだけ徹底しているか，というところに現れてくる[44]．

　権力の度合いはその権威を生み出しまた強制するために求められる手続きがどれだけ複雑かによっても測ることができる．必要な手続きが複雑であるほど，その結果生まれる権力はより力強くなる．例えば，ゴミのポイ捨てを禁止するため，また住民に歩道を掃除させるためには，正式な法制上の手続きが必要となるだろう．典型的にはそのような手続きは十分な討論が必要となる．さらに，義務を果たさなかった市民に罰金を課してこのような規則を守らせるためには違反者に対する正式な裁判手続きをとる必要がある．このような手続きを通じて市民は，彼らの自由の一部を公的な目的を達成するために犠牲にするよう説得されるのである．このようにして，これらの手続きは政府の権力が控えめに，かつ，適当かつ意味がある場合にのみ用いられるようにするための装置と見ることができるのである[45]．

　公的セクターによるゴミ収集のためには，2つの資源，すなわち，徴税を通じて得られたカネと，市民が社会の問題を解決するために貢献するよう仕向ける道徳的義務付け，または国家権力が用いられる．

政府による介入が正当化される理由

　政治哲学の常として，リベラル社会の構成員の多くは一般的に収益性のある事業を公的セクターや政府の官僚に任せるのではなく，市場と民間組織の手元に置いておくことを好む．その結果，公的事業が意味あるものとみなされるためには，単に生み出される価値がその結果を生むために用いられる資源の価値を超えるかどうかという試験を通過するだけではなく，なぜその事業を民間でなく公共がやらなければならないのかを説明しなければならないのである[46]．

　このような選好はリベラル社会における社会制度の序列を決める３つのイデオロギーの柱から生まれている．その一つは生産活動を個々人の希望に対応させるための市場の力に対する深い敬意であり，もう一つは，民間組織は個人の能力をよりよく育て，活用することができ，したがって官僚組織よりもより適応力があり効率的であるという信念，そして最後に民間組織は政府の権力に対する重要な自由の砦となるという自信である．

　ある程度までは，衛生局長もこのような考え方を単なる理想論で，彼が率いる組織の日々の業務とは何の関係もないと切り捨てることができる．もしくは，彼はこのような考え方を重要な哲学的原則として支持し，彼の組織の運営の中で実現しようとすることもできる．さらにまた，これらの原則は彼にとって重要でないとしても，市民や彼の事業を監督する代表者たちにとっては重要かもしれないと考え，これまで述べてきたような論点に関する彼らの懸念は適切に対応されなければならないと考えることもできる．

　実際，市の政治過程の中でこのような考え方が力強い政治力を得て，また，周囲の市が衛生部門を民営化し始めたことから，この最後の視点は極めて自然に生まれてきたのである．したがって，リベラル社会における適切な官と民の関係を維持することに関心を持った人々を満足させるために，公的事業のマネージャーはそのサービスのための資金を調達し，サービスを提供するために，政府が，そしてその権力が用いられなければならないある特別な理由があるということを示さなければならないのである．

　一般論として，公的介入については２つの異なる正当化の根拠が用いられる．その一つは，問題となっている商品の供給に関して，市場の構造には技術的問題が存在するというものである．これは生産者と消費者による自由な取引では適切な生産水準を達成することができない理由の一つである[47]．このため，市場の欠陥を修正するために政府は介入しなければならないのである．

　もう一つの根拠は，サービスの提供に関して，正義もしくは公平性に関する根本

的な問題があるというものである．それは，他の人々も尊重されるべきと認める，社会に対する個人の権利や主張である．政府はこのような主張が尊重されるよう介入しなければならない．しかも，今主張している個人だけでなく，全ての市民一般に対して．

一つ目の根拠は社会的価値の裁定者たる個人の選好の優越性に対して何ら影響を与えないことに注意してほしい．理想的には特定の商品の提供水準と配分は，個人の選好のみによって決定されることとなる．

これと対照的に，二つ目の根拠は社会的価値を決定するにあたって異なる基準を用いる．提案された公的事業の価値を図るために集団的判断が下されるのである．市場における消費者としての個人ではなく，政治を通じて行動する市民が，生産の水準と分配について決定するのである．これを通じて，総合的な社会の環境に関する市民一般の選好が満たされなければならない．

これらの異なる根拠はごみ収集事業の価値を決定するための2つの異なる枠組み，すなわち，清潔という商品の生産と，公衆衛生という商品の生産，と少からず関連している．一方の枠組みでは，公的セクターによるごみ収集は他の消費財と類似するアメニティ，すなわちきれいな都市環境を生産する．このような場合，公的セクターの介入の根拠としては，市場構造における技術的問題が主として考えられるであろう．

もう一つの枠組みでは，ごみ収集はより基本的な，公衆衛生の保護というサービスを生産する．この場合，社会的に価値のある状況を保証し，利益を公平に分配し，望ましい社会状況を達成するため，一定の社会的義務を受け入れるという観点で捉えられるであろう．

これらの異なる枠組みは，政治の世界において，清潔と健康という二つの価値がもつ異なる意味を現している．きれいさとは必需品ではなく，アメニティである．そのためその生産と分配は，技術的理由によって困難でない限り，市場に任せておいて問題ないのである．一方，健康は一般市民が共通して求める「優先的商品」として捉えられる．このため，その生産と分配は正義を確保するために政府を通じて行動する社会一般にとって，注目の対象となるのである．

アメニティをそれに価値を置く人々のために効率的に生産し分配するという枠組みの中では，公的介入は3つの詳細な理由により正当化される．一つはごみ収集事業においては規模の経済が大きく影響することである．これはごみ収集に関する技術は通常の生産の範囲において費用逓減を示すこと，または廃棄物収集によって生まれる価値は，通常その成果のうち最後のわずかな一歩，つまり，都市の環境が

「ちょっと汚い状態」から「ピカピカな状態」に変わるときや，「とても安全な状態」から「全く危険がない状態」に変わるときに生まれるものだからである．

　市民を独占企業による搾取から守りつつ，規模の経済の利益を得るために，社会には二つの選択肢がある．一つは，民間セクターにおいて発生する自然独占を監視するための規制当局を創設すること，もう一つは社会自身がそのサービスを提供することである．ごみ収集の場合，社会はしばしば政府によってそのサービスを提供するという選択をする．

　二つ目として，市民はすべからく清潔な街路，澄んだ空気，害虫のいない路地に価値を見出すものの，これらには所有者がおらず，価格が設定されていないということが挙げられる(51)．その結果，個人は共有物である街路以外の場所にゴミを捨てることを通じてこれらの商品を「生産」するインセンティブを持たないのである．

　この問題に対処するために，社会はこれらの公共空間について共同の所有権を設定するという判断を下すこともできるであろう．そのような所有権を設定することで，ゴミ投棄の権利に対する課金を通じてこれらの地区の利用に関する市場を創出することや，必要な権力を用いて，罰金や公的秩序を乱したものに対する非難を背景に，市民にこれらの地区の清掃を求めることもできるだろう(52)．また，社会は単純に政府の活動を通じて清掃サービスを自身で行うという決定をし，市民がゴミ捨てをしなくてもよくすることもできる．ごみ収集の場合，公的セクターによるサービス提供を重視しつつ，これらのアプローチを組み合わせて用いられることが多い．

　第三に，ごみ収集による都市の美しさと衛生という利益は通常その都市の住民全てに享受されるものであることから，その対価を払うことを拒否する者がいたとしても，その受益者から排除することは困難であることが挙げられる(53)．このため，全ての市民は，清潔な街路を本当にどれだけ求めているかを隠そうとするインセンティブを持っているのである．もし彼らが清掃活動に参加しなかったとしても，他の誰かがやってくれるだろう，そして彼らは何もしなくても利益を享受することができるのである．または，たとえ彼らが適当な貢献をする意志を持っていたとしても，より冷淡な他の市民によって搾取され，馬鹿を見るのを恐れ，実際に行動するのをためらう可能性もある．どちらのケースにおいても，誰もが適当な行動をとることをためらってしまうために，その町は個々人が望むレベルよりも汚くなってしまうのである．このような結果を避けるために，社会は全ての市民に対して，このような社会一般の問題の解決のため，資金面やその他の貢献をすることを義務付けるのである．

　このような理由づけはいずれも，個人の選好は各種サービスの価値を適切に設定

44 第Ⅰ部 公的価値を思い描く

することができるが，市場における技術的課題のために公的介入が正当化されるという仮定に基づいている．しかし，前述のように，ごみ収集を全く異なる視点から考えることもできるのである．つまり，この課題を清潔な街路に対する個人の欲求に効率的に対応するという見方ではなく，社会を構成する個々人の集団的希望と責任の下で認識された公衆衛生上の必要性を満たすために，利益と責任を公平に分担する問題として捉えることができるのである．

このような説明とそれに伴う分析枠組みは，ごみ収集活動が持つ公的価値に対する我々の見方を大きく変える．公的価値を清潔さや健康に対する個人の欲望に対する影響という観点から見るのではなく，公衆衛生上の必要性から外生的に価値が決まると考えられるのである．衛生的な街路は公的必需品である！ 市民は守られる権利がある！ このような主張は事業の価値を定義づけるにあたって，個人の選好に取って代わるだけでなく，むしろ超越するのである[54]．

しばしばこのような主張は外生的に打ち立てられたように見える．これは通常の市場や政治のプロセスの外から由来している．著名な公衆衛生学者は切迫した感染症拡大の警告を通じてこのような見方を作り出す．また，貧困対策の推進者はネズミがはびこるスラムの写真を通じて衛生サービスの配分における不平等をドラマチックに表現する．これはあたかもなんらかの客観的現実か，社会に共有された道徳的欲求が社会の構成員全てに対して，ごみ収集は公的必需品であると説得するかのようである．実際，これらの主張は人々を個々の消費者という立場を越えて，共通の課題に直面する共同体における市民か，共通の道徳的欲求によって行動を義務付けられた共同体の市民として対応するよう求めるのである．

しかし，現実的にはこれらの主張はただ単に声高に訴えられるだけでは決して説得力を持つことはない．コミュニティの中で評価されるためには，つまり，公的なごみ収集事業を開始し，維持し，そして主導していくためには，政治的な判定を通過しなければならない．このような主張は個々の市民による同意を得て，そしてその代表からなる組織によって承認されなければならないのである．そうして初めてそのような主張は単なる個人の選好の表現に代わって機能し始めるのである．

一旦ごみ収集事業の価値について集団的な主張が行われると，その生産と分配の問題は効率性の問題から，利益の分配と責任の分担における公平性の問題に変化する[55]．先に述べたように，政治的権力が関係するために，公平性という問題が生じるのである．自由民主主義社会においては，権力は集団的に所有される[56]．規範的原則として，代表者組織がその行使を裁可しない限りどのような形であっても権力は行使されてはならない[57]．さらに，その権力の行使は全ての人々の利益のために広く行

使されなければならない.我々の政府組織の行動を規律するこれらの政治的原則は,民間企業にとっての消費者の選好と同じくらい,我々の社会を理解するにあたって基本的な意味を持っている.

　ごみ収集の文脈においてこれらの原則は,権力を有する者たちが（すなわち,市民とその代表者が）,公権力が彼らに代わってうまく用いられていると満足されなければならないということを意味する.公権力をうまく行使するというのは,（同様の状況にある人々が同じように扱われるという意味において）事業が公平に運営されることと,公権力の行使の対象となった人々が,それぞれの事例において,その公権力の行使には正当な理由があると確認できることを意味する.ここで,公平性というのは社会において独自の意味を持っていることに注意が必要である.それは必ずしも効率性とは結びつかず,また効果的であることによって必ずしも償われたり,取って代わられるものでもない.個々の取引はある程度公平になることができるとしても,公平性とは,これに加えて,また,おそらく根本的には,公的事業の運営全体としての特徴なのである.さらに,公平性というのは,個々の行政サービスの利益を受ける個々の市民ではなく,社会の集団的事業に権限を与えるという役割を果たすところの市民にとって価値があるものなのである（公平性はまた,サービスを受ける市民よりも義務を強制される市民にとって重要な問題であり,したがって市民が義務に従おうとするかどうかを決めるにあたっての重要な要素となる）.

　このような見方を踏まえると,公的なごみ収集事業は,健全（かつ清潔）な環境に対する市民の欲求と,そのような結果を政府の事業によって生み出すことに関する利益と負担を公平に分配する必要性によって正当化される.その価値は部分的には清潔な街路を楽しむ個人としての満足（税金を支払うことと,ごみ収集事業を助けるという義務を受け入れることと釣り合う程度で）という意味で認められ,また社会の需要を認識し,その需要に対する社会的対応を形成し,それによってより良い社会の実現に貢献したということに対する市民としての満足（民間に任せておいてよかったものに公的関与を認めることで適切な社会秩序を乱したのではないかという懸念と釣り合う程度で）という意味で認められる.

　これらの見方はしばしばそれぞれ別の相いれないものとして考えられる.社会的課題は,効率的な生産・分配の問題か,責任と利益の正当かつ公平な分配の問題の二者択一として捉えられるかもしれない.しかし私は,パブリックマネージャーは常に公的事業をこれらの双方の視点から見なければならないと考える.公的セクターにおいても,効率的なサービスの生産と分配の問題を無視するわけにはいかない.また,特権や責任の公平な分配という問題を無視することもできない.公的権

力が関与する限り，公平性という問題は常に付きまとうのである．そして，税金が用いられる時は「常に」，公権力が関与しているのである．

権限委任の過程が持つ価値

公的セクターの事業には常に公権力が関与するという事実のために，その事業の業績によって誰が満足させられなければならないか，また，満足のいく業績とはどのようなものでなければならないかが異なってくる．

公権力が関与しているために，また公権力は市民とその代表者によってのみ用いられうることから，公権力の行使は市場における個々の取引ではなく，**政治的**合意によって導かれなければならない．事業に直接影響を受ける市民に加えて（受益者たる市民として何が望ましいかではなく），社会はどうあるべきかを考える市民が，公的事業によって満足させられなければならない．事業を承認する市民の代表組織もまた同様である．

公的セクターの事業の価値に関する政治的議論において，コンセンサスが得られることは滅多にない．多くの場合，そのような議論は事業が行われるべきか，またどのように行われるべきかについての議論となる．重要なことに，公的セクターの事業にとってこの政治的論争は，個人にとっての市場，つまり，消費者が何を買うかを決める場と同じ意味を持つのである．しかし，そこには3つの違いがある．まず，（1）ここでの消費者は政府に自分に代わって行動することを認めることによって，金銭のみでなく自由も消費すること，次に（2）彼らは社会全体にとって何が望ましいかという政治的視点に基づいて，社会全体の利益のために商品を購入していること，そして（3）彼らは事業の個々の生産物ではなく，事業全体を購入していることである．つまり，（サービスの受益者と対比される）市民が求めているものは公平かつ効率的なごみ収集事業という概念そのものなのである．

このような明らかに抽象的な論点は，衛生部局を取り巻く政治の文脈において，極めて具体的になる．最も一般的な問題として，地理的範囲，エスニックグループ，社会階層，所属する政党の中でのごみ収集サービスの適当な分配がある．[61]分配は，競合する利害関係からだけでなく，サービスの合理的な分配方法を決めるにあたって大きく異なる原則が存在することによっても政治的論争を引き起こす．

ごみ収集事業の分配が市場効率性や福祉の最大化の観点から捉えられる場合，そのサービスが最も効果を発揮するところにごみ収集の努力が集中するような原則にとらわれがちになる．つまり，ごみ収集事業の成果として，一単位の努力に対して最大の美的また公衆衛生上の利益が創出されるような場所に努力が集中するのであ

⁽⁶²⁾る．もう一方の考え方として，すでに民間による取組が相当程度行われている地区に公的サービスを投入するものである．これは一つには民間による高いレベルでの取組は清潔さに対する強い需要を示しており，したがって公的資源を投入する価値がより大きいと考えられることによる⁽⁶³⁾．

これに対して，ごみ収集事業を社会のニーズへの対応として捉えた時，全く異なる原則が見えてくる．一つは，ごみ収集事業のエネルギーを最も必要とされている地区に配分することである⁽⁶⁴⁾．このアプローチの下では市全体にわたって最低限の清潔さが達成されるだろう．二つ目の原則は公平性と密接に関わっており，それは市の全ての地区で同じ量の公的活動を行い，地区ごとの実際の清潔さの水準の格差については地区を清潔に保とうとする私的な欲求と能力に任せるというものである⁽⁶⁵⁾．

これらの原則は常に誰かによって主張されるが，結局これらの原則のどれも，サービスを配分するための適切な根拠として役に立たない．実際には，分配の問題はこれらの競合する原則を緊張関係に置き，政治的要求や政治手法の変化に適応させる連続的な政治・行政過程によって解決されているのである．

行政が効率的か，また，政策が効果的かどうかという問題は通常公平性や正義の文脈ではなく，費用対効果の文脈で議論される．政策効果の不十分さを明らかにする政府機関による報告書の中で，これらの懸念が提示されることはほとんどない．その代わり，そのような批判は外部からもたらされる．それは例えば予期せぬ豪雪によって街路清掃ができなくなるなどの，劇的な（しかし一時的な）失策や，衛生部局における汚職，浪費や非効率性に関する新聞記事や，新たな政権における生産性向上のための広範な取組の開始や，新たな衛生局長による新たなプロジェクト（例えば空き家におけるネズミ根絶プログラムなど）の開始や，地区団体に対する近隣清掃活動の奨励などである⁽⁶⁶⁾．業績に関するこのような議論は通常報告書の取りまとめ，調査の実施や問題解決に向けた新たな政策の開始によって解決される．

ごみ収集の公平性と効率性を取り巻く政治的議論は少なくとも2つの観点から重要性を持つ．第一に，このような議論は事業に対する権限を新たに与え，通りを清潔に保つために組織が動員する資源を供給し続ける．第二に，このような議論は社会がこの事業に割り当てられた資源がうまく用いられているかという問いを投げかける機会を継続的に与えてくれる．民間セクターにおける定例株主総会のように，衛生局長による，不定期だが頻繁に行われる利害関係団体やメディア，市民代表との会合は，衛生局長に対して事業の説明をし，また，その説明を新旧の投資を維持するために用いる機会を与えてくれるのである．

この，ごみ収集事業の継続（新しい期間についても）に承認を与える政治的過程は

多くの異なる特徴を持ちうる．それは，この過程がある程度開かれており，ある程度公平であり，過去の業績と将来の可能性に関する情報にある程度基づいており，そしてある程度合理的に決定が行われるという点である．このような承認プロセスが持つ特質は，それがゴミ収集事業と，秩序ある社会の組織としてその事業を消費するものとを結びつけるという点において重要である.[67]

この過程は公平で，効率的で効果的な公的衛生事業を期待する市民を満足させることもあれば，失望させることもあるため，そして市民の満足は公的事業の成否を分けるにあたって重要な位置を占めることから，我々は政治的過程を，ある種の価値を創造するものとして捉える必要がある．もし政治的承認を与えるプロセスがうまく進められれば，市民は彼らの共通の希望が，意見聴取や評価を通じて満足させられ，それが行われなかった場合に比べて事業はより価値あるものになったと感じるだろう．そして公的価値が持つこのような側面は，清潔さとそれを生み出すために用いられた資源のコストとの間の差異とは全く独立に存在するのである.

組織の資本価値

ごみ収集事業について最後にもう一つ明らかにしなければならないことがある．既存の組織，一般的に，市町村の衛生部局は，事業を遂行する．時が経つに連れ，その組織はごみ収集に関して豊富な経験を得る.[68] 組織には労働者や装備を市全体から集め，ごみ収集活動のために派遣するという仕事を達成するための運営のノウハウが獲得される．またその組織には，この結果を生み出すためにどこに行き何をすべきかを理解している労働者が集まっている．その組織では，ごみ収集事業にどの程度の費用がかかり，予算のうちどれだけがすでに消費されたかをマネージャーや事業の監督者に示すための会計システムが使われている．そしてその組織は組織で働く全ての人員が与えられた役割を果たすようにすることのできるマネージャーを有している．このような運営能力は全て，社会が市の衛生部局に行ってきた投資の結晶なのである.

多くの人は，このような経験の蓄積と運営ノウハウは重要な財産であって守られるべきであるか，少なくとも簡単に捨てて良いものではないというだろう．このような見方をする人々は，公的セクターの組織について，市民の代表たる政治家の狭く，短期的な視点とバランスさせることのできる，広く，長期的な視点を持つものであると考える.[69]

この見方は，一定程度利点がある．組織において蓄積された経験には，確かに価値がある．それを代替するのには多大なコストを要するだろう．そして，その経験

の蓄積による生産性上昇の多くがそのマネージャーによって，組織の余剰として吸収され，不確実性や危機への対応能力を向上するために使われたとしても（また，労働者によって業務量を軽減するために用いられたとしても），その組織は現状，他のあらゆる代替手段と比較してもはるかに生産的と考えられる[70]．

　問題は，組織の継続性に対する敬意が，変化への抵抗のための言い訳に変わっていってしまうところにある．ごみ収集のように明らかにルーティンワークに見えるものであっても，変化はあるのである．世界は常に変化し続けている．地区の人口は増えたり減ったりする．民間による取組は活発化したり沈静化したりする．ごみ収集のための新しい技術が生まれる．有毒な廃棄物など，新たな課題が組織のごみ収集・処理能力に新たな問題を突きつける．新しい労働契約は人員配置の変更を必要とする．このような変化全てが，ごみ収集の基本的な運営方法に影響するのである．

　これに加えて，衛生部門に対する政治的要求も変化しうる．例えば，スキャンダルのために，ごみ収集活動を行う地区の変更や，監督レベルの変更が必要となることもあろう．また，衛生部局が突如として，単にごみ収集を行うだけではなく，スラム出身の若者を雇用し，彼らの社会的地位向上に貢献するよう求められることもありうる．また，衛生局長は道路清掃を活用して地区グループを形成し，環境が悪化した地区に栄光を取り戻し，投資を再活性化させる可能性を見いだすこともできる．

　重要なことは，組織の価値は必ずしも現在の任務による価値に限られているわけではないということである．組織は，その運営手法をごみ収集が持つ新たな側面に適応させる能力や，潜在的に社会にとって価値のある何か新しいものを生み出す能力に根ざした，ある種の資本的価値を持っているのである．組織が伝統的な任務をより効率的かつより公平に遂行する機会を活用しうる限り，また組織が環境変化に適応し続けられる限り，そして組織がその卓越した能力を市民にとって価値のある他の何かを産むために用いることができる限り，企業はその現状の能力に基づく評価よりもより価値があるのである．実際，このような企業の「適応能力」こそが，民間企業の長期的な価値を決定するのである[71]．公的企業にとってもおそらく同じことが言えるだろう[72]．

マネジメントの視点から見た公的価値

　このようなごみ収集事業の公的価値に関する議論は，パブリックマネージャーや，彼らに依存する我々その他の市民一般に対して，公的事業の価値一般について何を

50　第 I 部　公的価値を思い描く

教えてくれるのだろうか．そこには 6 つの基本点を挙げうるであろう．

　第一に，次の公理が挙げられる．価値は個人の欲望や主観に根ざしている．それは物理的変化を必ずしも必要とせず，また社会を通じた抽象化も必ずしも必要としない．したがって，公的セクターのマネージャーは常に個人の何らかの欲望を満足させ，そして何らかの受け止められ方に沿って事業を行わなければならないのである．

　第二に，満足させなければならない欲望にはいくつか異なる種類のものがあるということである．一方は市場で生産され分配されうる商品やサービスについての欲望である．これらは私的なマネジメントの対象であり，ここで我々が気にする必要はない．もう一方は公的組織が生産するものについての欲望であり，そしてそれは市民が代表たる政府を通じて表現する欲望を（多少不完全な形で）反映するものである．代表たる政府を通じて表現される市民の熱意は，パブリックマネージャーにとって主要な関心事項である．

　一見して，市民の熱意には 2 種類あることがわかる．一つは個々人が必要とし，消費するものの，その商品を細分化して個々の消費者に販売することができないため，市場メカニズムによっては供給することができないものに対するものである．もう一つは，公と私の間での権利と義務の適切な分配や，経済的機会と社会的責任の公平な分配，または公的組織に投資された税金の効率的な使用に対する希望のように，社会環境全体に対する政治的欲求である．

　実際上は，これらの異なる 2 つの欲望はある重要な理由から一つの欲望に収斂する．市場での技術的課題を解決するために公的権力が用いられるときは常に，その事業は公的色彩を帯びるからである．公的組織が，市民とその代表たる政府から認められた目的を追求するため，個人に対して公的目的のために貢献を義務付けるとき，または強制的に徴税することで得た金を使うときは常に，その事業の価値，事業の効率性や効果のみならず，市民の正義と公平性に対する期待によっても測られなければならないのである．社会が何かを生み出すために一旦国家権力を通じて得られた公的な資源を投じてしまえば，それはもはや市民の政治的選好や欲求と切り離して見ることはできなくなるのである．これらの選好を満たす公的事業の能力は，したがって，その事業の価値創造能力の重要な部分なのである．

　このことから，第三に，公的事業のマネージャーは 2 つの異なる市場を対象に，2 つの異なる活動を通じて価値（市民と，クライアントを満足させるという意味においての）を創造することができるということが導かれる．最も明らかな方法は，彼らに信託された金と権力を活用して，特定のクライアントや受益者に対して価値のあるもの

を作り出すというやり方である．例えば，家族が使うことのできるきれいな公園を作ることや，個人に安心感を与え，未来に希望を持つことができるよう，軍事力を増強することもできる．このような活動によって生産されるものや価値は必ずしも物理的な生産物ではなく，また価値も必ずしも個々の受益者によって消費される物理的商品やサービスであるわけではないが，我々はこれを公的セクターにおける生産活動を通じた価値の創造と呼ぶことができる．

　パブリックマネージャーはまた秩序ある，生産的な公的組織に対する市民（及びその代表者）の欲求に応えるような制度を構築し，運営することによっても，価値を生み出すことができる．彼らは事業に対する継続的な支持を得るため，説明責任というメカニズムを通じて組織の過去と未来の業績を市民とその代表者たちに提示することによって，このような欲求を満足させるのである．このような活動は，公的価値を創造するというよりもむしろ，その定義づけを助けるものとして捉えることもできるだろう．しかし，このような活動は，市民の，公平で，効率的で，説明責任を果たしてくれる公的組織が存在する，秩序ある社会に対する欲求を満足させることで，価値を生み出すのである．ここでは，クライアントや受益者としてではなく，市民一般の要求が満たされるのである．

　公的セクターにおける価値創造が持つこのような二重の性格は不思議に見えるかもしれない．しかし，民間セクターにおいてもこれと全く同じことが存在するのである．民間セクターのマネージャーも２つの異なる集団を満足させなければならない．彼らは，消費者が生産コストを上回る価格で買ってくれるような商品かサービスを生産しなければならない．そして，彼らはその企業の資産を使って，株主や債権者に対して価値のある商品を生み出さなければならない．パブリックマネージャーも同様の状況に直面する．彼らは特定のクライアントに与える利益が生産コストを上回る何かを生産しなければならない．同時に彼らはそれを市民やその代表者が，何か価値のあるものが生み出されたのだと納得する方法でやらなければならない．つまり，どちらのケースにおいても，顧客と，事業のオーナーの双方が，マネージャーの行動の結果に満足しなければならないのである．

　第四に，政府の活動は常に政治権力を用いることから，マネジメントのこれら２つの側面を比較したとき，その重要性が変わってくる．権力が関与するがゆえに，その資源が消費される「オーナー」を満足させることの重要性が，政策の「クライアント」や「受益者」を満足させることの重要性と比べて高まるのである．さらに，事業の「生産的」側面に対して，政策の受益者の満足度の最大化とは異なる何らかの価値を与えることが重要となってくる．組織の生産物の生産と分配は効率的であ

るだけでなく，公平でなければならない．組織の運営は金の消費だけでなく，権力の行使においても効率的でなければならないのである．

第五に，市民とその代表者たち（政策のクライアントや受益者との対比において）がパブリックマネージャーから「購入する」ものは，公的事業の説明，すなわち，政策にまつわる物語だということである．この意味において，公的セクターのマネージャーにとっての政策とは，民間の起業家にとっての目論見書と同等である．この取引をマネージャーの側から見てみると，マネージャーは特定の手法を通じて政策目的を達成するために資源を動員するための授権を得ることとなる．この取引を市民の側から見ると，この承認手続きは価値を創造すると約束する事業総体を購入することと捉えられる．それは，ある問題に特定の方法で対処する（または機会を捉えるための）集団的な，政治的約束である．政治とは，社会全体の目的に対して公的資源を用いて何を創造すべきかという（分析的に解決することのできない）問いに対する，自由民主主義社会の回答なのである．

もちろん我々は，政治的合意が市民の意思や公共の利益を正確に反映していると捉えることは胡散臭いということを理解している．政治的意思決定は様々な種類の汚職に対して脆弱であり，その最も重大なものとして，特定の利益が一般の利益よりも優先されることがある[73]．また，政治は様々な非合理性にも脆弱であり，短期的思考や，痛みを伴う改革を避ける傾向，そしてリスクに対して適切に対処することができない傾向などがある[74]．これらの有名な困難は，政府の運営は政治的意思決定によって道義づけられるという主張に対して，市民やマネージャーの目から見たときに影響を与えうるとともに，実際与えているのである．しかし，不完全な政治的合意は市民やマネージャーに対してせいぜい彼らの叡智に挑戦する権利を与えることしかできないのであり，それを無視したり，軽率に扱ったりすることを許すものではないのである．

もしパブリックマネージャーが長期的な観点で価値を生み出したいなら，彼らに権限を与える者に対して提供する政策を強化することが，彼らの重要な仕事の一部になるだろう．とりわけ，組織の活動を主導する政策は市民とその代表者の利益や懸念を適切に反映しなければならない．また，生み出される価値についての物語は正確な理論と，実際の経験に根ざしていなければならない．また，組織の業績とコストを図ることのできる適切な会計システムの構築を通じて，政治レベルの監督者が組織の実際の運営状況を理解できるようにしなければならない．ここにおいて，政策分析，政策評価，費用効果分析及び費用便益分析のような分析手法が主要な貢献をするのである[75]．これらがなければ政治過程の強みは生かされず，政策運営をす

るマネージャーの知識と経験は生かされず，認識された政治過程の弱点も放置されるだろう．

第六に，パブリックマネージャーが活動する世界は変化するということである．市民の欲求は変化し，同様に，古い任務を達成するための方法も変わっていく．組織の課題環境もまた変化していく．鍵っ子の問題が図書館にとって解決されるべき課題として生まれたように，新しい課題が芽を出し，組織はそれに対して効果的な解決策を考え出すことができるかもしれない．そのとき，パブリックマネージャーは単に組織の継続性を守ることや，組織が今ある課題に対してより効率的になるだけでは十分ではないのである．事業が新しい目的に対して適応力を持ち，イノベーティブかつ実験的であることもまた重要なのである．

これが公的セクターのマネジメントの目的なのである．民間セクターのマネージャーのように，公的セクターのマネージャーも，価値を生み出すだけでなく，公的価値のある事業を定義するという任務に注力しなければならないのである．さらに，彼らは単にその組織の継続性を確保するだけではなく，その組織がそれを取り巻く政治環境・課題環境の中で適応し，再構築できる体制を整えなければならないのである．

残念なことに，この助言はあまりにも一般的かつ抽象的で，あまりパブリックマネージャーの助けにならないかもしれない．この助言はパブリックマネージャーに公的セクターにおけるマネジメント一般の目的と，直面するであろう一般的な問題を意識させるが，彼らの組織を導くための十分具体的な公的価値の定義をどうやって作り上げるかについての具体的なアドバイスは提供しない．また，この助言はパブリックマネージャーにどうやって政治環境や組織環境に関与し，公的価値を定義し創造するかも語らない．

公的価値を想像するためのより具体的な技術を開発し，政治を動かしかつ政治から学び，そして組織を再構築することは，これ以降の本書の主要な目的である．第3章で私はずっと昔に出会ったある実際の公的セクターの幹部を紹介する．彼らはこれらの必要性に対して，「公的価値を想像する」ための技術を用いることによって対応し，そしてそれによって今日の公的セクターの幹部にとっての標準を打ち立てた．続く章では，私は政治環境への関与と，組織の業績向上のための好事例（失敗例も）を提供してくれるマネージャーについて記述する．

第3章　公的セクターにおける組織戦略

　パブリックマネージャーは公的価値を創造する．ここで問題となるのは，パブリックマネージャーにとって一体それが何なのかを知るすべはないということである(1)．たとえある一時点においてそれを知ることができたとしても，次の日にはそれを疑わなければならない．というのも，その時までに，彼らの努力を裏付ける政治からの要求や市民の需要は変わっている可能性があるからである(2)．

　このような曖昧さにもかかわらず，パブリックマネージャーは彼らの組織が生み出す価値についての説明が求められる．日々，彼らの組織の運営によって公的資源が消費される．また，これらの運営は，意図するかしないかにかかわらず，社会に具体的な影響を与える．もしマネージャーがこれらの活動が生む価値について，物語を通じて，または業績の提示によって説明することができなかったとしたら，彼らの事業の正統性は，彼らの事業を導く能力とともに，傷ついてしまうのである(3)．

　彼らの責任もまた現在の業務運営に限定されているものではない．今日使われた資源は明日には価値がなくなるかもしれない．例えば新たな設備，新たな知識，そして新たな人的資源への投資は，予測される変化によって必要とされ，そしてこれらが将来の業績を向上させるという期待によって正当化される．たとえ目に見える投資がなかったとしても，現在の業務運営は，今日の経験が明日の組織の文化や能力を形づくることから，将来の業績に影響を与える．パブリックマネージャーはしたがって現在と未来にわたり良い影響を与える，公的価値についてのビジョンを持っていることが求められるのである．

　この抽象的課題を具体的な形で理解するために，ウィリアム・ラッケルスハウス氏が米国環境保護庁長官に指名された際に直面した状況と，ジェローム・ミラー氏がマサチューセッツ州の青少年サービス局の局長に指名された際に直面した状況について検討してみよう．

ウィリアム・ラッケルスハウスと環境保護庁

　1960年台後半，米国の政治の世界では強力な環境保護運動の嵐が吹き荒れていた(4)．原油の流出が海を汚染し，露天掘りの鉱山開発は丘陵を傷つけていた．大規模な森林伐採は森林を丸裸にし，スモッグは都市を窒息させていた．一般市民は，これらの問題に関する個人的かつ具体的な経験（それに加えてメディアによる注目の上昇）

によって突き動かされ，環境団体の規模を拡大し，それは政府に環境問題に対処するよう要求する強力なロビイング活動につながった[5]．

　民主党の大統領筆頭候補だったエドモンド・マスキー上院議員は，これを重要な政治的機会と捉え，上院公共事業委員会の議長としての立場から，環境保護という課題を争点として取り上げた．彼のリーダーシップに触発され，議会はより積極的に環境汚染を規制するための法案を通過させた．ニクソン大統領もこれに応え，国レベルでの環境汚染への対応を調整するための組織を設立するための大統領令を発布した．米国環境保護庁（EPA）の設立である．明らかに社会は，選挙によって選ばれた代表を通じた活動を通じて，環境を浄化し，保護するための民間の努力を促すため，より積極的に公的財産と権力を使う決意をしたのである．

　しかし，環境保護に対する熱意の広がりとは裏腹に，**政治的**には多くのことが決まっていなかった．例えば，環境浄化のためにどれだけの対価を社会全体として払う意思があるかを誰もわかっていなかった．初めの時点ではそのコストは曖昧であったため，浄化活動を始めることは簡単であったが，（企業が汚染軽減のために生産を調整することに伴う経済成長の鈍化や，自治体が汚染を軽減するために下水処理政策を変更することに伴う税率の上昇という形で）その活動費用が上昇するとすぐに，様々な利害関係団体が政策に意見し始めるようになるのである．

　環境法制をめぐる政治情勢と，新たに設立されたEPAに対する継続的な監視は，環境保護に関する様々な利害を反映していた．「環境主義者」たちは環境政策の社会的価値を極めて高く評価し，そのコストを比較的低く見積もっていた．彼らは過激な浄化活動を主張した．一方，「汚染者（主に産業界と自治体）」は，環境政策の社会的利益についてより懐疑的であり，その高いコストをよりはっきりと認識していた．彼らは性急な浄化活動に抵抗した．環境保護に対する市民の声の高まりは一時的に汚染者の力を弱め，対立する利益の間で，一定の慎重なバランスを作り上げた．

　このバランスが慎重なものとなった理由の一つは環境保護運動を突き動かしている価値が少なからず混乱したままだったことによる．環境浄化という目標のもとに団結しつつも，その背後のグループは多様な正当化理由を掲げていた[6]．美しい環境を保護することを追求する者もいれば，また，人間の健康に対する脅威を主張する者もいた．さらに，自然の秩序を人間による搾取から保護しようとする者もいた．このような違いは皆が共通の目標を持っていた活動当初は大きな問題ではなかったが，それは連携して政治活動を行う際に亀裂を生じさせることとなった．そして，環境保護の対価が上昇した時，また，環境政策がある目標よりも別の目標を目指すようになる時，この亀裂は大きな裂け目になるのである．

56 第Ⅰ部 公的価値を思い描く

実体的にも，環境に対する主要な脅威が何であるかもはっきりしていなかった．環境汚染物質と人間の健康被害との間を結びつけるような基礎科学は十分ではなかった．また，汚染物質を工業生産過程において消滅や分散させるための技術的知見も得られていなかった．そして，何十年にもわたる連邦政府の努力にもかかわらず，環境基準や汚染源を監視するための基本的なシステムは，正確さの点でも包括性の点でも全く不十分であった．結果として，EPA は不確実な課題に直面したのである．つまり，誰も環境に対する主要な脅威が何なのか，それがどこにあるのか，また，どうやって対処できるのか知らなかったのである．

運営面から見ると，巣立ったばかりの組織は十分組織化されておらず，十分訓練されてもいなかった．２つの主要な政策プログラム，一つは水質汚濁に，もう一つは大気汚染に対処するものであったが，これらは別の組織からそのまま移管され，新設の EPA の中核となっていた．しかし，EPA はこのほかにも他の機関から断片的な組織の移管を受けていた．これらの断片もまた，運営面でも，また組織文化の面でも，統合される必要があった．さらに残念なことに，水質と大気に関するプログラムの稼働状況は完璧から程遠いものであった．そのどちらも汚染者に対して何か義務付けするに足る根拠となる，包括的な基準の体系を作り出せていなかった．そして，組織全体としても，主に法執行と科学的知見の面で大きな欠陥があった．

新たに設立された EPA を通じて提供される資金と権限を与えられたパブリックマネージャーとして，ラッケルスハウスは今後の活動方針と，機関のビジョンを設定するという課題に直面していた．そのビジョンは EPA が社会のために生み出す公的価値のコンセプトを体現しなければならなかったのである．

ジェローム・ミラーと青少年サービス局

1986年の春，マサチューセッツ州の青少年保護施設であるブリッジウォーター少年の家で暴動が発生した[7]．暴動は，非行を犯した青少年をどう扱うべきかという政治的議論が白熱する最中に発生した．

それまでに，青少年支援グループはマサチューセッツ州青少年サービス局が少年少女をその家族や出身コミュニティに近いところで矯正プログラムを受けさせるのではなく，彼らを隔離された施設に閉じ込めているとして批判していた．このような批判者は，隔離された施設はしばしば軽微な犯罪しかしていない児童にとって過度に懲罰的であるというだけでなく，児童の再犯可能性を高めているという点で失敗していると見ていた．つまり，施設は不公正なだけでなく効果的でなかったというのである[8]．

このような批判的主張を行っていたグループの声は州知事のフランシス・サージェントとその福祉担当補佐官であるピーター・ゴールドマークから共感を得ることができた．彼らは州の施設収容者をできる限り解放することによって，幅広い分野における福祉サービスの質の向上を図る取組を開始した．この改革は青少年の権利保護を青少年福祉の一般的な制度の中にうまく当てはめることを推進した．マサチューセッツ州上院議長のトマス・マギーもまた，このような主張の持つメリットを感じていた．

州の青少年犯罪者に対する対応を変革しようという動きはマサチューセッツ州の立法部門に届き，州青少年サービス局に新たな権限を与える法案が成立した．組織の名称が変更され，新しいプログラムが承認され，新しい予算が割り当てられた．ミシガン大学教授のジェローム・ミラーは，それまでマネジメントの経験を持っていなかったが，この新たな法律を実施するために指名されたのである．

ラッケルスハウスと EPA の例と同じように，この事例においても，政治過程によって新たな権限がもたらされたように見える．しかし，この事例においても，具体的に何が生み出されるべきか，またどのように生み出されるべきかは曖昧なままであった．

実質的には，社会は青少年犯罪者を安全な隔離状況に置くことによって新たな犯罪を防ぐという短期的利益と，非行青少年が犯罪を繰り返す状況に陥るような過程を食い止めるという長期的な利益の間での新たなバランスを探しているように考えられた．元々はこれらの2つの目的は矯正学校のビジョンのもとで統合されていた[9]．これらの施設は，厳密な州政府の監視下のもとに置きつつ集中的なリハビリサービスを提供することで，両方の目的を達成するはずであった．

しかし，時代はこのようなビジョンに対して冷淡であった．矯正学校のプログラムに対する批判者は，リハビリプログラムは児童に対する拘束のためのシステムに成り下がってしまっていると批判していた．このため，施設はリハビリのための共同体ではなく，「倉庫」になってしまっていた[10]．批判者はさらにリハビリは青少年犯罪者を彼らのコミュニティや家族に再統合する努力なしには成功し得ないと主張した[11]．しかしそのような活動にはアフターケアサービスが必要であり，さらにそれは児童を施設の中で管理するために作られた組織にとって困難であった．最後に，批判者は青少年犯罪者を一般社会から隔離し，軽微な非行者をより深刻な非行者と混ぜることで，施設は犯罪学校となり，児童を犯罪の世界から遠ざけるというよりも犯罪に仕向けていると信じていた[12]．

これらの批判は説得力を持ちつつも，明確な代替手段があるわけではなかった．

批判者はリハビリにより重点を置いた取組と，アフターケアの充実を主要な改革として主張した．しかし，批判者は施設には本来収容される必要が全くない児童が収容されているという確信を持っているようにも見られていた．このような児童について批判者は，より緩やかな監督のもとで，より効果的にコミュニティへの統合を進める，ある種の代替的な保護観察処分を提案していた．

このような考え方は，代替的な保護観察処分が非行青少年による再犯を防止するための十分な監督を実現できるかどうかについて懐疑的な者による抵抗に遭った．また，代替的な保護観察処分は非行青少年による将来の犯罪を抑止できるだけ十分厳格でない，また，少年犯罪の被害者にとって，正義が行われたと満足できるだけ厳格でないと考えられた．

確かに青少年に対する法執行にまつわる議論の多くは「何が有効か」という点に重点を置いていたが，もう一つの論点も触れられていた．それは，どうすれば法執行システムが犯罪を犯した児童を正当に扱うことができるか，という点であった．これについては単に児童は彼らが犯した犯罪について責任を負えば済むのであり，未成年裁判で下される刑罰は十分説明責任を果たしていないと懸念する者と，一方では児童を裁くにあたっては，児童はその犯罪について成人のように道義的責任を問うことはできず，社会は彼らの健全な発達のためにより多くの責任を持つということを認める必要があると考える者があった．[13]

このような何が有効で，どうすべきかという実質的な議論は解決されないままであった．にもかかわらず，新たな法制度の下で，青少年サービス局の優先事項は明らかに変わったのである．法制度と知事はどちらも，たとえ短期的に少年犯罪率が上昇するという対価を払わなければならないとしても，児童の社会的発達を強化する方向でリスクをとることにこそ，公的価値があると主張しているように思われた．さらに，これらの新しい目標は，社会復帰施設やコミュニティでの集中的な保護観察といったプログラムを通じて達成されうるものであった．

しかし，法案ではこれらの目標は明確に掲げられることも，曖昧にでも言及されることもなかった．環境浄化推進派がいつまでその費用を避けたい勢力を押さえつけられるかが明らかでないのと同様，青少年の発達を重視する勢力が犯罪抑制を重視する勢力に対していつまで優勢を維持できるかはわからなかったのである．どうすれば環境に対する脅威にうまく対処できるのかが明らかでなかったように，青少年犯罪者の再犯を減少させるにはどうすればいいかも明らかでなかったのである．

運営の面でも，ラッケルスハウスのように，ミラーはその目的に合わない組織を率いざるを得なかった．しかし，大きく異なる部分からなり，できたばかりで体系

化されていない組織を引き継いだラッケルスハウスとは異なり，ミラーは刑事制度を運営するという一つの決まった目的を遂行することのためにその資源を全て投入する組織を引き継いだ．彼の手元の予算のほぼ全てはこれらの制度の運用支援のために用いられ，主要な管理職の全てがこれらの制度運用に当たっていた．ラッケルスハウスが組織化されておらず混沌とした組織を立ち上げるという問題に直面していたのに対して，ミラーは全く新しい活動を始める余裕を見つけなければならないという問題に直面していたのである．

　ラッケルスハウスのように，ミラーは彼が率いる組織の未来への道筋を定義しなければならなかった．それは，彼が引き継いだ組織の資産を用いて，新たなマンデートに暗に含まれた政治的要求を定義し，それに応えるための道筋だったのである．

公的セクターにおけるマネジメントの裁量とリーダーシップ

　これらの事例において決定的なことはラッケルスハウスとミラーがそれぞれの組織を率いるに当たって直面した根本的な曖昧さである．重要なことに，この曖昧さは手段だけでなく**目標**にも関わっているのである．ラッケルスハウスは環境浄化活動のコストと，綺麗で，安全で，またはより完璧な環境の利益との間のトレードオフはどうあるべきかという点について明確な指示を受けていなかった．同様に，ミラーもまた短期的な犯罪抑止と，不確実な矯正の可能性との間のバランスをどうとるべきか指示を受けていなかった[14]．

　しかし，彼らはさらに手段の面でも深刻な曖昧さに直面していたのである．まずラッケルハウスは環境汚染を低いコストで削減するためにどのような政策をとりうるか知らなかった．ミラーもまた，代替的保護処分は短期的にも長期的にも犯罪を抑制するために効果的かどうかわからなかった．

　このような目的と手段における曖昧さのために，一定程度の裁量と，これに伴ってリーダーシップの機会が生まれる．社会にとって，公的領域において何をすることが望ましいか，また可能かを学ぶために，その領域を一時的に任されているこれらのマネージャーのリーダーシップが必要なのである[15]．

　もちろん，パブリックマネージャーが持つ裁量の幅を誇張することは簡単である[16]．選挙を経た首長や立法部門，メディア，利害関係団体等による厳密で継続的な監視が彼らの裁量を厳しく制限する[17]．マネージャーはまた彼らが率いる組織の能力が制限されていること，また，イノベーションと実験を行う機会が限られていることによっても監視されている[18]．これらを合わせて，政治的な制約と組織的な制約によって活動の幅は比較的狭くなるのである．

60　第Ⅰ部　公的価値を思い描く

　それでも，多くのケースにおいて，パブリックマネージャー（とその監督者）が認める以上の裁量が存在する(19)．ほぼ全ての場合において，公的事業を取り巻く政治的環境はあまりに対立的であるがために，公的価値についていくつかの異なる，尤もらしく持続可能な概念が提示されるのである(20)．同様に，通常現状の組織運営の効果についての批判や改善のための提案が十分あるがために，事業を運営する公的セクターの管理職は，イノベーションや実験のための余地を見いだすことができるのである(21)．

　時には，公的セクターのトップは広い裁量の幅を与えられることもある．これは新たな課題が発生した時や，課題に対する過去のアプローチに対する信頼が広く失われた時によく起きる．そのような場合社会はマネージャーによるリーダーシップをより受け入れやすくなり，そして幅広い可能な対応策のリストを享受するのである．

　ラッケルスハウスとミラーが置かれた文脈はまさにそのようなものであったように思える．ラッケルスハウスの例では新たな課題が明確な解決策のないまま出現した．ミラーの例では，慢性的な社会問題に対する過去のアプローチは破産し，新しい要求が彼の事業に対して大きな権限と資金を注入したのである(22)．そして，ラッケルスハウスとミラーが直面したマネジメント上の課題は，彼らの事業の航海図を示し，それぞれの機会を最大限活用することとなったのである．

民間セクターにおけるミッションと目標の定義

　民間セクターのトップも同じ課題に直面する．彼らもまた，その事業の進路を示さなければならない(23)．第1章で私が示したように，社会は民間のトップによるこのようなリーダーシップについて，公的セクターのトップと比べてより好感を持って見る．民間セクターのトップは一般的に，その組織の戦略的目標と運営計画を定めることでこの課題に対処する(24)．彼らが目標を定めるために用いる技術は公的セクターのトップにとっても役に立つかもしれない．一見するとそのような技術は公的セクターの文脈では限定的な形でしか当てはまらないようにも見える(25)．結局，民間セクターの事業の目標は株主の長期的な富を最大化することにあるという点について，幅広い見解の一致があるからである(26)．一方で，図書館や，自治体の衛生部局，環境保護庁，そして青少年矯正施設の目標については，そのような一致した見解は存在しない．

　民間セクターのトップはさらに，彼らの行動が計画通りうまくいっているかどうかを比較的迅速かつ正確に示してくれる評価システムから多大な利益を受けてい

る．もし彼らが利益を生んでいれば，彼らは価値を創造したという強い推定が働く
のである．[27] それがボトムライン，すなわち純利益が提供するメッセージである．一
方で公的セクターのトップはプログラム評価や費用便益分析が完了するまでより長
い時間待たなければならないだろう．[28] さらに，たとえそれが完了したとしても，そ
のような取組は公的セクターにおける取組の究極的な価値についてあまり説得力の
ある情報を提供してくれない．というのも，事業のあるべき目標についての議論は
引き続き行われるからである．[29]

このような民間セクターにおけるマネジメントの特徴は民間企業の方針を定め維
持する際の困難さを明らかに緩和して**くれる**．そしてそれは民間セクターのトップ
が用いる技術を公的セクターのトップから遠ざける**かもしれない**．しかし，これら
の違いが持つ意味は安易に誇張されている．

結局，「長期的観点での株主の富の最大化」という概念は，本質的に抽象的なも
のである．それは「公的利益」の概念と同じくらい抽象的である．その概念は，ま
た，その組織が株主の富を最大化するという抽象的な目標を達成できるようにする
ために，一体どのような商品を生産すべきか，また新しい工場や設備についてどの
ような投資をすべきか，という複雑かつ具体的な問題を解決することができないの
である．

企業の取組を導くためには，事業計画が十分具体的でなければならない．事業計
画には具体的な商品，具体的な営業計画，そして具体的な資金計画が定められなけ
ればならない．[30] 必然的に，そのような計画は不確実性で満ちたものとならざるを得
ない．消費者の嗜好や，新しい技術の可能性や，将来の資本の価格については誰も
確実なことは言えないのである．この不確実性は，マネージャーによって提案され
たある計画が株主の富を長期的に最大化するような最善の計画であるかどうかにつ
いて議論する大きな余地，おそらく環境保護や青少年の非行防止のための最善の方
策を検討する場合と同じ程度の余地，を生むのである．

もちろん，民間セクターのマネージャーの，比較的迅速かつ正確に彼らが選んだ
選択肢が良いものであるかどうかを判断する能力は，一定程度計画を策定するにあ
たっての不確実性を補ってくれる．利益率によって正確に示される実際の経験は，
当初は机上の計画でしかなかったものの実際の価値について迅速に成否の判断を示
してくれるのである．

しかし，これが民間セクターのトップに与える利点を判断するにあたっては，会
計帳簿は将来ではなく，過去の業績しか測ることができないということを心にとど
めなければならない．そして，あらゆる事業計画の判断は過去ではなく将来に関す

るものとなるのである. そうすると, 若干驚くべきことに, 民間のマネージャーも パブリックマネージャーも, 未来に関しては同じボロ船に乗っているということに なるのである. 彼らの価値に関する考えは, 実証された成績ではなく, 価値につい ての理論に基づかなければならないのである.

企業戦略という概念

このような, 株主に価値を提供するためにどのような道をとるべきかという不確 実性に対処するため, 民間セクターのトップや, 彼らと共に働く学者たちは「企業 戦略」という概念を開発し, それに依ってきた.[32] 当初, この概念に少なからず神秘 主義のようなものがつきまとっていた. 企業戦略を実務に即して記述し, なぜそれ が成功と言えるかを説明することは, 将来の企業戦略を作るための方法論を開発す ることに比べれば遥かに容易であった. 後に, 分析の積み重ねの結果, 一定の産業 部門の一定の企業について, 戦略的機会を検討するためのよりしっかりとした方法 論の開発に一定程度進歩が見られた.[33] 私の目的上最も重要なことは, 民間セクター のトップが, 彼らの組織を持続的な, 価値を創造する能力に向けるために, 企業戦 略の概念を便利と考えたところにある.[34]

おそらく, この概念が持つ唯一かつ最も価値ある特徴は, それが民間企業のトッ プたちに, その組織をその助けなしにはできないほど広く, 長い目で, そして抽象 的な文脈で見るよう促すことにあるだろう. 特に, この概念を活用することで, 彼 らの注意を今日の商品を生産するための問題からそらすことができる. これに代 わって, 彼らはその組織が置かれた外部の市場環境, 特に顧客や競合者, そして未 来に注意を向けるようになるのである.[35]

顧客は明白な理由から重要である. 結局, 民間企業が成功するためには, 顧客が 求めるものを生産しなければならない. 起業家たちが顧客が求めるものについて勘 を働かせるのも結構なことであるが, 顧客自身から彼らが何を求めているかを知る ほうがはるかに良い. また, 顧客は抽象的な情報の提供によってだけでなく, 実際 の経験に基づいて, 何に価値があるかについての考えを変えうるということを認識 することも重要である. したがって, マーケティング, 消費者が何に価値を置くか についての調査と, 顧客との間で現在進行形の関係を構築するための装置として理 解されるものが, よく練られた企業戦略の重要な要素となるのである.[36]

競合者は同様に明らかな理由から重要である. もし競合者がより良い商品を持っ ていれば, そのような商品を生産することはほとんど利益を生まない. さらに, も しマネージャーが比較優位を得られるような商品か, 生産技術面でのブレークス

ルーを生むことができたとしても，マネージャーは競合者もまた将来同じことを達成しうるということを想定しなければならない．結果的に，比較優位を評価するにあたっては，マネージャーは単にそれがどれだけ大きいかを考えるだけでなく，それがどれだけ長く続くかを考えなければならないのである(37).

　民間企業のトップは一旦市場環境とその環境における優位性が時間とともに薄れていくかについて考え始めると，自然と彼らは変化と不確実性について目を向けるようになる．というのも，市場環境について明らかなことがあるとすれば，それは，環境は変化するということであるからである．顧客の思考は変化する．技術も同様に変化する．資本の価格も同様に変化する．これらの変化のために，企業の競争上の地位は向上することもあれば低下することもあるのである(38).

　これらの要素に関する大きな不確実性に加えて，競合企業の間では戦略的相互作用が生じる大きな余地があった(39).もし競合者がある方向に動けば，自分の会社にとって最良の行動はその競合者が別の動きをした場合とは大きく異なるであろう．そして全ての企業の行動が，ある企業がとった行動によって影響を受けるのである(40).

　このような不確実性に直面し，民間セクターのトップは，富の最大化に向けたある特定の道筋を進み続けるのではなく，自分の会社の市場環境における「ポジショニング」の観点で考えることが奨励される．彼らの任務は単に現在の製品を生産するための専門的能力を洗練させ続けるだけでない．それは将来のために多様化し，新しい機会に機敏に適応できるようになることでもある(41).現在の生産はただ昨日の問題に答え，将来に向けての基盤となるだけであった．それは将来の成功を保証するものではなかった．

　このようにして，企業戦略の概念は企業のトップに対して，彼らの組織を超えて外部の市場環境に目を向けさせるだけでなく，ダイナミックかつ戦略的に思考するよう強制するのである．彼らはその市場環境がどのように変化しそうか考えなければならない．また彼らはその組織が予測される機会を手にするため，また予測される脅威に対処するためにどのような体制をとるべきかを考えなければならない．またどのような投資が彼らの将来の地位を強化するかについても考えなければならないのである．

独自コンピタンス (Distinctive Competence)

　自分の会社をダイナミックな競争市場の中で有利に位置付けるという課題のために，民間セクターのトップは自分の組織を幾分異なる形で分析することとなる．彼らは自分自身の「独自コンピタンス」を求めるのである(42).

64　第Ⅰ部　公的価値を思い描く

　一見すると，この「独自コンピタンス」という概念は，企業トップの注意を現在の状況に戻し，企業が今行っている業務運営に向けるように思われるかもしれない．それは市場環境や未来とは関係がないように見えるかもしれない．この概念は組織が現在何についてどうすべきかを知っているかということに焦点を当てる．しかし，現実に当てはめると，ある組織の独自コンピタンスを特定することは，マネージャーに対して抽象化，つまり，その組織が持つ，その企業が現在の商品市場，またはその企業が活動することになりうる他の市場の中でどのような位置を占めることができるかを示しうる総合的な能力，を要求するのである．

　したがって，例えば，ある電気機器メーカーがその独自コンピタンスを「モーターを金属製の箱に入れること」にあると考えたとしよう[43]．これはある意味では，生産能力を記述したものであり，製品の能力を示すものではないため，具体的と考えることができる．一方で，それは当該企業が生産する他の多くの商品のみならず，新しい製品をも包含する抽象的説明に過ぎないとも取れる．さらに，これは同じ産業分野における，当該企業の持つ独自コンピタンスを示している．したがって，マネージャーはこう考えることができる．「これが，我々がどうすべきかについて一般的に知っていることである．この一連の総合的能力によって，どれだけの価値ある商品を生み出すことができるだろうか」

　組織について顧客，競争相手，そして独自コンピタンスの観点で考えることによって，民間セクターのトップは日々追われる現在の製品の生産と提供という任務から離れ，彼らの事業についてより広い文脈から，より抽象的な視点のもとで考えることができるのである[44]．この距離はマネージャーに，それがなければ見逃していたであろう，彼らが置かれた環境に存在する脅威と機会を把握することを可能にしてくれることから，有意義なのである．それはさらにマネージャーを想像力豊かにし，そして，彼らが置かれた複雑な競争環境の中で株主の富を最大化するために取ることができる様々な手法をより正確に分析することを助けるのである．

多様化した複合体（コングロマリット）における戦略

　これらの基本的な概念は単一の商品を生産する企業や，商品ラインアップが特定の産業にまとまっている企業について最もよく当てはまる．企業が多商品を扱う複合体化するにつれ，そして企業の財務プロファイルが望ましい新商品や低コスト化のための技術と同様に高い利益率に貢献するようになるにつれ，戦略の概念が重要な適応変化をとげていったのである[45]．

　第一に，一つの事業のうち多くの異なる要素が戦略的重要性を持ち始めた．戦略

的資産は必ずしも商品や技術である必要がなくなった．それは重要な人材であったり，サプライヤーとの間の強力なつながり，また，物流や税制上で有利な，特に価値のある生産拠点でもあり得た．規制当局から得た許可でさえもこれに該当し得た．つまり，戦略分析がより洗練されていくにつれ，ある特定の事業における数多くの特徴が持つ戦略的価値が明らかになっていったのである．

　第二に，企業を単一の事業としてみるのではなく，マネージャーは企業を異なる事業のポートフォリオとしてみるようになった．事業のポートフォリオは，金融取引，生産，分配，マーケティングの補完を通じて，その企業グループの特定の事業にとってコストとなることもあれば，利点となることもあった．

　しかし，たとえそのポートフォリオが実際にはこれらの技術的可能性を持っていなかったとしても，商品と産業分野の多様化がその企業のリスクを分散させる限りにおいて，やはり利点となるのである．もしある企業がいくつか異なる産業分野で商品を持っていれば，その企業は特定の産業における不況に対して比較的耐久力をもつであろうし，また，新しい分野における急速な発展により上手く乗ることができる．多様化の対価となるのは，それによって組織の焦点が失われることと，それによって，ある程度生産能力が失われることにある．しかし，多くの企業にとって，商品の多様化がもたらす財務上の利点は，焦点や専門性を失う欠点を補って余りあるのである．

　かくして，戦略の焦点は企業の様々な商品が様々な市場において持つ比較優位に移り，いかにしてある商品のもたらす利益が新しい商品の生産に伴うコストと，それに必然的に伴うリスクをカバーできるのかを分析するようになったのである．その中では，ある市場における，身を隠しやすいニッチを見つけ出すことではなく，リスクの分散や，あるポートフォリオから別のポートフォリオへの移行の管理などの問題が強調されたのである．

持続可能な取引としての戦略

　より近年ではさらに，企業戦略の概念はもう一つの改訂を行おうとしているように見える．今回はコーポレートガバナンスとマネジメントに対する大きな課題に対応するために．課題の一つは，株主や顧客とは別の外部の者が，企業の資産と活動に対して効果的に要求を突きつける力が増大したことから生じている．

　一昔前は，企業がその全体的な目的を定義するにあたって経営者層が対応しなければならない主要な集団は労働者であった．実に，最近になるまで，労働者は給与水準の引き上げ，安全な労働環境の実現，より信頼できる年金制度などの要求をと

66   第Ⅰ部　公的価値を思い描く

ても効果的に行っていた.

　より最近では，労働者以外のものが民間企業に対して効果的に要求をするように
なった．例えば，政府は今や単なる税収以上のことを企業に求めるようになった.
政府は企業を環境保護からアファーマティブアクションまでに至る社会的目標のた
めのエージェントとして使うようになった.⁽⁵⁰⁾ さらに最近では，地域コミュニティま
でもが，良い企業市民としてのイメージを大事にする企業に対して要求をするよう
になった.⁽⁵¹⁾ このような様々な団体からのプレッシャーの積み重なりのために，企業
の目標は株主の富の最大化から，増え続ける社会的制約の下でその目標を達成する
ことに移行することとなった．そしてその社会的制約は時に本来の目標以上に重要
になった.⁽⁵²⁾

　当然の帰結として，これらの変化はもう一つの重要な変化を引き起こした．企業
は，まだ手がつけられていない経済価値があると主張し，市場価値よりもはるかに
高い値段でその企業の経営権を買い取ろうとする起業家たちによる敵対的買収に対
して，より脆弱になった.⁽⁵³⁾ 起業家が高い値段を払おうとすることは，企業の資産が
より集中的に，またはより生産的に，またはより株主の利益に忠実に用いることが
できると彼らが確信していることを示している．株主はこれになびきがちであるた
め，結果として，経営陣はこのような買収の試みを避けることに注意を注ぐように
なる.

　このようなコーポレートガバナンスに対する挑戦のため，民間企業の経営層は，
会社の将来の発展の道筋を決める権限は彼らに自由委任されているという幻想を捨
てることとなった．かつては定時株主総会でルーティンワークとして承認されてい
た彼らの目的や計画は，しばしばどう猛な株主や，攻撃的な乗っ取り屋，確固たる
意志を持った政府の規制当局や怒りに満ちた地域コミュニティによる挑戦を受ける
ようになった．とあるビジネススクールの教授が言ったように，「我々は企業の戦
略を策定するのは CEO の特権だと考えていた．しかし今では良い戦略とは，単に
株主，債権者，従業員，サプライヤー，政府，そして地域コミュニティを含む多様
なステークホルダーとの間の持続的な取引でしかなくなった.⁽⁵⁴⁾」

　まとめると，民間セクターにおける戦略の概念は，民間企業のトップがより複雑
化するダイナミックな世界の中でその事業をどう位置付け，活用するかを分析する
のを助けてきた．環境の中の脅威と機会に注意を向けることによって，そして，民
間企業のトップに対して自分の組織をその決定的能力と彼らが支配する戦略的に重
要な資産という観点から見るように仕向けることで，その概念は民間企業のトップ
が具体的な事業計画を策定することを助けてきた．そして，彼らはそれらの計画を

第3章　公的セクターにおける組織戦略　67

事業に対して利害関係のある全ての関係者と交渉することが求められるようになった.

公的セクターにおけるミッションと目標の定義

　ここで問題となるのは，これらの概念が公的セクターのトップにとっても便利に用いられることができるかどうかということである．一見すると，これらの二つのセクターの間の違いはどうしようもないように思える．例えば，競合相手に関する論点は無視して良いように思える．というのも，多くの政府機関は自分が独占企業であると考えているからである.[55]　同様に，政府機関が，それぞれが財務面で支え合うような商品のポートフォリオを構築できるという考えも少々不思議に思える.[56]

　それでも，企業戦略の概念は公的セクターの経営にも十分に当てはまる．例えば，組織が現在使っている以上の決定的な能力を持っている可能性があるという考えは，第一章での，図書館を本を読んだり配ったりする場所に加えて，育児のための室内遊技場のようなものとして捉える考え方と整合している．公的セクターのトップが彼らの業績を市民，監督者やクライアントの要求につなげなければならないという考え方は，第二章で公的価値について提起した議論に一致する．そして最後に，組織は不確実で，ダイナミックな市場の中で立ち回らなければならず，また，成功する組織戦略は利害関係者との持続的な取引を体現しなければならないという考え方は，組織はよく定義された任務を与えられているという考え方と比べてはるかに的確に，ラッケルスハウスとミラーが直面したジレンマを捉えている．企業戦略は，公的セクターのトップが長い間戦ってきた現実と向き合うのを助けてまでくれるかもしれない．すなわち，彼らのとるべき行動についてのマンデートは曖昧であるとともに，変化しやすいものであって，そして，そのような現実に効果的に対処するためには，組織を明確に定義された目的の達成に厳しく集中させるよりも，適応力があり，柔軟な組織とする方が良いかもしれないのである.

戦略トライアングル（The Strategic Triangle）

　ここ数年間において，ケネディスクールでパブリックマネジメントを担当する教授陣は公的セクターに適応した組織戦略の基本的な概念構築を進めてきた.[57]　このコンセプトでは，組織戦略は，（1）組織の全体的なミッションや目的を明らかにする（重要な公的価値として提示される），（2）事業に対する社会の支持（commitment）を維持するために利用できる，支持基盤と正統性のための説明を提供し，かつ（3）宣言された目標を実現するために，事業がどのように構築され，運営されるかを説

明するという三点を同時に実現する概念である.

　公的セクターの組織のための戦略を開発するにあたって，マネージャーはこれらの要素を三つの広範なテストを通じて調和させなければならない．まず，戦略は組織が監督者，クライアント，そして受益者に対して資金と権力行使の双方において低いコストで価値あるものを生み出すという意味において，**実質的に価値があるも**のでなければならない.

　次に，戦略は**正統かつ政治的に持続可能**でなければならない．つまり，その事業は持続的に公権力と資金を究極的に責任を負う政治的環境の中から引き出せるものでなければならないということである.

　第三に，その戦略は，認められた，価値のある活動が実際の組織によって，組織の目標に貢献するために協力するものの助けを得つつ実際に達成できるという意味で，**運営上も，組織管理上も実現可能**でなければならない.

　これらのテストは公的セクターにおける価値創造のための必要条件を特定することから，強力なものである(58)．その必要性を確認するために，これらの三つの条件のどれか一つでも欠けていた場合にマネージャーとその組織に何が起こるかを想像してみよう.

　もしマネージャーが政治環境から幅広い支持を得た魅力的な目的を持っていつつ，それを達成する運営能力を欠いていた場合，その戦略的ビジョンは失敗に終わる．目標が非現実的として却下されるか，政治がそれを達成するための別の制度体を見つけてくるだろう.

　もしマネージャーが組織管理上も運営上も実現可能で，実質的価値のある目標を持っていつつ，政治からの支持を得ることができなければ，その事業もまた失敗に終わるだろう．資金と資源に対する必要がそれを運命づけるだろう.

　もしマネージャーが政治からの支持を得られ，行政運営上実現可能であるが，なんら実質的な意味のない組織活動を考えついたとしたら，長期的にその戦略は失敗するだろう．それは必ずしもその組織が縮小するからではなく，単にその活動は無駄であり，最終的には誰かが警鐘を鳴らすであろうからである.

　最後に，最も厳しいことに，もしマネージャーが何か実質的な価値のあるアイデアを持っているが，政治的支持を得ることができないか，それを行政運営上実現できないとき，そのようなアイデアは戦略的概念としては失敗とされなければならない．そのようなアイデアは，最悪の意味において，「アカデミック」なものなのである.

概念枠組みの有用性

この概念枠組みは，民間セクターにおける企業戦略の概念のように，公的セクターのトップを彼らの組織を統括し維持するという任務から一歩引き下がり，政治的環境や課題環境が，追加的な公的価値を創造するという利益のために組織の目的を変更することを求めるか，許容するかという問題に注意を振り向けることを助ける．それは彼らに合目的性を維持し，より大きな公的価値の創造に向けて，挑戦し，組織を導くように仕向けるのである(59)（パブリックマネージャーは組織の活動を縮小し，民間消費のために資金を戻すことで公的価値を増大させることができることを心に留めておくことは重要である．民間と同様，公的セクターにおいても**成長**は必ずしも常に望ましいわけではない．とりわけ，我々が置かれた政治的環境において常に認められる価値の一つとして，公的セクターをできる限り小さく留めたいという希望がある）．

より具体的に言うと，この概念を用いることで，公的セクターのマネージャーは，彼らに権限を与える環境を精査し，彼らの活動を主導する集団的，政治的欲求の変化に備えること，彼らの組織が解決の一部にでも貢献しうるような新たな問題に関する実質的な課題環境を探すこと，そして，現存する（または場合によっては新たな）任務に関する組織の業績を改善するために用いることができる新しい政策や技術を求め，彼ら自身の，または他の組織の運営状況を見直すことを促されるのである．

まとめると，外部の要求と内部の能力の分析はパブリックマネージャーがなぜ彼らの組織がそのように機能するか，また，マネージャーがどこまで未来の順調な航海に期待できるかを理解することを手助けする．もし市民とその代表者たちが，公的機関が現在喜んで生産しているものを求めているならば，パブリックマネージャーはそのまま安心していられる．しかし，もし市民とその監督者が求めているものと組織が供給するものの間に重要な矛盾が存在しているならば，公的セクターのトップはそのマンデートと組織を軌道修正しなければならないのである(60)．

たとえ与えられた権限と運営能力の間に問題がなかったとしても，それは必ずしも何も問題ないことを意味するものではない．マネージャーは，戦略的トライアングルの導きの下に，市民や監督者が満足しているように見えつつも，組織が何か価値のあるものを生み出せていない可能性を考えなければならない(61)．彼らは，彼らや市民がその事業の究極的な効果について持っている仮定が現実に正しいかどうかを断続的に検証し続けなければならないのである．これは，公的価値という概念を政治的支持や組織の正統性からある程度独立して定義すること，また，プログラム評価や費用便益分析のような分析技術が，パブリックマネージャーが公的価値を特定し認識するにあたって重要な役割を果たすと主張することから暗黙のうちに生じる

課題なのである.

　彼らはまた，状況が変化する可能性をも考慮しなければならない．新しい政治的要求が生まれることや，新たな技術的可能性が生じることなどである．このような変化が，組織にとって何をすることが価値があるかを再定義する限りにおいて，パブリックマネージャーはそれに警戒し，適切な調整を持って対応しなければならないのである.

　端的にいって，この概念はマネジメント上の注意を，**外向け**には組織の生産の価値に，**上むき**には，政治による価値の定義に，そして**下向き**，**内向き**には組織の現在の能力に向けさせるのである.[62] この評価が組織の現状について重要な矛盾を明らかにする限りにおいて，その組織のマネージャーはその基本的戦略を，再度より適切に軌道修正されるまで再考することが求められるのである.[63]

戦略計画の分析的手法

　戦略的トライアングルの頂点はそれぞれ，何に価値があるか(そして何が実現可能か)という問いを考える際の異なる視座を提供してくれる．より重要なことに，それぞれの頂点は，その頂点が象徴する基本的な質問に答えるための分析的方法論に関係しているのである.

　例えば，ある特定の組織の目標が実質的に価値があるかどうかを問う場合，パブリックマネージャーは彼らの取組の価値について規範的な問いを掲げるとともに，その問いに答える際の助けとなる分析ツールを持つことを促される．プログラム評価と費用便益分析という技術的手法はこの重要な決定を支援するために持ち出されうる.[64] マネージャーはまた，社会正義，基本的平等，そして組織の活動によって影響を受けるあらゆる個人の権利についての哲学的・法的分析を適用することもできる.[65]

　ある目標が政治的に持続可能かどうかを問うにあたっては，組織を取り巻く政治の分析を行うことになろう.[66] これは組織の活動に重要な関係のある価値や，組織の活動を監督する立法部門の利益，利害関係団体から突きつけられる要求の分析と，少しばかりの，組織の活動を正当化し導くことができる伝統的な知恵を含む.[67]

　ある一定の目的がその組織にとって実現可能かどうかを問う際には，実現性評価や，実行分析などの技術に頼ることができる.[68] これらの技術は組織がその活動をどうやって，またどこまで変えることができるかということについて判明している情報の上に成り立つ.[69]

　つまり，公的セクターにおける戦略的思考はマネージャーに実質，政治，そして

組織運営それぞれに等しい重要性を与えることを求めるのである．現状ではこれらはバラバラのままである．学術専門家や政策アナリストなどは実質に特化している．政治的任命を受けた者や法制部門のトップは政治に特化している．また，行政管理やマネジメント部門の長などは，行政上の実現可能性に特化している．したがって，戦略的に考えるということは，これらの幅広い視点を統合することを意味するのである．もしどれかの視点が取り残されてしまうと，価値創造への道筋を選択する際の重要な考慮要素が失われてしまうのである．

行政管理の伝統との対比

戦略的トライアングルはパブリックマネージャーがその注意力，思考，そして行動を彼らが活動する環境の中でどのように振り分けるかに影響を与えることを目的としている．それは特に彼らが組織の全体的な任務と目標を定めるという決定的に重要な課題に対応する際にとりわけ有効である．この戦略的概念の理解を深め，そしてその有効性をさらに評価するために，その特徴を，行政管理の伝統的な作法に一般的に結び付けられる方向性と比較してみよう．

おそらく，行政管理の伝統的な作法との間の最も顕著な違いは，それが目的や価値，または正統性や政策に対する支持の構築という問題に対してパブリックマネージャーの注意を振り向けさせなかったところにあるだろう．伝統的には，このような論点は組織が法律上の，または政治的な授権を与えられる中で答えが出ていると仮定するのである．政策に対する授権は同時に組織の目的を定義し，そしてそのような目的を追求することは公的価値があると規範的な前提を生み出すのである．その授権はさらに，組織に対して明示的に，資金と公権力という形で，その目的を達成するために必要な資源を提供する．最後に，その授権を通じて，パブリックマネージャーは，与えられた目標を達成するために，資源を動員することが認められるのである．

資源，権限，そして価値の問題が全て政策的権限の創設を通じて解決されることから，パブリックマネージャーは，手元の資源を与えられた目標を達成するためにできる限り効率的かつ効果的に活用するという下向き，そして内向きの任務を遂行するしかなくなる．この目標を達成するに当たって，パブリックマネージャーは組織内でのマネジメント上の影響力を行使するために，組織設計，予算，人材開発，そしてマネジメント管理といった行政管理上の専門能力に頼ることとなる．マネージャーが上向き・あるいは外向きに目を向けるとするならば，それは一義的には彼らが与えられた目標の枠組みの中で活動しているかを確認するため，すなわち，彼

らが適切に説明責任を果たしていることを確かめるために行っているのである.目
的の定義(そして再定義)は,政治家に委ねられているのである.[76]

　これとは対照的に戦略的トライアングルは,パブリックマネージャーは組織の全
体的な目的と任務を定義しなければならないという前提に基づいている.そしてそ
れは,マネージャーたちに対して,自身の行政管理上の専門能力という限界の先に
ある資源を用いて,価値のある目的を考案するよう促すのである.彼らはその任務
環境を精査し,自身の能力を評価し,計画されている,又は過去の活動の価値につ
いて独立した見方を得るために,分析的手法を使うよう促される.

　マネージャーは授権された目的という媒体を通じてだけではなく,より継続的か
つ双方向の対話を通じて政治システムと交流しなければならない.彼らは与えられ
た任務の背後にまで目を向け,どのようにして異なる政治的欲求が,彼らを導こう
とするマンデートに反映されているか,また,時間の経過とともに政治力学の間の
バランスがどのように変化するかを看取しなければならない.[77]また,彼らは政治レ
ベルの監督者を政治システムによる価値判断の改善のための熟議のプロセスに関与
させなければならない.[78]さらに,彼らは,彼らの組織に影響のある法案が検討され
ているという限られた場合のみでなく,常に,政治に対する立場を考えなければな
らない.

　さらに過激な考えとして,組織の独自コンピタンスに関するマネージャーの知識
は,現在の業務を通じて得たクライアントや潜在的なユーザーの需要についての知
識と組み合わせることで,潜在的に価値のある新たな活動を始めることについて示
唆を与える可能性があるというものがある.例えば,第1章における司書は,鍵っ
子の需要にどうやって対応するか,また対応すべきかどうかを考えた.一見すると,
そのようなイニシアチブは彼女の任務を超えており,達成するのは困難のように思
え,したがって,そのような取組は拒否されるべきもののように思われる.しかし,
よく考えると,鍵っ子への対応は彼女の任務の範囲内であってもおかしくないので
ある.すなわち,それは彼女の組織が築きあげた独自コンピタンスを必要としてい
るのである.端的にいって,彼女はその組織が価値のある新たな役割を持っている
と感じたのである.自分がうまく役割を果たすことのできるようなニッチ市場を市
場環境の中で求める民間セクターのマネージャーのように,戦略的志向を持った公
的セクターのマネージャーは,新たな政治的要求に対応するため,また,それまで
認識されていなかった新しい需要に対応するために,彼らの組織のための新しい機
会を見つけることができるのである.

　このように,この戦略概念は,公的セクターのマネージャーに求められるレパー

トリーとして，行政分析や組織分析に加え，政治分析と政策分析の技法を包含しようとするのである．そうすることによって，公的セクターにおける戦略マネジメントの概念は公的セクターのトップを，よく知られた行政手法を選び，どこか他のところで決められた目的を達成するという技術屋の役割から，政治環境・課題環境を精査し，公的価値を創造するために自分の組織を用いる機会を探すような戦略家の役割に引き上げるのである．この概念はさらに，彼らの行政管理上の仕事を，現在の業務の継続性と効率性を確保するという役割から，指針のない中で，現在の業務を未来の業績につなげる役割に変えるのである．民間セクターのトップのように，公的セクターのトップは，単に与えられた目的を果たすために資源を動員するだけでなく，彼らが率いる組織が公的価値を生み出すよう動かしていく役割を果たすのである．

　このような広範な権限委任は民主的統治に危険をもたらすかもしれない．公的セクターのトップの想像力をもって，公的価値とは何かを考えさせるよう促すことは危険かもしれない．しかし，このリスクを考慮するにあたって私たちは必ず，主要な変化としてここで推奨されているのは，**マネージャーの思考と行動**であり，彼らが説明責任を負う，既存の制度枠組みではないということを念頭に置かなければならない．行動にあたっては，マネージャーは引き続き，彼らを制約する厳しい監督プロセスと，彼らが導こうとする官僚組織の厳格さによって縛られる．私が提示するただ一つの新しい行動は，マネージャーが，目的を持って，価値を探求する想像力とともに周囲の環境を捜査してよいと感じ，そして，権限を与えてくれる政治的環境とのやりとりや，自分の組織におけるイノベーションを通じて把握したあらゆる機会を捉えるため，行動を起こしてよいと感じることである．もし彼らが価値を創造するための機会を見つけ，活用することに成功したならば，それはとりもなおさず彼らがその置かれた厳しい制度環境の中で成功を収めたからであって，周囲の世界の要求水準が低くなったからではないのである．

　この概念が実際にどのように機能するか，また，マネージャーが特定の戦略を採用する際に彼ら自身，またその組織が直面する選択肢を見るために，ラッケルスハウスとミラーの事例に立ち戻ってみよう．

環境保護庁のミッション——汚染対策

　発足間もない環境保護庁を導くことを課せられたラッケルスハウスは，そのミッションを「汚染対策（pollution abatement）」と定義した．この包括的な概念と，それが含意するより具体的な実質上，政治上，そして行政上の行動は，発展途上の組織

74　第Ⅰ部　公的価値を思い描く

の戦略ビジョンとしてうまく機能することがわかった.

企業戦略としての汚染対策

　汚染対策を EPA の目標に位置付けるにあたって，ラッケルスハウスは，どのような公的価値を生み出すのかについて，ある重要かつ本質的な宣言を行った. 具体的には，彼はどのようにして社会の様々な要望の折り合いをつけるかについてシグナルを送ったのである. 一方には魅力的で，安全でかつ汚れのない環境があり，もう一方には経済成長，低い税金，そして市場経済の運営に対する限定的な政府の介入を享受するという要望がある. ラッケルスハウスは，現状維持よりも，より積極的な環境浄化の方向に公的価値を見出していた. もちろんここで重要な問いは，どのような根拠に基づいて彼はこの決定的な問題を決めたのであるか，ということである.

　ひとつの答えは，彼はその考え方をこの課題に関する政治への対応として形成したというものである. 多くの米国人が持つ環境の質の維持に関する懸念によって，彼は，環境浄化へ傾注することは政治的に実現可能なだけでなく，部分的にはこの理由により，規範的にも望ましいものであると認識するようになったように見えた.

　もうひとつの答えは，実際の客観的な状況が，環境の質が悪化しており，そして，それが重要な究極的価値，すなわち，美観，健康，そして環境保護を脅かす形で進んでいることを示していたということである. しかし，大事なこととして，この段階では誰も，実際に環境の質が劣化しているのかどうか，また，あらゆる環境の劣化の重要な帰結がなんなのか，また，どのように環境の質の悪化傾向を反転させることができるのかについて，体系的に理解している者はいなかったということを思い出しておいてほしい. 環境の状況を観測するためのデータや，汚染を軽減するための対策のコストや効果はまだ手に入らなかったため，これらの問いに対して厳密な科学的根拠に基づいて答えることはできなかったのである. そのため，ラッケルスハウスに対して，さらなる証拠が揃うまで，環境浄化という多大な費用のかかる道筋に向けて進むのは待つべきだという，より慎重な路線を主張することができえたであろう. それはまさにニクソン大統領とそのスタッフが選好した路線であったのである.

　それでもラッケルスハウスは EPA と国が，環境浄化の取組を進めることを決定した. この決定を正当化する理由の一つは，一定の期間試してみて，どうなるかを見てみることが，社会が環境保護の費用と便益を知るための最良の方法であるという判断である. 汚染を防ぐためか，蓄積された有害物質を除去するために何か行っ

てみない限り，社会は環境浄化の利益についても，費用についても，何も知る方法がないのである．

ラッケルスハウスは環境保護の価値に関する自身の判断について次のように述べている．「その問題そのものの中に，十分な正統性が存在する.(82)」彼が把握しうる限り，政治的環境と客観的状況の双方が，環境を浄化するための行動をとるよう彼を促していたのである．

政治的支持を維持する能力という観点からは，「汚染対策」という概念は新しくできた行政機関を板挟みにする，競合する政治的価値のバランスをうまく保った．この言い回しは一方ではさらなる研究よりも行動に対するコミットメントを示唆していた．それが，「対策」の意味するところであった．環境主義者にとってこの立場は，過去の政策に対する重要な進歩を意味し，それゆえに，消極的ながらも一定程度，彼らの支持を得ることができたのである．一方でこの言い回しは，ラッケルスハウスが彼の環境浄化の取組をどこまで進めるのか厳密には明らかでないままにしていたのである．汚染は軽減されるのであって，撲滅されるのではなかった．さらに，取組は慎重に進められることを示しているようにも見えた．汚染者は彼らの新たな責任に対応するための時間が与えられるように考えられた．これらの特徴は少なくとも最初の間は浄化事業の費用を負担しなければならないであろう者にとって歓迎された．

運営上の実現可能性の観点からもまた，この言い回しはいくつかの魅力的な特徴を備えていた．この言い回しは組織が取り組まなければならない主要な運営業務を特定していたのである．すなわち，汚染者が大気や水中に放出する汚染物質を削減するよう動機づける方法を見つけることである．そしてそれは，ラッケルスハウスが，組織に認められた運営上の目標を改定することなく，即座に進捗を開始することができるような形で策定されたのである．ケネディスクールのある受講者はこう説明した．「ラッケルスハウスは，即座に成果を挙げうるが，しかし決して達成することのできない，したがって継続的に取り組まなければならない組織の目標を見つけたのである.」

かくして，汚染対策をEPAの目標とすることは，成功する企業戦略の条件を満たしたのである．それは政治的にも，実質的にも計算された，公的に価値のある目標を特定した．またそれは十分な政治的正統性を与えるとともに政治的支持を集め，EPAはゴーイングコンサーンとして維持されることが可能となった．そしてそれは挑戦的であるが，しかし決して組織の能力を超え，達成できないようなものではない，運営上の課題を特定した．

実行戦略1：正統性の維持

しかし，汚染対策という目標を単なる空疎な掛け声で終わらせないために，ラッケルスハウスは，この目標に対する彼の意気込みを反映し，かつ，その意気込みを受けて彼の組織が活動する範囲を画定するような，特定の，具体的かつ実質的な行政上の行動をとらなければならなかった．**政治**の世界においては，これは彼にEPAが新たな政府の権力を持って環境危機に対応できるような，慎重かつ力強い機関となるよう刺激し，かつ準備させることを要求した．かくして初年度には，環境危機が生じるとEPAは常に，たとえそれがコメントを発したり，調査開始を宣言したりするだけであったとしても，何らかの対応をとった．さらに，EPAは，民間企業と市の衛生部門を含む6の大規模汚染源に対して訴訟を提起した．これらの具体的行動は，汚染対策に対するEPAの取組は単なるレトリックではなく，現実のものであるとして，政治的監督者を満足させた．

ニクソンとホワイトハウスからの一定程度の独立性を見せることも彼に求められた．というのもニクソンは環境十字軍の価値に対して懐疑的であると広く（そして的確に）見られていたからである．ラッケルスハウスの独立的な立場と環境浄化に対する拡大する熱意がホワイトハウスのスタッフとの間の関係を危険に晒した時，ラッケルスハウスは彼の積極的立場がマスキー上院議員による強力な政治的挑戦の可能性を中和したと主張した．この主張によって彼はその最も重要な監督者との間の関係を，許容範囲に収めることができた．

これに加えて，彼の在任期間を通じて，ラッケルスハウスは，環境運動がその支持基盤における経済的利益にあまりに強くまたはあまりに急に打撃を与えることを防ごうとする主要な議員との間の連絡網（そして潜在的な影響力）を開かれたままとした．ラッケルスハウスを支持するためには，彼らは自分たちが政府が定める規則の姿とその進め方について影響を及ぼし，円滑に（かつできる限り破壊的でない）適応を進めることができるという確信を持つことが必要であった．このため，ラッケルスハウスは，下院予算委員会の議長で，彼が説明責任を負うジェイミー・ウィッテン下院議員が代表する農業界の懸念をフォローできるよう，特別なコンサルタントを雇った．これらの活動は一体となって，ラッケルスハウス，EPA，そして汚染対策に対する，政治的支持を維持した．

実行戦略2：実質的政策決定

実質的には，ラッケルスハウスはいくつかの具体的な政策課題について，環境浄化に向けた彼の決心と，その進め方と形についての交渉について寛容な姿勢を共に

反映するような形で決定を下すことを通じて，彼の全体的な戦略を推進していった．レイチェル・カーソンによって悪名高くなった殺虫剤であるDDTを禁止するかどうかという問いに直面した時，彼は即座に禁止する選択をとった．そうする他に選択肢はなかったであろうが，それでも彼は環境浄化に偏っていると見られた（カーソンによる最初の警告以降，より効果的で安全な殺虫剤が開発されていたことも助けになった）．

　既存の科学的知見では自動車排気ガスによる大気汚染と健康被害との間の確実な因果関係が明らかでないにもかかわらず，直ちに大気汚染の基準を定めるかどうかという問題に直面した時は，彼はただ一つの経験的研究に基づいて，基準を定めることを決断した．明らかに，彼は環境浄化を始めることは，最初から完璧な基準を定めることよりもはるかに重要であると信じていたのである．

　環境基準に適合しない自動車を生産する自動車メーカーに対して罰金を課すべきかどうかという問題に直面した時，ラッケルスハウスはトラックについて罰金を課したが，乗用車には課さなかった．この政策は自動車メーカーを壊滅させることなく，彼らの注意を引くことに成功した．これらの事例全てにおいてラッケルスハウスは断固たる行動をとり，環境浄化に向けたさらなる行動への道筋をつけたが，大規模な経済的損失を発生させることはなかった．

実行戦略3：運営能力の強化

　運営面では，ラッケルスハウスの主要な決定は組織の全体構造と，彼が作った組織構造の中で部下として働くマネージャーとなる人員に焦点が当てられていた．予算・管理部のタスクフォースは彼に当時多くの連邦組織で採用されていた，標準機能別組織を採用するよう勧めた．それによると，行政管理，科学技術，評価・監視，そして執行に関する補佐官を指名することとなっていた．[83] 組織を究極の目標に集中させることに熱心な者たちは，組織を政策プログラムに基づいて編成することを勧めた．そしてそのプログラムは，浄化されるべき媒体や，排除されるべき汚染物質に従って決定されるのである．彼らは大気汚染，水質汚濁，廃棄物，騒音などについてそれぞれ補佐官を指名することを提案した．

　結局ラッケルスハウスはどの案にも従わなかった．彼は混合型の組織を作ることとし，その中で行政管理，執行，大気，水質，そして科学担当の補佐官が設置された．このやり方をただの2つの可能性の間の妥協と捉えることもできる．しかし，別の見方をすれば，この構造は一足跳びに長期的な最適解へ向かうのではなく，EPAの段階的発展というイメージに沿った解と解釈することもできる．

　短期的にはラッケルスハウスは悪名高い汚染物質に対して行動を取るための組織

を作ることが必要であり，それが強力な規制局であった．この能力は次の3つの理由から，彼の戦略的ビジョンの中核となった．

まず，そのような部局を設置することは強力かつ具体的に彼の汚染対策に向けた姿勢を体現した．彼が政治勢力の間のバランスを正確に計算している限り，そのような部局を設置することは彼の信頼性を高め，政治的監督者による彼に対する十分な支持と熱意をもって，その取組を続けさせることとなったのである．

次に，この部局の設置に反映され，継続的な政治的支持によって裏打ちされた行動に対する決意は，単に彼に短期的な自由と裁量を与えただけではなく，長期的に，追加的な資金と権限が提供される可能性を産んだのである．彼にとってこれは，EPAが将来本当の運営能力を得るために必要なものであった．ラッケルスハウスは単なる象徴的な短期的行動を取ることと，時間をかけてEPAを幅広い分野において，大規模な形で汚染対策に取り組むことのできる組織に育てることとの違いを理解していた．これゆえ彼は，現在投資のために用いることのできる，長い将来にわたる，継続的な資金と権限の供給を必要としていたのである．

第三に，汚染者に対して取られた象徴的な行動は，環境保護運動の目標を目に見える対象に向け，また，強力になりうる新しい連帯感を与えることで，運動を強化する助けになった．この連帯は，将来にわたって組織に対して資金と権力の供給が維持されることを助け，同時に，即座に明らかな運営上の利益をも生み出した．環境保護運動が強くなればなるほど，汚染者が自ら環境を浄化するための取組を進める可能性は高まった．この運動は，汚染者に変化を促す圧力をかけつつ，現在環境を汚染している者を教育し，説得することにも成功した．より大事なことに，汚染者に対して，最終的には汚染をやめ，競争の中でいわば飛躍を遂げるため，EPAによる包囲を待つのではなく，今から対策を取り始めなければならないということを示したのである．EPAが当時持っていた環境対策を即座に強制する力はきわめて限られたものであったため，社会が促すことを通じて自発的に従うという効果に頼らざるを得なかったのである．

このようにラッケルスハウスは，政治上，運営上双方の理由から，彼直属の規制局を設置した．期待どおり，この部局ははじめの数年間においてEPAのイメージを作ることとなった対応を取り，環境汚染に対抗しようという政治的決意を維持することを助けた．

規制局の設置が短期的には最も重要な取組であったが，中期的に組織が直面する最大の課題は，環境浄化のための広範な政治的・法的権限を，どうやって具体的な汚染源に対する具体的な義務付けに転換するかという点であった．大気汚染と水質

汚染対策のための法制度はこれらの目的を達成するために特別な手続きを定めた．大気汚染については，連邦政府は大気環境の基準を定める権限が与えられ，州政府は連邦政府が定めた基準を満たすための大気汚染対策に関する計画を定めることが義務付けられた．水質汚濁については，満たされるべき水質基準と，汚染源の間で環境対策の責任をどう分担させるかの双方を，州政府が定めることとされた．さらに，水質汚染対策プログラムは連邦政府による，市町村の下水道事業団に対する大規模な補助を含む一方，大気汚染対策プログラムは目的達成について州政府のみに依存していた．

　EPA が創設された当時，この任務はほとんど達成されていなかった．また，それが達成される以前には，どの汚染者も浄化のための強制力を伴う責任を有しておらず，また，環境保護のためにどう貢献できるか十分な知見を持っていなかった．

　この事業が順調に進むようにするため，ラッケルスハウスは当時これらの活動を担っていた行政組織に手をつけないようにした．彼は，とりわけ EPA の主要スタッフは法執行業務と，多様なユニットの統合を進めるための管理業務に集中する必要があったことから，それらの組織に手をつけることは，その能力を低下させるだろうと考えた．

　長期的には，EPA のアキレス腱は環境汚染対策を正当化し，その目標を決めるために必要な科学的根拠となるだろうと，ラッケルスハウスは考えた．短期的には，環境汚染に対する怒りは，ある程度積極的な行動に対する支持を維持する根拠として十分だった．当初は，十分目立っていて，かつ，経済上はあまり重要ではない対象が存在していたため，EPA は容易にその全体的な任務，また，特定の企業を環境浄化活動の対象とすることを正当化することができた．しかし，環境浄化活動の全体費用と，限界費用が増加するにつれ，より強い正当化理由と，より精緻に浄化活動の対象を定めることが求められるようになった．この問題について正統性を維持するためには，単なる怒りは，科学による支持に道を譲らなければならないのである．このための能力を築きあげるため，ラッケルスハウスは第 1 級の環境科学者を惹きつけるような拠点を作り上げなければならなかった．彼は科学者たちに，知識基盤を構築するだけでなく，それを作り上げることのできる人材を開発するための十分な時間を与えなければならなかった．

　組織面では，これらの目標を達成するための最良の道は，科学局を設置し，そこで働く科学者たちを，EPA のミッションに集中させつつ，短期的な運営上の要求から隔離することであった．

80　第Ⅰ部　公的価値を思い描く

結　　果

　ラッケルスハウスの戦略の結果，EPA と米国は環境浄化に向けた一定の行動を
開始した．大気と水の質は，より慎重な姿勢をとった場合得られたであろう結果と
比べて，より早い速度で改善されていった．EPA 自身も強力な機関となり，質の
高い人材を惹きつけ，そのような人材の能力を十分に生かした．ラッケルスハウス
は第 1 級の政府のリーダーとしての評価を得，彼と共に働いた政治家や彼のスタッ
フ，行政官や科学者たちから大きく尊敬を受けた．これらは全てプラスの面での結
果である．

　マイナス面での結果として，ラッケルスハウスの戦略は環境汚染に対する政府の
行動について，ある非柔軟性をもたらし，それは困難や新しい脅威が出現した際に
極めてコストがかかるようになった．組織のミッションを汚染対策とし，法執行を[(85)]
取組方針として強調することで，ラッケルスハウスは，組織がその戦略を，市場を
活用してより安価に環境浄化に取り組むことができる分野を特定するというアプ
ローチに移行することをより難しくした．環境対策に関する他の正当化理由（例え
ば美観，健康，環境保全など）を特定できなかったことにより，また，伝統的な大気と
水質プログラムを強調したことにより，ラッケルスハウスは，EPA の注意を引い
ていた課題よりもより重要でありかつ困難な問題であった有害廃棄物への対応を取
るのを遅らせた可能性がある．

　しかし，これらのマイナス面が示すのは単に，長期的に全てのことを達成しうる
戦略などないということである．戦略とは，その定義からして，ある目的のために
ある目的を犠牲にすることを強調するのである．さらに，何に重点を置くかという[(86)]
判断は常にその判断がなされた時の条件に縛られる．どんな戦略であっても，時間
が経つにつれて悪いものに見えるようになる．したがって，戦略の正しい検証方法
は，それが永遠にあらゆる問題を解決するかどうかではなく，それが次の数年間主
要な問題を解決し，かつ，当初想定されていなかった問題に対応するための余地を
残しているかどうかであるべきである．この検証によると，EPA におけるラッケ
ルスハウスの戦略はとても価値のあるもののように考えられる．

DYS のミッション——人道的な児童の処遇

　マサチューセッツ州青少年サービス局（DYS）を率いるという任務を帯びたジェ
ローム・ミラーは，彼のミッションを「児童の処遇を人道的なものとする」と定義
した．この目標もまた，彼の組織にとって，効果的な企業戦略に必要な条件を満た
すように思われたのである．

企業戦略としての人道的処遇

　ラッケルスハウスの戦略ビジョンのように，ミラーのコンセプトは彼を取り巻く政治に反響を与え，それを組織化することを目標としていた．彼は，それまで組織の運営の指針となっていた政治協定をひっくり返そうとする新たな政治基盤の持つ力をうまく取り込もうと考えた．しかしミラーはラッケルスハウスよりも先に行ったと言えるであろう．競合する利害をバランスさせるのではなく，ミラーは最も過激な改革派が求めるのと近いビジョンを，彼の組織に与えたのである．そのビジョンは，地域社会を青少年犯罪から守ろうとする人々の価値観を反映するのではなく，子供のための正義や再教育の観点を主張する改革派の見方を反映していた．その政治的成功は，この過激な政治的支持基盤を維持できるかどうかにかかっていた．

　実質的には，ミラーはこのような青少年の取り扱いはDYSの運営を通じて児童の正しい処遇のビジョンを示すだけでなく，再犯を抑制し，長期的に費用を削減することで実際上も意味があると考えた．実際の証拠はほとんど無いにもかかわらず，広く認められた理論は，このような主張のもっともらしさを構築していた(87)．いずれにせよ，高価で，正義に反し，かつ非効率的な現在のDYSの運営と比べれば，ほとんど何であっても改善として捉えられた．少なくとも，ミラーとその支持者の頭の中では．

　運営上は，このコンセプトは組織が直面する主要な課題を特定していた．DYSが児童を扱うやり方は変わる必要がある，すなわち，「人間扱いしない」ことから，「人間として扱う」ことへの変革である．それは当然，単に児童に対する教育，リハビリサービスの量を増加させるだけでなく，彼らを敬意を，おそらく愛も，持って扱うことも意味した．それはさらに彼らをその生みの親や，コミュニティとの接触を保ち，そして彼らを都市のテロリストではなく，子供としてみることをも意味していた．

　ミラーのビジョンは確固たるものであった．ラッケルスハウスの戦略が組織を取り巻く政治的対立の中道を行くようなものであったのに対して，ミラーの戦略は一方の極端にそうようなものと思われた．環境汚染対策には幅広い大衆の熱意を維持するための十分な客観的証拠があった一方，青少年犯罪者を人道的に扱うことの利点を示すものは，ただ批判の多い社会学の理論と，正義感しかなかったのである．また，ラッケルスハウスの戦略は新たな組織の段階的発展によっていた一方，ミラーの戦略は既存の組織の急激な方向転換を必要とするように思われた．ミラーはラッケルスハウスよりもはるかにリスクの大きい戦略を採用したのである．

実行戦略1：運営能力の構築

ラッケルスハウスのようにミラーも，青少年を人道的に扱うという目標に向けた彼の約束を打ち立てるため，政治面でも，運営面でも具体的な手法を見つける必要があった．初めにミラーは，制度自体を変革することにより，彼の戦略を実行しようと試みた．彼は髪型や服装に関する規則を廃止し，これによって刑務官が施設の中で秩序を押し付けるために用いていた権力をなくした．彼はさらに施設を巡回し，「彼の目標を共有する同志を探した」．そしてそのような同志に対して，組織の階層における彼らの位置付けに関係なく，新しいプログラムを始めることを認めた．また，彼はボランティアが施設において子供のための新しいプログラムを始めることを認めた．おそらく最も重要なこととして，彼は子供たちに彼らが置かれた状況を発言させ，そして施設職員の行動に関する苦情について彼に言いに来ることを奨励した．これらの変革は施設に対して革命的な影響を与えた．それは単に既存の政策や手法を変えただけでなく，それまでの職員と児童との間に打ち立てられ，固定化された関係を打破したのである．

これらの改革は施設において混乱を生じさせたものの，ミラーは結果的に，子供がこの組織の構造の中で扱われるやり方に重要な変化を産むことは不可能であると確信するようになった．彼は，DYS は「中国のようだ」と言った．それは改革に向けた全ての努力を吸収し，変わらないままであった．結果的に彼は児童に施設外での代替的保護を提供できるよう，一連の行政改革に乗り出した．

彼がとった次の重要な一手は，それまでほとんど使われていなかった，里親や他の民間機関による児童の監督や保護サービスを購入するために用意された予算の執行を増やすことであった．また，ミラーは施設の平均入所期間を大幅に短縮した．皮肉なことに，彼はこれらの措置を取るつもりはなかった．彼は様々な施設の長に対して，適切な児童の**最低**入所期間を3か月と設定するようメモを送ったのである．施設長たちはこのメモを，最長入所期間を設定するものと解釈してしまい，児童を施設から釈放し始めたのである．

これは単なる意図しない誤解ではなかったかもしれない．というのも，施設長たちはミラーのアイデアによって脅かされ，攻撃されていると感じており，彼らは児童の解放によって地域社会が脅かされることによって，ミラーの改革が止められることを期待した可能性があるのである．しかし，もしそれが彼らの目標だったとするならば，それは残念な結果に終わった．施設長たちも，ミラーも，施設の入所者数が減少したにもかかわらず，誰も不満を言っていないことに驚いたのである．ミラーはこの取組を継続し，加速することを決定した．

第3章　公的セクターにおける組織戦略　83

　彼の青少年入所者を解放するという決意を象徴する行動として，ブリッジウォーター矯正施設において知事の妻の視察の間に暴動が起こったことを契機に，施設の閉鎖を命じた．彼はそして即座に，そして派手に，無人となった建物をブルドーザーで破壊した．

　施設外での児童の監督に向けた行政上，運営上の根拠を構築するという目標達成に向けた最後の主要な一手として，ミラーはDYSの中に，矯正施設を中心とした組織構造と並び立つ形で，地域行政ネットワークを創設した．彼は地域行政ネットワークに対して，DYSに託された児童のための代替的対策を検討するという仕事を与えた．DYSの施設の入所者数が減少するにつれ，地域ネットワークの重要性が増加し，それは施設に代わって組織の中核を担うようになった.[88]

実行戦略２：正統性の維持

　明らかに，これらの劇的なDYSの組織構造，運営，そして業績の変化をうまく進めるために，ミラーは大量の，そして持続的な「資本」の投与を必要としていた．彼は非行少年を矯正施設（これも引き続き資金を必要としていた）で監督していた体制から，コミュニティ中心のケア提供プログラム（ゼロから作り上げられなければならなかった）への移行を進めるために急激に増加した費用を賄うため，資金を必要としていた．しかし，彼がその議論の多いビジョンを，矯正施設の職員による一斉の反対，彼のアプローチに反対する警察や判事の猜疑心，そして，犯罪を犯した児童と改めて向き合わなければならない市民の恐怖心を乗り越えて追求することを認める**政治的資本**も，同様に重要であった．

　非行少年少女の処遇を人道的なものとするための権限を集めるために，ミラーは彼が行動を起こすことを認め，そして彼を反対派による攻撃から守ってくれる個人や集団からの支持を構築し，維持しなければならなかった．ここで，州知事のサージェント氏と，その秘書官のゴルドマーク氏が密接な支援を提供した．彼らはミラーの取組の方向性を力強く支持し続けた．彼はさらにマサチューセッツ州議会の主要メンバーのうち２名から予想外の支持を得ることができ，これによって州議会におけるミラーによるDYSの「誤ったマネジメント」に対する調査提案を退けることができた．

　これらの支持者は，主にミラーの目標を共有することによって彼を支持しているように思えたが，結果的に彼は政治家として，また彼の目標に対する弁護人として極めて有能であることがわかった．ある観察者は，ミラーははじめから「メディアと結婚した」と表現した．彼はまた，マサチューセッツ州の矯正施設における劣悪

な状況と，大衆の間では若いチンピラのイメージが植えつけられてしまった児童が持つ人間らしい側面を極めて効果的に広報した．彼は児童を公による無視から救い出すと約束した．その当時，その価値が有していた政治力に比べれば，多少の行政的非効率と，少年犯罪率のわずかな上昇はあまり重要でないと考えられた．一部の強行反対派を除いて，印刷・電子メディアはミラーとその改革に対して一貫して熱狂的な評論を書き続けた．

　力強い価値観を掲げ，また，幅広いメディアからの支持を得て，ミラーはマサチューセッツ州中の青少年保護活動グループを強化することに成功した．これらのグループはミラーに支持者の協力を維持し，かつ，反対者を追い詰めるための政治力を与えた．さらに，これらの集団は矯正施設の内外で新しいプログラムを始めるにあたって必要となる中核的人材を提供してくれた．当初，施設の中でプログラムを作ったボランティアはこれらの青少年保護運動出身者であった．のちにこれらの人材は，施設の組織の外で，契約ベースで活動を進めるようになったが，引き続きDYSの地域活動の枠組みの下にあった．

　そして，ミラーは連邦政府という，重要な金融機関であって，政治的同志を見つけたのである．全国で起きているマサチューセッツ州と同じような運動に押されて，連邦政府は青少年司法・非行防止局（OJJDP）を設置し，その全国における青少年司法システムの変革に向けた戦略はミラーの戦略と一致したのである．OJJDPにとってまさに，ミラーの改革は実際の改革に向けた道を切り開いていたのである．結果として，OJJDPはミラーが作ろうとしていた新しいサービス網に関する費用に対して補助を提供し，ミラーは青少年犯罪に対応するための実務上の，また技術上の先進モデルとなっているという保証を与えた．

人道的な処遇の実質的価値

　もちろん，ミラーの進める改革が実際に青少年犯罪を減らすために有効かどうかは誰も知らなかった．ミラーはしかしこれについては対して心配していなかった．彼は，改革は単に児童を施設に入れるという選択を打破するためのものだと主張した．彼は，その政策が青少年犯罪を短期また長期的に減少させるという意味においては，施設入所と比べて悪い影響を及ぼすことはないと確信していた．彼の政策は州の矯正施設と比べて公権力と資金を使わず，そして，社会と児童の間により好ましい関係を構築することができるからである．それは単に尤もらしいだけではなく，ほぼ確実であって，このため彼の取組は矯正施設と比べてより大きな公的価値を生み出していたのである．

第3章 公的セクターにおける組織戦略 85

結　果

　ミラーはマサチューセッツ州で３年間の任期を務めた．この間彼は青少年犯罪者を監督するための革新的な方法の基礎を築いた．(89) 彼はDYSをほぼ州が運営する矯正施設のみからなる組織から，ほぼ民間によって運営されるコミュニティ中心のプログラムからなるものに移行させた．非行少年少女に対するケアや監督の形態は劇的にその多様性を増し，特定の状況に置かれた児童に適したプログラムが見つかる可能性を高めた．これは同時に社会が，何が効果的で何が効果的でないかを理解する力を高めた．さらに，サービス協定を結ぶことは社会管理プログラム全体の提供水準と，提供される種類をより柔軟に調整することを可能にした．

　時が経つにつれ，この改革によって生み出された政治的基盤は弱まっていった．しかし，それはミラーの改革によって培われた民間ケアサービス提供者に根ざした新しい政治基盤によって取って代わられた．(90) 次第に，DYSの政策ポートフォリオの中には，特に危険な児童に対処するための厳格なケアが追加された．差し引いてみると，マサチューセッツ州は当時から，そして今も，アメリカの他のどの州よりもはるかに幅広い，非行青少年を監督し，ケアするための政策ポートフォリオの恩恵を受けている．古いシステムから新しいシステムへの移行がより秩序立って，より効率的に行うことができたという主張を突きつけられたとき，ミラーはそれはどうやればできたのかと問い，他のどこにもこれを実現できたところはないことを指摘した．

組織のミッションを宣言することのマネジメント上の効用

　ラッケルスハウスとミラーは彼らに与えられた機会を十分に活用した．彼らが整理して提示した目的は，彼らが責任を有する分野において，政府の行動の指針となり，そして公的投資を正当化するフレームワークを作り上げた．彼らの組織の資源と権限は強化され，整理された目的を達成するために活用された．彼らに活動する機会を与えた政治連合は多少弱体化し，反動を引き起こしたものの，政治勢力のバランスは決して彼らが活動を始める前の状態に戻ることはなかった．そして，彼らの活動の評価については（必然的に）未だに議論があるものの，多くの論者は彼らは与えられた資源をとても有効に使ったと判断している．彼らは，環境保護の改善や若年犯罪者に対する適切な監督とケアを通じて，あらゆる点において公的価値を改善したのである．

　これらのパブリックマネージャーは，民間セクターのトップが用いるのと似た組織戦略を策定し，活用したために成功したのである．彼らは組織がある具体の立場

から別の立場にどうやって向かうべきかを示した詳細な計画のようなものは作らなかった．実に驚くべきことに，彼らのどちらも，詳細計画のようなものは作らなかったのである．彼らがしたことの多くは，事前に計画されていたというよりも，即興的であり，機会主義的であったように見える．彼らは，向かおうとする方向を示す大きな目的だけ持っていたのであって，それはラッケルスハウスにとっては汚染対策であり，ミラーにとっては児童の処遇を人道的にするというものであった．これらの目標はラッケルスハウスとミラーにとって戦略概念として機能した．なぜなら，これらの目標は公的価値の創造に向けて組織が取るべき具体的な道筋を示し，また，そのまま実質的に意味のある概念を定義し，政治的に持続可能であり，かつ行政運営上実現可能であるという，必要条件を満たしていたからである．

　この解釈は，そのままでは特に創造的でもなく，単なるスローガンとして捉えられてしまう可能性のある表現に，大きな重みを与える．それでも私は，ある表現，そして**マネージャーがそれを彼らの政治的，実質的，そして組織運営上の行動を導きそして説明するために用いる方法**は，重要になりうると考えるのである．慎重な言葉遣い，繰り返される表現，そしてこれらのシンプルな概念を一貫性を持って用いることは，マネジメント活動の達成を大きく助けてくれるのである．そのような貢献は次の3つの重要な点に分けられる．

マネジメント上の焦点の維持

　まず，目的の表現はマネージャーが活動の要点，すなわち業績と価値向上のために組織運営を行うことに集中することを助ける．経験豊富なマネージャーは皆，些細だが緊急の要求によって知的エネルギーや注意力がそらされる時，また，予期せぬ重大なサプライズが発生した時，重要なマネジメント上の課題に集中し続けることがいかに難しいかを知っている．

　これらの課題に対処するための一般的な手段は，より効果的な権限委任によって，マネージャーの時間を重要な課題や，予期し得ないような事件を予測するための計画性の向上のために使えるようにすることである．しかし，このような手段はそれだけでは滅多に成功しない．そしてたとえそれが成功したとしても，それは究極的には，マネージャーが予期せぬ事件や問題のある微細事項が戦略的に重要であるか否かを判断できるような，単純かつ信頼できる分析手法があるかどうかに依存するのである．したがって，重要な問題に集中し続けるためには，マネージャーには，自分の時間と注意力を使うかどうかを判断するための基準となる，目的についての広範な，一貫性のある表現が必要なのである．

主要な政治上・行政運営上の課題の特定

　次に，一般的なマネジメント上の課題の枠組みを設定することによって，目的の宣言（直近のコンテクストの分析と考慮と組み合わせることで）は，戦略上最も達成されなければならない，より具体的なマネジメント上の作業を浮かび上がらせる．それはすなわち，政策への熱狂を維持するために培われなければならない政治的支持の具体的な源や，事業を進めるために必要な正統性，持続的な政治的支持を得るために整理し測定されなければならない主要な公的価値，そしてこの戦略の中に整理された目的を達成するために必要な，運営能力に対する投資と，その革新である．端的にいって，目的を整理することは単にマネージャーを重要でないが緊急の細目にとらわれないようにすることや，サプライズによって打ちのめされないようにするだけでなく，マネージャーが戦略的に成功を収めるために対応しなければならない政治上・行政運営上の作業項目を明らかにしてくれるのである．

　かくして，EPA の目標を汚染対策として定めることによって，ラッケルスハウスは，汚染が軽減されなければならないと主張し，また，この目的のために汚染者は責任を負わなければならないと主張する者と政治的立場をあわせた．彼の成功は，部分的には，彼が彼自身と EPA をそのような者の目的のための道具としたことにある．少なくとも，汚染に対して政府が何らかの行動をとるべきという彼らの要求に対して譲歩するほどには，この目標はさらにどこから反対が起こるかを特定することをも助けた．汚染対策をある程度は彼らの負担で行うことを求められる者である．そこでラッケルスハウスは，反対運動があまりに急激に拡大し，汚染が少なければ世界はより良くなるだろうと考えている者（おそらく彼自身もそうである）のために一定程度環境浄化活動を行おうという人々の努力を挫折させてしまわないようにするという戦略的課題に直面した．

　より重大なこととして，汚染対策という目標は，ラッケルスハウスが作り上げ執行する必要のある主要な運営能力を特定するとともに，政策決定上のバイアスを与えた．

　運営上は，彼は特定の汚染源を止める方法を見つけなければならなかった．このことは，適当な汚染者に対して浄化義務を課すための政治力と執行権限を作り上げる必要性を生じさせた．これは彼の行政運営上の中心的な焦点となった．彼の目標が例えば効率的な環境浄化や，健全な環境の保証などであったなら，運営上の焦点は大きく異なったものとなっていたであろう．

　実質的には，彼の政策決定は，たとえその便益について多少疑義があったとしても，環境を浄化するための行動を取るという約束を反映しなければならなかった．

このためにこそ彼は，詳細な科学的根拠がないにもかかわらず，DDT を禁止し，大気汚染基準を定めたのである．

　児童の処遇を人道的にするというコンセプトはミラーに対して同様の分析枠組みを提供した．彼は一旦この目標を立てると，誰に政治上の支持を依頼すれば良いか，また誰が何らかの形で対処すべき，または懐柔すべき反対運動を率いるかを容易に判断することができた．自分が掲げる実質的な目標を定めるまでは，誰が支持者で，誰が反対派かという政治環境を分析することは誰にもできないのである．

　しかし，この目標の主要なポイントは，ミラーに何が彼の率いる組織に求められているか，また，どのような変化が必要であるかを理解する助けになったところにある．人道的な児童の処遇を実現するということは，彼らを自立した人間として真面目に扱うこと，そして彼らに施設職員との関係で権利と力を与えるということを意味した．それは彼らに対して，まともな食事や寝場所から，一般的な教育，就業支援や心理カウンセリングに至るまで幅広い集中的なサービスを提供する必要性を生じさせた．さらにそれは，彼らが解放されコミュニティで自由になる際，より安心に移行できるよう，彼らと両親，地域社会，そして友人との間の，建設的かつ必然的な関係を維持することをも必要とした．これらの配慮は「人道的な処遇」というコンセプトから自然に生じ，しかし同時にそれは，児童が監督される施設やプログラムの設計を抜本的に見直すという強力な権限を与えたのである．

　このように，一旦これらのマネージャーが彼らの組織の基本的な目的を知ると，どのような出来事や課題が戦略的に重要で，逆に何がそうでないかがわかるようになるのである．何を達成しようとしているのかについて考えを巡らせることをしなければ，山積する課題に途方に暮れてしまうのである．一旦何が重要かを決めてしまえば，やってくる課題や，次から次に起こる事件は，異なる評価のスクリーンを通じて整理される[96]．これらの業務は，強制的に対処が求められる課題ではなく，思うがままに対処するか，慎重に練られた計画の枠組みの外として無視する，戦略的目標を追求するための糧となるのである．

内外からの支援の動員

　第三に，広範な目的を整理することはしばしば，組織の成功のために他者が行い得て，また，行われなければならない事業に対する貢献を刺激するとともに導くことにつながる．政治の面では，もしマネージャーが掲げたミッションが，地域社会が支持する価値や目的を表現していたならば，その地域社会はマネージャーを支持するようになるだろう．例えば，ラッケルスハウスが汚染対策について話し始めた

時，非常に多くの環境保護運動家は彼を支持し，または少なくとも多少の間は我慢をした．同様に，ミラーが人道的な児童の処遇について話した時，青少年保護運動グループは彼の行動について知事や州議会議員に対して好意的にコメントした．あらゆる公的事業が一部の大衆の熱狂と，一部の大衆の忍耐を必要とすることから，アクティビストから迫られる重要な価値を反映した目的の宣言はマネージャーの政治的行動に関して重要な役割を果たし，それはどの政治勢力が維持され，または動員されるかを決める旗印となるのである．

　行政運営上は，目的を整理して言明することは，マネージャーの主要な部下のジレンマを解決してくれるのである．それは，上司がどのような事業やプロジェクトを好意的に見るか，また彼らの取組を表現するのにどのような言葉を用いれば良いかを示してくれるのである．この解説は，すでに，戦略に沿ったプロジェクトや投資計画を頭に描いている中堅のマネージャーや管理職に対して，新しい目的に沿って行動することが認められたと感じさせてくれるのである．それは望ましい道筋に沿ったクリエイティブなエネルギーの奔流を生み出すだろう．

　そこまで望ましくない状況においても，例えばより懐疑的な中堅の管理職も，システムを「活用」するために，単にこの新しいレトリックを口にし始めるだろう．[97]しかし，ここにおいても，整理された目的は価値を持つのである．少なくとも，それは資源獲得に向けた内部での競争の条件を定義し，そしてどのようなプロジェクトをやる意味があるかという議論を形づくり始めるのである．さらに興味深いことに，この言葉自体が次第に事業の文化に影響を与え始める可能性があるのである．[98]人々が何をしようとしているかについて異なる表現を使い始めるに連れて，彼らの視点や行動が変わるようになるのである．かくして，中堅の管理職が特に考えを持っていなかったとしても，または彼らの志向する考えが別の方向にあったとしても，目的を整理して表現することは，彼らを事業に貢献する意思の点で区別するとともに，何をなすことが重要であるかを教育するという過程をゆっくりとではあるが始めるという点で，価値があるのである．

　この整理された目的が他人からの支持と努力を得られるようになるためには，それは政治的支持者や部下から見て，比較的しっかりとしていて，かつ，安定していなければならない．理想的にはそれは，単なる提案ではなく，誰もがそれに合わせていかなければならないような現実の一部であると良い．マネージャーは，単に理想主義的アイデアを持った誰かではなく，「現実の代理人」として認められなければならないのである．

　このような状態を作り出すには，目標は与えられた状況下における政治上・行政

上の現実に根ざしていて，マネージャーはそれにコミットしており，そして，マネージャーはその任務を生きて全うすることができそうに見えなければならない．そうでなければ，その目標は政治集団からは投資に値するほど，また，中堅マネージャーにとっても彼らの人生をかけるほど十分深刻に受け止めてもらえないのである．そして誰も事業に投資しなければ，そして誰もそのビジョン実現に向けて行動を取らなければ，事業は失敗に終わるのである．

　もちろん，どんな事業も初めから堅実かつ安定しているように見えるわけではない．確実に，現状に挑戦するいかなる戦略も，必然性という性格を有し得ない．危機的な状況を除いて，いかなる状況においても，大多数の一般的な期待は，昨日の真実は今日も真実であり，明日もそうであるというものである．その結果，組織に挑戦するいかなる戦略も，最初はわざとらしく，疑いの目を持って見られるのである.[(99)]

　新しい，挑戦的な戦略に信頼性を与えるのは，それがどの程度その分野に関心があるか，その分野で積極的に活動している人々の見方と共鳴するかである．もしその新しい戦略が政治的支持を集め，大衆の注目を集め，ボランティアを集め，予算が増え始め，新しい法制化の支援者が現れ，それまで対立していた政治家が少しでも退き始めたなら，その戦略は一定の政治的意味を持ち始めたのである．もしマネージャーが同じことを言い続け，そして彼の実質上の，また行政運営上の行動が宣言されたミッションと関連づけられるという点で彼がコミットしていると捉えられたなら，その戦略は組織の運営に対する原動力となり始めるのである．もし戦略を追求し続けることによってマネージャーの個人的な株が上がり始めたなら，部下たちが，今こそ自分たちが常にやりたいと思っていたことを実現するチャンスだと思うか，マネージャーの方向に合わせなければならないと思うことによって，その戦略は組織の中で機運を高めるだろう．人々が当たり前に思っていることを変えるのは容易ではない．しかし，結局，それこそが成功する戦略の内容なのである．それは政治家や組織の中堅の管理職が持つ所与の公的事業の目的や能力への期待を，異なる方向性に動かしていくことなのである.[(100)]

組織戦略の評価基準

　公的セクターの事業にはおそらく多くの異なる成功しうる戦略がある．ラッケルスハウスは環境汚染物質について研究し，国の対応を調整するための組織を整備するような長期戦略を発表していた場合であっても成功していたかもしれない（まさにそれこそがニクソン大統領が期待し，ラッケルスハウスに行うよう命じたことだった）．彼は

また直ちに有毒廃棄物がもたらす脅威を強調する戦略を策定していたとしても成功していただろう．また，ミラーは施設の中での適切な児童のケアに集中したり，児童に対するリハビリサービスの提供量をわずかに増やしたりしていたとしても，成功していただろう．

いかなる状況においても，その時々の政治情勢は多くの異なる考え方を受け入れることができることから，様々な戦略が実現可能となる．さらに，政治は，特定の出来事に対して，また，わずかな取組に対応して，その立場を変化させるのである．したがって，もし少し先を見据えると，ありうべき持続可能な政治力学の幅は極めて広いものとなりうるのである．

同様に，たとえ組織がしっかりとした方向性を持っていたとしても，またある事柄についてうまくやっていたとしても，組織の行動範囲には常にいくばくかの柔軟性が残されているのである．組織がどれだけ注力していたとしても，実験的な目的については常にたるみが生まれる．そのような取組に参加する者の間では，特別なプログラムが頭の中で作動するか，記憶に残るのである．組織の中で運営哲学上の対立が生じる．まさに，組織の正しいミッションや機能についての政治の世界における対立は全て，必ずしも同じバランスではないにしても，組織の中のどこかで表現されているように見えるのである．これらは全て新しく，異なった組織の能力を発展させるための肥沃な土壌となるのである．[101]

最後に，実質的な面においては，それまでの目的を達成するためのより良いやり方や，組織が価値があり持続的と示すことのできる新しい課題など，新しいもっともな考えが生まれると，組織の現在の取組の価値に関する重要な疑義が生じる．端的に言って，組織の機能改善につながるような政策プログラム上の，行政運営上の，また戦略上のイノベーションの可能性は常にと言っていいほど存在するのである．[102]

このような，政治の領域と組織の領域それぞれにおける対立と変化と，価値のあるであろうイノベーションの発生は，機能しうる戦略概念が多数存在しうることを示している．結局，マネージャーは成功する戦略を手にするために，政治による全会一致の支持を得る必要はないのである．必要なのは，戦略を実施するための資金，権限，そして人員を供給するために**十分な**政治的支持だけなのである．同様に，マネージャーは必ずしも望ましい戦略を実施するために完璧に合った組織を必要とするわけでもない．必要なのは，主要な任務を遂行し，意図した戦略を実行するために組織の能力を改善するための投資を受け入れることのできる組織なのである．そして，マネージャーはある新しいアイデアに価値があるかどうかを完全に理解している必要はないのである．そのアイデアがもっともらしく，試してみる価値がある

92　第Ⅰ部　公的価値を思い描く

というだけで十分な場合が多いのである.

　実現可能な戦略が多数存在することは, 一つの戦略を設計し選択するという仕事を興味深いものにする. もしただ一つの戦略だけが実現可能であれば, それが何かを見つけ出すことだけが仕事になる. 多くの戦略があるからこそ, 成功のための最低条件を満たす戦略を見つけ出すことが容易になる一方, どれを選択すべきかの判断がはるかに困難なものとなるのである. 次に示す3つの側面は, 実現可能な戦略の幅を示すものとして特に重要である.

適切な水準での抽象化

　組織の戦略がどの程度抽象化されるべきかについて多くの関心が寄せられる. 抽象化の程度といったときに何を意味するかは, **表3-1**を参照されたい. これは大きく異なるレベルで任務や目的を抽象化した, 環境保護庁と青少年サービス局の代替的戦略を示している. 多くの読者が, 任務や目的の抽象化度合いの違いを理解できるだろう. さらに, ある事業が持つどの2つの側面を見ても, どちらがより抽象的であるかは簡単にわかるだろう. しかし, 抽象化の度合いが実際にはかなり連続的であること, そしてどのレベルの抽象化が組織の目的を議論する役に立つかを明らかにはしてくれないかもしれない.⁽¹⁰³⁾

表3-1　EPA と DYS の代替戦略：様々な抽象化レベルにおけるコスト

抽象度	EPA	DYS
抽象度高	「環境の保護」	「児童に対する正義を確保する」
	「環境を健全, 清潔かつ美しく保つ」	「児童の取り扱いを人道的なものにする」
	「汚染対策」	非行青少年にケア, 保護及びつながりを提供する
比較的具体的	汚染産業に対する厳格な規制を通じて大気と水が有害な水準とならないようにする	コミュニティベースのケアと最も抑圧的でない環境における児童の処遇によって, 非行青少年のケア, 効果的な監督, そして更生を進める

　一般的にいって我々は, 組織の任務の定義がより具体的かつ特定されていることを好む. 特定の度合いが高ければ, ある目的が何を意味するかをより具体的に説明する助けになる. それはどのような運営能力が構築されるべきかを予測できるようにしてくれる. そして, それは組織がその目的を達成したかどうかを判断する曖昧でなく, 客観的な手法を考え出すという仕事を簡単にしてくれる. これらの評価は

監督者に対する組織の説明責任を強化し，組織内部の統制を促進してくれる．

　さらに，特定の度合いが高くなることで，組織の活動をより詳細に計画することが可能となる．一旦何をしようとしているかについて詳細に定めることで，それに必然的に伴う具体的な行動が何か，また，どのような順序で行うべきか，そしてどの段階が「決定的な過程」にあり，どれがそうでないかを特定することができるようになる．このように，特定の度合いが高いことは，組織の活動の計測，説明，統制と計画を容易にしてくれるのである．

　特定性の高さが持つこのような利点はよく知られている．これに対して，より抽象的に形作られたミッションや目的が持つ曖昧さの利点はあまりよく知られていない．[104] その利点の一つとして，曖昧さと抽象性は政治対立を緩和してくれる可能性があるということである．ある行動の具体的な側面に対して様々な政治集団が持つ価値観の大きな違いは，目的をより抽象的なものにすることによって溝を埋めることができる可能性がある．極論すれば，「公共の利益」や「公的価値」のような概念まで抽象度を高めなければならないかもしれないが，通常そこまで抽象度を高めなくとも，低い抽象度でミッションが定められていたならば明らかになっていたであろう対立を封じ込めることができる．高い抽象性が持つこのような利点は我々の政治の中では通常，ある種の自己欺瞞であるとか，問題解決にならないといってバカにされる．そして，それはその通りなのであるが，同時にそれは重要な運営上の利点を有するのである．

　具体的な計画が持つ決定的な運用上の弱点は，それが柔軟性を犠牲にしがちであることである．具体的な計画は外生的なショックに対応する余地をほとんど残さない上に，予期しない問題に対して即興で解決策を生み出す余裕も残さない．とりわけ，詳細な計画は人々が今成し遂げようとしていることから頭を切り替えることを難しくする．

　具体性が得意とするのは，十分に定義された目的をしっかりと，効率的に達成することである．逆に具体性が妨げるのは，新しい技術の開発や大きな目標を変更することである．極論すれば，過度な具体性はすでに変わってしまった問題や重要でなくなってしまった問題を組織が効率的かつ確実に解決するよう導くことや，予期しなかった機会を組織が活用することをできなくしたり，また，計画の予期しない変更への対応のために，組織を完全な崩壊に導いたりする可能性があるのである．このように，一定程度の曖昧さは組織が事前に予想していなかったより良い目的や手段を作り出す余地を残してくれるかもしれないのである．

　目的をさらに抽象化することは，また異なった形で，組織の構成員が事業の任務

に対してより責任感を感じるようにし，参画を促すという利点も有する．彼らはも
はや，誰か他人が作った機械の歯車ではない．彼らは責任感や技術的能力だけでな
く，自発性と想像力を必要とする共同事業のパートナーなのである．この新しい役
割が従業員のモチベーションを掻き立てる限りにおいて，そして組織が直面する課
題に取り組む頭脳の数を増やす限りにおいて，それは組織の業績を向上させうるの
である．

　もし組織のミッションの表現において具体性を下げること，そして抽象度を上げ
ることのマネジメント上の利点があるとすれば，組織の目的を定義するにあたって，
低すぎも，高すぎもしない，適当な抽象度というものがあるのは事実であろう．も
ちろん，この問題は組織のミッションを定義するにあたって，とても抽象度が高い
ものからとても低いものまで段階的に目標を設定することによって，解決しうるだ
ろう[105]．このシステムは，組織のより幅広い目的との関係性を示すことによって，客
観性の低い目標に対して重要性を与え，また，高尚な目的が包含する具体的な内容
を示すことによって，それに具体性と特定性を与えるだろう．

　しかし，完璧に階層をなした目標を作り上げると，これらのうちどれが最上位の
マネジメントの注意と言動の焦点となるのか，という問題が発生してしまう．この
問題について私は次のような暫定的な答えを持っている．組織のミッションについ
て政治的対立が少なければ少ないほど，そして組織の基本的技術や手続きの確実性
が高ければ高いほど，組織のミッションの特徴はより具体的になるべきである．組
織の政治的対立がより大きく，そしてイノベーションの必要性がより高いとき，ミッ
ションの特徴はより抽象的になるべきである．過激かつ流動的な政治的対立の焦点
となっている公的セクターの事業の目的が明確になることは期待できない．という
のも，それが明確になると途端に，政治的監督者からの絶え間ない介入を招くから
である．同様に，目標を達成するための適切な手段がまだ明らかでない中で複雑な
新しいイニシアチブとして打ち出された公的セクターの事業が，明確かつ詳細にど
う運営されるかわかっているよう求めることはできない[106]．このような事業にはイノ
ベーションを引き起こし，新しい技術の機能を試すような余地が必要なのである．
高いレベルの具体性と特定性が必要となるのは，ミッションと技術が固まって洗練
されているような公的事業だけなのである．

　もちろん，どの事業のミッションが確定し，技術が十分存在するかを判断するの
は部分的には政治とマネジメント上の想像力の役割である．ある視点からは，一つ
の事業の目的は完全に確定していて，ルーティンワークのように見えるかもしれな
い．しかし，別の視点からはそれの事業は新しいやり方によって新たな価値を創造

する機会を見いだせるかもしれない. マネージャーが, 落ち着いていてルーティン化している現状を, よりオープンでイノベーティブなものに変革したいと思うかどうかは戦略上の問題であり, それは戦略が幅を持ちうる第二の側面, すなわち, それらの戦略がマネージャーや社会に対して与えうるリスクの程度, に関連してくる.

読者もある程度, ラッケルスハウスとミラーがそれぞれの事業を主導するにあたって用いた様々な抽象化のレベルを理解しただろう. どちらの事例においても, 広範な政治的機運により, 彼らが引き継いだ組織の業績について変化と革新が求められていたように思える. しかし, これらの機運の水面下においては, 多くの未解決の政治的議論が渦巻いていたのである. その結果, 両者とも, 盛り上がりつつある政治的機運に訴求し, 伝統的な支持基盤による一貫した懸念を和らげ, そして彼らの組織におけるイノベーションのための運営基準を形作ることのできる程度の抽象度を持って, 組織のミッションを定める必要があったのである. かくして, 彼らは比較的抽象度の高い戦略を作り上げたのである. 私の見方では, ミラーの戦略はラッケルスハウスよりも高い抽象度を志向したと考える. それは, ミラーは彼の戦略を達成するために幅広い政治連盟と, さらなるイノベーションを必要としていたからである. このため, 両者とも潜在的にリスクのある事業を進めたが, ミラーはラッケルスハウスよりも高いリスクに彼自身と社会を晒したのである.

リスクの度合いとエクスポージャー

組織がその政治的監督者に説明責任を負う条件と, 組織の将来の運営と投資を導く条件を同時に定めるためのミッションを整理することは, 内在的にリスクを有する. 周囲を取り巻く政治が将来組織に何を求めてくるかを確実に知ることはできない. 何が公的価値を持つかを確実に知ることもできない. そして, 組織が何をすることができるかを確実に知ることもできない. したがって, 組織のミッションを宣言することは, それがたとえ同じことするとを約束するにしても, ギャンブルなのである. たとえ組織が変化しなかったとしても, 政治環境や実質的な課題環境は変わりうるからである.

ある特定の戦略がどれだけ大きな賭けであるかは, 原則として, その戦略が求める政治上・運営上の要求を, 実際の政治上・行政上の現実と比較してみることで測ることができる. 我々は, 現状を固定されていて変化し得ないものと仮定することができる. または, 政治上・行政上の環境はまだ利用されていない可能性を秘めており, それはそのままあり続けるというよりもむしろ変化すると仮定することもできる.

これらの手をつけられていない可能性は，（主観的に観念された）確率分布として分析的に表現することができる．こうして，何が政治的可能であるかを考えるにあたって，我々は様々なありうる政治的マンデートの確率分布を観念することができるのである．そして，何が運営上可能かを考えるにあたって，様々な運営能力を確率分布として表現することができるのである．これらの分布の中央に位置するシナリオは，両端に位置するシナリオと比べて達成しやすいだろう．

　そうすると，戦略家にとっての疑問は，何が政治的支持，実質的価値と行政上の実現可能性の交点にあるかということだけではなく，この交点が，起きる可能性の高い，または極めて起きる可能性の高い条件を包含しているかどうかとなる．明らかに，整理された戦略の中のソリューションにおいてあまり起こり得なそうな出来事をより多く含めば含むほど，その戦略を採用する者はより多くのリスクを抱えることになる．もし高い確率で政治的に持続可能だが，運営上の実現可能性が低い戦略を提案したら，その戦略は両方の側面で確率の高い戦略よりもリスクが高くなる．

　ラッケルスハウスとミラーの戦略は包含するリスクの観点から見ると大きく異なる．皮肉なことに，いずれの戦略も現状を重視しなかった．たとえ現場重視が運営上は最も安全な戦略だったとしても，政治上は極めて悲惨なものとなっていただろう．彼らを取り巻く政治環境は変化を求めていた．したがって，彼らに与えられた全ての戦略上の選択肢は，落ち着いた政治環境で運営されている組織を引き継いだマネージャーが直面するリスクよりも高いリスクを負うことになったのである．

　それでも，彼らは大きくリスクの程度が異なる戦略を選択した．ラッケルスハウスの戦略はミラーの戦略よりも保守的だった．政治的支持の観点からは，汚染対策というラッケルスハウスの目標は，人道的な児童の処遇を実現するというミラーの目標と比べると，政治勢力のバランスの中心をより重視した．運営上の観点からは，汚染対策という目標は人道的な処遇という目標と比べると要求が少なかった．実質的価値という面では，汚染対策は人道的処遇よりもはるかに価値を生み出しやすそうに思えた．それは，環境汚染を美観上・健康上の危害に結びつけ，汚染を減らすことで危害を減らすことができるとする仮説が，コミュニティにおける非行少年の対応が青少年犯罪の削減につながるという仮説よりもはるかに確固たる基盤を有しているように見えるということである．この点において，ミラーが「事業を賭けた」のに対して，ラッケルスハウスはEPAの「管理人」の役割を果たしたのである．

誰のビジョンと目的か

　もちろん，ミラーの頑強な戦略は多くの人々の感情を損ねただろう．というのも，

第3章　公的セクターにおける組織戦略　　97

社会をこれほどのリスクに晒すのは公的セクターの事業のマネジメントとして不適切に思えるからである．このような見方は，公的セクターの戦略が変化しうる三つめの側面を浮かび上がらせる．ある戦略がどの程度，個別の組織のリーダーの目標の表現ではなく，公的目的の宣言として理解されるかどうか，である．

　結局ある組織の戦略はその組織の目的を表現し，したがって必然的に，重要な，対立する社会的価値のバランスがどのようにして保たれるかを提示するのである．ラッケルスハウスが，EPA は汚染対策を追求すると宣言した時，少なくとも一定の期間は，公的価値の定義として，環境浄化が無制限の経済成長よりも好ましいということが明らかになったのである．また，ミラーが彼の任期中 DYS は人道的な児童の処遇を追求すると宣言した時，少なくとも一定の期間は，公的価値として非行少年の社会的成長が，短期的な犯罪抑止よりも好ましいということが明らかになったのである．

　しかし，一体誰が，どのような権限に基づいて，公的価値についてのこのような宣言を行うのだろうか．もしこのような目標が，ある組織の活動に影響を及ぼす政治勢力のバランスの正確な解釈として捉えられるならば（例えば，もしそれが直近の立法において表された諸願望の中心に位置する場合など），それは政治過程によって授権されたと理解することができる．この観点からは，組織のリーダーは単にその時々の政治的要求をより具体的かつ特定された言葉で表現し直しているだけと言える．

　もう一つの考え方として，それはパブリックマネージャーが，市民，監督者，クライアント，受益者による検討のために，公的価値を構成するものとして挙げた，作業上の仮説として捉えることもできる．もしその仮説が重大な反対を招いたり，市民に何の具体的な熱意も引き起こさなかった場合，マネージャーは戦略を修正するだろう（しばしば沈黙の同意程度しか得られないのであるが）．

　第三の可能性は，戦略の宣言をマネージャー自身が個人として抱く公的価値の概念の表現として捉えることである．もしこれがその時の政治勢力と一致したなら，それは，適切な人材が適切なタイミングで職務に就くという幸運が起きたということである．しかし，もしもマネージャー個人が選択した戦略に示された価値が政治勢力と一致していなかったら，マネージャーは難しい現実的・道徳的選択を迫られる．彼らは自身が依って立つ目的の正統性を，時間と運営上の成功によっていつか彼らや彼らの目的に対する政治家の許容の幅が広がることを期待して，主張し続けることもできる．また，彼らと彼らの取組を後押しするように政治勢力のバランスを変化させることもできる．もしくは彼らは辞任することもできる．また，最後の選択として，彼らは要求を突きつけてくる政治勢力の道具になり，彼らに突きつけ

98 第Ⅰ部 公的価値を思い描く

られる要求を反映するために，自分の考え方を調整することもできる．

　組織戦略家としてこれらのうちどの道を取るかは，マネージャーにとっての重要な規範的かつ心理的な問題となる．これについては終章（結論）で集中的に論ずるので，ここでは，政治的圧力と組織の能力の限界があいまって，取り組む価値があるのは何かというマネージャーの思考に影響を及ぼすということを指摘するにとどめたい．マネージャーはこれらの制約の囚人となってはならない．というのも常に裁量の余地はいくばくか存在し，そして彼らは自分自身の考え方を提示する権利と義務があることを悟らなければならないからである．しかし，提示する意味のある考え方とは，その時の状況が持つ可能性を前提とするものでなければならない．これこそが，何に公的価値があるかということについて，個人的な考えとは峻別される戦略を持つことの意味なのである．[(108)]

　ある特定の戦略に関連するリスクの程度はその戦略に誰の目標が表現されているかに依存していることに注意してほしい．もしマネージャーが，既存の政治勢力の中道を行き，組織の現状の運営能力に沿っていて，そして実質的価値があると広く認められるような戦略を選択したならば，リスクは比較的小さくなり，そして人々はその戦略はほぼ完全に状況によって作り出されたと捉えるであろう．この場合，マネージャーは周囲の環境の代理人以上の役割は何もしないのである．

　対照的に，もしマネージャーが既存の政治に挑戦し，何に価値があるかという点で全く新しい考え方に依って立ち，そしてその組織の運営能力の大幅な変更を必要とする戦略を採用したならば，それは大きなリスクを伴う．さらにこのような場合には，その組織の目的は他の誰よりもマネージャー自身の目的として見られ，その実現可能性のみならず正統性までが問われるようになりがちである．

　これまでに挙げてきた理由から，多くのパブリックマネージャーは政治上，実質上，そして運営上の主流派に落ち着いていようという傾向を持つ．[(109)]彼らは，大きなリスクや批判を受けることなしにこれらの制約から大きく離れて活動することはできない．それでも時折，パブリックマネージャーは勇気をもって，対価を払って安定から離れた行動をとり，その足跡として，その賭けが成功するかにより，災害か輝かしい成果を残すことがある．この点で，ラッケルスハウスが幅広くからの賞賛を得てEPAを引退し，ミラーはDYSを解雇されたことは興味深い．それでもミラーは，青少年司法行政の活動する政治上・行政運営上の幅を大幅に広げたという点において，おそらく公的価値についてより大きな貢献をしただろう．DYSは様々な政治的要求やその依頼者からの様々な異なる要求に対応できる，適応力の高く，革新的な組織に生まれ変わったのである．

最後に，ある戦略がどれだけリスクを有するかは，周囲の状況の予測可能性や調和性にのみ依存するのではなく，マネージャーのスキルによっても左右されるということに注意してほしい．あるマネージャーは政治環境を分析し，対応するのに長けているかもしれない．またあるマネージャーは自分の事業の実質的価値を創造し，適切に理解するのに長けているかもしれない．またあるマネージャーは行政管理のスキルを用いて組織に仕事をさせ，変革をもたらすのに長けているかもしれない．政治の世界と効果的に関与するために，最高のパブリックマネージャーがどのような分析手法やマネジメント技術を使うかについては，第4章と第5章で取り扱う．第6章と第7章では，マネージャーが運営能力に変革を生むためにどのような技術を用いるかについて論じる．

第Ⅱ部　支持と正統性の構築

第4章　政治マネジメントの機能
──支持，正統性と共同作業の創出──

　公的セクターにおける戦略マネジメントは政治の世界に目を向けることから始まる．政治というとき私は単に市民とその代表者たちが有する現在の期待や熱意のみならず，パブリックマネージャーたちの行動に対する権限を定義する法制度の中に公式に位置付けられた過去の政治的合意をも意味する．

　政治，そして政治が生み出す法律は，次の３つの理由からこのような特別な位置付けに値する．まず，マネージャーはそれによって定められた範囲内において，何が公的価値を持ち，そしてこのため，実務上も，規範上もマネジメント業務の重点として維持できるかを探求しなければならない．政治過程において，またそれを通じてのみ，彼らはその行動の権限を見つけ出し，そして形作ることができるのである．次に，政治組織はパブリックマネージャーに対してその業務目標を達成するために必要な資源を提供する．それは，彼ら自身の組織と，マネージャーの目的に貢献できる組織外の貢献者に関する資金と権限を含む．そして，この政治と法律にこそ，パブリックマネージャーは理論上も，実務上も説明責任を負う．この範疇において，彼らの業績は評価され，また，評判が構築されるのである．

　組織にとって戦略的に重要だが，自分の組織の能力の限界を超えている判断に直面したマネージャーについての２つの事例が，主要なマネジメント上の機能としての政治マネジメントの重要性を表すことを助けてくれるだろう．

マイルス・マホーニーとパークプラザ再開発計画

　1972年５月，マサチューセッツ州知事のフランシス・サージェントは，州コミュニティ局（Department of Community Affairs, DCA）の局長としてマイルス・マホーニーを任命した．[(1)]　マホーニーは最近マサチューセッツ州議会によって強化された機関の舵取りを引き受けたのである．マサチューセッツ州の都市を再建するという熱意に燃えた議会は，この目的を達成するため，DCA の局長に対して大きな予算と法的権限を与えたのである．

　具体的には，DCA は都市計画の専門家を雇用し，公営住宅の需要調査を実施し，そして市民に対して必要なデイケアや賃貸住宅などのサービスを提供するための必

要な公的資金を受け取った．同時に，議会はマホーニーに対して幅広い法的権限を
与えた．その中でも特に重要だったのは，州政府が持つ土地収用権を用いて，民間
のデベロッパーが土地を集約し，民間のみならず公共の目的にも貢献するような大
規模な都市再開発プロジェクトを進めることを促進できるようにしたことである．
この権限を用いるためには，厳格な法的ルールに基づいて，厳密な条件が定められ
ていた．議会はさらにマホーニーに対して，公営住宅の建設や再開発計画，地方自
治体に対する技術支援，地方住宅公社や再開発公社のメンバーの任命などあらゆる
権限を与えた．

　マホーニーはDCAに与えられたこれらの法的権限を，「都市再開発，住宅問題，
社会保障サービスと都市計画を統合するまたとない機会」を与えてくれるものだと
考えた．しかし，就任した当時彼は，法律の潜在能力が全く活用されていないと考
えていた．まさに，彼の目からは，DCAの優先事項（そしてその価値）は全く間違っ
ていたのである．彼は，DCAは単に「中心市街地のビジネス上の利益」のために
公的援助を与える以上のことをしていないと考えたのである．結果として，貧しい
コミュニティは道路やオフィスビル，ホテルなどを建設するために破壊されていた．
さらに，貧困層は彼らの生活を形づくる計画（策定）プロセスから排除されていた
のである．

　マホーニーは直ちに，公的価値を創造するためにどうやってDCAの資産を活用
すべきか，という新たなビジョンを策定した．第3章の用語に従えば，彼はDCA
の新たな「戦略」を策定したのである．

　実質面では，この戦略によって彼は都市開発のペースを遅らせ，移住を余儀無く
される貧困層がどこか他の適切な場所に行けるようにしようとした．このため彼は
再開発事業ごとに適当な移住計画を提出することを求めた．さらに彼は州における
公営住宅の需要を確認するための調査を委託した．これらは全て再開発の便益を富
裕層から貧困層に再配分することを目指していた．

　政治的には，マホーニーはこれらの重要な政策の変更を進める権限が与えられて
いると感じていた．なぜなら彼には，彼の戦略が目指す社会的価値はサージェント
知事の政治哲学と幅広く一致しているように見えたからである．実際マホーニーは
面接に当たってこれらの考え方を明確に表現していたことから，これらの価値観の
ために彼はこの仕事に就くことができたと考えていた．そして，彼は自分が持つ，
地域の再開発計画の中で貧困層により大きな発言力を与える公式な力を通じて，自
分の目標に対する政治的支持を集めようと考えたのである．

　運営面では彼はその力を目標達成に向けた3つの方法で活用した．まず彼は地方

再開発公社に対する技術支援の資金の流れを止め，その代わりに自分の専門家ス
タッフ育成のために用いた．次に，彼は地域計画委員会に貧困層を任命し，彼らの
影響力強化と，再開発計画形成のための能力向上を図った．そして，彼は初めて，
事業によって移住を余儀なくされる貧困層の利益を無視した，地域で承認された再
開発計画を却下したのである．

　これらの動き全てが，彼の権限の範囲内の行動であったが，効果的に，再開発事
業への影響力を自治体から州に，そして地域のエリートから貧困層に移行させたの
である．予想された通り，開発のペースは遅くなり，ここの開発事業はより貧困層
のニーズに寄り添うようになった．

　彼が任命されて間も無く，そして彼が DCA の総合戦略を作り上げ，実施しよう
とするさなかに，ボストン市が再開発事業の承認を求め，計画を彼に提出した．こ
の計画はパークプラザ再開発地区を対象としており，それは，市の北側で，ボスト
ン公立公園に隣接する一等地であり，市の金融地区と商業地区の間に位置していた．
提案された再開発地区はさらにコンバットゾーンとして知られるようになっていた
地区も含んでいた．それは，ストリップショー，ヌードバーやナイトクラブが並ぶ
地区で，毎晩のように売春やバーでの喧嘩が行われていた．

　地区の計画は 2 つのフェーズに分けられていた．フェーズ 1 は公立公園に最も近
い土地を対象としており，1000室規模の会議場を備えたホテル，百万平方フィート
の賃貸可能面積を持つオフィスビル，50万平方フィートの賃貸可能面積の商業モー
ル，3000台分の駐車場，1400世帯の高級アパートと，「資金補助が得られた場合」
150ユニットの低・中所得層向け住宅を含む 3 棟の高層住居棟が建設予定となって
いた．

　計画の第 2 フェーズはコンバットゾーンの再開発を対象としていた．この退廃し
た地区の再開発には，何らかの公的価値が見出されると考えられた．しかし，デベ
ロッパーはこの地区の再開発について何も具体的なコミットメントを行わなかっ
た．計画は単に将来いずれかの時点で開発されるとしか示していなかった．

　この計画にはもう一つ特徴的な点があった．公的資金の投入を全く求めていな
かったのである．デベロッパーが期待していた唯一の公的資源の投入は，一連の土
地をまとめ上げるための土地収用権だけであった．公的資金を求めていないことは，
デベロッパーの脆弱な資本力，特にプロジェクトの規模と比較したときのそれに鑑
みるととりわけ驚くべきことであった．デベロッパー，モーティマーズッカーマン
とエドワードリンデの資産規模は 6 百万ドルであったのに対して，プロジェクトの
推定総工費は 2 億 6 千万ドルにも達していた．

この計画は明らかに脆弱なものであったが，それでもすぐにボストン市長，市議会，そしてボストン再開発公社（BRA）の承認を勝ち取った．そして，州のコミュニティ局はかつてボストン市から提出された計画を拒否したことはなかったのである．

しかし，マホーニーと彼のスタッフにとって，パークプラザの事業計画は致命的な欠陥を有していた．州の制度上，再開発事業を承認する（そしてすなわち土地収用権を与える）ためには6つの積極的理由が必要であった．それは，（1）事業が民間企業単独で完成できないこと，（2）計画が地域の健全なニーズに沿っていること，（3）資金計画が健全であること，（4）事業対象地区の環境が悪化している（blighted）こと，（5）計画が十分一体性を持っていること，そして（6）計画において，居住者や建物所有者の移転に関する適切な計画が定められていること，であった．

ボストン再開発公社の計画に対する支持によって，「地域の健全なニーズに沿っている」という要件が満たされていると主張することもできるかもしれない．しかし，それ以外の点についてはどれも，当時の事実関係からすると積極的な肯定理由を見出すことは難しかっただろう．

最も深刻な問題はおそらく，計画を2つのフェーズに分けていたところにある．公共の利益の観点からプロジェクトを正当化できる根拠は主に計画の第2フェーズに存在した．しかし州コミュニティ局はデベロッパーが実際にフェーズ2を完成させるかどうかはわからなかったのである．実際，事業の経済的観点から見ると，フェーズ1の完成後中断したほうがよかった．

デベロッパーの脆弱な財務状況はもう一つの問題を生み出していた．どんな状況でも問題にはなるのだが，この事業では市民参加という正当化理由が，より費用が高く，財務リスクの大きい第2フェーズに依存していたため，とりわけ問題となった．もし事業者が資本準備金をフェーズ1で使い切ってしまったら，フェーズ2は実現せず，公共目的は達成されなくなってしまうのである．

これらの懸念から，マホーニーと彼のスタッフは計画を承認しないこととした．実際，彼のスタッフのうちには，承認することは明らかに違法であると考えていた．しかし，マホーニーとそのスタッフには反対する理由が他にもあった．

DCAに関するマホーニーの戦略の主要な部分は，コミュニティ局がより強い主導権を持ち，地域の再開発計画により大きな影響力を行使するところにあったことを思い出して欲しい．マホーニーが就任した当時，DCAがこのような役割を果たした事例はほとんどなかった．まさにDCAは単にゴム印を押す以上の役割を持たないと広く認識されていたのである．そして，コミュニティ局とボストン市との関

係以上にこれが当てはまるものはなかった．それでも，マサチューセッツ州における重要な再開発事業の多くはボストンで行われていた．もし DCA がボストン以外の地域で影響力を持ったとしても，せいぜいそれでは小さな役割しか果たせなかった．しかしもし DCA がボストン市に影響力を行使できたなら，それは単に主要な地域に影響力を及ぼすことができるだけでなく，おそらく他の地区もより速やかに方針に従うようになると思われた．かくしてパークプラザ再開発計画の弱みは，マホーニーにとっての戦略的機会，うまくボストン市に対抗し，地域の再開発計画に対するより効果的な州の監督の先例となる機会となったのである．

サージェント知事とそのスタッフに彼の決定方針について相談し支持を得たのち，マホーニーはパークプラザ再開発計画案を不承認とする決定を発表した．この決定はボストン市長を憤慨させ，デベロッパーを激怒させ，建築労働者の組合や地域の商業リーダーからの反発も招いた．最終的には新聞社までもがマホーニーの決定に反対するようになった．反発があまりにも大きくなったため，州議会は「ホームルーム」制度を制定し，DCA 局長から地区の再開発計画を承認する権限を剥奪した．サージェント知事はマホーニーの権限を守るために拒否権を発動したが，怒りに燃えた建設労働者たちからヘルメットを投げつけられた．

結果的にパークプラザの新しい再開発計画が提出されたが，マホーニーとそのスタッフが計画を審査する前に，州知事は記者会見を開き，マホーニーの決定に予断を与える意図はないものの，彼の見解では，新しい計画には重要な改善が見られると発表した．彼は，「私の見解では，パークプラザは最終的に実現に向けて進み始めた．」と述べた．

パークプラザの問題解決に向けた強い決意が，知事の情熱的な発言の後押しとなった．彼とそのスタッフはボストンの高速道路建設計画を停止する決定の発表に向けて準備を進めているところであった．この政策判断はパークプラザ再開発事業の支持層と同じ層，すなわち，ボストンの建設労働者の組合に打撃を与えることが予想された．もしサージェント知事が将来の高速道路建設とパークプラザの両方に「ノー」を突きつけたなら，彼は建設組合から熾烈な反発を受けただろう．もし彼がマホーニーを説得してパークプラザの計画に「イエス」と言わせることができたなら，高速道路建設を停止するという決定に対する反発は弱まるだろう．

残念なことに，マホーニーとそのスタッフが新たな計画の概要を見た結果，知事が感じたように楽観的になれないという結論に至った．審査の結果，新しい計画は元々の計画に単に表面的な修正を加えたに過ぎないことが明らかになった．

マホーニーはジレンマに直面した．一方では彼は高まる政治的圧力に屈し，不肖

106 第Ⅱ部 支持と正統性の構築

ながらも計画を承認することができる．もう一方では，彼は計画を拒否し，彼の決定が支持されるかどうかを見てみることもできた．知事はマホーニーを解雇し，計画を承認してくれる者を任命することもできた．また，議会は新たな立法により，マホーニーから地域のプロジェクトを承認する権限を剥奪することもできた．今回はさすがに知事も彼を守ってはくれないだろう．

デビッド・センサーと豚インフルエンザの脅威

1976年1月，ニュージャージー州フォートディックスの陸軍新人兵の間で小規模なインフルエンザの流行が発生した．感染者の多数は1968年以来主に人のインフルエンザの原因となっていたウイルスである，ヴィクトリアインフルエンザウイルスによるものだったが，感染者のうち4名はこれとは異なるもの，すなわち，豚インフルエンザに感染していた．このウイルスは，最終的に全世界で2000万人，米国のみで50万人の犠牲者を出した1918年のパンデミックを引き起こしたウイルスと関連していると考えられていた．この新型のウイルスの4名の感染者のうち1名は死亡した．

当時は米国保健・教育・福祉省（HEW）内の機関であった米国疾病対策センター（CDC）は，このような感染症から社会を守る責任を有する政府機関であった．この目的を達成するため，CDCは感染症の発生状況をまとめ，ウイルスを検査する自前のスタッフを有していた．さらに，CDCは地域の保健担当者や民間の医師の幅広いネットワークによって支えられていた．このネットワークはCDCに新たな脅威の発生を警告する監視システムとして，また，感染症の発生に対して，予防や教育のためのプログラムを実施するためのシステムとしても機能していた．CDCはさらに，どのインフルエンザ株が最も緊急に対処されるべきかという自身の判断に基づいて，民間製薬会社に対してどのインフルエンザワクチンを生産すべきか助言もしていた．

CDCはフォートディックスにおけるインフルエンザの発生を，その監視システムの通常オペレーションを通じて認知した．感染した兵士から得られたサンプルのテストがCDCに依頼されたのである．人類の中で新しいインフルエンザウイルスが見つかったという事実は，CDCと，その局長であるデビッド・センサー博士に対して重要かつ通常と異なる問題を突きつけた．この問題はすなわち，フォートディックスにおける豚インフルエンザの発生は新しい深刻な公衆衛生上の脅威を意味しているのかどうか，事態に対処するために「通常の」努力だけでなく，「英雄的な」行動を必要とするものなのかどうか，ということであった．少なくとも，

第4章　政治マネジメントの機能　　107

CDC はその姉妹機関である生物学的製剤局に相談し，ワクチン製造会社に対して伝統的なインフルエンザ株よりも豚インフルエンザに対するワクチンの製造にシフトするよう助言を求めるかどうかを判断しなければならなかった．より重要なことに，CDC の職員は緊急警報を発し，フォード大統領を動かして大規模な資金を動員するとともに危機意識を高め，この深刻な豚インフルエンザの脅威に対して全人口が予防接種を受けるようにするかどうかを検討しなければならなかった．

　この問題を検討するにあたってセンサーは専門家の助言を得ることができた．発生を確認した際彼は，その年のインフルエンザのタイプと脅威度を検討するため，権威ある CDC の予防接種諮問委員会（ACIP）との会合に向けて準備しているところだった．この委員会は米国の最も権威ある感染症学とインフルエンザの専門家をメンバーに揃えていた．

　科学者たちは豚インフルエンザの小規模な発生による脅威について，不吉な結論に至った．まず，フォートディックスの豚インフルエンザウイルスは20世紀の終わりに世界中で何百万人もの人々を死に至らしめたウイルスと極めて近いものである，次に，ウイルスは 1 世代の間眠りについていたため，これに対する自然の免疫力はほとんどあてにできないということ，第 3 に，インフルエンザの流行は概ね20年ごとに発生していることから，米国ではまもなく深刻なインフルエンザの流行が発生すると見込まれるということ，そして，概略的な計算では，ワクチン製造業者，予防接種を行う医師，そしてワクチン購入を希望する者の能力が限られていることから，次の流行期に入るまでに十分な予防を講じることができないということがわかった．これらの事実は，直ちに，決定的な行動をとることを促していた．委員会の委員の一人はこう述べた．「直ちに誰かによって何らかの英雄的な行動が取られなければならない」

　しかし，パークプラザの事例と同様，センサーは速やかかつ決定的な行動をとるより大きな組織的な理由があった．センサーにとっては，豚インフルエンザの流行という深刻な脅威は，予防医学という一般的な目標を推進するための機会を与えてくれるものであったのである．一般的に保健の世界では，予防は疾病に対する医療活動よりも優先度が低かったのである．彼は，豚インフルエンザの予防によって予防医学という目標がより積極的に取り組まれるようになることを期待していた．つまり，センサーは効果的な行動をとるための様々な理由を持っていたのである．しかし，どうやって彼は国を動かすことができるのだろうか．

政治マネジメント──主要なマネジメント上の機能

　二人のマネージャーがとった次の行動を述べる前に（次の章で事例を完結する．），彼らが陥った苦境について分析することで，政治マネジメントの課題を浮かび上がらせたい．一見すると，2つの事例は似ているというよりも異なっているように見える．一方は単に経済上の問題であるのに対して，もう一方は生死に関わる問題である．一方は政治任命者であるのに対して，もう一方はキャリア官僚である．それでも，よく検討してみると，2人のマネージャーが直面した課題は共通の論点を持っていることがわかるのである．

　どちらの事例においても，マネージャーは公共政策上の重要事項について決定を行わなければならない．マホーニーはパークプラザの計画を承認するかどうか，センサーは豚インフルエンザの脅威に対して国全体に注意喚起を行うかどうかを判断しなければならなかった．

　さらに，両者はそれぞれの領域における専門家ではあるものの，彼らの専門性だけでは基本的な不確実性と，この不確実性が生むリスクを解消することはできなかったのである．マホーニーはパークプラザ計画の第2フェーズが完成するかどうかわからず，センサーは豚インフルエンザの脅威が実際のものとなるかどうか確信を持ってはいなかった．

　これらの選択は重要な価値のトレードオフが存在したためにより難しいものとなった．富裕層のみならず貧困層を守るために組織を使おうというマホーニーの決意は，ボストン市の経済発展に向けた熱意と衝突した．公衆衛生上の利益のために幅広い予防接種を推進しようという意思は，豚インフルエンザ大流行の可能性が明らかでないこともあって，広範な予防接種は高価すぎかつリスクが大きすぎるという懸念と衝突した．これらの価値のトレードオフは，これらのマネージャーがどんな判断を行ったとしても，確実に政治的議論を巻き起こすということを意味していた．

　さらに，マホーニーもセンサーも，これらの政策判断が彼ら自身にとって重要なだけでなく，彼らが追求するより幅広い戦略にとっての鍵となると考えていた．マホーニーはDCAが地域の再開発においてより影響力を持ち，貧困層を助けるために権限を行使することを求めていた．センサーは予防接種と予防医学という目的を強化しようと期待していた．

　最後に，そして最も重要なこととして，彼らの組織と個人的な専門性を組み合わせることによって，社会のためになる判断を行うことができるようにも考えられる

一方，彼らには現在の立場が与えてくれるもの以上の効果的な影響力を必要としていた．マホーニーはパークプラザの計画案を拒否するという彼の判断が，計画承認を支持する強力な政治力によって覆される可能性に直面していた．センサーは豚インフルエンザのパンデミックから国を守るために，CDCの局長以上の影響力と権力を必要としていた．

マホーニーにとってもセンサーにとっても，（自身の個人的な資源と，先人たちの資源によって作り上げられた）自分の組織の力は直面する問題に対処するためには十分でないと思われた．彼らは自分たちが公的に価値があると考えた目的を達成するためには，現在の権限と実行的影響力を補充しなければならないのであった．ある政策について支持を得て，正統性を確立するという仕事，また，ある行政官が社会一般に対して行う主張の効果を高めるという仕事こそが，政治マネジメントそのものなのである．より正確に言うと，政治マネジメントは次の4つの要素からなる．それは，（1）忍耐，積極的支持，または実際の運営に対する支持を，（2）マネージャー，政策，または全体的な戦略に対して，（3）ある行政官の直接の監督権限の外にあるが，（4）その権限や運営上の支援が，その行政官が説明責任を負う公的目的を達成する上で欠かせない者の間で打ちたてることである．すなわち，政治マネジメントはマネージャーが業務を遂行し，与えられた目的を達成するために必要な行動に対するマンデートを打ち立て，それに対する政治的支持と正統性を与えるのである．マホーニーとセンサーが彼らの事例で直面したのは，この機能をうまく遂行するという課題なのである．

この重要なマネジメント上の機能が持つ性質についてより鋭敏かつ豊かに理解するために，5つの分析的手順を踏むこととしたい．まず，なぜマネージャーが時間をかけて自分に直接権限が及ばないものと関わり，影響を与えることをしなければならないのかを考えたい．次に，政治マネジメントが必要となる様々なマネジメント上の文脈について，また，政治マネジメントが取りうる様々な形態について探求を深めたい．第三に，マネージャーが彼らの正統性を打ち立て，支持を獲得するために，共に働くことが必要となる重要なプレーヤーについてより具体的に列挙する．第四に，どのような過程を通じて多様なプレーヤーの利害や懸念が混ざり合い，行動のための力強いマンデートとなるかを理解する．第五に，権限が与えられる環境のダイナミズムの感覚を養い，それが時間とともにどのように変化していくのかを知る．

これらの見方は一体となって，政治マネジメントが発生する媒体と共に，テコ入れと介入のための潜在的なポイントを理解することを助けてくれる．後ほど第5章

110 第Ⅱ部 支持と正統性の構築

では，政治マネジメントの実際の運営上の課題に対応するためにマネージャーが用いることのできる具体的な技術について議論する．

なぜ政治マネジメントが重要であるのか

政治マネジメントが重要な機能であるというのは，極めて単純な理由による．業務上の目的を達成するために，パブリックマネージャーはしばしば自分の権限が直接及ぶ範囲外の主体と関与しなければならないからである[3]．一般的にいって，マネージャーはこれらの「外部の」主体を，次の理由のうちの一つ（または両方）から必要とする．彼らはある事業を遂行するために，外部の主体から公的資源を用いる許可を得る必要があるか，彼らが責任を負う結果を生み出すために，外部の主体から実務上の支援を得る必要があるのである[4]．これらの外部の主体はマネージャーの直接の権限の範囲外に存在するため，マネージャーは単に彼らに従うように命令することはできないのであり，その代わりに彼らを説得しなければならないのである[5]．このため，この仕事はマネジメント上のものというよりも政治上の問題として見ることが適当なのである．

明確化のために（美しくないにせよ），私はこの力強い部外者の集団を「外部授権（及び共創）環境」と呼ぶこととしたい．それは，マネージャーが自分の組織の職員や部下と同じレベルで注意を払わねばならない（そして実際に払われている）集団なのである[6]．

例えばマホーニーは知事と州議会が彼に現職につき続けることを許し，パークプラザ計画を拒否するという彼の判断を支持するかどうかを注視しなければならない．知事や議会の支持が当然得られると考えることは全くできないのである．

マホーニーはさらにボストン市とデベロッパーが公共の利益に関する彼のビジョンを理解し，対応するように誘導する彼の能力にも集中しなければならなかった．彼は自分自身ではボストン市にとって価値のあるものを何も生み出すことができなかった．彼はデベロッパーが提案することと，市が承認することに完全に依存していた．残念ながら，提案され，承認された計画は彼らの計画であって，マホーニーのものではなかった．それは彼らの価値観を反映していて，マホーニーの価値観を反映するものではなかった．

マホーニーにとって幸運なことに，デベロッパーと市はマホーニーによる計画の承認を必要としていた．そうでなければ彼は州の権限である土地収用権を行使することができなかったのである．この要求がマホーニーに対して事業の提案に対する一定の影響力を与えてくれた．しかしマホーニーはデベロッパーや市に対して何か

具体的なことをするよう強制することはできなかった．彼は単に提案を受け入れるか拒否することしかできなかったのである．

　もしマホーニーがパークプラザ計画を彼の公的価値の考えに沿うようなものにしようとするならば，彼は彼の組織の権限を活用して，組織の境界を超えて影響力を発揮するようにしなければならない．すなわち，州と自治体を隔てる境界，そして公的事業と民間事業を隔てる境界である．しかし，もし彼が自分の権限をあまりにも強く押し付けたならば，最初に彼にその権限を与えてくれた権力を剥奪されてしまう可能性もあった．

　同じように，センサーも実効的な予防接種プログラムを実施するために必要な資源を確保できるか懸念があった．基本的に彼の目標は法的権限よりも，豚インフルエンザワクチンの生産，配布，営業を支えるための財政力を必要としていた（財政支援の隠された一面として，予防接種プログラムの副作用による犠牲者からの民事訴訟に対してワクチン製造業者を免責するということも含まれていた）．

　しかし，マホーニーと同様，センサーもその組織を運営するために持続的な資金と権限の提供以上のものを必要としていた．彼は全国レベルの予防接種プログラムを実施するための，社会による危機意識を必要としていた．彼は，自分から命令することはできなかったが，製薬会社，地域の保健担当官，民間医師，そして脆弱な市民が具体的な行動をとり，効果的な全国レベルの予防接種プログラムを作り出すことができるような環境を作り出さなければならなかったのである．

政治マネジメントが特に必要とされる時

　これらの例は政治マネジメントの一般的な概念の下に様々な課題が隠されていることを示唆してくれる．マホーニーは彼の上司から彼が行おうとする具体的な政策決定について支持を獲得するという，基本的な政治マネジメントの課題に直面した．センサーは大統領，議会，そして国を動かして，豚インフルエンザから自分の身を守るように行動を起こすという政治マネジメント上の課題に直面した．政治マネジメントが必要となる共通のコンテクスト，そして様々な文脈の中で政治マネジメントが取りうる一般的な形態について述べることを通じて，この幅広い課題について一定程度秩序を与えることができるだろう．

日常業務における説明責任

　もっとも狭義で，もっとも容易で，そしてもっとも一般的な政治マネジメントの形態は，「日常業務における説明責任」として表現できるだろう．この文脈におい

てマネージャーは自分の事業に対する資金と権限の供給を維持するという課題を有している．彼らはこれを，政治レベルの上司，議会の委員会，そして上部機関を含む，しっかりと定義された説明責任のチャネルを通じて業務や成果について報告することで行う[7]．彼らの報告が許容できるレベルの業績を上げている限り，マネージャーは放任され，自分の業務に専念することが許されるのである．

権限の変化とイノベーション

政治マネジメントの課題はマネージャーがイノベーションを起こそうとするときにより困難なものとなる[8]．組織の運営，行政管理方法やミッションの変化は，その組織が生み出す公的価値の構成を変化させる．結果としてそれは，新しく生み出される価値の構成が自分の考える公的価値の概念に合っているかどうかを確かめようとする政治的監督者による精査のきっかけとなる．彼らはさらに，確立された組織の運営実務よりもあまり十分に試されていないイノベーションを選ぶに足りる十分な理由があるかどうかも確かめようとする．

しばしば提案されたイノベーションは組織の監督者の間で対立を生じさせる．その対立は，イノベーションが新しい課題と新しいプレーヤーを政治過程の中に持ち込むことで，新しいものとなる．しかし，より多くの場合，提案されたイノベーションは単に，一時的に脇に寄せられていた過去の対立を再燃させることとなる．

ある程度，このような変化の提案によって引き起こされる対立はマネージャーにとって問題となる．彼らはそれを沈静化させるための方法を何か見つけなければならないか，又は怒り狂った監督者からの質問に答えることに全ての時間を費やさなければならなくなる．しかし，対立は同時に機会を生み出してもくれる．実際もし監督者の間で何も対立が生じなければ，マネージャーがリーダーシップを示す機会はほとんどなくなってしまい，監督者たちが行わなければならないと合意したことをなんでもやらされるようになってしまうのである．しかし，監督者たちが意見の不一致に至ったとき，マネージャーは合意を仲介するか，対立を調和させるという重要な役割を果たすことができるようになるのである[9]．彼らは自分自身や，自分の政策，または自分の組織について，責任関係を規定する新しい条件について交渉することでそれを実現するのである．

マネージャーはさらに，権限が与えられる環境の中で，潜在的な支援者を発掘し，発展させることによって，政治勢力間のバランスを崩すこともできる．例えばマホーニーは，中心市街地のビジネス関係者の利益を削減し，そして貧困層の市民の利益を増進させる DCA の新しい戦略を提示した．しかし，この新しい戦略が成功する

ためには，彼は法的な後ろ盾だけでなく，政治的支持を得なければならなかった．そのための一つの方法は，サージェント知事か議会の監督者を説得し，地元の商業主や政治同盟者の欲望よりも，スラム街の住民の利益を満たすためにマホーニーが責任を負うようにしなければならないと納得させることである．もう一つのよりうまい解決策は，それまで無視され続けてきた都市の貧困層や，彼らの窮状に同情する人々の間に新しい支持基盤を構築することである．もしそのような支持基盤が構築できなければ，マホーニーの戦略的イノベーションは結果的に失敗するであろう．これが，戦略的なマネージャーの成功にとって政治マネジメントが鍵となるゆえんである．

組織間の協調の実現

　マネージャーが責任を負っている結果を生み出すに当たって，自分の直接の支配下にない組織や人々に決定的に依存しているとき，政治マネジメントという課題はまた異なってくる[10]．一般的な状況において，ある機関のマネージャーはその目的を達成するために，他の政府組織の助力に頼ることとなる．例えば，センサーは生物学的製剤局という同僚組織がワクチン製造会社に何を助言するかに頼っている．もし生物学的製剤局が豚インフルエンザに効果的なワクチンの製造を勧告しなければ，国全体にワクチン接種をするという彼の望みは実質的に絶たれてしまう．

　この問題は双方の組織が共通の上位者を有している場合に簡単になる．そのような場合，マネージャーはその上位者に訴え，もう一方の組織が自分の組織の目的に貢献するよう働きかけることができる．実際，そのようなニーズを特定し行動するために，共通の上位者が日常的な政策決定プロセスを作っている場合もある[11]．

　これはCDCと生物学的製剤局に当てはまるように見える．というのも，センサーと生物学的製剤局のハリー・M・メイヤー局長はともにHEWのセオドア・クーパー保健担当次官補に報告することになっていたからである．このような状況は原則として比較的取り扱いやすいものとなるはずであるが，それでも経験上このようなシンプルな構造が必ずしも組織間の調整を実現してくれるわけではないことがわかっている．共通の上位者が必ずしも常にアクセスできるとは限らないことや，もしできたとしても，その上位者のもう一方の組織に対する実質的な支配に疑問が残る場合があるのである[12]．

　直近の共通の上位者がいない中で組織間の調整を行わなければならないような場合には，マネージャーは他の機関が協力してくれるように誘導する方法を見つけなければならない．もし現状で組織間に協力関係がある場合，それは難しいことでは

ない．というのも，現状の協力関係を基に，別のところで対価を払う機会を作り，非公式の合意を生むことができるからである．[13] もし組織間が競争関係にあったり，協力関係が全くない場合，事態はより困難なものとなる．[14] このような場合，マネージャーはその組織に対して間接的な圧力をかける方法を見つけるか，より離れた上位者に接触する方法を見つけなければならなくなる．これらの目的を達成するためには，危機感を醸成することによって，協力しなければならないという圧力を生んだり，事態を上のレベルに上げて，離れた上位者のアジェンダに乗せることができる．[15]

分散化された主体の協働を作り出す

　マネージャーがその目的を達成するために必要な生産能力が様々な組織や民間の個人の間に散在している場合，政治マネジメントの課題はまた異なってくる．このようなケースではマネージャーは単に執行レベルの適当な者を説得し，適切な命令を発してもらうだけでは，必要な生産能力を動員することができない．むしろ，彼らは何千，場合によっては何百万もの散在する意思決定者に働きかける方法を見つけなければならないのである．例えばセンサーはなんとかして何百万ものアメリカ人を説得し，未だ現実化していない大流行に対応するためと言って，副作用のリスクのあるインフルエンザ予防接種を受けさせなければならないのである．[16]

　意思決定者が分散されている場合の政治マネジメントは，我々が官僚の政策宣伝や起業家精神から連想するような政治マネジメントとは決定的に異なる．このような状況はマネージャーに対して，分散化された集団を指揮監督できるよう幅広い権限を追求するよう求め，そして，政治動員の過程を通じて，その権限を現実的かつ実行的なものとするよう求めるのである．これに当たっては，専門家，利害関係団体，政治団体，そしてメディアの緩やかなネットワークに関与し，マネージャーの目標に向かって共同で取り組む道筋を見いだすことが不可欠となる．このような緩やかに結ばれた組織同士のネットワークは集団の力をもって，運営上の目標達成の過程において，権限を持つ者からの命令に対応する官僚組織の（比較の意味における）正確さと信頼性に取って代わるのである．

　このような究極の政治マネジメントにおいては，権限という言葉の持つ意味が重要な点で変わっていることに注意してほしい．権限はもはや，ある特定の結果を生み出すために資源を用いるという任務を与えられた，しっかりと定義された機関に対する厳密な形での資源の供与ではなくなっている．それよりもむしろ権限とは，公共の目的のために行動する市民全体に行き渡った広範な社会的権限，場合によっ

ては義務，になっているのである．[17]

　もしセンサーが国の政治リーダーたちを動かして幅広い予防接種キャンペーンを進めることができたならば，彼は予防接種を受けることが市民の義務であると市民それぞれがお互いを注意しあうような環境を生み出すことに成功したと言え，したがって人口の大部分に予防接種を受けさせることに成功しただろう．それは単に彼の官僚組織を拡大することでは，またたとえ市民に予防接種を受けることを義務付ける法案を成立させたとしても達成できない課題なのである．

誰が政治マネジメントにおいて重要か

　先に述べたように，政治マネジメントにおいて誰が焦点となるかは，ある時点のマネージャーの具体的な目的に応じて大きな幅がある．時にはマネージャーは直属の上司の支持を維持することに集中し，また時には彼らは何万もの市民の生産的能力を動員することを目標とする．このような差異があるものの，権限を与え，共創環境を生み出すような主体を特定し，記述することは可能である．

政治的監督者，立法府の監督者及び上部機関

　政治マネジメントの中心には，常に存在し，常に従うべき主体として，マネージャーをそのオフィスに任命し，彼らが説明義務を果たすべき条件を定め，そして彼らに資源を提供する者がいる．この文脈において最も重要な人物はマネージャーの直属の上司，通常は政治任命の幹部である．このため，マホーニーは自分が進めようとする都市再開発に対するサージェント知事の支持を推しはかり，そして維持しようとし，また，センサーは全国レベルでの予防接種プログラムの価値に対するクーパー補佐官の立場と，フォード大統領が全国予防接種キャンペーンのために彼の権力を利用させてくれそうかどうかを考えなければならなかったのである．

　実際多くのパブリックマネージャーは，権力を与えてくれる環境の中において，自分の直属の上司のみが自分に関係あると考える．このような見方は自分の部下の行動について実行的なコントロールを維持しようとする政治レベルの上級職から最も強く支持される．[18]

　しかし，このような見方は実務上も，また，制度上も，マネージャーの現実と合致しないのである．パブリックマネージャーは，実務上も，法律上も，そして倫理上も，直属の政治レベルの上司だけでなく，他の多くの行政官に対して説明責任を負っているのである．[19] 彼らは多くの機会において，議会の担当委員会に対して説明責任を果たさなければならない．実際，委員会が議会に勧告する授権法や予算法の

案は総体としてパブリックマネージャーの最も基本的な説明義務の条件を定義づけるのである.

　官僚組織における指揮命令系統だけでなく, 立法府に対する重要な説明責任が最もよく現れているのがパークプラザの事例である. マサチューセッツ州議会はサージェント知事ではなく, マホーニーに対して, 州のために再開発事業を許可する権限を与えた. マホーニーの署名だけがデベロッパーに対して土地収用権を認めることができた. マホーニーの行動に対する議会のコントロールは, 議会が全体としてマホーニーがその権力をうまく使えなかったと判断した場合に, 彼からその権限を剥奪する能力からも明らかである.

　しかし, 議会の委員会はしばしば, 具体的な制度を超えて, 監督のためのヒアリングや, 議員の注意を引いた個別具体の問題に対処するよう要求することを通じて, 行政組織の運営に対して影響力を行使する[20]. このような非公式の要求は組織の行動を形づくるに当たって, より幅広い制度と比較して弱い力しか持たないが, それでもこのような非公式の, 個別具体の要求を無視することは対価を生じさせるものとなるのである.

　最後に, 公務員制度委員会や予算部局のような上部機関も, 幅広い組織の業務に対する予算や人員資源の配分を決定することを通じて, 組織の目的に対して強大なコントロールを有する[21]. パブリックマネージャーは, たとえ政治的監督者が反対したとしても, 通常法律によってこれらの組織が定めた規則に従わなければならない. この点において, 彼らは指揮命令系統の中で, 政治レベルの上司と同等の権力を持っていると言えるのである.

　一旦政治レベルの上司や, 議会の監督者, そして上位機関を政治マネジメントにおける重要な対象として認識すると, このような一義的な依頼人に影響を与える者も, 明らかにその延長線上として含まれることがわかる[22]. したがって, 政治レベルの上司や議会の委員会の補助者たちもマネージャーに権限を与える環境の主要な要素となる. このような拡大はマネージャーの上司, 政治レベルの監督者や上位機関への判断や支援が重要な意味を持つ政党, 利害関係団体, 職能団体などにも適用される[23].

　例えばマホーニーは自分に権限を与える環境の中での重要人物として, 知事だけでなくそのスタッフをも考慮していればより賢明であっただろう. また彼は法律顧問に対してパークプラザの事業提案の合法性について意見を書いてくれるよう説得できるかどうか検討することもできたであろう. センサーは彼の直属の上司である保健担当次官補がインフルエンザ疫学の専門家による, 医学的見地からの意見に

よって影響されるであろうことをよく知っていた.

メ デ ィ ア

これよりも幾分離れて（そしてより関与することのリスクがはるかに大きいものとして）,メディアがある. 政府の政策立案に当たって報道関係者が実際に果たす役割をめぐっては依然として議論が続いているが, 政府の実務関係者はメディアが圧倒的な影響力を有していると主張する. 報道はどの論点が大衆の注意を引くかを決定する. そして, 集中的なメディアの圧力は熟議の過程がどう形成されるかに絶大な影響を与える. 「リーク」を防ぐために, 賢い政策決定のために最適な人数よりも少ない人間が政策案の相談の対象となってしまうかもしれない. 予防的な反対勢力の動員を防ぐために, より少ない政策オプションしか検討の対象とならないこともありうる.

一方, メディア側の代表者たちはいくつかの反論を主張する. 自分たちは単にニュースを報道しているだけで, ニュースを作っているのではない. 自分たちの報道は人々を行動に走らせ, それが公務員にとって都合が悪いことがあるかもしれないが, 自由な報道の下でプレスは意味のある問題を報道することを期待されている. 政府に対して議論の末の行動についてオープンであることを求め, そしてなぜ提案された行動に価値があるのかを説明するのは, 民主的政治過程にとって不可欠なのである. このような観点から, プレスは政府の政策決定を弱めるのではなくむしろ強化する, と.

これらの論点の根拠は明らかではない. あるひどい事例では, プレスが政府の意思決定に影響を及ぼしたことが明らかである[24]. それでも, その影響は究極的な結果というよりも, 意思決定の**タイミングと過程**に影響を与えたと考える方が容易である[25].

それでも, メディアはしばしば政治決定が行われ, 市民が動員される文脈の形成において重要な役割を**実際**になっていることから, 多くのパブリックマネージャーは多少形式的なプレス戦略を通じて, プレスに関与しようとする[27]. 彼らの取組は時に密かに行われる. 既存の意思決定がもたらすであろう結果に不満を持つ者たちは, その決定過程や, まさに行われようとしている決定についての情報を, それが両方とも変更されることを期待してリークする. また, 一人以上の政治的マネージャーの, 計算されたキャンペーンの一部としてオープンに報道戦略が取られ, 一般大衆によるイメージ形成や, 人々に行動を取らせることもある[28]. プレス報道による実際の結果がどうであれ, また, どのような戦術が取られたとしても, パブリックマネー

ジャーたちは一般的に，メディアが権限を与える環境，また共創環境の中で必然的に主要な役割を果たし，したがって，政治マネジメントの対象となるということで一致している．

　ここで具体的な事例について考えると，メディアはマホーニーとセンサーの期待形成に一役買っている．マホーニーの事例では，ボストンの両新聞によるパークプラザ事業推進に対する統一的支持が，知事とマホーニーに対して事業を承認するよう巨大なプレッシャーとなった．メディアはパークプラザの議論を，経済の発展と地元の自治の問題として描写した．マホーニーが事業を不承認とすることで守ろうとしたあらゆる価値は，地元メディアにとって何の意味も持たなかったのである．このためマホーニーは彼の立場について市民の支持を得るため，逆風の中で戦わなければならなくなったのである．

　メディアの圧力はマホーニーの意思決定のタイミングにも影響を与えたと考えられる．彼は意思決定を遅らせることによって，彼の立場に対する支持を確立するか，より良い取引に向けてデベロッパーと交渉することを選ぶこともできただろう．しかしこれらの選択は，プレスが知事の声明（「パークプラザはついに成功に向けて進んでいる」というもの）を，重要なものとして取り上げたために制限されてしまった．レポーターはマホーニーが新しい計画について何を考えているか，いつ正式な決定が公表されるか，また，デベロッパーがマホーニーの反応をどう考えるかも含めて，その後の動きを熱心にフォローするだろうからである．マホーニーがあらゆる決定のたびにレポーターからの質問に直面することは不可避である．

　センサーの事例でも，ジャーナリストは主要な役割を果たしただろう．メディアは問題を取り上げるやり方次第で，大統領，幅広い政府機関，州の公衆衛生機関のネットワーク，そして豚インフルエンザの感染拡大に対応する市民自身を動かそうとするあらゆるセンサーのイニシアチブを助けうるし，妨害もしうるのである．もしメディアが豚インフルエンザの脅威を1918年の大流行と同等の，重要な問題として取り上げたら，センサーは大規模な動員を開始するための地ならしはできたと考えるだろう．しかしもしメディアが脅威を矮小化したら，もしくはフォード大統領が脅威を誇張しているというような政治的意図を探し始めたら，センサーは大規模な動員はまだまだ難しいと考えるだろう．

　さらに，当然のことであるが，センサーが政府に対して豚インフルエンザ流行に対する対応を取らなければならないと説得するのに成功した場合，メディアはそのメッセージを国中に行き渡らせるために決定的に重要なものとなる．ほとんどの市民はその脅威をテレビや新聞から知り，そしてインフルエンザの予防注射を受ける

かどうかを決めるにあたって，テレビで見たこと，新聞で読んだことに基づいて判断する．結果的に，センサーは，脅威が本当のものかどうか，またワクチンが安全かどうかなどのあらゆる新しい情報をメディアがどう取り扱うかを考えなければならないのである．というのも，たとえワクチンそれ自体は完全に安全だとしても，接種を受けた者のうち何％かは必ず，接種後体調不良となったり，死亡したりするからである．

利害関係団体

市民団体や利益団体も授権環境の中で重要な役割を果たす[29]．時にこれらの団体はその構成員の経済的利益を増進するために組織される[30]．マホーニーの決定は労働者団体や建設業界に影響を与えるため，彼はこれらの団体に対応しなければならない．センサーは医薬品会社の経済的利益という問題に対応しなければならない．

また利益団体はその構成員の政治的目的や彼らが掲げる公的利益を追求するために組織される場合もある[31]．マホーニーはもしパークプラザ再開発事業が市民に愛されるボストン市立公園を脅かすと環境団体を説得することができたら，彼らの支援を得ることができるかもしれない．また，事業が貧困層住民を脅かすと説得できれば，貧困層の利益を代表する団体の支援を得ることもできるかもしれない．センサーはまた，州政府が児童の一斉予防接種のためにその権力を用いることは宗教的・政治的信条に反するとして反対する団体からの攻撃を防ぐ必要性を見出す可能性もある．

最後に，必ずしも社会における全ての潜在的な利益が組織化されているわけではないことから，潜在的な利益団体が動員される可能性が常にある[32]．このような利益団体は，固い決意を持った支持者による行動をきっかけとして動き出す場合がある．また，客観的な事件が，多くの市民に対して一斉に，ある重要な公的価値が緊急に追及されなければならないことをはっきりと明らかにすることによって，自然発生的に起こることもある．このようなメカニズムはラッケルスハウスやミラーが活用した戦略的な機会を生み出す上で重要なものとなった．

改めて言うが，民主的政治過程においてこれらの団体が果たす適切な役割についての重要な議論は今も続いている．利益団体による影響に対する初期の批判的論者の主張は，経済的利益や特定の民間企業が政府の政策に及ぼす力に焦点を当てていた[33]．このような懸念は労働関係法制の整備や監督官庁の発足，そして近年の，環境，消費者，減税や青少年保護等を含む市民の利益を代表する団体の出現によって若干和らいだ．幾分予想外にも，市民の一般的な懸念は，意思表明のための組織的なツー

120　第Ⅱ部　支持と正統性の構築

ルを見つけたように見えるのである.⁽³⁴⁾

　懸念は今や，特定の利益団体が他の価値のために自分たちが好む価値を失うことを頑なに拒否することに移っている.⁽³⁵⁾　環境保護団体や動物愛護団体，そして全米ライフル協会の頑なさと容赦なさは伝説的である.　そのような頑なさは時に政治上の袋小路を作り出したり，また，対立する団体の間での力関係が変化することによる，政策上の急変化をしばしば生み出したりする.

　また，特定の実質的な課題を中心に組織された団体は我々の政治の方向性を変えてしまいがちである.⁽³⁶⁾　これらの団体はより幅広い目的を支援するために使われていた資金や任意の貢献を吸い上げることによって，政党を弱体化させるのである.　彼らは政治活動を立法の場面から官僚制の場面に移行させる.　なぜなら，それこそが具体的な実質的課題の多くが解決される場所だからである.　そして彼らは，政治における言語を，幅広い目的や原則から，実質的かつ専門的な言語に変える.　端的に言うと，政治の焦点を，狭い特定の経済的・地理的範囲に関する諸問題という牽引力に抗して，国が直面する大きな課題につなぎとめることは常に難しい課題であったのだが，これらの特定の経済的・地理的範囲に関する諸問題という伝統的な分断勢力は今や，「単一利益団体」が持つ追加的な分断効果によって強化されているのである.　このような動きは選挙によって得られたマンデートの一体性と，（キャリア公務員や政治任命による公務員と対比される）選挙で選ばれた行政官の影響力に，相対的にネガティブな影響を与えているのである.

　しかし，マネジメント上の観点から見ると，これらの団体はマネージャーの外部環境に存在し，彼らの行動についてコメントを発し，彼らの組織に対して主張をしているという点が重要となってくる.　彼らは行動的であり，声が大きく，そして，知見を有している.　彼らはさらに授権環境において様々なレベルでのつながりを持っており，そしてしばしばマネージャーが所属する組織に深く浸透している.⁽³⁷⁾　彼らの決意，知識，そして彼らが有するネットワークのために，彼らが反対するような政策について支持基盤や正統性の基盤を構築するにあたって大きな障害となるのである.

　それでも，マネージャーは利益団体のネットワークは目的達成に向けた彼らの取組にとって制約となるだけでなく，それを強化してくれる場合もあるということを認めなければならない.⁽³⁸⁾　利益団体がパブリックマネージャーを助けるか，それとも危険に晒すかは，彼らの目的がどれだけ緊密に調整されているかに決定的に左右される.　もし利益団体の目的や価値がマネージャーのそれと強く一致していれば，そのような団体は，しばしば単に彼らの好む価値に関する考えを反映しているという

ようなスピーチをするだけで，動員し，活用することができる．一方，もしそうで
なければ，マネージャーは団体の影響力を減じさせる方法を見つけ，政策形成過程
や組織がその影響力から解放され，異なる方向性に動いていくことができるように
しなければならない．

　自分の組織を外部団体の影響から自由にし，そして彼ら自身の目的に置き換えて
いくために，マネージャーは通常攻撃的な団体との関係を断絶し，そしてそのよう
な団体の代表を政策論議に参加させることを拒絶するという戦術をとる．また，彼
らは単にこのような外部団体と密接に協調すると考えられるような従業員を除去す
ることもできる．このような戦術は時折成功することもあるが，問題の本質を理解
していないために，しばしば失敗に終わる．

　ある利益団体の存在は，市民が，守られなければならないと考える重要な公的価
値が存在しているということのシグナルを発しているのである．これが真実である
限り，このような団体は常に補充活動を続けるのである．彼らは自分たちの要求を
主張する新しいチャネルを見つけ出し，そして彼らの視点を擁護してくれるような
代理人を組織の中で見つけるのである．政治利益や政治権力は物理学におけるエネ
ルギーと極めて類似している．それは破壊することは不可能であり，単にそらすか，
変質させることしかできないのである．

　このような場合，次の３つのアプローチがありうる．（１）対抗するような勢力
を見つける，（２）マネージャーにとってより許容しやすい道筋に勢力を誘導する，
そして，（３）エネルギーの源を消散させる方法を見つける，である．組織の応答
性が政治団体を力づけている理由の一つである場合，組織の要求に抵抗することは
最終的に有効となる可能性もある．しかし，政治団体自身が力の源泉を有している
場合，抵抗することは単に頑固に反対する組織とマネージャーの信頼を貶めること
にしかつながらない．

　このような基本的なロジックはマホーニーの例で極めて明白である．パークプラ
ザプロジェクトには大きな政治的機運が流れ込んでいた．マホーニーがそれに対応
することを拒んだとき，この政治のエネルギーは議会という別のチャネルを通じて
流れ出たのである．議会はマホーニーから彼の権力を奪い取るための投票を行うと
いう対応をとった．それが失敗に終わった時，それは知事を揺さぶり始め，堅固だっ
た知事のマホーニーに対する支持を弱めることとなった．マホーニーの，彼が道徳
上，また法律上義務を負っていると考えている決定を下すための力は弱体化させら
れてしまったのである．

　センサーはこれとは大きく異なり，より幸運な状況にあった．インフルエンザ専

門家と，地域の保健担当者のネットワークが，センサーの希望に沿って動くよう準備できていた．反対すれば制約要因となり得たような政治勢力は，むしろ，重要な資産となる可能性が高かったのである．

裁　判　所

　裁判所もまた，授権環境における重要な要素となりうる．裁判所は時に，行政機関が下した決定が不適切であり，再検討・変更されなければならないと勧告したり，また，行政機関の行動が間違っており，悪影響を受けた者に対して補償がなされなければならないと判決を下したりすることによって，行政機関の業務に対して直接的に干渉する．ある行政機関が市民の憲法上の権利や，法律上認められた権利さえも組織的に否定しているような極端な場合には，裁判所はその機関との間で長期的な監督関係を構築し，その機関が憲法の基準に従うよう監視するか，またはその機関に対して管財人を置くよう強制することもありうる．

　裁判所はこのような権力を，国や州の憲法や法律が公的セクターの組織やマネージャーに何を求めているかを解釈するという役割から導き出している．興味深いことに，憲法上の，また法律の規定は，公権力と公的資金を公的事業に用いるような州の権力を**制限する**ための道具と見ることもできるのである．もし市民から，州がその権限と資源を不当かつ危険な方法で用いたとして正当な訴えが提起されたならば，その機関は運営方法を変えなければならなくなるだろう．

　パークプラザの事例において，マホーニーは知事の首席顧問に対してパークプラザの事業提案は法律に照らして違法である旨の意見を求めうるという点において，裁判所は重要な役割を果たしうる．また，マホーニーは事業を承認した上で，土地収用権の行使によって土地や建物を売却せざるを得なくなった土地所有者から，マホーニーが違法に事業を承認したとして提訴されるよう仕向けるという手段も取りうる．

　豚インフルエンザの事例においても，裁判所は，予防接種による副作用の被害を受ける人々に対して，政府に対して要求を突きつける手段を提供するという点から，重要な役割を果たしうる．実際，このような主張が予期されるからこそ，ワクチンを製造する民間製薬会社は，このような要求に対して補償する義務を免除し，代わりに米国政府が要求を受けるような法制度の創設を追求したのである．

　一般的に裁判所は，行政機関が法律に従っているかどうかを確かめるために働くことは求められていない．彼らは法律顧問室に駐在している法律顧問を通じて，行政機関に直接の影響力を行使する．彼らの仕事は，その機関のマネージャーに対し

て，彼らは何をしていいか，また何をしてはならないかを説明することにある．彼らが裁判所が取る行動の正確な預言者である限り，そして彼らの助言が政府機関の決定や行動において聞き入れられている限り，裁判所の影響力は，直接の行動をとることなく行使されるのである．

多様な利益と価値の組み合わせ

パブリックマネージャーを取り巻く，授権・共創環境に存在する者たちの利害，要求，そして期待は，マネージャーたちが力強くそして効果的なマンデートを得るために用いなければならない，必要不可欠な材料となる．しかし，重要なことは，これらの利害関係がどのようにして組み合わせられるかである．それは，公式な意思決定プロセスを通じる場合もあれば，一定の問題にうまく対処するための伝統的な知恵を用いて調整がまとめられる場合もある．

意思決定プロセス

もし適当な行政官が適当なプロセスを通じて行う決定に合意すれば，それは資格があるか疑わしい行政官によって，省略されたり，不十分な手続きを通じて行われた決定と比べてより正統性がある．ある決定の背後にある正統性が高ければ高いほど，それを無視したり覆すことはより困難となり，マンデートはより強固になるのである．

制定法や行政規則，公式の業務規程は多くの場合誰が決定に含まれるべきか，そしてどのような段階が踏まれなければならないかを明記している．例えば，マホーニーのパークプラザプロジェクトに関する決定は極めて形式的に構成されていた．制定法はマホーニーにDCAの局長として，事業を承認するかしないかを決める公式な権限を与えていた．法律上は，知事はこの決定に関して何の権限も持っていなかった．法律はさらに，承認事案は地元のコミュニティによって承認されない限り，マホーニーには提出することができないと定めていた．そして，法律は一旦彼に提案の承認の可否が委ねられると，彼は法律に定められた基準に従って計画を評価しなければならないと定めていた．この評価は彼の組織内の専門家によって行われなければならなかった．もし彼が知事やその補佐官を関与させるか，またデベロッパーと隠れて会うなどしてこのプロセスから逸脱したら，この過程は不適切に「政治問題化された」と見なされ，結果として正統性の弱いものとみなされるだろう．

しかし，意思決定手続きは伝統や慣例，また妥当さのみを持ってして承認されることもある．例えば，ロジャー・ポーター報告は，フォード大統領の政策委員会が

経済政策上の課題解決に成功するようになるにつれ，そのネットワークの中に追加的な課題を持ち込むようになったと報告している．それはこのフォーラムが，大統領の決定を必要とする課題を抱えた行政官が課題解決のために訪れることができる場所となっていたからである．明らかに，政策決定プロセスの中で，前向きなフィードバックの循環が機能している．過去にうまく機能したプロセスは再度，様々な負荷の下で用いられるようになる．失敗したプロセスは，たとえそれが形式上のマンデートを持っていたとしても無視されるようになるのである．

　政策決定プロセスはまた単純に参加者の地位のみによって作られ，維持されることもある．意思決定に参画した人物の地位が高ければ高いほど，その決定はより強制力を持つようになる．大統領は，単にその公式的な地位のみによって，彼が参画するほぼあらゆる決定の正統性を高めることができる(45)．しかし，大統領の評判と能力が問題となる．業績を上げていて，人気のある大統領は，評判の悪い大統領と比べて大きな正統性を与えることができる(46)．地位が高く経験のあるメンバーからなる効果的なワーキングチームは，彼らが下す政策決定に大きな正統性をもたらすことができると考えられる(47)．

　この点は，センサーが豚インフルエンザの脅威に対応するために国全体を動かすという課題について取り組む際，はっきりと彼の頭の中にあった．彼は単に資金供給や予防接種プログラムを運営するための権限を確保するためだけでなく，何千もの医者や，何百万もの市民が予防接種を行うような環境を生み出すために，大統領の地位を必要としていたのである．

　法律による裏付け，過去の有効性，そして強力な参加者が，意思決定プロセスにおいて実際に有効となる正統性の基盤となる．しかし，意思決定プロセスの正統性とそれが持つ力は，そのプロセスが，一般大衆が「良い」または「適切な」意思決定プロセスとして思い描くような抽象的な要素をどの程度有しているかによっても左右される．このような期待は，どれだけ政治的に代表されているか，関係する専門的知見がどれだけ効果的に用いられているか，前例に対する敬意が払われているか，強い意志のもとに明確な決断がなされているか，決断に至る議論が透明かつ開かれているか，蓄積された経験に対して十分に対応しているかなどの，広範な手続的価値に際する市民のコミットメントと密接に関わっている(48)．

　これらの手続的価値は暗黙のうちに意思決定の前提要素として扱われることが多い．もし政策決定過程がこれらの要素のうち一つ以上を欠いていた場合，それは重大な欠陥を有していると捉えられる(49)．また，これらの要素は具体的な決定プロセスの中で一定程度備えられていればよいような，別の要素とみられることもある．こ

のような視点からは，意思決定過程の全体としての正統性は，「適切」か「不適切」ではなく，別個の好ましい要素があるかないかによって，「より良い」か「より悪い」と表現されるものとなるのである．

　この異なる見方をとると，異なる手続的価値を追求する中である種の緊張関係が生まれることがわかる．例えば，「政治的に代表されているか」という論点はしばしば，専門家を最大限活用するという目標と相いれないと捉えられる．前例の踏襲や継続性はしばしば，それがこれまで無視されてきた新しい情報や価値に関わっているかどうかに関わらず，新しい状況に対する応答性と衝突する．はっきりとした明快な意思決定を行おうとすると，将来の適応力や，多少異なる視点や目的を持った人々との間で有益な関係を構築しようとすることが難しくなる[(50)]．

　意思決定プロセスの評価においてこのように（多少なりとも）矛盾する手続的価値が存在することは，あらゆる意思決定プロセスが，何らかの視点からの批判に対して脆弱であることを意味している．もし我々が，あるプロセスが（うまくいくという伝統に加えて），これらの手続的価値の全てを具備していると期待するのであれば，あらゆるプロセスは，ある政治的主体がそのようなものにしようと試みた途端，脆弱なものとなる．この脆弱性は，様々な意思決定プロセスの間での競合とあいまって，あらゆる意思決定過程の賞味期限と射程範囲を狭めるのである．パークプラザ事業でマホーニーが当初行った慎重な法律上の，また専門的な観点からの評価は，ボストン市民やその代表者による自己決定権を尊重していないという批判にさらされることになった．そしてこの批判はホームルールを定める改正法案の通過を加速させることになった．

　以上述べてきた意思決定プロセスの特徴について理解することは，マネージャーにとってあらゆるプロセスの強みと弱みを評価するとともに，円滑な手続のためにどのような弱点を補強すべきかを特定するためにテンプレートを提供してくれるのである．

市民のアイデアと伝統的な知恵

　授権環境の中の様々な当事者たちの利益もまた，問題の本質と，最良の対処法についての共通理解の存在によって，マンデートを生み出しうる[(51)]．伝統的な知恵はある政策のアイデアを制度上位置付けるか，関係ないといって批判する際に重要な役割を果たす．一例を挙げると，アルコール依存症という概念は，依存症治療の重要性を高め，同時に供給コントロールの重要性を低くした[(52)]．「矯正は全く効果がない」という幅広い認識は収監の目的についての我々の理解に大きな影響を与えている[(53)]．

126　第Ⅱ部　支持と正統性の構築

　これらの強力かつ幅広く受け入れられている考え方がどこから生まれ，なぜそれが維持されるのかは未だに明らかになっていない．しばしば歴史的な経験の解釈が重要な役割を果たしている．飲酒禁止の「失敗」の歴史的解釈は，アルコール依存問題はアルコール自体というよりも飲酒者に問題があるという現代的な考え方に合致している（したがって支持されている(54)）．破壊的な結末を導いたチェンバレンとヒトラーの交渉は，全体主義体制との間では決して融和してはならないという歴史的知恵を作り出した(55)．これらの「歴史の教訓」は強力な教条となり，知識と教養についての自分の評判を危険にさらさない限りそれに挑戦することはできないようになった(56)．かくして，例えば1918年のパンデミックについてのアナロジーは，豚インフルエンザについての意思決定の文脈形成に当たって決定的に重要となったのである．

　また，政策決定の文脈形成を助ける市民のアイデアは一定の分野についての知見を有する専門家から得られることもある．刑務所での矯正の効果についての議論は人間の本質についての本質的かつイデオロギー的な見方に大きく左右されるものの，それは同時に初め矯正の可能性について主張したが，実際の調査結果では最も一般的な結末は常習犯であったということによって主張を後退せざるを得なかった犯罪学者や刑事学によって拍車がかけられている(57)．しかし，専門家たちの間のこのような対話は何世代もの間続き，そして外部からの大きな注目を集めた．同様に，1960年代に次第に積み重ねられていった都市再開発プロジェクトについての専門家の批判の重みは，DCAでのマホーニーの新たな戦略と，パークプラザ事業の拒絶に至る舞台を整えたのである(58)．

　利益団体と同様，マネージャーは市民のアイデアに反対するか，それを用いるかしなければならない．ある勢力は，暗黙のうちに政策が満たさなければならない基準を作り出すことで，政策的要求を行う場合がある．もしマネージャーの望む政策が，あらゆる人々が真実と考えることと一致しているのであれば，その政策は伝統的な知恵に反する政策と比べてより正統性の高いものとなるだろう．もしある政策が一般的常識に反するものであれば，マネージャーはその常識に挑戦する何らかの方法を見つけなければならない．これはもしできたとしても困難な課題である．少なくとも，これは時間を要する．もし伝統的な見方が不正確であるという実証データが得られたとしても，そのような見方をすぐに変えることはできない．このような変化はゆっくりと進むものである．

　マネージャーはまた，彼の望むアイデアを，現在の議論を支配しているものとは別の伝統的な知恵に当てはめることもできる．ある政策分野においてはしばしば数多くの伝統的知恵が存在していることから，現在の問題点を回避する最も簡単な道

第4章　政治マネジメントの機能　127

は，他のものを利用することにあるかもしれない．

　いずれにせよ，市民のアイデアは，組織構造や政策過程と同様に，授権環境の中に現在位置する人々から離れて，独自の位置を有しているのである．実際，授権環境の中に現在位置する人々は，支配的な伝統的知恵であった考えや，そうなりつつある考えと方向性を一致させることによって，自分たちの地位を確立してきたのである．

授権環境のダイナミズム

　パブリックマネージャーを導き，維持する授権環境は常に特徴的な構成を持っている．それはマネージャーの取組を特定の形式，特定の規模，そして特定の目的の中に維持するのである．知事が新しい計画への支持を表明するまで，マホーニーの授権環境はパークプラザの事業提案を拒否し，コミュニティ開発をより貧困層のためになるようにする戦略を追求するというマンデートを維持していた．同様に，センサーがフォートディックスにおける豚インフルエンザの感染拡大を知るまでは，彼の授権環境は，より危険性の低いインフルエンザ株向けのワクチンを生産するようマンデートを与えていた．マネージャーにとって，彼らの授権環境の構成によって形作られたこれらのマンデートは，永遠に続くもののように思われたかもしれない．

　しかし実際には，授権環境の期待と要求は変化しうるものであり，実際に，時に急速に変化するのである．マホーニーのマンデートは知事が，彼の見方ではパークプラザ計画は「最終的に実現に向かいつつある」と公表した時，急速に変化した．その時点で，マホーニーの足元では地盤がゆるぎ，そしてそれまでは比較的堅固であった，マホーニーの計画拒絶に対する支持基盤が急激に侵食されたのである．

　もちろん，このような急激な変化は誇張されうる．賢い政治マネージャーであれば，州政府のパークプラザ事業計画に対する強硬姿勢は，実際には盛り上がりつつある政治的対立を隠していたと認識できただろう．ある程度の間マホーニーは彼の望む結果に対するマンデートを，計画は不適切かつ違法であるという主張の下に維持できたかもしれない．しかし，時が経つにつれて，事業計画を支持する政治勢力は計画の利点について他の勢力を説得することに成功したのである．これらの支持が，満足のいく妥協を見出す能力をマホーニーが欠いていたことと相まって，最終的に知事を反対の立場に回らせたのである．明らかに，行動に対するマンデートは寄せては返す政治の議論の波と，政治勢力間のバランスの調整の虜なのである．

　センサーの事例は，マンデートの揺らぎが異なる原因から生まれうることを示し

ている．それはつまり，世界の客観的状況の変化である．フォートディックスにおける豚インフルエンザの感染拡大は，専門家によって解釈され，政府が対応しなければならない世界のイメージを変化させた．そしてこの変化がセンサーに，彼の授権環境にいる人々に対して，対応しなければならない新しい現実について注意を喚起させ，そして社会が対応するのを助けるよう，その支援を募るよう求めたのである．

　そして，通常，行動に対するマンデートが変化する．それまである政策か組織戦略を維持していた政治同盟は，政治勢力の波の揺さぶりによって，また，政治主体が別の論点を取り上げることによって，しばしば弱体化する．当初は無視されていた利益を持つ団体が力を持つこともある．政府の行政運営に利害を持つ新しい集団が出現することもある．これらのいずれもが授権環境の中の政治勢力の力関係を変化させ，そして，行動についてのマンデートを変化させるのである．

　同様に，特定の政策や組織戦略とともに経験値は積み重なり，その経験値は多かれ少なかれ急速に，そして多かれ少なかれ正確に，政策が適当かどうかという点についての判断に影響を与え始める．良い政策，または効果的な政策についての伝統的な知恵が変化するにつれ，行動についてのマンデートも変化するのである．

　したがって，民間セクターのマネージャーが，市場が安定しているよう期待できないのと同じように，パブリックマネージャーもその政治市場が安定しているよう期待することはできないのである．彼らは政治的欲求の変化や，彼らが直面する課題環境における重大な課題に適応できるようにしなければならないのである．

　もちろん，行動に対するマンデートがどれだけ変化するかを誇張することも容易にできる．多くの公的組織は長い間同じ基本的な業務を行い続ける．マサチューセッツ州コミュニティ局も，疾病対策センターも，コミュニティ開発や，感染症防止のための活動を永久に続けるだろう．彼らは消滅することもなければ，彼らのミッションを劇的に変えることもないのである．

　また，公的組織に対する要求は，それが常に公的セクターの業績の同じ側面に常に注目し続けるという意味において，常に同じであるということもできる．マホーニーとDCAは，経済開発の推進，開発によって悪影響を受ける貧困層の利益の保護，そして複雑な価値判断における地元政府の独立性の尊重を含む対立する価値の狭間で永遠にもがき続けなければならないだろう．センサーとCDCは，政府の負担による，公的な予防接種の強力な推進と，健康問題についての個人の選択権の保護との間で永遠にゆれ動かなければならないだろう．[59]

　しかし，これらの上位の価値の中で何が相対的に重視されるか，また，それが個々

のケースでどう適用されるかは，変化する政治の波の結果として生じる重要な変化次第である．この意味で，政治の動向は，公的セクターのマネージャーが何を生み出すことを期待されるかに影響を与えるのである．そして，まさにこの理由から，成功する戦略マネージャーはまず，政治マネジメントから取り組まなければならないのである．

政治マネジメントという課題

多くのパブリックマネージャーにとって，彼らを取り巻く政治環境は危険なものである．それは彼らよりも強力な主体に満ちた，複雑な世界であり，未解決の紛争や予測不可能な変化が，かつては価値を持っていた事業を愚者の記念碑に変えてしまい，過去の輝かしい業績を錆びついたものに変えてしまうような場所なのである．他の全ての条件が同じであれば，パブリックマネージャーは政治に関わることを避けようとするだろう．実際彼らは，行政は政治から切り離されなければならないという考え方の，最大にして最も熱烈な支持者なのである．というのも，それによって彼らは政治の喧騒からうまく逃れられるからである．[60]

しかしそれでも，ほぼ全てのパブリックマネージャーにとって，少なくともある程度は政治の世界と付き合わなければならないということは明らかである．最低でも，彼らは定期的に説明責任を果たさなければならないし，また，時には彼らの機関に対する報道対応をこなさなければならない．しかし，より重要なことは，最高のパブリックマネージャーの中には，この世界を避けるのではなく，それを受け入れることこそが成功の秘訣であると信じているように見える者がいるということである．[61] 実際，マホーニーの事例は我々に，政治的権威のマネジメントについて日々注意を払わないとどのような悲劇が待ち受けているかを教えてくれる．

マホーニーは多くの点で，高潔なパブリックマネージャーであった．彼は，道徳上と法律上の義務から，何らかの重要な公的価値が生み出される場合を除いて，土地収用権を都市再開発事業推進のために行使することには反対しなければならないと信じていた．再開発地区を認定するための法律上の要件は，立法者がどのように公的価値を定義しているかについての重要な手がかりを与えていた．しかし，マホーニーはこれに加えて自分自身の公的価値についての定義を持ち込んだ．彼はそれを市の全体的な経済発展や民間の利益の創出よりも貧困層への便益と同視した．彼はパークプラザの再開発事業提案の中にこのような価値をほとんど見出せず，そして当初知事は彼の判断を支持していたことから，マホーニーはその義務感からその提案を拒否し，そして政治上もその権限が与えられたのである．

130　第Ⅱ部　支持と正統性の構築

　不幸なことに，この決定を下して以降，マホーニーは自らの地位の正統性と権力を維持するための努力をやめてしまった．意思決定が彼の道徳観，法，そして知事の支持という確固たる地盤に基づいていたため，マホーニーは一件落着としてしまったのである．その間，反対派はより広い市民の議論の中で，自分たちの主張，すなわち，自分たちの公的価値の考え方を主張し続けていたのである．そして，それほど時間をおかずして，ボストン市長と地元紙が，パークプラザ再開発事業がボストンの利益になるとして，再開発事業社，建築会社，そして労働組合に加わることとなった．これらの政治勢力は，パークプラザの民間による再開発が，たとえコンバットゾーンが再開発されなかったとしても，土地収用権を行使するに足りる価値を有しているとマホーニーを説得することを追求していた．この政治勢力は，もしマホーニーが同意しなければ，彼からその権限を（ホームルール法制によって）剥奪するか，（知事による暗黙の圧力により）彼をクビにしようとしただろう．一方で知事の政治的支持，法律の力，そして自分の道徳的価値観が持つ力を信じていたマホーニーは，プロジェクトに対する彼の見方を支持してくれるような支持者を動員しようとはしなかった．

　マホーニーはパークプラザ再開発事業に対する彼の立場を支持する基盤を構築することに失敗したため，事業の決定に関する政治勢力のバランスにおける根本的な変化を起こしてしまった．そして，この変化は彼を過酷なジレンマに導くこととなった．すなわち彼はこれらの政治勢力の影響から「学ぶ」準備があるとするか，もしくは他の全ての者は自分に同意してくれると主張するかどうかである．[62]この緊張こそが，この事例において技術的な利害関係に加えて，道徳上のドラマを生み出しているのである．マホーニーの性格と，彼のオフィスにおける道徳観が，彼のマネジメント上のスキルに加えて試されていたのである．もし彼がパークプラザ事業計画を拒否するための権限を維持するために何らかの政治活動をする必要性に気づいていたならば，すなわち，彼の権限は無制限に認められているのではなく，その権限を他の主体の目的を達成するために使うスキル次第であるということに気づいていたなら，このような状況は避けることができたかもしれない．

　これと対照的に，センサーの事例は，公的セクターのマネージャーが活用することのできるリーダーシップの機会を明らかにしてくれる．CDC の長としてのセンサーの地位は，豚インフルエンザのパンデミックの脅威を知らせていた．彼の科学者としての地位，そして他の重要な科学者とのつながりは彼に，HEW，OMB，大統領官邸，議会そしてメディアに対して，脅威の本質と，それに対処するためにとるべき行動についての見方を形成するための重要な力を与えていた．彼の組織の持

つ能力はまた，全国レベルで脅威を追跡する取組や，全国民に対して予防接種を行うに当たって，センサーが重要な役割を果たしうるということを保証してくれていた．唯一の問題は，このリーダーシップのための機会を活用するための勇気とスキルを彼が持っているかどうかということだけであった．

これは些細な問題では決してない．結局，イニシアチブを取るに当たっては，個人としても，組織としても，大きなリスクを取らなければならないのである．もしセンサーが政治レベルの上司を積極的に活用しようとすると，社会はこの豚インフルエンザ対策事業から生じるあらゆる悪い結果について，少なくとも部分的にはセンサーと CDC に責任を負わせるだろう．さらに，豚インフルエンザの脅威が現実のものとなるかどうかについて確証を持つことはできないのである．もしそれが現実のものとならなければ，そして悪い結果が生じれば，センサー，CDC，そして予防原則に基づく保健政策という大義は全て傷ついてしまうだろう．つまり，センサーがリーダーシップをとることは，第3章でのミラーのように，「会社として賭けに出る」ということなのである．

明らかに，マネージャーがどれだけうまく政治マネジメントを行えるかどうかが結果を大きく左右する．次の章では，この分野でうまく業績を上げるため，マネージャーの計算と判断を導いてくれる技術について探求していきたい．

第5章　政治マネジメントの技術
——アドボカシー，交渉，リーダーシップ——

　政治的支持を得，正統性を高め，そして自分の直接の権限が及ばない者を動員するため，パブリックマネージャーは外部の政治環境に関与しなければならない[1]．しかしそれは具体的にどうすれば良いのだろうか．

　これは技術的な疑問に聞こえるかもしれないが，実際は重要な倫理上の疑問でもある．パブリックマネージャーがどのように政治環境に関与するかは，我々市民が享受する民主政治の質に影響する．それは我々市民がマネージャーに対して持つ，彼らは自分自身の公的価値に関する独善的な価値観ではなく，真に公のためになる目的を追求しているのだという信頼感を左右する[2]．マネージャーが直接的に自分たちの目標を達成するために，民主政治を支配し又はそれを回避する上で効果的な技法は，パブリックマネジメントのベストプラクティスとは相いれないものであり，したがって排除されなければならない．「ベストプラクティス」とは，効果的なだけでなく，倫理的でもなければならないのである[3]．

　政治マネジメントのベストプラクティスを探求するために，マホーニーとセンサーが事態にどう直面したかについて検討してみよう．これまで見た中では，マホーニーはパークプラザ事業に関する決定について悩んでいた．センサーは豚インフルエンザの脅威に対応するために国を動かす方法について模索していた．

マホーニーのイニシアチブ

　マホーニーの例では，効果的な政治マネジメントのための時はすでに過ぎてしまったように思える．我々がマホーニーの状況を見終わった時，彼は一人で，大きな政治的機運を手にしたプロジェクトに立ち向かっていた．彼に残された限られた選択肢は，効果的な政治マネジメントについて考えを巡らせなかったこと，または取り組まなかったことの代償を示している．それでも，彼の業績を公平に振り返ってみると，マイナスの面だけでなく，プラスの成果についても記録しなければならないだろう．

　マホーニーは当初，政治マネジメントの中心的な課題をうまくこなしていた．すなわち彼はパークプラザ事業計画を拒否するという決断について，知事から支持を獲得することができたのである．実際，知事の支持はとても堅いものであったため，マホーニーから権限を剥奪すべく策定されたホームルール修正案に対して，彼はヘ

ルメットを投げつけられつつも拒否権を行使したのである．そのような堅い支持は
むしろ例外的なものであり，マホーニーがそれがそのまま続くと思い込んだのも無
理はなかった．

しかし，振り返ってみると，知事からの支持は比較的浅く，移ろいやすい地盤の
上に成り立っていた．それは通常の官房レベルでの政策立案過程から生まれたもの
であった．新しく政治的に指名された部下（このケースでのマホーニー）は，政治レベ
ルの任命者（サージェント知事）に対して，困難な課題を持ち込んだ．任命者は部下
が取ろうとする決定に同意し，そして部下はその決定を行い，そして突き進んでいっ
た[4]．

問題は，この論争点が無くならなかったことにある．そして，マホーニーは
BRA とデベロッパーとの継続的な交渉に突入せざるを得なくなり，それはうまく
いかなかった．マホーニーはデベロッパーが財務計画を補強し，コンバットゾーン
の再開発についてより強くコミットすることを主張し続けた．デベロッパーはその
ような妥協について一切譲らなかった．8か月後，交渉の結果新しい計画が示され，
サージェント知事の記者会見に至った．その「新しい」計画は昔のものからほとん
ど変わっていなかったが，それでもなぜかサージェント知事はそれを受け入れたの
である．

パークプラザ事業計画を拒否するために必要な支持を見つけるために焦るマホー
ニーにとって，これらの出来事は，これまでどこで間違ったのか，そして，今後取
りうる（限られた）選択肢は何なのか，という2つの問題を提起したに違いない．
まず，なぜデベロッパーとの交渉はうまくいかなかったのだろうか，そして，なぜ
知事は立場を変えてしまったのだろうか．

交渉がうまくいかなかったことは，おそらく，この物語の主役たちの個人的性格
に帰することができるだろう．マホーニー，BRA の部長，そしてデベロッパーは
皆頑固で決意を持っており，自分たちのやりたいようにすることに慣れきっていた．
そのような態度はしばしば交渉を難航させる[5]．交渉の難航のもう一つの原因として，
交渉プロセスの技術的な問題も上げることができる．マホーニーはデベロッパーと
の交渉を，直接ではなく，BRA を通じて行わなければならなかった[6]．

しかし，より根本的に誤った考えが，行き詰まりを生んでいた．それは，両者と
も，交渉をせずとも望む結果が得られると考えていたことである．知事は彼を支持
し続けると確信していたマホーニーは，そのまま立場を崩さずにいればパークプラ
ザ事業計画を止めるか，承認のための条件を押し付けることができると考えていた．
これに対して，ボストン市の支持を得たデベロッパーは，DCA との戦いに勝ち続

けてきた長い歴史を持っていることもあり，最終的には自分たちが勝つと信じていた．この結果，どちらの側にも交渉しようというインセンティブがなかったのである[7]．

マホーニーは，知事が彼を支持していた時でさえデベロッパーは妥協しようとしなかったのだから，知事が彼を見限った今となっては，さらに妥協の見込みはないことを理解したに違いない．交渉のためのレバレッジを取り戻すため，マホーニーは知事の支持を取り戻す必要があった．

なぜ知事は，これほどまで唐突に，しかもあっけなく，マホーニーに対する支持を止めてしまったのだろうか．3つの可能性が考えられる．まず，単純に，マホーニーの立場を支え続けることに対する政治的対価があまりにも大きくなりすぎたということである．サージェントはある程度の間はマホーニーを支持したかったが，あまりにもブーイングが大きくなりすぎ，それに代わる声援も全く聞こえなくなるに至り，もはやこの戦いを続ける意味はなくなったのである．

第二に，知事はパークプラザ事業が実際に価値のあるプロジェクトであると説得された可能性がある．知事は事業の経済性やその法的根拠について疑念を引き続き持っていたかもしれない．しかし，市にとってのプロジェクトの価値を考えた時に，州レベルの官房補佐官の意見，たとえそれが自分が任命した者であっても，よりも，市の代表者たちの考えを尊重すべきという考えに至った可能性はある．

第三に，サージェント知事は，パークプラザ事業についての決定に対する政治的反響のために，別の分野におけるより重要な問題に取り組む際の彼の選択肢が狭められたために，立場を変えた可能性がある．マホーニーがパークプラザ事業に苦戦している間，知事と彼の補佐官であるアル・クレーマーはボストンを横切る高速道路建設事業を中止するかどうかの判断をより重視していた．彼らは中止の決断に傾いていたが，その決断を下すと，大きな政治的対価——主に建設産業に関する——を払わなければならないことを知っていた．不幸なことに，それはパークプラザ事業を却下することによってネガティブな影響を受ける支持基盤と同じであった．パークプラザと高速道路の両方の事業を短期間のうちに却下することは建設産業に対する宣戦布告にも等しく，サージェント政権にとって深刻な選挙結果をもたらしうるものであった．パークプラザを認め，高速道路を中止することで，多少はその打撃を和らげることができた．このため，サージェント知事にとっては，マホーニーに「イエス」と言わせ，自分が高速道路建設計画に「ノー」という余地を残す必要があったのかもしれない[8]．

サージェントとクレーマーのどちらもが，この事情をマホーニーに説明しなかっ

たことは重要である．政権の戦略全体に視点を合わせ，効果的な戦略策定プロセスを通じて組み上げられた効果的な官房チームでは，このような議論が行われるはずである．このような問題は単にそれ自体として重要であるだけでなく，また，メンバーお互いの関係という側面からも重要となるはずである．このような関係は単に組織の能力や財政上・マネジメント上の資源の利用可能性を左右する技術的な条件だけでなく，政治的な条件の面からも考慮されるだろう．

しかし，そのような計画システムを作り，動かしていくのには大きなスキルを要し，そして依頼者からの大きな信頼を必要とする．マホーニーの例では，この決定的な要素である，共に働いた経験と価値の共有を通じて生まれる信頼が欠けていたように思える．サージェントもクレーマーも，マホーニーが果たして彼らの問題を自分のこととして捉えてくれるかどうか確信がなかった．マホーニーはむしろ，彼らのジレンマを単なる政治上の問題であって，彼には関係のないものであると考えたであろう．マホーニーはむしろさらに報道陣に対して，パークプラザプロジェクトについて誤った判断をするよう政治的圧力を受けていると申し立てたかもしれない．

興味深いことに，この信頼感の欠如のために，マホーニーにとって，彼の決定に対する政治的支持を構築することはより難しくなった．彼は自分の考えを知事に説明するための時間も，心の隙間も得ることができなかったのである．

しかし，この信頼関係の欠如は知事をもまた傷つけていたのである．結局，サージェント知事もマホーニーと同じ問題を抱えていたのである．マホーニーが知事を必要としていたのと同様，サージェントもマホーニーを必要としていた．マホーニーのように，知事はパークプラザ事業の決定を下してしまいたかったのである．彼はこの事業が皆にとって歓迎される条件の下で進められることを期待していた．マホーニーがもし事業の背景に政治的圧力があったと公に批判したならば，知事は困っただろう．つまり，知事はマホーニーが熱意を持って事業を承認することで，彼の地位が持つ信頼性，彼の専門的知識，そして彼の価値観がプロジェクトに反映されることを欲していたのである．それができなければ，知事の目標はうまくいかなかったであろう．マホーニーの承認を知事が必要としていたことによって，マホーニーは知事に対するある程度の交渉力を維持し，交渉の余地を与えた．しかし，マホーニーはこの交渉力を慎重に使わなければ，忠実でないか，命令に従わないとして批判されるだろう．

知事の支持を失ったことによって，マホーニーは自らの立場を再評価し，そしてどうやってそれを立ち直すかを計算しなければならなかった．この計算に当たって

136　第Ⅱ部　支持と正統性の構築

マホーニーは，自分に残された時間は１，２週間しかないことに気づいた．この期限が迫っていたのは３つの理由からである．

　まず，すでに述べたように，サージェントによる，計画は「最終的に実現に向けて進み始めた」という宣言によって，大量の報道による質問が押し寄せたのである[13]．マホーニーは毎日のように，決定を行ったかという問い合わせの電話に対応しなければならなかった．もし彼が決定を先延ばししすぎると，（デベロッパーのように）早期の承認を望む者たちがこの遅延に対して苦情を言い始めただろう．

　次に，マホーニーはすでにこの問題について８か月もの時間をかけ，ほとんど進捗がなかった．彼の能力についての評価がかかっており，計画を精査するためにさらなる時間が必要という主張は信用が得られるものではなかった．

　そして，高速道路建設計画についての決定の期限が急速に迫っていた．高速道路建設計画を中断するという決定の前に，パークプラザの問題が円満に解決されることを待ち望んでいる知事とそのスタッフは，マホーニーに決断を迫った．

　この差し迫る期限のためにマホーニーは，例えば彼が希望する決定についての支持基盤を構築することなど，本来であれば取りうる多くの手段を取ることができなかった．新聞社はデベロッパーにとって有利な条件で事業を進めることに好意的な報道を始めていたために，一方が経済発展・地元優先に，もう一方が公平・法適合性に焦点を当てる議論の枠組みを再構築することはすでに手遅れとなっていた．マホーニーはすでに何か月もの間この問題について検討を進めていたため，今更ブルーリボン委員会を設置して問題を議論することもできなかった．

　おそらくマホーニーは知事のところに行って，彼が行った新しい計画についての積極的な声明を取り下げるよう頼み込むべきだったのかもしれない．それはマホーニーにデベロッパーに対するより大きな交渉力を与えただろう．また，マホーニーが知事にもう少し時間をくれるよう説得できる可能性も多少残っていた．しかし，マホーニーが知事を説得して公式声明を取り下げることに成功する可能性はかなり低かっただろう．マホーニーと知事のどちらも，依然としてマホーニーがパークプラザ事業を傷つけ，その結果として知事を道路事業の決定に関して傷つけることができると知っていたが，それでもマホーニーは限られた力しか持っていなかった．サージェント知事は先手を打ってパークプラザ事業に対する支持を表明することによって，マホーニーと交渉する必要性が生じる可能性を潰したのである[14]．

　本質的に，マホーニーは彼の職に与えられた法的な力と，計画は違法でありかつ土地収用権を行使することを正当化するような公的価値を有しないという彼の信念以外に，計画を拒否するための力を持っていなかった．彼はもう一度計画を拒否し，

新たな進展を待つこともできたかもしれない．彼は職を辞し，プロジェクトについて批判することもできたかもしれない．彼はプロジェクトを承認し，他のことに取り組むこともできたかもしれない．また，彼は静かに引退し，次の DCA 執行部が事業を承認するに任せることもできたかもしれない．これらは全て悪手である．何よりも，これらは全て消極的な政治マネジメントの対価を明らかにしている．

マホーニーは結局辞職し，知事に対して強烈な批判を浴びせた．事業計画に対する彼の批判はあまりにも苛烈であったため，デベロッパーは計画を撤回し，その後数年間の間計画地にはほとんど何も建設されなかった．社会的責任を持った経済開発を進めるために DCA を活用しようというマホーニーの戦略は，彼のリーダーシップが失われたことによって失速していった．結局，あまり良いとは言えない結末となった．

センサーのイニシアチブ

センサーについてこれまで見て来たが，彼はマホーニーと比べて良い立場にあった．彼は政府の意思決定プロセスの中で比較的早い段階にあったし，予防接種プログラムに関する彼の諮問委員会もフォートディックスでの感染発生についてミーティングを開いて議論し，（いくつかの反対意見もあったが）米国は豚インフルエンザのパンデミックによる「重大なリスク」に直面しており，「英雄的な行動」が求められると結論を出していた．センサーにとって唯一の問題は，どうやって政府にこの英雄的な行動を取らせるか，ということだけであった．そして，センサーがとった行動は，古典的な「政治的起業家精神」の良い例を示している[15]．

1976年3月10日，理事会合合の直後，センサーは直属の上司であって保健次官補のクーパーに電話をかけた．彼は理事会による次の結論を報告した．すなわち，（1）パンデミックの可能性が存在する，（2）具体的な深刻さは予測できないが，懸念を持つ十分な理由がある，（3）低い年齢の成人も罹患する可能性があることから，ハイリスクグループについてのそれまでの考え方は適当でないこと，（4）したがって，予防接種プログラムは対象を絞るのではなく，幅広く対象をとって対応する必要があること，（5）ワクチンの製造と分配は容易ではなく，次のインフルエンザ流行の季節までに効果的な対応を取るためには，政府は今行動を取らなければならないこと，そして（6）インフルエンザは「ジェット状の拡散」によって，見えない形で，急速に，広範に広がっていく可能性があることから，可能な限り速やかに，できれば秋までに，全国民が予防接種を受ける必要があること，である．

クーパーはセンサーの説明を聞き，そして彼に自分はそれから10日間国外出張に

出かけなければならないことを説明した．しかし，クーパーはこの問題を緊急事態
として捉え，センサーに説明メモを準備し，ワシントンに持って行って議論するよ
う頼んだ．これこそが，センサーが必要としていた主導力が発揮された時であった．
彼は2日かけてメモを準備し，行動に向けた論点の枠組みを整理した．これは鍵と
なる文書であり，そしてセンサーの政治マネジメントの重要な要素であるため，長
くなるがここに詳しく記載する意味があるだろう．[16]

　クーパーの署名の下，保健福祉省次官のデビッド・マシューあてに作成されたこ
の政策メモは，意思決定者に対して，問題を「連邦政府がどのようにして新しいウ
イルスによってもたらされたインフルエンザという課題に対応すべきか？」として
示した．マシューと彼のスタッフ，そしてホワイトハウスの彼の上司たちがこの問
題を理解するのを助けるために，センサーは特に以下の「事実」をメモに記した．

　　2．このウイルスの抗原は1918年から1919年にかけて発生し，450,000人，国
　　　民100,000人あたり400名以上もの人々を死に追いやったパンデミックの原
　　　因と考えられているインフルエンザウイルスと関連性がある……
　　3．50歳以下の全国民はこのインルエンザ株に対する免疫を持たない……
　　7．豚インフルエンザに対するワクチンを次の流行期までに開発することは可
　　　能である．しかし，大量生産のためには，製薬会社による多大なる努力を
　　　必要とする．

　彼はさらに，政府の対策計画策定の指針とするため，以下の「仮定」を提示した．

　　1．……現在得られている証拠と過去の経験は，1976年から1977年にかけて，
　　　米国がA型豚インフルエンザの流行を迎える可能性を強く示唆している．
　　　豚インフルエンザの抗原は近年のウイルス株から大きく変化しており，50
　　　歳以下の国民はほぼ全て免疫を持たない．これらはパンデミックの要素で
　　　ある．
　　2．通常の公衆衛生上のインフルエンザに対する注意喚起では，……インフル
　　　エンザのパンデミックを防ぐことはできない．
　　3．現在の状況は，「やるかやらないか」という状況である．もし特別な対応
　　　が取られるのであれば，必要なワクチン生産，全国の医療保健提供システ
　　　ムを動員するための必要な時間がなんとか確保できる．……決断は今行わ
　　　れなければならない．
　　4．この規模での公衆衛生プロジェクトは連邦政府のリーダーシップ，後ろ盾，

そしてある程度の財政支援がなければ成功は望めない.

そしてセンサーは4つの代替策を提示・分析した.

1. 何も行動を取らない：何も行動を取らないという主張をすることも可能である. これまでのところ感染の発生は一例にとどまっている. そして豚インフルエンザウイルスはこれまでも存在していたが, 1930年以来人類に問題をもたらしていない.
2. 最低限の対応：このオプションでは,すでに存在する医療提供システムと,一時的な, 政府主導によらない対応を中心とする.
3. 政府による対応：このオプションはほぼ全て政府の責任の下で, 全国レベルの予防接種プログラムを実施する.
4. 複層的アプローチ：この計画では, 連邦政府の技術的リーダーシップと調整, そしてその購買力に, また, 州政府の保健機関の経験と予防接種プログラムを実施する能力, そしてワクチン提供センターとしての能力に, そして, 民間セクターが持つ医薬品やその他の動員可能な資源に頼る.

これらの主要な論点についての短い「議論」の後, センサーは「次官は保健福祉省の戦略として4つ目の選択肢を取り, 国民保健サービスをプログラムの実施責任者とし, そして, 彼は直ちに戦略を実行に移すよう指示されるべき」と結論づけた.
　多くの人々にとってこの政策メモはセンサーの, 豚インフルエンザのパンデミックという脅威に立ち向かうために, 全国民に予防接種を受けさせるという英雄的な取組のためにトップレベルの意思決定者を取り込もうという野心を達成するために巧妙に作られたもののように思えるかもしれない. しかし彼は, 主に1919年の大流行と若者の脆弱性について繰り返し触れることによって, 事実を歪曲することなしに, 大流行の脅威をもっともらしく説明したのである. 彼はさらに, 説得力を持って選択肢は「オールオアナッシング」であると主張することに成功した. すなわち, 今意志決定するか, そうでなければ効率性を損なうかしかないということである. 彼は警告を受けながら行動に移さなかった政府は怠慢であると批判されるであろうと仄かした. そして彼はその提案を,（無責任な）「何もしない」という選択肢と,（イデオロギー上取りえない）「政府による対応」の中間策として示すことで, この苦い薬を多少は飲みやすいものにしたのである.
　このようにして, ある関係者の目に映ったところによると, 政策メモはセンサーがその目的を達成するために説得しなければならなかったハイレベルの意思決定者

にとって「頭に突きつけられた拳銃」のようになったのである.[17] アメリカを公衆衛生上の脅威に対して準備しなければならないという緊急の必要性に直面し,センサーは多くの問題を脇に避けた.資金に対する懸念,インフルエンザワクチンが一部の市民に対して危険な副作用があるという点,さらに,責任を負うよう依頼した行政官の個人的・組織的評判までも.[18]

3月13日,この政策メモを身にまとって,センサーはワシントンに出張し,保健福祉省の上司たちに説明にまわった.クーパーは国外出張中であったが,彼はセンサーのために道を切り開いてくれていた.彼は補佐官のジェームズ・ディクソンに対して,センサーがワシントンにいる間,この件についてマシュー次官にブリーフすることができるよう頼んでいた.またクーパーは,フォード大統領の保健アドバイザーであるジェームズ・カヴァノーに対しても注意喚起していた.

センサーがワシントンで続けた行進は,通常ハイレベルの行政官から助言を求められるようなスタッフたちの間に衝撃波をもたらした.[19] 提案された対応策は追加の連邦政府予算を必要とすることから,保健教育福祉省の計画評価担当の次官補と,会計監査役も注意喚起された.同様に,行政予算管理局(OMB)のポール・オニールとジェームズ・リンも報告を受けた.この提案は大統領のリーダーシップを必要としていたことから,ホワイトハウスのスタッフもブリーフを受けた.

いくばくかは事態の緊急性と,提案された対応策の適切性について疑問が持たれたものの,そのような疑問はセンサーが問題と,解決策の提案の周囲にめぐらせた堅固な枠組みによって跳ね返された.この問題についてのセンサーの対応策を攻撃不能なものとしていたのは,彼が二つの主要な政治的資源をコントロール下に置いていたことである.それは,公衆衛生を守ることの圧倒的重要性であり,それは多くのより重要性の低い懸念事項を圧倒する価値であった,それと,CDCが持つ中立的な能力と専門性を有するという評判であった.これらが一体となったおかげで,センサーはワシントンにおいて,バターを熱いナイフで切るように,通常の政策立案プロセスをショートカットすることができた.

センサーの最初のワシントン訪問はこの問題をホワイトハウスのレベルに達するまで押し上げたが,大統領はまだコミットメントをしなかった.それでも,センサーはその影響力を行使することによって,オーバルオフィスの中に踏み込むことが可能となった.センサーのHEWでのブリーフィングに刺激されて,マシューは行政予算管理局局長のジェームズ・リンに簡潔なメモを書き,その中で彼は,「この秋に大規模なインフルエンザの流行が発生するという証拠がある」と報告した.[20] これによりこの問題はOMB中に知れ渡り,大統領の耳に近づいた.彼のカバノーとそ

の補佐官であるビクトル・ザフラへのブリーフィングは，大統領に到達するための
もう一つの主要なスタッフのチャネルである国内政策委員会において彼の視点を構
築する助けとなった．フォード大統領はこの件について，3月15日の午後行われた，
この件のみを取り扱うための会合において初めて耳にした．大統領周辺の最高位の
スタッフによる意思決定のための会合は3月22日，月曜日に予定された．

　3月21日日曜日，センサーの目標は，フォード大統領がまもなく意思決定を行う
見込みであるというNYタイムズの記事によって後押しされた．その記事はさらに
センサーと，ワクチンの生産と分配を担当する彼の同僚，そして米国は大規模な予
防接種の取組を進める以外選択肢はないだろうと述べる外部の科学者のコメントも
引用していた．（生物学的製剤局において）ワクチンの生産を監督する部局の長である
ハリー・メイヤーが述べたように，「それは金でのギャンブルと，人の命によるギャ
ンブルとの間の二択であった[21]．」

　この文脈の中では大統領のアドバイザーたちが問題をセンサーの議論に沿って理
解したのは当然である．OMBの次長であるポール・オニールが説明したように，
「究極的には，我々の，すなわち自分とジム・リンの見たところでは，大統領には
選択の余地はほとんどなかった[22]．」

　3月22日月曜日，センサーが最初にクーパーに対して警告を発してから12日しか，
また，センサーがワシントンを訪問して9日しか経っていない中，ホワイトハウス
において，豚インフルエンザの脅威に対して何をすべきかを検討する会議が開催さ
れた．（その前日に出張先のエジプトから戻っていた）セオドア・クーパー保健次官補と，
保健福祉省のジェームズ・ディクソン補佐官，そしてOMBのジェームズ・リンと
ポール・オニールが出席した．ホワイトハウスからは，ジェームズ・キャノン，
ジェームズ・カヴァノー，スペンサー・ジョンソン，そして（フォード大統領の官房
長である）リチャード・チェイニーが参加した．

　マシューは論点についてプレゼンを行い，そして議論はそれまでに既に取り上げ
られたのと概ね同じベースで進んで行った．センサーの政策メモの主要な点に対す
る重大な反対はなかった．唯一の脆弱性は手続き的なものだけであった．フォード
は科学者のコミュニティに対して幅広く協議がなされたのかどうか質問した．結果，
それは彼が望んでいたものよりも狭い範囲でしか行われていなかったため，大統領
は外部専門家との会合を行うよう指示した．

　その会合は2日後に開催された．この会議には，ジョナス・リークのような科学
界の指導者や，アルバート・サビンのようなポリオ撲滅の貢献者が含まれていた．
この会議は科学界における意見の差異を見出すとともに，この問題についての最終

142　第Ⅱ部　支持と正統性の構築

チェックを行うことを目的としていた．ただし，ホワイトハウスは大統領がゴーサインを出すと確信していたために，会合が行われる前に決定についての報道発表資料を準備していた．結果的にこれは正解であった．科学者の中にこの分析と勧告に反対する者はいなかった．

　科学界におけるコンセンサスを得て，意思決定は容易に思われた．午後4時50分，フォード大統領はリークとサビンを従えてプレスルームに現れ，直前の会合で「傑出した科学者たち」が，深刻な豚インフルエンザの流行は「まさに現実の可能性」となっていると助言したことから，彼は「議会に対して，米国の老若男女全てに対して予防接種を行うため，4月の休会までに135百万ドルの予算を計上するよう求めていること，そして最後に，私は全ての国民に対して，秋までに絶対に予防接種を受けるようお願い」すると述べたのである．[23]

　センサーの目指した選択肢が採用されたのである．CDCでは大喝采があったに違いない．彼らは最高指導者を行動に向けて動かすことに成功したのであり，それは全国を動かす第一歩であった．大統領と政権が全国予防接種プログラムにコミットしたことで，残された多くの問題，どうやってワクチンを試験，生産，そして分配するか，はより解決に近づいたように思われた．全国予防接種プログラムに向けた旅が始まったのである．

　10か月が経った1977年1月，歓喜は意気消沈に変わっていた．実際，計画は行き詰まりを見せていたのである．問題は，大規模な政府プログラムに基づいて配布される新しい，試験を受けていないワクチンによる損害について，保険会社がワクチン製造会社に対して保険を提供することに後ろ向きになったことから始まった．保険なしではワクチン製造会社の作業は遅くなり，試験，生産スケジュールは大幅に遅れた．結果的にこの問題は，保険会社を免責とし，連邦政府が予防接種プログラムに伴う責任からなる経済的リスクを引き受けることに議会が同意したことによって解決された．この決定は予防接種のリスクに対応するための重要な先例となり，またその後，結果的に11百万ドル以上に上ることとなる補償請求に政府を晒すこととなった．[24]

　ワクチン生産と配布の難しさはまた，早期に市民に予防接種を提供する計画の成功の妨げとなった．センサーが秋までに国民が予防接種を受けることの緊急性を訴えたにもかかわらず，最初の接種は10月1日になるまで行われることはなかった．彼はまた児童が予防接種において最も優先されるべきと行ったにもかかわらず，製造業者は児童12人に対して1人に予防接種するだけのワクチンしか生産しなかった．結果的に10週間のうちに4000万人の国民が予防接種を受け，それは驚異的な成

第5章　政治マネジメントの技術　143

果ではあったものの，約束された目標には程遠く，また，十分な予防体制を構築するために必要なレベルからも程遠く，そして，提案されていたのと比較してはるかに不平等な形で配分されていた.⁽²⁵⁾

この予防接種の実施状況はもし豚インフルエンザが発生したならば歓迎されていたかもしれない.　しかし，この取組をより悲劇的なものとしたのは，夏，秋，そして冬の間新たな豚インフルエンザの人類への感染事例が一件も発生しなかったことにある.　その代わりに発生したのはワクチン接種に伴う犠牲である.　この中には4000万人を対象とするプログラムであればどんなものであれ，ワクチン接種直後に死亡する者がいるように，偶発的なものもあった.　しかし，次第にこのワクチンは，ギラン・バレー症候群という，麻痺を引き起こす特に重篤な副作用を持っていることが明らかになったのである.　最終的に，被接種者のうち54人に症例が現れ，そしてそのうち30名は接種後30日以内に症状が発生した.⁽²⁶⁾　そして，実際に冬のインフルエンザ流行期が到来した時に，高齢者の生命を脅かし，その他を家に閉じ込めたのはビクトリア系のインフルエンザだった.　不幸にも，豚インフルエンザの対策のために全てのワクチン製造能力が使われてしまい，このウイルスに対するワクチンは手に入らなくなってしまっていた.

全国予防接種プログラムは計画より少ない人数の人々を，実際には発生しなかった病気から守ることに成功した.　このプログラムは同時にワクチン接種を受けた人々のうち一部に麻痺や死亡という結果を生じさせ，かつ，実際に発生したインフルエンザの猛威に国民を晒すこととなった.　またこのプログラムは直接経費で130百万ドルを要し，さらに政府は補償を払い続けなければならなくなり，そして将来同様の補償請求に晒されるための先例を作ってしまった.　もちろんこれ以上に，このプログラムは予防接種と予防保健という政策目標は大きな混乱に陥り，CDC の信頼性は低下し，そしてセンサー自身の評判も傷ついた.　さらに，この結末によってフォード大統領は無能な政治屋だという評判は強くなり，大統領選挙での敗北につながることとなった.　もう一つの残念な結果として，大統領官邸の輝きもいくばくか失われることとなった.

評　　価

これらの事件の結末は，政治マネジメントの必要性とチャンスを示すとともに，その危険性も表している.　それは，マネージャーに加えて社会全体にまで影響する危険性である.

マホーニーの例では，彼が効果的な政治マネジメントを行うことができなかった

ために，重要な機会が失われることとなった．おそらくパークプラザ再開発事業を拒否しようとする彼の考え方を支持するような，潜在的な支持者はいただろう．おそらくマホーニーはこのような支持基盤を掘り起こすことから生まれる交渉力を活用し，計画案をよりよくすることができたかもしれない．パークプラザ事業についてより良い決定が行われることで，サージェント政権下でのマホーニーの地位は強化され，彼が目指す DCA の全体的な戦略も実現可能となったかもしれない．おそらくこれらは全てマホーニーの計画とともに崩壊したパークプラザ事業よりもより良い結果を社会にもたらしただろう．何れにしてもマホーニーは知事からの支持を取り付けること以上になにもしなかったがゆえに，これらの可能性には手がつけられることはなかったのである．それはさらに彼自身の失墜にもつながった．より早期かつ適切に政治マネジメントに取り組むことによって彼は状況を打開することができたかもしれない．

　これと対照的に，センサーの例では巧妙にかつ決意を持って政治的アドボカシーが行われたために，機会が活用された．しかし，後になってみると，センサーは政治マネージャーとしてもう少し下手であったならと思ったであろう．我々もそう思う．もちろんこのような結論には異論があるかもしれない．センサーはアメリカを危険な感染拡大から守るために正しいことをしたのであって，もし大流行が発生したなら，彼は愚か者としてではなく，英雄として讃えられていただろうと言う者もいるだろう．しかし，センサーの選んだ政策に対する批判は，センサーの行動は単に大流行が発生しなかったから間違っているという，表面的（かつ誤った）主張よりも深く問題の核心を追求している．我々はセンサーを，大流行の不確実性について適切に対応しなかったこと，そして大流行が発生しない可能性に対して国を備えさせなかったことについて批判できるのである．[27]

　不確実性に対する適切な対応は２つのことを要求する．まず，不確実性を減少させるための継続的な情報蒐集の努力，そして，ヘッジをかけた対応（すなわち，ある特定の結末に対してはベストでないかもしれないが，全てのありうる結末を考慮した場合ベストな対応）である．[28]

　この具体的な事例についていうと，豚インフルエンザの脅威に対する政府の対応は２つの点において改善が可能だったと考えられる．まず，政府は夏から秋にかけての世界での感染動向をモニターし，大流行の可能性について専門家の判断を仰ぐことができただろう．[29]南米の流行シーズンは北米よりも数か月前に訪れ，豚インフルエンザが北米を襲うのであれば，まず南米に姿を見せることが考えられた．もし南米で流行が発生していなければ，政府は対策の手を一部緩め，ワクチン生産余力

を残すことができただろう.

　また, ヘッジをかけた対応を政府はとることができたが, それは採用されなかった. この戦略, すなわちストックパイル（stockpile）戦略と呼ばれるものは, 直ちにワクチン生産に入るよう政府は決定を下すが, それを実行に移すまでには（流行の可能性とワクチンの副作用に関するより多くの情報が得られるまで）時間を置くというものである.

　もちろんこのヘッジ戦略は国民を守るという観点からは, 深刻な大流行に対応するために採用された「全力投球」戦略と比べると有効性が劣るものであっただろう. しかし, それはヘッジ戦略の常であり, それはある特定の結末に対応するという観点からは, その結末に対応するために最初から練られた戦略以上にうまく対応することは決してできないのである. ヘッジ戦略は最初の時点, 結果的に何が起こるか誰もわからない時点においてしか, 優位となり得ないのである.

　間違いなく, 1977年春の時点では, 流行が発生するかどうかは誰にも確証がなかったのであるから, ストックパイル戦略は政府にとってより良いものであったと考えられる.[30] 流行が発生しないという可能性が十分あったことから, 政府としては, もし流行が発生した場合に全ての国民が適切に保護されていないリスクだけでなく, 実際には存在しない流行のために全国民に予防接種を受けさせるリスクについても懸念を持つべきであった. 実際, 夏から秋にかけて, 豚インフルエンザの新しい感染症例が全く発生しなかったことから, ヘッジ戦略はますます妥当性を増して行ったと考えられる.

　この意味において, センサーが推した戦略はコストが高く, 誤っていると考えることができるのである. 彼が国のために購入した保険の保険料はリスクと照らし合わせると単純に高すぎたのである.

　センサーの事例で特に興味深いのは, もし深刻に受け止められていたとしたらより慎重な対応が取られていたであろう, 重要な意見が存在していたということである. センサーの予防接種プログラムに関する諮問委員会は初回会合において, 二つの意思決定を分割し, 二つ目の意思決定を遅らせるという案を持ち出した. しかし, 理事会は感染は急速かつ見えない形で拡大し, 予防接種が効果を発揮するには時間がかかるという理由からその案を却下していた. これらの仮説が完全に検証されることはなかった. 概ね全ての人々が英雄的な行動が必要とされていると考え, そして, そのような手法は段階的な取組とは相容れないものであった. 問題は, 緊急性を高め, コミットメントを得ることであって, 中途半端な手法では足りなかったのである.[31]

誰かがワクチンの生産と管理に関する運営上のフィージビリティーを注意深く検証していたならば，ストックパイル戦略もまた力を得ていただろう．[32] そのような検証をしていれば，実際に何が起こったかが明らかになっていたはずである．すなわち，楽観的な仮定の下においても，インフルエンザに感染する可能性のある人のうちほんの少数のみが流行期までに予防接種を受けることができるということである．どのみち流通網が不十分であるために十分防御がなされないのであれば，開き直ってインフルエンザ流行の可能性についてよりデータが蓄積することを待っても良かったのではないだろうか．しかし，このような理屈づけもまた切り捨てられた．なぜならそれは求められている精神とそぐわなかったからである．

かくして，一部はセンサーによる問題の解釈と，その概念を押し通すための彼の優れた起業努力のために作られた，緊急性とヒロイズムという文脈は，より効果的な政策対応を生み出すために使うことのできた情報をかき消してしまうという効果を持ったのである．それはある種の政治マネジメントのために支払われる対価であり，我々に政治マネジメント上の課題に対するアプローチが必ずしも全て正しいか便利な訳ではないと警告してくれるのである．このため私は，政治マネジメントの技法の分析を，倫理についての議論とともに始めることとする．

政治マネジメントの技法と倫理

自由民主主義の下では，マホーニーやセンサーが行使したようなタイプのリーダーシップは倫理上疑われるものである．何が社会善であるかを知っていると主張することには大きな独善がある．そのような主張の陰に潜んでいるのは強欲，野心，または公的価値や公的利益に関する検証されていない特異な考え方が潜んでいるかもしれないのである．

さらに，これらの事例は我々を安心させてくれるような理屈をほとんど与えてくれないのである．あるマネージャーは政治マネジメントをあまりうまく「行わなかった」から失敗したかもしれないし，またあるマネージャーはあまりにもうまくやりすぎたために失敗したかもしれない．もしかすると，この問題は議論しないことがベストなのかもしれない．

しかし，より詳しく検証してみると，これらの事例は共にパブリックマネージャーに対して重要な倫理上の教訓を残してくれていることがわかる．これらの事例は，マネージャーが傲慢になりすぎ，市民や市民を代表する者たちにとって何が公的に価値があるかということについて，自分の考え方をチェックすることを怠ってしまうようになると，それは根本的に誤りであり，かつ危険であるということを述べて

いる．マホーニーの傲慢は彼の政治的授権環境に対して継続的な注意を払うことを怠るという形をとった．センサーではそれは政治環境を支配し，恣意的に操るという形をとった．

私はパブリックマネージャーが直面する倫理的問題について終章（結論）で詳しく論じる．ここでは私は，倫理的観点からは，政治マネジメントの美徳は，政治に込められる精神に決定的に左右されるということを指摘するだけで十分であろう．一つの精神は，学ぶことをせず，反対者の見方を尊重せず，同僚を操り，自分の目的を達成するためにあらゆる抜け穴を利用するというものである．これは攻撃的なアドボカシーである[33]．

これと対極に位置するのは学ぶことにオープンな精神である．マネージャーの具体的な目標やゴールは，そして彼らの最も重要な価値もおそらく，反対者との対話の結果としての変化に対してオープンである．このような政治マネジメントは差異に対する尊敬をもって始まる．結局，誰かにとっての敵もまた何かの重要な価値を守っているか，何か役に立つ重要な情報を持っているのである．このような観点からは，マネージャーにとって熟議が持つ意味は自分自身を学習のプロセスに晒すこととなのである[34]．

攻撃的な主張者は自分の目的を遂行するのには成功するかもしれない．しかし彼らは学習せず，そして政府を結果的に賢明でなく，または単に実行されないような道にコミットさせてしまうというリスクを犯すことになるのである[35]．カール・ドイッチュがかつて述べたように，「簡単な言葉で言うと，権力を持つということは譲歩しなくてもよく，そしてまた周囲の環境や他者に対して譲歩させるよう強いるということを意味する．このような狭い意味での権力とは，取り入れることよりも吐き出すことを優先させるということであり，聞くことよりも話す能力を優先させることである」[36]．ある意味これはマホーニーとセンサーが陥った運命なのである．

一方，学ぶ意欲を持って政治的議論に立ち入ったマネージャーは，自分自身を教育することに成功するだろう．彼らはさらに幅広く，持続的な支持を得ることのできるような公的目的や価値を掲げることにさえ成功し，効果的なリーダーとなることもありうる．しかし，彼らはリーダーシップという目的のために，自分自身の目的を犠牲にするリスクを犯しているのである．もちろん人々はこれが民主主義のあるべき姿であると考えるだろう．というのも民主的ガバナンスの要点は，政府の運営を通じて，ある特定の人物のビジョンではなく，社会の集団的目標を実現することにあるのだから．政治マネジメントの最も効果的な技法は，マネージャーが自分自身を他人の目的のためのエージェントとすることである．しかし，政治マネジメ

ントのポイントはマネージャーが自分の考える目的に最大の正統性を与える道筋を見つけることにあると考える者もいるだろう.

　おそらく，これらの対立する考え方を合成すると，何に公的価値があるかについての自分自身の考え方を示すことと，他者から学ぶことの双方の義務を認めることとなるであろう.(37) マネージャーはさらに，リーダーシップのためには，ある無視されている価値の重要性や，放置されている行動の選択肢の重要性についてはっきりと主張するという形を取るということ，また時にそれは新しい対立する考え方が生まれるのを促すために自分自身の立場を放棄するという形も取りうるということを認識する必要もある. 政治マネジメントの中では一定のものの見方を整理し，持つことの楽しみと義務を完全に放棄することはできず，同様に学び，他人の考え方を受け入れるという義務を放棄することもできないのである. このような対話を通じてこそ，公的価値を見つけ，成功裏に追求する最大の可能性が得られるのである. そして，この可能性こそが，政治マネジメントの技法を通じて培われるべきものなのである.

　ここから私は近年学術，実務の世界の文献において提示されつつある5つの政治マネジメントの技法について検討していく. ここで私が「技法」というのは，他人に影響力を及ぼそうとする際に用いるべき言葉や態度についての助言ではなく，より抽象度の高いレベルで作動する一連の概念を意味する. つまり，（1）政治マネジメントの中心的問題を定義し，明示的または黙示的に課題に対する規範的方向づけを行うこと，（2）状況を評価し，行われなければならない重要な取組を特定するために用いられる分析上のカテゴリーを開発すること，そして（3）政治マネジメントを行う者がどうすれば正統性を打ち立て，彼らの政策イニシアチブに対する支持を得るという目標をうまく達成していくことができるかについて，多少なりともはっきりとした助言を提供するような分析枠組である. 5つの技法の中に含まれるのは，起業的アドボカシー，政策立案マネジメント，交渉，民主的討議・社会的学習・及びリーダーシップ，公的セクターにおけるマーケティング，そして戦略的コミュニケーションである.

　パブリックマネージャーがどうやって最も適切に政治環境に関与できるかという問題への回答としてこれらの概念を提示する場合，3つの問題が生じる. まず，これらの概念全てが政治マネジメントにおいて提起される具体的な課題への回答として作られたものではない. これらのうちいくつか，すなわち起業的アドボカシー，政策立案マネジメント，市民による熟議と社会的学習は**そうである**. しかしそれ以外の，交渉と公的セクターにおけるマーケティングはそうでない. それでもこれら

は，パブリックマネージャーがどうやって彼らのイニシアチブに対する支持を動員するのかに関して重要な関係があるように思えることから，私はこれらを含めた．次に，これらの考え方全てが，パブリックマネージャーによる政治マネジメントの取組の指針となる程度に等しく十分練られているわけでは無い．このため必然的に，これらの概念の説明には一定のばらつきがある．第三に，これらの概念を定型化された形で要約するにあたって，私はこれらの概念のいくつかについて，若干表面的かつ初歩的な処理を行っている．

　これらの課題がありつつも，現場全体にいる我々が，政治マネジメントという機能がどうすれば最大の効果を発揮するかという問題に対する，様々な，おそらく便利な答えとして捉えるために，これらの異なる概念を同じ地図上に表現することは重要と私は考えている．それは，ひいては，政治マネジメントというマネジメント上の重要な機能の一貫した視点の下で個々の概念のさらなる発展と，これらの概念の化学反応を加速させるかもしれない．[38]

起業的アドボカシー（Entrepreneurial Advocacy）

　おそらく，最も完璧に，かつ，はっきりと分かる形で開発された政治マネジメント上のアプローチは，起業的アドボカシーと呼ぶことができるだろう．[39]このアプローチは，パブリックマネージャーが自分の選好する政策が採用され，堅固な支持を得る可能性を最大化するために何をしなければならないかという点に焦点を当てる．マホーニーはパークプラザ事業案を拒否するという点について，起業的アドボカシーの推進者であった．同様にセンサーは，米国連邦政府を豚インフルエンザに対して国民に予防接種を受けさせるよう約束させるという点において，起業的アドボカシーの推進者であった．

　起業的アドボカシーが持つ暗黙の前提は，政治マネジメントは，マネージャーが選好する政策を行う権限を政府から与えられるために，十分に強力な政治的連帯を生み出さなければならないということである．この目的のために，決定的な**分析スキル**は，意思決定において誰が重要な役割を果たすことができ，または果たさなければならないか，また，果たしうるかを特定する．[40]

分析1：誰が関与すべきか？

　政策イニシアチブに対する支持または抵抗に関係するプレーヤーのリストを作ることは，起業的アドボカシーにおける重要な最初のステップである．マホーニーはパークプラザ事業案を却下するために，公式または非公式に誰の支持を得る必要が

150 第Ⅱ部 支持と正統性の構築

あるのかを考えなければならなかった．センサーも，豚インフルエンザに対する全
国的予防接種キャンペーンを実施するために，公式・非公式に誰の支持を得る必要
があるかを判断しなければならなかった．我々を取り巻く複雑な政治システムの中
では，この第一の段階は驚くほど困難な課題である．プレーヤーの集団は一定せず，
固まったものではない．一部の主体は関与しなければならないが，もし彼らが希望
すれば関与できる者もおり，さらに政策過程に連れ込むことのできる者もいる．誰
が関与するかを正確に計算できるようになるのではなく，マネージャーはただ誰が
関与する**可能性があるか**を思い描くことしかできないのである．

　潜在的なプレーヤーを完全に特定するために，マネージャーは２つの方法に頼る
必要がある．(41) 一つは，権限を持って意思決定を行う公式の構造と過程を見渡し，誰
がどの文書にサインすることが，求める政策イニシアチブを公式に立ち上げるため
に必要かを判断することである．もう一つは，課題の本質的な内容（そしてそれがど
う組み立てられていくか）を検討し，誰の利益が問題となり，ある具体的な主体がど
れだけ関与を求めるかを考えるやり方である．言い換えると，第一の手法はそれぞ
れの主体の立場を見て，第二の手法はそれぞれの主体の利害関係に着目するのであ
る．

各プレーヤーの立場

　時には，ある政策課題に関して行動を取るための正式な権限は，提唱者自身の扉
のそのすぐ向こうにあるように見えることもある．形式的には，コミュニティ局の
局長としてのマホーニーの署名が，パークプラザ事業が承認されるかどうか，また，
土地収用権に関する権限が民間デベロッパーによる土地の集約のために利用できる
かどうかを決めるのであった．同じようにセンサーも，豚インフルエンザの脅威に
対して国民に予防接種を受けさせるという任務のために，ワクチン製造業者，医者，
保健所の官民のネットワークに対して非公式の影響力を行使したり，資源を動員し
たりするのである．

　しかし，多くの場合において行政官は，たとえ自分が確固たる政策イニシアチブ
を進める形式上の権限を持っているように見えたとしても，それだけでは十分でな
いと認識する．追加の政治活動なしには，彼らの決定はその上司の誰かによって覆
されてしまうかもしれないからである．パークプラザ事業を拒否するというマホー
ニーの決定は知事や州議会によって覆される可能性があった．国民全体を未試験の
ワクチンで予防接種するというセンサーの決定は保健次官補や，行政予算管理局の
保健政策アドバイザー，または大統領執務室の上級スタッフ，大統領自身，また連

邦議会によって修正されるか，覆される可能性があった．

　この事実は，パブリックマネージャーが権限を与えられてその職務に任命されるにもかかわらず，その権限は自分のものではないということを強調する．執行する権限は単に彼らに貸与されているだけなのであって，それには条件があるのである[(42)]．彼らに与えられた権限は，その上司が彼らが何か間違ったことをしていると思った時には引き揚げられうるものであり，また，彼らのとった行動は撤回されうるものなのである．さらに，多くの行政官は，彼らが責任を負う政策目標を達成するためには，自分の職務上有する権限は不十分であると考える[(43)]．その結果，慎重かつ責任感のある行政官の多くは，自分の決定を，自分の職務上の権限だけでなく，支持基盤や正統性の基盤を持って繋ぎとめようとするのである．

　我々の憲法は三権分立を定めていることから，行政官はいくつかのことなる道筋をたどることによって支持基盤や正統性の基盤を追求することができる[(44)]．権限にたどり着く最も明らかなルートはしばしば，単に官僚機構における指揮命令系統を遡ることである．したがって，マホーニーがサージェント知事の支持を得ようと考えたのは当然のことであり，センサーがクーパー次官補，マシュー次官，そしてフォード大統領にたどり着こうとしたのも当然のことなのである．

　一般論として，官僚機構における指揮命令系統を遡るにつれ，その過程の各段階での承認を得るためには，単に**より多く**の正統性を必要とするだけでなく，**異なる種類**の正統性を必要とするようになる．官僚機構におけるイニシアチブは官僚の技術的，法的専門性に由来する正統性に基づいて開始される[(45)]．マホーニーと彼のスタッフはパークプラザ事業計画案が技術的に不健全であり，法的に疑問があるように思ったためにそれを拒否する決断を下したのである．センサーと彼のスタッフも，彼らの科学的知見が豚インフルエンザのリスクに警鐘を鳴らしたため，その脅威に対応するために全国的な取組をするという決断を下したのである．

　しかし，意思決定が上のレベルになっていくにつれて，より大きな**政治的**正統性が追加されるようになる．民主制の下では，全ての官僚機構は最終的に政治的権力にたどり着く[(46)]．その理由はもちろん，民主主義は市民の支持に由来する正統性と，法令遵守と技術的専門性に由来する正統性を結合させるからである．法的・技術的正統性に政治的正統性を追加することは，マネージャーによる公的価値についての判断が健全であると，マネージャーや市民を安心させるという意味で規範的重要性を持っている．さらにそれは，その政策目的の達成上必要な人々に対して実質的影響力を及ぼすため，政治プラットフォームや高位の政治家の技術を活用する必要があるマネージャーたちにとって，実用的な重要性も持っているのである．かくして，

マホーニーはおそらく知事に対してパークプラザ事業計画を拒否する承認を求めた
だろう．もしそれに失敗した場合クビになる覚悟で．センサーは，単に彼が必要と
する緊急性と規模について官僚的承認を得るためだけではなく，彼らの地位，メディ
アへのアクセス，そして他の政治家が，彼のリーダーシップを成功に導くために必
要な民間の取組を後押しする助けになるために，保健次官補，保健教育福祉省次官，
そして究極的には大統領からの承認を求めただろう．

　パブリックマネージャーが支持基盤と正統性を得るために開かれたもう一つの道
筋は，立法府を通じるものである．[47]　これは，行政官に対して彼らが望む行動を取る
ための法的権限や命令を追求することを意味することもあれば，マネージャーがす
でに権限を得ているが，議会によって覆されうるような選択肢について，立法府の
監督者の忍耐を得るということを意味する場合もある．さらにそれは，マネージャー
がその影響力の範囲を拡大するために行おうとする選択についての政治的支持を構
築することを意味する場合もある．

　例えば，もしマホーニーがパークプラザ事業計画を拒否することに成功し続けよ
うとするならば，彼は議会が，彼からボストン市の再開発計画を評価する権限を剥
奪するホームルール修正を可決することを避けなければならなかった．それは一度
は成功したが，市民のデモを前に，再度知事が拒否権を行使することを期待するこ
とはできなかった．センサーの場合，彼は直接友好的な議会の委員会に赴き，全国
予防接種プログラムを授権する法案の制定を求めることもできた．あるいは，もし
彼の政治レベルの上司が全国予防接種プログラムをためらっていたなら，彼は，幹
部が自分自身で行動を起こすことを拒否する場合，議会が主導権を奪い，一方的な
行動を起こしうると警告することによって，そのような動きをとることを示唆する
こともできた（実際彼はその政策メモにおいてまさにそうした）．

　あまり一般的には用いられないがそれでも重要な最後のルートは，裁判所を通じ
るものである．[48]　しばしば裁判所は予期せぬ形で政策決定に介入する．政府は政策決
定に不満を持った市民によって提訴され，パブリックマネージャーは裁判に勝つこ
とによって自分の行動の正当性を証明し，意思決定に当たって自らが主張した権限
を確かめようとするのである．それはあたかも彼らとそのクライアントが裁判所と
共謀して，立法府や政治家が提供しようとするもの以上のものをクライアントに対
して要求しようとしているかのようである．[49]　例えば，マホーニーが取り得た一つの
戦略は，パークプラザ事業を承認しつつ，マホーニーが不法に土地収用権を行使し
たとして土地所有者に裁判を起こすよう促すというやり方がある．このようなやり
方はマホーニーが権限を持つ**法律上の**要件に**政治的**重みを与えてくれることから効

果的である.

起業的アドボカシーの推進者の視点からは，これらのことなる「行動チャネル」が持つ重要性は，それぞれの道筋が，提唱者の選好する政策について異なる見方を持った，ある程度異なるプレーヤーたちを関与させることから，それぞれのチャネルは，多かれ少なかれ，マネージャーの選好する政策が採用されることを保証する可能性を提供してくれるというところにある．したがって，これらのうちどのチャネルを使うかということは起業的アドボカシー推進者が行わなければならない重要な戦術上の決定となるのである.

利害関係のあるプレーヤー

関係のあるプレーヤーを特定するという第二の手法は，形式的な立場よりもむしろ，利害関係から始まる．もちろん，意思決定について公式の役割を持っている者と，その結果について利害を有する者との間にはしばしば実質的な重複がある．政府がそれなりによく組織されていれば，ある分野に実質的な利害を有する人々は政策討議の公式の仕組みや過程の中に含まれるか，政府の政策を監視する非公式の「論点ネットワーク」の中に身を置くだろう.[51]

しかし，問題そのものに目を向け，そしてその問題の潜在的な解決策によって誰の利害が問題となるのかについて考えてみると，マネージャーはその時点では公式に行動を起こしていないプレーヤーを特定するだろう．それはその問題について心配するあまり自分を政策決定プロセスの中に投じうるプレーヤーであったり，自分はそうできる立場にないにもかかわらず，説得されて行動を起こしうる者だったりする.[52]

もちろん，重要な政策決定は多くの潜在的なプレーヤーに影響を与える重層的な結果を生む．例えば，パークプラザ事業の決定はボストン市の税収，建設産業における雇用，事業に投資する銀行や起業家，現在パークプラザ事業計画地にいる事業者たち，もしマホーニーが自分の道を通したならば，市のハードコア風俗産業までもその将来に影響が及ぶであろう．明らかに，極めて広範な人々がこの選択が持つ様々な側面に注目しているのである.

政策判断はまた多くの場合，他の決定や，他の意思決定を取り扱う過程の先例となるという問題をはらんでいる．パークプラザ事業に反対することに成功することがマホーニーにとって重要となる一つの理由は，それがDCAにとってボストン市を含む自治体に対して持続的な影響力を打ち立てることを助けてくれるという点であった．このような効果はBRAも気づいていたため，議会に対して反対するよう

協力を求めたのである.

　そして，どのプレーヤーが関与すべきかを把握するためには，提唱者は政策決定の持つ様々な実質的・手続き的側面がどのようにこのゲームにおける潜在的プレーヤーの重要な利益や懸念と結びついているかを評価しなければならない．それによってその潜在的プレーヤーがどの程度関与する可能性があるか，彼らがどの程度積極的に動くか，そしてどのようなやり方で彼らが政策決定過程に影響を与えようとするかがわかるだろう.

　そのような分析を行うことは困難であり，かつ，時間を要する．それでもそのような努力は，たとえ分析によって新たなプレーヤーが見つからなかったとしても無駄にはならない．なぜなら個々のプレーヤーが究極的な意思決定にどのような利害を持つかを分析することはマネージャーがどの行動のチャネルを用いるべきかを決める参考になり，すでに特定されているプレーヤーがどこまで強力に関与するようになるのか，彼らがどのような立場を取るようになるのかをマネージャーが推測することを助けるのである．さらにそれは，他のプレーヤーと交渉や説得する際に強調したり活用することのできる，選択の決定的な特徴を特定してくれるかもしれないのである.

分析２：プレーヤーの立場の推定

　意思決定に関与するプレーヤーを特定したら，提唱者は彼らの取りうる立場について推測しなければならない[53]．その最も直接的な手法は彼らが過去どのような立場をとったかを探し出すことである[54]．過去の選択は行動主体の頭の中に残響を残し，また，彼らが何に価値を見出すかについての足跡を残すのである．これらはいずれも提唱者がプレーヤーたちの取りうる立場を推測することを助けてくれる.

　もし提唱者が過去の選択肢を頼りにできない場合でも，彼はプレーヤーの利害がどのように関係してくるかを推測しようと試みることはできる．それはプレーヤーが何に価値を見出すかに加え，政策課題が彼らにどのように見えるかを知ることに依存する.

　政治的主体がある所与の選択肢の実質的・手続き的特徴全てに目を向けることは滅多にない．単純に数が多すぎるからである．さらに，その多くは特定の個人にとっては無関係であるからである．結果的に，特定のプレーヤーは目の前の選択肢についていくつかの限られた側面しか見ないのである．この意味で，課題はその特定の「顔」を特定のプレーヤーに見せるのである[55].

　個人にとって当てはまることはプレーヤーの手段全体にも，そして公の場で問題

が提示され，議論される場合にも当てはまる．意思決定が関係するあらゆる可能性のうち，ほんのわずかなことしか，関係する人々の多くか，その全てに見えないのであり，ほんのわずかなことしか公の場で議論されることはないのである．そしてそれが「公の場で問題が見せる顔」となるのである．

　ある課題の公的な顔と私的な顔はそれらが提起される文脈次第によっていずれの形にもなりうる．例えばセンサーは豚インフルエンザという問題を1918年の歴史的なインフルエンザ大流行を背景として捉え[56]，その文脈によって豚インフルエンザの脅威を誇張した．

　課題の公的な顔は時に，他のどのような問題が同時に発生しているかによって形作られることもある．例えば，パークプラザ事業に関する決定は道路建設に関する決定と絡み合っていた．この文脈は，パークプラザ事業が公権力を適切に行使するか否かという狭い問題から，サージェント政権が開発に賛成か反対か，また，建設労働者に友好的かそうでないかというより大きな政治的問題に変えた．

　これらの手がかりによって，提唱者は他のプレーヤーたちがどのような立場を取るかを推測することができるようになる．マネージャーはもちろん，潜在的なプレーヤーについてのより詳細な分析を行うこともできる．組織のなかでの彼らが代表する立場，彼らの過去の歴史，論点となっている問題や関連する問題について行ったスピーチ，理念的方向性その他などが分析の対象となりうる．しかし，このような詳細な分析を行うには，十分な時間やデータが得られないことが多い．このような時，マネージャーは，問題の経緯を遡ったり，プレーヤーたちの利害関係を推測したり，彼らが問題をどのように見るかを推測することで対応するのである．

戦術1：意志決定に至る道筋の選択

　起業的アドボカシーの推進者が取る戦術は，短期的戦術，すなわち，現在の政治的環境を所与のものとして捉える戦術と，長期的戦術，すなわち，現在の政治環境の変化を考慮に入れる戦術の2種類に分けられる[57]．

　権限を持って意思決定する場合に異なる道筋が存在することは，提唱者にとって重要な戦術上の選択肢を与えてくれる．あらゆる可能性を考慮すると，ある選択肢は，提唱者にとってその他の道筋と比べてより好ましいものとなるだろう．ある選択肢は提唱者の見方に賛同するプレーヤーによって支持され，他は敵対的な者によって支持されているかもしれない．また，ある選択肢は過去のやりとりを通じて十分油がさされて使えるようになっている一方，あるものは長い間使われず，軋むようになっているかもしれない．明らかに，他の条件が同じであれば，提唱者は自

分の目的に最も適合しており，かつ，最も使いやすい道筋を取るべきである．

　残念ながらしかし，他の条件が同じである可能性は少ない．とある意思決定への様々な道筋は，どれだけ力強く，持続的なマンデートを産み出しうるかという点で異なってくる．異なる意思決定過程は，その選択によって影響を受ける者の目からすると，異なる意味を持ってくるからである．これは多少なりとも脆弱性を帯びているように思えるかもしれない．例えば，十分議論が尽くされた法案は，特定の問題について議論するために政府の執行部門に一時的に設置されたアドホックの委員会における決定と比べると，大きく異なる地位を有する．より強力で，持続的なマンデートを得ようとするなら，より困難な道筋を進む方が意味があるだろう．⁽⁵⁸⁾

　提唱者はまた，プレーヤーの範囲を広げたり狭めたりするための一手や，論点を検討するための時間を短縮したり延長したりするための一手を打つことによって，既存の意思決定プロセスに変化を生むこともできる⁽⁵⁹⁾．このような目的を達成するために最も一般的に用いられる手法は，ある論点が検討されるにあたっての，裁量のレベルや情報公開の範囲を管理することと，その論点について，ある程度の危機感を生み出すという方法である．一般的にいって，ある論点がよりメディアに露出すると，より多くの人々が関与することとなる．また，より危機感が高まるほど，検討のための時間はより短くなる．したがって，秘密の危機は最も限られた者たちによって意思決定が行われ，また，幅広く知られた，危機に至らない論点は，最も幅広く議論されるようになるのである．

　どのような意思決定過程が提唱者にとって最も有利となるかは，複雑な問題である．彼らは，意思決定過程における変化がゲームの参加者にどう影響するか，そして問題がどのように議論され，解決されるかに影響を与えるかを予測しなければならない．彼らはまた，論点を厳密に絞り込むことによる潜在的な利点と，焦点を絞って，凝縮された議論が持つ不利益，すなわち，しばしば決定事項が再検討されたり，中途半端にしか実行されなかったりしてしまう原因となる正統性と質の欠如，との間のトレードオフを考慮しなければならない．

　マホーニーの例では焦点を絞ったやり方は彼の目的に合っていたように考えられる．というのも，彼はそのようなやり方によって知事にたどり着くことができ，また，当初は知事は彼を支持していたからである．後に知事による支持が弱まると，より幅広いアプローチがより有効に思われる．おそらく彼はパークプラザ事業計画を再検討するためのブルーリボン委員会を設立するか^[訳注2]，提案された事業計画の適法性について法律顧問の意見を聞くべきであった．このような行動が意思決定プロセスの後半で有効であることは，それがプロセスの初期の段階においても，知事の支

第5章 政治マネジメントの技術 157

持を得る上で有効であったと考えられることを示唆している.

　センサーの事例では彼は当初から幅広く，公開のプロセスを必要としていたことは明らかである．というのも彼の目的は単に特定の政策判断を確保するだけではなく，社会全体が動員されるような幅広いコンテクストを生み出すことにあったからである．このようなマネージャーの直接の権限を超越する大規模な事業の意思決定は，広範な，ハイレベルでのみ行いうるのである．

戦術２：討論に向けた論点の枠組み整理

　どのように論点の枠組みを整理するのが最も良いか判断することは，提唱者にとって最も重要な戦術上の論点となる．なぜなら，議論がどのように枠組みづけられるかによって，どのような場で検討が進められるか，そして，どのような集団が関与するかを左右することになるからである．提唱者は，望ましい議論の場において，自分たちの意見が考慮され，支持者を動員する可能性が高まり，反対勢力を喚起させたり刺激したりするような可能性が少なくなるように論点を枠組みづけることができれば，仕事をやりやすくすることができるだろう(60).

　しかし，残念なことに，マネージャーが持つ公開の討論に向けて論点を枠組みづける能力には限界がある．実質的な面で言うと，議論の参加者は，自分たちの決定が特定の条件によって型にはめられるのを無制限に我慢はしないのである．人々は（必ずしも常にではないが）しばしば，ある意思決定において何が最も重要な特徴であるかを知っており，その特徴が本質的に変更されることを受け入れることができない．もしそのような限界を越えてしまえば，恣意的な操作が明らかになってしまい，そしてそれによって提唱者の目的は強化されるのではなく，むしろ傷ついてしまうのである．レーガン政権による，新たに配備された弾道ミサイルを「ピースキーパー」と呼ぶことで核抑止力を強調する努力と(61)，歳入庁（IRS）による，差別下にある学校が免税特権を取り戻すことを認める決定を，市民権に関する決定ではなく，IRSの権限に関する問題として正当化する措置は(62)，悪名高い最近の二例である．

　枠組みづけは，メディアとのやりとりが最も重要になりうる分野でもある(63)．ある論点の提唱者はそれを戦術的に有利になるように形作ろうとする．ジャーナリストもまた，とある「角度」からそれを形作ろうとする．しかし，ジャーナリストの見方は，正確さと同時に，公共の利益に関する本質的な判断とが混ざりあったものとなる．もし提唱者が論点の枠組みをレポーターの見方と一致させることができたならば，より成功の可能性が高まるだろう．

　しかし，多くの場合，メディアは論点について異なる見方をする．通常，メディ

アは物事を単純化する. メディアは通常, より共感できるから, また, より重要な
価値に結びついているから, また, 現在ニュースになっている他の何かとつながっ
ているからという理由から, より大衆の注意を引く特定の側面に注目するのである.

行政官の視点から見ると, このようなやり方は自分たちの枠組み設定に向けた努
力に匹敵する規模の雑音となる. しかし, 報道が完全かつ正確でなければならない
という期待は明らかに間違いである. 人々は物事を単純な言葉で聞きたいだけでな
く, 単純な原則に基づいて, 政治活動を行いたいからである.

パークプラザ事業計画を拒否するにあたってマホーニーは, 事業が誤った選択肢
であるという枠組みづけるための道を探しあぐねていた. 彼は貧困層の住人の移転
や環境上の問題に答えようとしたが, これらの問題は提案された事業では実際には
あまり大きな問題とはなっていなかった. 移転しなければならない住民はほんのわ
ずかで, 環境は明らかに改善が見込まれていた. そしてこの事業は政府の支出を必
要としていなかったのである. マホーニーはただ, 収用権限が誤った形で行使され
る恐れがあり, したがって知事は計画が「適法」でなければならないと主張するこ
としかできなかった. しかし, このような枠組みではマホーニーはそこまでしか行
き着くことができない. マホーニーが満足のいく枠組みを見つけられないという事
実は, マホーニーの頭の中に, 実際自分はパークプラザ事業計画に反対することに
よって一体どのような重要な公益を守ろうとしているのだろうか, という疑問を生
じさせたのである.

これに対して, センサーの最大の利点の一つは, 1918年のインフルエンザの大流
行とのアナロジーという, 彼の論点にとって極めて強力で効果的な枠組みが存在し
ていたことがある. このアナロジーが部分的にしか当てはまらないことを気にする
必要はなかった. これによって人々の注意を引き, 特定の行動に向けて人々の意識
を形作ることができたのである.

戦術3：好機を待つ

これまで見てきた戦術, すなわち, 有権的意思決定への道筋の選択と, 問題の枠
組み設定はいずれも, 特定の場面における「攻めの一手」を提唱のために行うもの
である. しかし, もし提唱者が行動を待つことができるなら, もう一つの戦術的機
会を得ることができる.

提唱者が使うことのできる一つの重要な戦術は, 問題を考えるにふさわしいタイ
ミングを単に待つことである. 政治的授権環境は常に変化し続ける. 政策課題はそ
れ自身の内部状況の進展によって影響されうる. またそれは周囲を取り巻く環境に

おける他の問題や出来事によっても影響を受ける可能性がある．そのような変化は，提唱者の目的の期待値を高めることもあれば，減ずることもある．賢明な提唱者は行動の時を待つものである[67]．

こうやって見ると，なぜセンサーは彼が望む方向性についてマホーニーよりも多くの支持を集めることができたのかがわかる．マホーニーの例ではパークプラザ事業計画についての意思決定を行うタイミングは当時，より不利になっていっていたのである．道路建設事業に関する意思決定のタイミングが近づくにつれ，政治環境はマホーニーにとってより不利なものとなっていった．彼はおそらく事例の初期の段階の方が後期の段階と比べてより良い立場にあったのであり，彼の過ちはおそらく，この事実を認識できず，その時点での最良のディールを結ぶことができなかったところにある．センサーの事例では，幸運なタイミングにあったと言えるだろう．一部はクーパーが休暇をとっていたこと，そして一部はフォード大統領とその政治顧問が，大統領が勇敢かつ有能なリーダーシップを発揮する機会を探していて，無能だという国民のイメージを打ち消そうとしていたことがある．そのような世界では，センサーの，英雄的行動が求められているというストーリーは極めて魅惑的なものだったのである．

この，介入の機会を待たなければならないという考え方は，マネジメントの方向性を変えることに留意してほしい．これは，マネージャーが特に政治的な論点についてはコントロールを有しないと認めることになるのである．またこれは，議題に挙げられた個々の事項を達成するための具体的な計画という形で示されるならば，固定的な議題は非生産的であるということをも含意する．そのような努力は，行動に移るには未熟すぎる案件について，マネージャーが多大なる時間を費やさなければならなくなってしまう可能性がある[68]．

これとは大きく異なる戦略として，マネージャーが取り組む価値のある多くの課題を手元に置きつつ，どの課題に最初に手をつけるかについては状況に任せるというやり方がある．どの課題がトップアジェンダとなるかは，行動に移せるかどうかの見込み次第であって，必ずしも重要性にはよらないのである．この流儀は計画的というよりも，機会主義的かつ即興的である．ここで決定的となるマネジメント上のスキルは，計画とコントロールよりも，分析とモニタリングとなる．

このようなマネジメント業務は，多くの課題が議論されうるような立場に立った場合に最も効果的であるということに留意してほしい．このようなとき，課題が特定され，統合され，それぞれの意思決定が次の意思決定を支える[69]．このように，通常自分の手元にある課題全てを追求するための資金を持っていることはないのだか

ら，フレキシブルでありかつ準備が整っていることは，詳細な計画と野心を持っていることよりもしばしばより重要となるのである．

戦術4：舞台の変更

　もちろん，機会主義を賞賛することは，より静かで，より意志の固く，長期的な目的を持って，長い間頑固にその目的に向けて働き続ける「ハリネズミ」を犠牲にして，変わり身の早い「狐」に対して評価を与えすぎることになろう[70]．もし提唱者が長期間ゲームにい続けようとするならば，そして，機会的なだけでなく，積極的であろうとするなら，彼らは自分たちが置かれた政治的環境を変えるために多くのことを行おうとするだろう．短期的には制約と見えることであっても，長期的に取り組み続けることによって変えることも可能となるのである．

　例えば，マネージャーが選んだ見方が持つ利点をもって説得することや，マネージャーの見方に変えてくれるような新しい関係の中に絡め取ることを通じて主要なプレーヤーの立場を変えることによって，意思決定過程を変えることが可能である．時には，マネージャーは反対者を支持者にとって代えることも可能である．また，提唱者は時に課題が検討される場を変えることや，課題について検討する新しいメカニズムを構築することもできる．法案を検討するための新しい委員会や検討会，特別タスクフォースは提唱者にとって，課題について既存のプロセスよりもより有利に議論を進めるために使うことのできるツールとなりうる[71]．

　実質的な面からは，もしある論点に長期間取り組み続けることができるなら，その論点についての枠組みを変えたり，具体的な状況にうまく対処するための伝統的な知恵を変えたりすることもできるだろう．マネージャーはその論点の捉えられ方を変えることのできる概念を考案し，使い始めることができる．その良い例として，スタンレー・サリーによる，減税や利子補給を「租税支出」として捉え，そのために割り当てられた資金と適切に比較できるようにするための取組が挙げられる[72]．

　提唱者はまた，それまで無視されていた価値に注目を集めることができるよう，世の中のある特徴に関して報告するための情報体系を構築することができる．例えば，統合犯罪レポートが生まれたことによって，大衆の注目は他の犯罪と比較して路上犯罪に集まるようになった[73]．また，米国にどれだけ飢餓状態の人々がいるかについての定期的な調査は必然的に，農業政策・福祉政策に対する強力な主張を生み出すこととなった[74]．

　提唱者はさらに，ある公共政策がどれだけ効果的であるかについての社会の認識を変えることのできるような基礎的研究調査や，プログラム評価に対して資金援助

を行うこともできる．再教育プログラムの成功についての研究の積み重ねは，収監の目的に関する市民の認識を徐々に変化させて行った．⁽⁷⁵⁾また，就学前教育に関する研究の積み重ねは，ヘッドスタートプログラムについての大衆の見方を，支持者にとって有利な方向に変化させた⁽⁷⁶⁾．

　最後に，長期的には，提唱者は個人的な関係と信頼関係を築くことによって，政策論議に，より専門性と，高い能力を持って参加し，別の分野での対価を通じて持続的な取引を成立させ，その問題について大きな個人的信用力を与えることができる．このようなアプローチは公的セクターのみならず，民間セクターでもうまくいくと考えられる．実際ジョン・コッターによると，民間セクターのマネージャーが仕事にもたらす最大の資産は彼らが持つコンタクト，知識，そして個人的信用力の蓄積である⁽⁷⁷⁾．この資産，抽象的な知識や技能を超えるもの，は，業績という点で最も大きな差異もたらすと考えられるのである．

批　　　判

　起業的アドボカシーの概念は一見，政治マネジメントを考える上で自然かつ適当のように見えるが，この概念と，提案された戦術について詳細に検討してみると，重要な倫理上の懸念が生じる．十分な先見性と決意を持って進めば，積極的な提唱者は実際，政府の意思決定を彼らの目的に合うように操作することができる．しかし，それは最終的には，民主社会にとって誤っているように考えられるのである．単純思考は誤りと思える．恣意的な操作も同じである．最小限求められる同盟を構築するために，意思決定過程を短縮しようとすることも同じである．意思決定の長期的な持続可能性についての無関心もまた誤りである．問題の本質に関する正確な分析や，取りうる選択肢についての分析についての無関心も同様である．これらは全て悪質なものである．

　このように，起業的アドボカシーの技法はどのようにして政治環境を分析するかについて良いアドバイスを提供する一方で，提案される戦術は，民主的政治の中で意思決定をしようとする際に求められる精神を欠いているのである．それは，個々の行政官が他人の懸念に関わらず自分自身の見方を追求することを促すのである．実際，それは他の視点による潜在的な影響や，彼ら自身が学ぶ機会を打ち消すようなやり方でそうするのである⁽⁷⁸⁾．

政策立案マネジメント

　このような批判から，政治マネジメントの代替的なアプローチを検討することが

必要となる．それが，政策立案マネジメントである．このアプローチを起業的アド
ボカシーから区別するのは，次の一つの決定的な特徴である．提唱者としてのマネー
ジャーはある結論を思い描いていて，ある特定の政策が採用されることを目標にし
ている．これに対して，「政策マネージャー」として行動する行政官は根本的に，
質の高い意思決定を生み出すことにコミットしている．それはある具体的な意思決
定ではない．彼らは高い正統性，権力，そして正確性を備えたあらゆる意思決定に
貢献するような意思決定プロセスを管理することを目標とするのである．

　政策マネジメントの技法は幾分異なる2つの文脈の中で用いられる．その一つは，
ある単一の重要な政策決定を適切に行おうとしているマネージャーが，自分の組織
の外部の人々を関与させようとすることである．彼らは重要な課題について，同僚
や上司を含む直接自分たちのために働かない人々を巻き込んで，政府横断的な政策
論議を主導する役割を引き受けるのである．例えばセンサーは彼が直面する課題を，
豚インフルエンザの脅威に対してどうすれば国として最適な対応が可能かについ
て，幅広い議論を経て，慎重に検討された，強力な実質的判断を生み出すため，政
府全体（議会，外部専門家や市民を含む）にわたって効果的な政策論議を起こすことを
考えることができた．

　もう一つの文脈として，政策マネジメントは現在の意思決定プロセスを，マネー
ジャーの責任と権限の範囲内において取りうるあらゆる選択肢に効果的に対応する
ことができるように設計・開発そして運営することに注目する．例えば，フォード
大統領の国内政策委員会は，単に豚インフルエンザのみならず，大統領がこなさな
ければならない何百もの重要な意思決定を秩序立って行うことができるような構造
を代表している．

　これらの政策マネジメントに関する文脈はそれぞれ異なるものの，その精神と，
多くの技法には共通点がある．どちらにおいても，その目的は特定の意思決定では
なく，良質な意思決定を生み出すプロセスを維持することを目的としている．した
がって，その土台となるのは，「よくできた」決定を生み出すのに必要な段階である．
私はまず，マネージャーがその権限の範囲外の人々と協力して，良質な意思決定を
生み出した事例について検討し，次に，多くの参加者が概ねマネージャーの権限の
範囲内にある場合において，マネージャーの責任範囲全般にわたって良質な意思決
定を生み出す組織の設計について議論することとする．

分析1：良質な意思決定の要素

　政策マネジメントは良質な意思決定を生み出すことに注目することから，分析の

第5章　政治マネジメントの技術　　163

　第一のステップは良質な意思決定を生む要素を特定することから始まる．一般的にいって，良質な意思決定は，**手続面と実質面**それぞれにおいて，十分な長所を持っているものと言える．ある意思決定は，幅広い協議プロセスを経ることによって手続上の利点を獲得する．それは，全ての利害関係者が意見を述べる機会を与えられ，そして意思決定プロセスに関連する全ての法律上の手続規則が遵守されるプロセスでなければならない．また，ある意思決定が実質面での正統性を獲得するためには，その意思決定過程の中でできる限り多くの関連しうる事柄が，意思決定において問題となっている重要な価値を正確に反映するような分析枠組みの下で整理され，それとともに，意思決定権者が取りうる主要な代替策，そしてそれらの代替策がもたらす結果（意思決定権者にとっての重要性という観点で認識される）が全て考慮される必要がある．

戦術1：幅広い協議プロセス

　これらの目的の下で，ある選択に手続上・実質上の正統性を与えるために，マネージャーは様々なポジションにある行政官，場合によっては一般市民を関与させるための幅広い協議プロセスを構築しなければならない．それは，協議プロセスによって，協議に加わった様々な行政官や人々が代表する多様な種類の正統性が，意思決定プロセスの中に引き込まれるからである．

　例えば，ある選択に**政治的**正統性を付与するためには，選挙に立候補したことによって得られるある特定の資質を備えた行政官を協議に参加させなければならない．具体的には，行政のトップや，選挙で選ばれた議員，そして，（それに次ぐものとして）政治的任命者である．かくして，マホーニーに対する当初の知事の支持は，パークプラザ事業計画を却下するという彼の決定が技術面のみならず政治的にも支持されるという保証を与え，そしてこの保証によって，彼は抵抗を続けるための絶大な自信を得ることができたのである．しかし後に知事の支持が失われていったために彼は，政治的に人気のある選択肢に対して，（変更されうる）法律と，（強い根拠を持たない）専門家の意見の支えのみによって抵抗しなければならないという状況に陥ってしまった．同じように，センサーも豚インフルエンザに関する意思決定は，単にCDCの専門家だけでなく，大統領によって承認されれば，その正統性が計り知れないほど大きなものになるということを理解していた．

　マネージャーはまた，一般市民をある種のヒアリング手続に参加させることによって，ある意思決定の政治的正統性を高めることができる．マホーニーはもし事業提案に対する公聴会を開催し，住民グループを参加させていたならば，パークプ

164 第Ⅱ部 支持と正統性の構築

ラザ事業計画に対処する上での自分の交渉力を強化することができたかもしれない.

　同様に，ある意思決定過程に法的な基盤を与えるために，法律顧問，司法省，または裁判所そのものとの協議を経ることもできる.マホーニーは知事の法律顧問や，州の法律顧問と協議し，パークプラザ事業計画についての法律的意見を求めることも可能であっただろう.

　マネージャーは意思決定プロセスに実質面での正統性をもたらすために，専門性を持つと考えられる人々に協議することができる.これには，キャリア行政官，外部専門家，学識経験者，科学者や政策アナリストが含まれる.(85)実際，まさにこのような正統性こそが，実質的な知識や専門性を持つマホーニーやセンサーによって意思決定プロセスにもたらされたのである.これが彼らにとっての出発点となった.彼らは政治マネージャーとして，自分たちが行おうとしている意思決定に，新しい種類の正統性を与えようとしたのである.

戦術２：意思決定の判断を下す

　しかし，幅広い協議には代償も払われなければならない.幅広い協議はしばしば満足のいく解決ではなく，対立，意見の不一致，遅延，そして妥協を生み出す.実際このような協議過程はしばしば袋小路に陥るか，終わりのない状況に陥る.(86)重要なこととして，幅広い協議プロセスを結論に導くためには２つの方法しか存在しない.それは，より高いレベルの権力者が行われている議論を決着させるか，期限を切ることしかなく，(87)しばしばこれらの両方が，意思決定を強制するために必要となる.

　この必然的な結果として，もしこれらのうち一つでもかけていたならば，政府は金縛りにあってしまう可能性があるということである.もし既存の組織の中で幅広く権限が分散してしまっていて，効果的な協力体制が作れないとすると，もしくは，既存の意思決定プロセスが信頼されておらず，代替となるプロセスが確立していなければ，もしくはある課題について解決を迫るような危機的状況がなければ，結論に導くような政策過程を構築することは誰にとっても難しいかもしれない.このような状況は市民が望む以上にはるかに頻繁に起こっているのである.(88)

戦術３：委員会の活用

　マネージャーはしばしば，特別な委員会を立ち上げることで，難しい状況を乗り越えようとしてきた.ナンシー・アルトマン・ルプーが報告したように，レーガン大統領はこの手法を，社会保障システムに対する財政支出や，MXミサイルの配備

といった難しい問題に対処するために用いた⁽⁸⁹⁾．どちらの事例においても，彼は委員会に対して，十分に危機感が高まった時点で，委員会に問題を付託した．委員会は通常，政策論議に長けた幹部行政官をメンバーに加えており，その権威によって，政府に対して十分な権威を持って問題を解決することができたのである．実際，委員会はそれまで対立していた行政官との間のコミュニケーション，教育，交渉のための裏のルートとなったのである．またもう一つの事例として，レーガン大統領が委員会をより馴染み深い，シニカルな方法で用いたことが知られている．つまり，難しい政策課題について，意思決定に対する政治的圧力が和らぐまでの間審議を続けさせたのである⁽⁹⁰⁾．

戦術4：政策分析を意味あるものとすること

これと比べると，何が**実質面**で良い意思決定の要素となるかはあまり明確ではない．原則として，基準そのものはよく知られている．分析により，問題の明確な定義，問題の大きさと特徴についての事実に基づく情報，選択肢がもたらす結果についての正確な理由づけが与えられなければならない⁽⁹¹⁾．しかし，当然のことながら，実際の意思決定プロセスにおいてこれらの期待を満たすことはかなり難しいということが明らかになっている⁽⁹²⁾．

政策アナリストはしばしば，政策立案者が特定の意思決定に当たって直面する実質的な懸念について意見を述べられないことがある．政策アナリストが予測し，また予測しうる効果は必ずしも，政策立案者が最も関心を持っていること同じではないのである⁽⁹³⁾．結果的に，多くの政策分析は意味がないものとして捉えられてしまう．同様に，政策分析はしばしば現実の政府が採用し，実施することが難しいか，時に不可能な選択肢に集中してしまう⁽⁹⁴⁾．このような特徴は政策を実行に移す政治家や行政官の想像力の幅を広げるという意味はあるかもしれないが，政策分析は意味がないという印象を強めてしまうのである．

したがって，例えば，マホーニーによるパークプラザ事業計画は土地収用権を発動するだけの公的価値を有しないという実質面の評価は，政治家の目から見ると疑わしく見られ，それは単に彼らが公的価値の創造よりも票を稼ぐことしか考えていないからではないのである．むしろ，政治家は他の多くの人々，とりわけ事業によって最も影響を受ける人々が，事業は危険というよりも価値があると考えているように見えると考えずにはいられないのである．さらに，政治家はすぐに，この事業は半分完了しただけでも，ボストン市にとって，税収の基盤となり，将来の発展の基盤となるという意味で，市にとって長期的な価値があるということを認識したので

ある．どういうわけかマホーニーはこれらの価値を認識していなかったようである．マホーニーはこの事業が違法であるということを示すことができたなら，立場を強くできたであろう．一方彼は，この事業が実質的価値を持たないという主張をすれば，その立場ははるかに弱いものとなっていただろう．なぜなら，これは彼が，ボストン市が何に価値を置くかについての判断と，ボストン市が取るべきリスクについての判断を自分の判断で置き換えているからである．彼がこの主張を支えるために用いた手法は，ボストン市自身による熟考のプロセスに対抗するには十分な力を持っていなかったのである．

戦術5：不確実性への対処

実質面での正統性を得るためのより本質的な困難は，意思決定に当たって考慮しなければならない課題と，関連する結果を正確に予測するために必要な情報のうち，入手可能なものの間には常に大きな溝があるところにある．一般的にいって，ある決定を支える科学的根拠は常に不完全である．そしてこのため，意思決定者は常に大きな不確実性に直面する．それはほぼギャンブルといっても良いくらいである．経済的主体の行動を予測するための経済学の発展にもかかわらず，マホーニーはデベロッパーがコンバットゾーンの開発に着手するかを確実に知ることはできなかった．そして，現代の疫学の発展を持ってしても，センサーは実際に豚インフルエンザの流行が発生するかどうかを確実に知ることはできなかった．まさに，彼はその確率を正確に測ることもできなかったのである[95]．

この不確実性は，マネージャーと社会科学者との間の関係に問題を引き起こす[96]．マネージャーは公的な資源を使って賭けに出ようとはしない．このため彼らはまず政策アナリストを雇い，ある程度の正確性を持って，様々な選択肢の結果について助言を得ようとするのである．加えて，それが社会科学者がやろうとしていることでもある．実際，彼らの見方からすると，政策立案者は，科学が生み出す確立した知識に基づくのでない限り，意思決定を行ってはならないのである．そうするとまずは両者とも，政策立案は社会科学によって助言を得なければならないという点では合意できる．

しかし，通常社会科学者は不確実性を完全に消すことはできない．科学者が政策判断の結果をあらゆる正確性を持って予測することができるような，十分な経験が蓄積されたことはこれまで一度もないように思える．その結果マネージャーは科学者に裏切られたと感じるのである．マネージャーは不確実性の中で決断を迫られるような状況にある時特に強くそう感じ，またその時科学者はマネージャーを，不完

全な情報に基づいて無責任に行動したといって非難するのである.

　もちろん，このような不確実性に，知的に，責任を持って対処するための方法も
ある[97]. それは，政策アナリストに対して，様々な選択の結果の起こる可能性を予測
させ，様々な選択肢を，発生確率に応じて評価するというものである. それは豚イ
ンフルエンザの脅威に対するセンサーの業績を把握するために用いられた手法であ
る.

　しかし，この手法は複雑かつ馴染みのないものである. 市民は，さらには政策立
案者や社会科学者も，良い意思決定が悪い結末に至るという考えを受け入れること
はできないように思える. 同時に彼らは不確実性の中での最良の意思決定が，結果
的に起こるとわかっている問題に対応するように行われた意思決定と同じレベルを
達成できるという考えも受け入れることはできないのである.（マネージャー，社会科
学者，市民の）誰も，まずは不確実性を消し去ろうという欲求を諦めることはできな
いのである. 彼らはある特定のシナリオには対応できない行動に向けて進まなけれ
ばならなくなることに，苛立ちを持ち続けるのである. また彼らは，何が起こるか
わからないこと，また，不確実性が解消された時にそれまで十分練ってきた選択肢
がバカらしく見えてしまうことを嫌うのである. 結果的に悪い結末を生むものの，
質の高い意思決定を行う方法を政治の世界で受け入れられるようにすることは，政
策マネジメントの過程を設計する者にとって，残された課題である[98].

分析２：政策マネジメントシステム

　ここまで私はマネージャーの組織の境界の外で行われたある政策判断に対処する
ための過程の設計について検討してきた. そのような状況は公的セクターにおいて
よく発生する. マホーニーもセンサーもこれまで議論してきた事例においてそのよ
うな問題に直面してきたのである.

　しかし，公的セクターのマネージャーはまた異なる文脈においても政策判断を求
められることがある. 幅広い権限を持った組織の現に行われている業務について判
断権限を持つ行政官として，彼らは多くの課題について意思決定を求められる. 例
えばマホーニーはボストンのみならず，スプリングフィールドやウスターからも提
案を受ける. 彼は地区計画委員会の指名や，自分のスタッフと外部のコンサルタン
トとの間でどのように資源を配分するべきかなどの問題を検討しなければならな
い. また彼は DCA の業務の中で彼の公的住宅を促進するという関心をどうやって
進めることができるかを考えなければならない.

　これらの組織内の判断事項に対処するため，マネージャーは意思決定のための内

168　第Ⅱ部　支持と正統性の構築

部システムを構築しなければならない．マネージャーが部下に対してどの判断について再検討したいか，また，どの判断について安心して任せられるかを指示するとき，また，部下のマネージャーたちがどのような問題に直面しているかを知るためにスタッフミーティングを開催するとき，また，補佐官や計画立案責任者に指示して，組織が直面する可能性のある課題を特定し，また，組織が得られる情報の質を改善しようとするときに，彼らはそれを非公式な形で行っているのである．しかし，多くのマネージャーはこのような非公式のアプローチにとどまらず，組織的な意思決定のための体系的アプローチを作ろうとするのである．そのようなシステムはしばしば戦略計画（策定）システム，意思決定支援システム，また，政策マネジメントシステムと呼ばれる．[99][100]

戦術１：予算プロセスの利用

　多くの公的組織において，マネージャーたちは予算プロセスを，資源配分の問題への対処のみならず，あらゆる重要な問題に組織が体系的に対応し，解決することのできるような枠組を提供するための第一のツールとして活用している．このアプローチは政策プログラムの計画と予算付け，ゼロベース予算策定，そして目標に基づくマネジメントが連邦政府の機関における主要なマネジメントシステムとして位置付けられた時にその頂点に達した．[101][102]

　しかし，次第にこれらのシステムはパブリックマネージャーが直面する多様な政策決定に対処できないことが明らかになってきた．予算プロセスが持つ決まったカレンダーは，予期せず発生した課題を取り上げることを難しくしていた．これらのシステムはその組織の業務の全ての側面を体系的に評価することを求めていたため，マネージャーは組織が将来より効果的に動くために重要な投資が行われる必要のある限られた分野への注意を向けることが難しくなった．さらに，資金を必要としないものの，戦略的に重要な課題が多く存在した．例えば，EPA（環境保護庁）や連邦高速道路安全庁は規制に関する決定を評価するための特別なシステムを必要としていたが，それは資金を使うのではなく，政府の権限を使っていた．公的セクターのマネージャーは財政計画・管理・監督上の体系的な要求からある程度離れた戦略計画（策定）システムを必要としていたのである．[103][104][105]

戦術２：集権的な計画，アドホック，複層的アドボカシー

　ロジャー・ポーターは政策マネジメントシステムについて３つの手法に分類している．その一つは彼が「集権的マネジメント」と呼ぶものである．このシステムで[106][107]

は，筆頭の政治レベルの幹部が単にシステムにおけるクライアントであるだけではなく，主要な意思決定権者として見なされるのである[108]．彼は問題を掘り当てる多くのスタッフによって支えられ，下部機関に対して関連する情報を収集するよう指示し，その業務の質を監督し，組織のトップに対してどのような判断がなされるべきか意見具申を行い，そしてそれらの意思決定の実施状況を監視するのである．このシステムは政治レベルの幹部による影響力と統制を最大化するよう設計されているという点で集権的である．

二つ目のアプローチは彼が「アドホック主義」（ad hocracy）と呼ぶものである[109]．このアプローチにおいては，問題は現れるたびにその時その時対処される．最もその問題にうまく対処できるものたちによって構成される特別タスクフォースがそれぞれの重要な課題ごとに設置される．集められた情報の質の担保や実施プロセスを監視するための公式のメカニズムが存在しないこともしばしばある．

第三のアプローチは彼が「複層的アドボカシー」（multiple advocacy）と呼ぶものである[110]．このアプローチでは主要な業務は，検討されている意思決定によって責任が及ぶラインの管理職によって行われる．中央のスタッフの数は限定され，品質管理や意見具申ではなく，「誠実な仲介者」としての役割を果たし，全ての意見が聴取され，意思決定に向けた準備が整っているようにするのである[111]．

ポーターはこれらのアプローチの長所と短所を注意深く記述しているが，彼は「multiple advocacy」に肩入れしているように思える．このアプローチには，重要な決定が特定され，十分スタッフが存在し，また，政治レベルの幹部が必要な時に意思決定を行うことができ，そして意思決定は十分議論され，確実に実行されることが担保されるだけ十分な「システム」が存在するのである．同時に，このシステムが持つ開放性のために，関心を有する，または参加する機関が，集権的マネジメントによく伴う厳格で幾分侮辱的な制約の下で活動する場合と比べ，自分が持つ情報を提供するとともに，下された決定についてより意欲的に実施するようになるのである．

ポーターが明示的に言及していない問題の一つは，ある意思決定システムはあらゆる意思決定について対応できるか否かである．例えば，集権的な意思決定プロセスが，アドホックや，「複層的アドボカシー」の方法で扱うことのできる問題はあるだろうか．もしそれが可能ならば，だれがそのような決定を下すのだろうか．

このような状況に対応するための一つの方法は，政策マネジメントシステムを，良い意思決定を生みだすために設計された生産過程とみなすことである．この見方の下では，マネージャーは政策マネジメントシステムを，全ての決定がほとんど同

170　第Ⅱ部　支持と正統性の構築

じように行われる「生産ライン」のようなものとして考えるか，または個々の決定がその決定のためにカスタマイズされた独自のプロセスにより扱われる，より「ジョブショップ」に近いものとして考えられるかを問うことができるのである．

　この問題は重要である．というのもそれはどれだけの業務が個々の意思決定のための過程の設計に費やされ，そして誰がそれを行うかに影響するからである．もしマネージャーが意思決定を生産ラインとして考えるならば，そのシステムはマネージャーの任期の初めに設計され，以降ルーティーンとして用いることができる．実際，一貫性のある意思決定過程を持つことは，その過程に参加する者に対してどのように意思決定が取り扱われるかを教え，また，適切な方向性や技術を訓練する役に立つ．

　一方もしマネージャーが意思決定過程をジョブショップのように考えるなら，継続的に設計を考えなければならない．実際，マネージャーは「誠実な仲介者」に，組織が直面する全ての意思決定についての過程を設計する作業を行わせることを考えなければならないだろう．

戦術３：「システムのシステム」

　その後の研究において，リチャード・ダーマンは政策マネジメントシステムを，単にそれぞれの課題についてのみでなく，組織が直面する問題全体について，システムが行うことができなければならない抽象的な機能の群として分析した[112]．彼はこの機能群には次のものが含まれるとしている．

1．課題の特定・列挙
2．課題の重要性・緊急性の判定
3．課題の政治的分析
4．課題の実質面の分析
5．利害関係者との関係での「適正手続」(due process) 確保のための統制
6．課題同士，また全体戦略との関連付け
7．課題の追跡
8．実施状況の監視・評価

　ポーターのように，ダーマンもまた，巨大な中央のスタッフに意思決定を依存する集権性の高いシステムに反対し，より分権的な，ボトムアップのシステムを志向している．実際，ポーターのように，彼は中央のスタッフの「品質管理」の機能を「手続き管理」機能から区別するよう主張している．さらに，彼はこの手続き管理

の機能が，組織全体における，その問題に関与する者に対して「適正手続」を保障するとして，その重要性を強調している．これらのオープンなシステムを彼が好む理由は，ポーター同様，このような分権的なシステムが，その情報と実施面の関与を通じてあらゆる政策決定プロセスにおける価値のある参加者となる，部下のマネージャーの協力を促す点にある．

しかし，彼はこの法則に関して一つの例外を設けている．彼は組織が全体戦略の根本的な変更を検討しているとき，組織の主要なマネージャーに大きく依存しているシステムは，中心的な戦略課題を特定し，またそれに適切に対処することができなくなる可能性があるとしている．少なくとも短期的には，現在のマネージャーの多くは戦略の根本的な変更に反対するであろう．このため，基本的な戦略上の決定は，異なるグループによって特定，解決，そして実施されなければならないのである．(113)(114)(115)

ダーマンのもう一つの主要な指摘として，政策マネジメントシステムの主要な機能はただ単にここの意思決定が適切に行われること（幅広い参加，良い政策分析，そして実施可能性についての政治的・官僚的分析を含む）を担保するだけでなく，異なる決定の間の関係を認識し，ある決定が別の決定に与える影響について観察し，考慮に入れることができるようにすることにあるとした点がある．彼はまた，予算上のトレードオフや，効果的な運用上の調整を確保しなければならないといったよくある関連性や，また，ある決定が様々な支持基盤や彼らの他の決定に対する寛容性に与える影響や，ある決定が持つ象徴的な影響によって，全体的な戦略に対するマネジメント層のコミットメントの信頼性が増したり，減ったりするなどの比較的検討されにくい関連性を通じて，課題同士が関係付けられることも指摘している．もしサージェント知事がこのような意思決定システムを考案し，作り上げ，運用していたならば，マホーニーは容易にパークプラザ事業計画と高速道路の意思決定との関係を理解することができ，知事のより広い視点を理解して，譲歩する準備ができたかもしれない．

批　　　判

どうやってうまく政策立案プロセスを管理するかについてのこれらの考え方にも批判がある．多くの人々にとって，このような処方箋はあまりに形式的で，機械的であるように思えるのである．彼らは構造や過程のみによって，民主主義社会における政策議論に一般的に存在する深い対立を解決することができるとは信じられないのである．彼らは，政策立案過程のみによって，初めは反対していた人々をどう

172　第Ⅱ部　支持と正統性の構築

やって合意に持っていくことができるのかと問うのである．そのための理由として，彼らは過去に，そして機械的なプロセスに目を向け，そのプロセスの中でどうやって諸利害の基本的要素が形成され，合意が形成されるのかに目を向けがちである．そのような批判的立場の者は，政策の選択を関係者たちの間で合意に至った結果として，また，政策過程をある特定の合意が生まれるための環境を作ることと理解する．そうすると，このような研究者にとって，政治マネジメントの基本的な枠組みは複数関係者による交渉となるのである．

交　　渉

　あるマネージャーが何かを求めていて，それを得るためには他人の助けを必要とするとき，交渉は価値のあるものとなる[118]．これは多くの点で，政治マネジメント上の根本的な問題である．パブリックマネージャーは政策が採用されることを望む．しかし，権力が分散されているシステムを前提にすると，彼らは他者についてくるよう説得できなければその目標を達成することができない．そうすると，初めから，交渉分析は政治マネージャーに対して多くのことを提供することができるように思える．

　このような潜在的な重要性にもかかわらず，交渉分析は政治マネージャーに対する便利なガイドとしての役割を長い間無視され続けてきた．それには3つの理由がある．まず，交渉について研究してきた者の多くは明示的または黙示的に，個人は自分の私的な物質的利益のためだけに交渉を用いてきたと考えてきたことがある[119]．彼らは交渉の枠組みを家や自動車の値段交渉になぞらえてきたのである．

　私的利益はもちろん政治と不可分である．実際，私的利益は政治の世界で起こる多くのことを支えている[120]．しかし，政治の世界で活動する多くのプレーヤーたちは，公的価値の追求，少なくとも彼らが持つ公的価値についての考え方のような，より利他的な目的に動機づけられていると主張し，また実際にそうなのである．単に公正な意思決定プロセスのみに関心がある者もいる[121]．加えて，多くの政治マネージャーは人々の関心を短期的な自己の利益から，公共の利益や公正な手続きへ振り向けることができると信じたいのである[122]．彼らは，そのような主張を通じてこれまでに政治上の合意を生み出すことに成功してきたとまで考えているのである[123]．しかし，伝統的な交渉枠組みはこのような希望を残す余地をあまり残していないように思える．このような関心が無視されている限り，政治マネージャーは交渉枠組みにほとんど興味を示さない．それは彼らの問題に焦点を当てておらず，また，彼らの戦術を認識していないように考えられてしまうのである．

第5章　政治マネジメントの技術　173

　次に，交渉の研究者たちは具体的な交渉戦術を提案することよりも，交渉の結果を予測し，評価することにはるかに高い関心を持っていたことがある．もちろん彼らも「交渉ゲーム」がどのような結末を迎えるかを予測するにあたって，交渉戦術についての仮定を置く必要はあった．しかし彼らが考える交渉戦術は，実際に交渉に臨むものが直面する具体的な環境をより抽象化したものであった．多くの政治マネージャーは戦術についての助言を必要としていたので，伝統的なゲーム理論と，交渉の結果に関心が集中している状況は的外れのように思えたのである[(124)]．

　第三に，当初の研究者たちは，二つの当事者が一つの課題について交渉しており双方の当事者の利害関係は容易に特定できるという，比較的単純な状況を念頭に置いていたことがある[(125)]．これは多くの政治マネージャーが直面する複雑な状況からは遠く離れているように思える．実際の状況においては，複数の主体が，複雑な利害関係を持って，複数の問題に直面し，それぞれの選択の結果を評価することは困難なのである．

　しかし近年，交渉の研究者たちははるかに現実的な状況に注意を向けるようになり，また，交渉者に対して助言を提供することに焦点を当てるようになった[(126)]．これによって，政治マネージャーに関与し，彼らを助けるための研究者たちの能力は大きく向上したのである．その主要な進展は次の3点にあった．

　まず，新しい枠組みは人々が多様な利害や目標を持っていると認識することを単に認めるだけでなく，積極的に促している[(127)]．この変化は交渉分析を政治マネジメントに適用できるようにするために決定的なものである．というのも政治の世界において交渉されるのは個人の物質的な利益ではなく，公共の利益，適正な意思決定手続き，そして個人の評判や名声であるからである[(128)]．このため例えば，この新しい交渉枠組みにより，何か本当の公的価値が生まれる状況のために土地収用権を維持しようとするマホーニーの関心と，そしてDCAを地元の再開発に対抗できる力とするための彼の関心を認識することができるだろう．またこの枠組みは，国民を守り，それによって予防的公衆衛生という目的を推進しようとするセンサーの利益も認識するだろう．

　次に，この新世代の交渉研究者たちは，交渉の結果を左右する最も重要な動きのいくつかは「テーブルの外で」起きることを強調している[(129)]．交渉の**枠組み作り**（交渉のコンテクスト，交渉される課題，そして交渉参加者を決定すること）は，「テーブルで」起こることと比べて，交渉結果を決定するにあたってしばしばはるかに重要となる．伝統的な分析においてはゲームの基本的な枠組みは決まっており，政治マネージャーが用いることのできる多くの重要な戦術から切り離されてしまっていた．こ

れとは対照的に，現代の交渉研究者たちはテーブルの外での動きを見ている．それ
は，交渉におけるマネージャーの代替策の構築や，交渉参加者や議題の追加であり，
それは交渉担当官たちを有利にするための道具として用いることができるのであ
る(131).

　新世代の交渉研究者たちは，マサチューセッツ州議会に対してホームルールを修
正させ，マホーニーの権限と，結果的に交渉力を消し去ろうとするボストンのデベ
ロッパーの動きを認識し，容認するだろう．彼らはさらに，豚インフルエンザの脅
威を公にし，それを1918年の大流行になぞらえ，連邦議会が独自に動き，フォード
大統領が問題に正面から取り組まざるを得なくさせようとするセンサーの努力を評
価しただろう．このようなテーブルの外での動きは交渉官が取ることにできる戦術
の幅を大きく広げ，交渉研究者たちによる助言を，政治マネージャーにとってはるか
に有益なものとするのである．

　第三に，交渉分析に関する現代的な見方は，どのようにして交渉が妥結に至るか
について新しい知見をもたらす．交渉担当者が持ちうる関心の対象を拡大すること
から，多くのことが生まれる．もし交渉担当者が公的価値，意思決定プロセス，そ
して評判について関心を有するならば，これらの利害は何もできないと思われてい
た合意を生み出すための素材となりうる．さらに，研究者たちは交渉担当者たちの
世界観の違いが，もし彼らが同じ視点を持っていたならば不可能であったであろう
交渉を成立させることに役立ちうることを認識している(132)．ジャック・スプラットと
その妻は例えば，その違いを乗り越え，極めて満足のいく形で食べ物を分けあうこ
とができたのである．

　このように，新世代の交渉研究者たちは，政治マネジメントという課題に取り組
むための，新しい，便利な手法を提供したのである．このアプローチの感触を知る
ために，彼らがどのように交渉の状況を分析することを提案しているか，また，ど
のような戦術を政治マネージャーに提案しているかを見てみよう．

分析１：課題

　交渉担当者は事業の提唱者がその計算を始めるのと同じようにその分析を開始す
る．それは，交渉の基礎となる課題と利害関係の特定とともに始まる．定義から，
そのような課題は２以上の代理人が，交渉を妥結することで，そうでない場合と比
べて自らの立場を向上させることができるようなものである(133)．

　ボストン再開発公社（BRA）がマホーニーに再開発事業計画を承認させるために
マイルス・マホーニーとBRAとの間に作り出した課題について見てみよう．マホー

ニーは当初計画を承認することに後ろ向きだったが，彼はコンバットゾーンを開発するというコミットメントを含む計画の承認に反対するつもりはなかったと思われた．それはデベロッパーの観点からは不可能ではなかっただろう．

　そうすると，お互いが合意に至ることによって何らかの価値が生まれうる場合，交渉のための課題は存在するのである．もしそうでなければ，もし当事者の間に相互依存関係が全くなかったならば，もしくはそれぞれの当事者が独立している方が良いのであれば，交渉のための基盤は全くないのである．

分析２：利害関係

　次に，分析の対象は当事者たちがある課題について有する**利害関係**の特定に進む．BRA の利害関係を調べるにあたってマホーニーは，BRA が開発を奨励することで市の税収源を増やすことを志向すること，可能な限り開発を進めることについて，官僚機構上の，また組織上の利益を有すること，再開発計画はボストン市を助けるものであること，コンバットゾーンについてのわずかなコミットメントであっても，何もないよりはましであること，そして，何れにしても再開発事業は BRA に関係しているどんなプロジェクトよりも安いものであることを予測することができただろう．

　自分自身の利益について見るにあたってマホーニーは，自分は DCA が地域の再開発事業に影響力を及ぼす前例を作ること，そして，彼が持つあらゆる影響力を駆使して，コンバットゾーンを開発するというデベロッパーのコミットメントを増やすことに関心があると結論づけることができただろう．マホーニーはまた，サージェント政権における自分の能力と統率力についての評判を高めたかったかもしれない．これらの利益の観点からでしか，パークプラザに関する紛争のあらゆる解決策の価値を評価することはできないのである．そして，これらの観点からでしか，解決策はどちらかの当事者にとって幾ばくかでも良いものとなるよう修正することはできないのである．

分析３：交渉に基づく合意に対する最善の代替策

　第三段階では，交渉担当者はそれぞれの当事者の，「交渉により得られる合意に対する最善の代替策」(best alternatibe to a negotiated agreement, BANTA) の評価を行う．BANTA は当事者が交渉による合意に参加しようと思うために必要な，交渉から各当事者が最低限得られなければならないものの基礎となる．もし交渉結果の合意が交渉なしに得られるものすら交渉当事者に提供しないのであれば，彼らは交渉

テーブルから離れてしまうだろう.

このように, 交渉開始時マホーニーは BRA と交渉した際に得られる結果との比較における彼にとっての最善の選択はパークプラザ事業を拒絶することと考えていたことから, 彼にとってあまり交渉に参加する理由はなかった. 彼は自分の専門分野である法律と, 知事の政治的支持, そして彼の道徳的ビジョンに基づいて, プロジェクトを止めることの価値を主張できると考えていた. 同様に, デベロッパーも, 知事と労働組合の政治的支持によってマホーニーを十分転覆させることができると考えていたため, マホーニーと交渉する理由はほとんどなかった. 後の交渉において, デベロッパーが知事の支持を確保することに成功するに至ると, デベロッパーは交渉に参加する理由がさらになくなった. というのも, 彼らは交渉することなく自分たちが欲しいものを手に入れることができると, より確信を持ったからである. 知事か議会がマホーニーに対して譲歩を求めるだろうと考えたのである.

戦術1:「ハード」又は「ソフト」な交渉

交渉されるべき課題があり, 交渉当事者に, 合意を得ることによって得られる利益が存在する場合, 政治マネージャーは交渉戦術を考える必要がある. ここにおいて, 大きな分裂に直面するのである.[136] 一方には, 自分の利益を隠し, 一方の当事者にとって最大の利益をもたらしつつ, もう一方を合意に残らせるためだけの利益を残し, 相手の BANTA を弱めるためにあらゆる手段を用いるような交渉ポジションについて不退転のコミットをするような強行的な交渉を推奨するものがいる.[137] もう一方には, 率直に自分の利益を示し, 課題解決のための複数の手法を提案し, 秩序ある解決の基礎となるような正義や公平性について共通の考え方を交渉を通じて見つけようとするなどのよりソフトでオープンな戦術を推奨するものがいる.[138] この交渉戦術についての違いは極めて大きく, これらのどちらか一方を選ばなければならず, 双方のアプローチを提案することはできないように思えてしまう.

しかし, デビッド・ラックスとジェームズ・セベニウスは, これらの処方箋は根本的な二律背反から生じると主張している.[139] 彼らはあらゆる交渉は常に, そして必然的に共同作業を通じた価値の**創造**と, 両当事者による価値の**要求**であると認識する. なぜなら, あらゆる提案とあらゆる合意は価値を生み出すための条件を設定するだけでなく, 共同作業により生み出される価値を分配することとなるからである. 交渉が持つ価値要求の側面に注目すると, 当事者が少なくとも自分の公平な分け前か, 又はそれ以上を得られるよう, はるかに攻撃的な戦術を考えるのは当然である. ラックスとセベニウスはこのジレンマについて解決策を見出していない. 交渉当事

者が唯一できることは，他の当事者がとる戦術や態度に反応する際に，問題の両方の側面を念頭におくことだけである[(140)]．

パークプラザ事業の未来に関する交渉は，強硬な，価値を主張する形で進められたことを想起して欲しい．マホーニーは，交渉当初に知事に相談し，パークプラザ再開発計画を拒否することについて知事の支持を得ることで，彼はボストン市に対する交渉ポジションを大きく強化することができた．マホーニーは，このポジションによってボストン市が彼にとって受け入れがたいどんな条件も提示することができないようになったと考えた．そして彼はコンバットゾーンの開発についての強いコミットメントを含まない提案についてどんな進展も望まなかったことから，彼は妥協を拒否したのである．

デベロッパーの側では，ボストン市と同盟関係を結び，直ちにマホーニーのポジションを崩すために必要な政治活動を開始した．彼らは議会にロビー活動を仕掛け，ホームルーム修正を通過させた．彼らは法案が最終的に承認されるだろうと（正しく）考えたことから，彼らにとっても妥協する理由はほとんどなかった．結果的に，知事が進めた協議はほとんど進展を見せなかった．まさにこれらの戦術は，新しい研究の中心となった，交渉に関する他の二つの主要な考え方を示しているのである．

戦術２：論点や当事者の追加

まず，新しい論点や当事者を追加してゲームを変化させることによって，政治マネージャーは創造される価値を大きくしたり，それについてより多くの要求をしたり，または，より容易に合意に到達することができるようになる[(141)]．この考えは，決定の枠組みを変化させたり，論争の範囲を広げるような弁護の技術に似ている．パークプラザ事業計画が法律上の要件を満たしているかという技術的なものから，ホームルールに関する議論に論点を変え，議論を議会に持ち込むことによって，ボストン市はその代表者が望む政策決定が得られるよう，劇的にその交渉力を高めたのである．

戦術３：交渉に対する代替策への影響力行使

次に，政治マネージャーは自分のBANTAを改善し，交渉相手のそれを弱めることができれば，潜在的な価値をより多く要求することができる立場に立つことができる[(142)]．マホーニーは知事の支持を背景にパークプラザ事業計画の提案を予期しない形で拒否することで，より良い事業計画のための交渉の初期段階において戦術的に有利な立場に立つことができた．この段階では彼のBANTAは単に計画を拒否

178　第Ⅱ部　支持と正統性の構築

し，自分が考慮に入れなければならない有力者であるという前例を打ち立てること
にあった．

　しかし間もなく，ボストン市の代表がマホーニーの決定は恣意的であり，事業に
よって最も大きく影響を受ける有権者の利益に反するとしてマホーニー以外のほぼ
全ての関係者を説得するに至った時，彼は重大な敗北を喫したのである．この段階
において，デベロッパーの BANTA はマホーニーが計画を承認するか，クビにな
るのを待つことであって，マホーニーはこのポジションから逃れようがないように
思えたのである．

批　　　判

　このような交渉枠組みは多くの有用な見識を与え，便利な手引きとなるものであ
るが，同時に批判も免れ得ない．批判者は一般的に，この交渉枠組みの考え方は，
弁護士のアプローチのように，集団での意思決定に達する過程について，あまりに
も個人的かつシニカルな見方をとっていると批判する．このような批判は，公共の
利益への奉仕や，公平かつ意味のある意思決定プロセスに効果的に参加するという
ような理想的な目的を，交渉の中で交渉担当者が追求することができると認めるこ
とで，ある程度は反論できる．

　しかし，引き続き残る論点として，この分析が個人に基盤を置いているというこ
とがある．この枠組みはあたかも個々人が自分だけで，自分の又は社会の利益が何
であるかを，他者が何を考えるかを考慮せずに決めてしまうかのようなのである．
このような見方は個々人を分析単位として評価し，そして実際に個々人の投票を数
える時には適切かもしれない．このような見方が見落としているのは，集団的な意
思決定を行おうとする人々の間での社会的衝突が，個々人が持つ何が重要で何をな
すことに意味があるかについての見方を実際に形成する可能性があるということで
ある．これらの衝突は個人的利益だけでなく社会的利益に焦点を当てるだけでなく，
また，最終的な選択においてその重要性を高めるだけではない．これらの衝突は人々
が自分自身と社会にとって重要と考えるものを変えてしまう可能性があるのであ
る．[143] つまり，批判的論者は，人々は自分の利益を追求する政策決定のクライアント
ではなく，公的価値に関する独自の考えを持つ人々，つまり**市民**として考え，行動
するようになる可能性があるというのである．[144] このような考え方を追求しようとす
る者は，政治マネジメントの指針として，「公共の討議」，「社会学習」や「リーダー
シップ」などの考え方に目を向けるようになる．

第5章　政治マネジメントの技術　179

公共の討議，社会学習及びリーダーシップ

　これまでのところ，政治マネジメントの技法は狭く焦点を当てられていた．それらは政治マネジメントの主目的を，公式の政策決定に影響を与えることとしてきた．その結果，これらの技法は比較的限られた，公式の権限を持つ立場にある人たちに焦点を当てがちであった．これらの技法はある特定のやり方で意思決定プロセスを促進する方法について助言を提供した．すなわち，パブリックマネージャーにとって望ましいポジションが採用される可能性や質の高い意思決定が行われる可能性，また，交渉を通じた決着がつく可能性を高めることである．

　これとは対照的に，政治マネジメントに関する第四のアプローチはより広い指針を追求している．それは，権限のある立場に現在いる人々をはるかに越えていくのである[145]．さらにこのアプローチは，公的価値に関する個人の考え方や関心が固定されていると考えるのではなく，それは社会的交流を通じて変化しうるものであると考えるのである．そして，このアプローチは大衆が一体となって，政府の仲介無く，問題に対して直接行動を取りうると，また，政治マネージャーはこの目的を達成するために，政府内の意思決定プロセスを組織するのと同じくらい関与できると考えるのである．

　実際この第四のアプローチでは，権力を持って政策を立案するという政府の役割を，様々な公共の問題に対する解決策というよりも，潜在的な問題であると考えるのである．この見方に基づけば，政府は，重要な社会的問題を解決するために，市民が自分たちの視点や行動を変化することを避けるための手段となってしまうのである[146]．対立する集団が自分たち自身で解決策にたどり着くのを促すのではなく，政府は紛争仲裁のために政府に依存することを促してしまうのである．又，何千もの個人が社会問題に対して行動を起こすことを促すのではなく，政府は問題解決の責任を全て負ってしまうのである．たとえ何も強力な解決策がなかったとしても[147]．

　そこでこのアプローチは，政府の権力を，公共政策についての決定を下すのでは無く，社会問題に直面する市民が共同して何をするかを決めることのできるような環境を作るために使うという代替策を提示するのである[148]．この世界では，政府のリーダーシップは，有権的に解決策を提供することから，一般市民が注意すべき課題を提示し，市民が自分自身で行動を起こすことのできる環境を作ることに変わるのである[149]．このアプローチのテーマは一つだが，これは２つの点に分けて議論することが最も便利である．一つは政策立案を改善するための市民による熟議の利用，そしてもう一つはある種のリーダーシップを通じて市民に「不都合な現実」に目を向け

180　第Ⅱ部　支持と正統性の構築

させることによって，市民が社会問題の解決に貢献することを助けることである.[150]

分析1：市民による熟議

　「市民による熟議」という概念は，市民が自らに影響する政策問題に直接立ち向かうことができ，また，立ち向かうことが求められなければならないということ，そして彼らは対立する利益もまた耳を傾けられるような場においてそれが行われるということを意味する.[151] そのような熟議の場は市民を特定の利益や公益に関する特殊な見解を持った個人やクライアントとしてではなく，公的価値とは何であるかについての自分自身の「市民としての発見」において他の市民の考えを統合することができる市民として政策課題に立ち向かうことを促す.[152]

　この考え方の下では，政府の秩序だった政策討議はしばしば効果的な政策立案を阻む. というのも，それは市民が自分たちの考える公共政策の卸売を政府が行うよう陳情することを認めることになるからである. それは結果的に個々の市民がお互いに対峙すること，そして，その経験を通じて他の対立する集団にとって問題がどのように見えるのかを学ぶことを阻んでしまう. つまり，市民は他の市民の利益や認識について学ぶ必要性を感じなくなってしまうのである.

　このようなプロセスは必然的に，政策決定を行った政府の行政官以外誰も満足させない結論に帰着してしまう. 彼らだけが対立する要求を統合し，まとめなければならないのである. また，彼らだけが対立する集団の見方を真剣に捉え，したがって，意思決定に関係する価値全てについて学ぶことができるのである.

　もし政府の行政官がこの過程からいなくなり，そして，対立する勢力がお互いに直接対峙するようになれば，おそらく双方は相手の問題意識をもう少し良く理解し，最終的な決定についてもう少し共感を持って理解することができるかもしれない. 彼らはさらに，どんな行政官が考えるよりも優れた解決策を編み出すことに成功するかもしれない.

　これは魅力的な考え方であるが，理想論じみたところがある. 結局，対立する集団同士がけんかを始め，どうしようもなくなるか，相手を打ち負かすことによって優位に立つ可能性と，論点についてクリエイティブな解決策を生み出す可能性はあまり変わらないように思えるのである. 実際，そのような結末を避けるためにこそ，まず政府に対して公共政策について決定を行う権限が与えられているのである. もし人々が政府の権力なしに合意に至ることができるのであれば，政府が存在する必要はないのである. そして，公共政策について決定する責任を負ったパブリックマネージャーにとって，自分のコントロールを手放し，予測できないプロセスに委ね

てしまうことはしばしば無責任のように感じられてしまう．マホーニーもセンサー
も，自分たちがパークプラザ事業計画を拒否し，また，豚インフルエンザに対する
国の対応を強化する決定を行う責任を引き受けないとするならば，自分の職務怠慢
だと感じたであろう．それこそが自分たちの職務なのだから．

　それでも市民による熟議を推進することにはメリットがある．政府が直面する最
も難解な問題の多くを解決するためには，問題解決を対立する関係者の手に委ねる
以外に方法がない可能性がある．興味深いことに，ウィリアム・ラッケルスハウス
は，環境保護庁長官の2期目で難解な環境紛争を取り扱うにあたって，まさにこの
ような結論に至ったのである[153]．

　大気中に危険な物質を排出していたワシントン州タコマのアサルコ精錬所を閉鎖
するか，多くの地元住民に仕事を提供するため操業を継続するかという厳しい選択
に迫られ，ラッケルスハウスは公務員として，技術的，法律的根拠に基づいて自分
だけで決定を下すことはできないと判断した．そして彼は，市民自身が問題を議論
し，合意に至ることのできるプロセスを作ったのである．

　最終的に，市民はプラントの操業継続を容認し，環境リスクを受け入れたのであ
る．コミュニティの一部住民は落胆し，アサルコの排出による健康上のリスクにつ
いて懸念を持ち続けたが，彼らはなぜ自分たちが健康上のリスクを甘受するのか，
すなわち，町の他の住民の職を守るため，ということを他のいかなる方法よりも完
全に理解したのである．

　デビッド・カープによると，これらの技法はHIVウイルスに感染した児童が学
校に登校することを許すかどうかという問題に直面したコミュニティにおける大論
争を収集するためにも有効であったことが示された[154]．

　マホーニーやセンサーが，彼らが直面した問題にうまく対処するため，このよう
な「市民による熟議」を使うことができたであろうことは，読者にも想像できるだ
ろう．パークプラザ事業計画の未来に関してBRAとの間で不毛な交渉を8か月も
続ける代わりに，マホーニーは計画について公聴会を開くことができた．もし彼が
そうしていたならば，彼はどれだけ地元が計画を支持していたか，また，計画中止
を求める市民がどれだけ少なかったかを知ることができただろう．彼はまた，市民
による懸念を高めることによって，事業の中でコンバットゾーンについてより効果
的に対処することもできたかもしれない．そのような懸念はまた，デベロッパーを
圧倒したかもしれない．当然，幅広い議論への道を開くことはしばしば予測不可能
な結末を生むことがしばしばある．しかし，このケースでは，そのような一手はマ
ホーニーの政治的情報力を向上させ，彼のとりうる手段を広げたかもしれないので

ある.

　同様に，自分の技術的な判断に基づいて，豚インフルエンザの脅威に対する全国予防接種キャンペーンへの全面的なコミットメントを政府に対して求める代わりに，センサーは疫学専門家，ワクチン製造業者，公衆衛生医師，民間医師，そして一般市民を交えた熟議プロセスを立ち上げることもできた．彼らの任務は，豚インフルエンザに対する国の取組を監視するとともに，その脅威から国を救おうとするヒーローの頭の中にははっきりと現れない警告や検討を行うこととなる．

　もし彼がこれを行っていたら，センサーははるかに早期に全ての国民が予防接種を受けることができないという事実を認識せざるを得なくなっていただろう．結果的に彼は保険をかけた対応策について，問題だけでなくその利点についてもより真剣に検討できたかもしれない．同様に，もしこの問題がオープンに議論されていたら，豚インフルエンザが拡大している証拠がないという事実はより大きく示されていたかもしれない．そうするとこれもまた，保険をかけた対応が持つ利点に目を向けさせていたかもしれない．市民や他の行政官の側からは，たとえそれが実際に起こらなかったとしても，大流行に備えることは賢明な政策であることを理解できたかもしれない．つまり，社会と政府が直面しなければならない現実から焦点がずれなかったかもしれないのである．

分析２：社会学習とリーダーシップ

　社会学習に関する考えは，市民による熟議の考え方と本質的に似たものである[155]．これらは共に政治マネージャーの注意を政府の公的な組織の外側にいて，政府が解決しようとしている問題に関心を持ち，影響を受け，そしてそれに対応することができる，幅広い人々のグループに振り向ける．また，それらは共に政府の行動により影響を受ける人々の間での議論を促すことで情報提供が行われる可能性の価値を認める．そして，それらは共に，市民が問題解決を政府に委ねる傾向を，個人の学習・適応を阻むものであり，問題であると考える．

　しかし，これらのアプローチは微妙に異なる．一つには，社会学習とリーダーシップに関する考え方は，合意形成や助言のために市民を組織することと同じ程度，市民を動員し，彼ら自身が行動を起こすことに関心を持っている．つまりそれは，全体と個別それぞれの面での解決策の実行に向けて，市民を動員し行動させることを目的としているのである[156]．

　さらに，社会学習とリーダーシップはリーダーシップを行使する個人の行動がどのように解決策を生み出し，行動を生み出すことができるかという点により注目す

る．この側面は公共政策上の問題に関する「解決策」が，多数の個人に対して，彼らが直面する困難な現実に適応するための方法を考え出すことを求める時に特に重要となる．この困難な現実には，強力な他者が生む問題からもはや離れていられないと認識することも含まれている．

実際，社会学習とリーダーシップという考えに関する最も重要な知見は，民主主義社会における公共政策形成プロセスが持つ2つの重要な側面から生じる．まず，多くの公共政策上の問題は，十分な技術力を持ち，政治的に受け入れ可能な解決策を考え出す高級行政官がいれば必ずしも解決されるというわけではない．多くの問題は，自分を適応させたり，自分なりの解決策を編み出したりするような一般市民によってしか解決できないのである．次に，この極めて不愉快な現実は，問題解決を政府の手に委ねたいと思う市民によってしばしば反対される[158]．

したがって，社会学習の視点からすると，政治マネジメントは政府が行動を取ることを避ける方法を見つけ，他の者にその責任を転嫁しなければならないのである．政府が取るこれらの行動はしばしば市民にとって大損害の経験となるので，この問題はしばしば，社会が困難な現実に直面することを促すものとなる[159]．

戦術：学習ペースの管理

社会による適応を管理するための一つの重要な技法は，学習のペースを管理することである[160]．もし政府が市民にあまりにも迅速に，かつ，ほとんど支援もせずに問題に直面することを強いるならば，市民は怒りを覚え，政府は信頼を失うだろう．彼らはそれよりも何らかの解決策を約束してくれる行政官に助けを求めるだろう．一方で，もし政府の歩みがあまりにも遅ければ，社会は適切に問題に対処する準備ができないだろう．さらに，どちらの場合においても行政官は解決しようとする課題を正しく特定できたかどうか確証が持てないのである．

マサチューセッツ州ウォバーンにおいて発生した健康上の懸念はこれらの抽象的な考え方を表現してくれる[161]．定期的な保健統計の一環として，マサチューセッツ州保健局（DPH）はボストン北部の小さな町であるウォバーンにおいて，児童の間に異常に高い肝臓ガンと肺炎の発生率が見られることを報告した．たまたま同じ時期，DPHはウォバーンに州で最も危険な有毒廃棄物処理場が立地していることを報告した．

これらの2つの報告があいまって町に警告を発した．ウォバーンの市民は当然のごとく有毒なゴミ処理場によって彼らの健康が害されていることを心配した．彼らは何らかの対処がなされるべきと考えた．これに対してDPHは町における癌の高

い発生率は実際に有意なものか，そしてそれは有毒な廃棄物処理施設と汚染水と結びつけられるかどうかを調べるため，より詳細な調査を開始した．最高の科学的根拠に基づいたその答えは，有意でないというものであった．発ガン率の上昇は通常の変化の幅の中に収まり，ガンと有害廃棄物処理施設との間にはなんの関連も見つからなかった．したがって，DPH は政府による行動は必要ないと考えた．

この結論が発表された時，町はそれを拒絶した．実際，市民による処理場を浄化し，癌患者に治療を提供するよう政府に求める声は高まったのである．政府はその結論を維持し，市民の声は次第に落ち着いたものの，懐疑心と苦渋はその後も残された．

政治課題を社会学習の観点から見るものは，この事例に多くの予測可能な問題を見出すだろう．彼らはまずウォバーンの市民が困難な現実に直面しているという観察から分析に着手する．すなわち，彼らは高い癌発生率に直面していると考えられるということである．ウォバーン市民は通常一般の市民が行うようにその問題に対応するだろう．まず，否定し，次に脅威を減らすか，状況を軽減するために誰かが何かを行うことを求めるのである．

政府による効果的な対応は市民の苦境と，安心感の喪失を認めることから始まるだろう．もし政府がそれをしなければ，政府の対応は信頼を得られない．それでも政府の対応は，その問題ははじめ思ったほどは深刻ではないということ，そして政府の対応は限定的なものとなるということをコミュニティが学ぶように設計されなければならない．コミュニティがすでに恐怖し，政府に助けを求めているような状況の下では，このような政府の立場は新たな悪い知らせのように思われるだろう．コミュニティがそこまで危機に直面していないという結論は良い知らせであるべきだが，このような文脈においては，政府が責任逃れをするための言い訳と捉えられてしまう．政府があまり対応措置を取らないという結論は常に悪い知らせである．というのも，政府がゴミ処理場を浄化し，癌治療を行ってくれるならばそれは市民にとってより価値があるのだから．

そうすると政府は，現実問題としてせいぜい，市民は特に脆弱というわけではなく，政府は彼らを助けるためにあまり何もできないということをウォバーン市民が理解する助けをするしかないのである．明らかに，科学的結論を単純に公表するのは効果的でない政治マネジメント戦略である．これは人々を，彼らが信用していないメディアから急速に学習することを強いるのである．

より良い戦略として，市民の学習ペースを管理するためのプロセスを計画することがあり得ただろう．そのプロセスは，市民の立場を理解し，癌罹患率と有毒なゴ

ミ処理場との間の考えられるつながりについてわかっている情報を提示することから始まる．信頼のおけるコミュニケーション手段が，科学的情報を提供するにあたって用いられる必要があるだろう．ウォバーン市でこの問題に特に懸念を有している他の市民が科学者の結論に納得しているという表明に加え，科学者がその見解について示すため視覚的資料も作成する必要もあるだろう．

　この学習とリーダーシップのアプローチの支持者は，ウォバーン市民が政府の情報を記者会見で配布される技術的資料を通じて理解すると単純には考えない．そうではなく，政府がその問題について知っていると思っていることを市民に説明するための，より持続的かつ洗練された過程を設計するのである．もし行政官が社会学習のペースを管理することを考えていたなら，ウォバーンにおける議論は実質的に同じ結末に終わりつつも，政府と保健局の評価はむしろ高まっていただろう．

公的セクターにおけるマーケティングと戦略的コミュニケーション

　社会学習という考え方と，ウォバーンにおける事例は，公的セクターのマネージャーが政治マネジメントという問題を見る際の最後の枠組みにつながっていく．この枠組みは「公的セクターにおけるマーケティング」や，「戦略的コミュニケーション」と称される．このコミュニケーションが戦略的と呼ばれるのは，それが恣意的なものとして設計されているからではなく，それは特定の政策や組織の戦略を理解しやすくすることや，期待される結果を生むために協働する必要のある人々の支持や協力を取り付けることで推進するよう設計されているからである．

　一見すると，マーケティングや説得が公的セクターのマネジメントにおいて果たす役割について，深い懐疑心を覚えるかもしれない．それは政府のプロパガンダが持つ力についての大きな不安を呼び起こすのである．それらの用語は，政府に対して適切な説明責任を果たさず，失敗を隠蔽し，もしくは個人の私的生活を管理するためのツールを与えるように思われる．このような見方からは，行政官に誰かを何かについて説得するような仕事をさせてはならないことになる．彼らは単に彼らがやったことと，個人が直面する問題についてわかっていることを報告し，市民とその代表者が自分自身の結論を描くに任せるべきなのである．それ以外は全て代表政府と市民の能力を尊重しないこととなり，あまりにも強力な政府を生むリスクをはらむのである．

　これらのような懸念を示す人々に共感するのはやむを得ない．しかし同時に，彼らはマーケティングの基本的な概念を誤解していることも明らかと思われる．彼らは戦略的コミュニケーションが持つ，政府が市民の熱意に積極的に対応することを

助け，複雑な目標を達成できるようにするための重要性を認識できていないのである．

分析 1：顧客に対するより高い説明責任としてのマーケティング

公的セクターに従事する者の多くは，民間セクターにおけるマーケティングとは，商品の特性について誤った主張をすることや，商品とはほとんど関係ないが顧客が嗜好するものとその商品を結びつけることで，顧客に悪い商品を買いたいと思わせることだと考えている．例えば，歯磨き粉は虫歯予防に効果があり（必ずしも真実ではない），またそれによって幸せかつ魅力的になる（多くの人が思うように，嘘であり，商品の本質と関係がない）と説得することによって販売されている．

しかし，この一般的な理解は，現代的なマーケティングの主要なポイントを無視している．それは，生産者は商品のどういった特徴が消費者の関心を捉えることができるかを探すことから始めなければならないというものである．[164] 成功する企業は，魅力的でない商品を売るために，マーケティングの技法を使う会社ではない．成功する企業は，フォーカスグループ，市場調査などのマーケティング技法を，消費者が商品のどのような特徴を望むかを発見するために用いるのである．これを通じて企業は消費者の希望に合った商品を設計することができるのである．この意味で，マーケティングは消費者の欲望という流れを汲み上げ，商品設計と生産過程において，それに力を与える手段となるのである．

この考え方を公的セクターに当てはめると，公的セクターにおけるマーケティング担当者の任務は，政府の業績のうちどの部分が，組織の生産物に対価を払う人々，すなわち，市民とその代表者，にとって関係があり，重要であると判断されるかを見つけ出すことにあると言えるだろう．第2章で見たように，そのようなグループが「消費」するものは，組織のオペレーションが持つある総合的な特徴なのである．したがって，自分の組織を選挙で選ばれた上層部に売り込むにあたって，パブリックマネージャーはまず，その組織について彼らが何を期待し，欲しているかを見つけ出し，そしてそれを生み出そうとしなければならないのである．それは説明責任を低下させるというよりもむしろ向上させるだろう．

同様に，近年政府がその活動についての満足度を測るために，その「顧客」に対して調査のために大規模な投資をする例を目にする．余暇部門，学校，警察でさえも，調査やフォーカスグループを開始し，市民が提供されるサービスについてどう思っているかを直接知ろうとしている．[165] これもまた，公的セクターのマネージャーの市民に対する説明責任を減らすというよりも増すだろう．そしてこの場合は，市

民やその代表者に向けてというよりも，顧客に対してとなる．

分析２：社会動員としてのマーケティング

公的セクターのマネージャーが，市民，上司そして顧客とのコミュニケーションがどのように行われるかという問題について深く注意するべきでないとする主張は，そのようなコミュニケーションによって，政府組織はその集団的に設立された目的を達成しやすくなるという重要性を考慮できていない．マサチューセッツ州歳入局の局長となったイラ・ジャクソンの事例は，この点について良い描写を与えてくれる．

ジャクソンは彼の公的責任は税を公平かつ効率的に徴収することにあると考えた．その任務を達成するための能力は２つの決定的な要素からなっていた．第一に，マサチューセッツ州の市民が彼の組織に対してもつ，納税責任を課す際に示される決意，能力及び公平性についての認識，そして第二に，十分に納税意思のある市民が自分の払うべき税額を見つけ，記録するにあたってのやりやすさである．これらはいずれもマーケティングの対象となるものは商品やサービスというよりも**義務**であるが，公的セクターにおけるマーケティングの課題を明らかにしている．

１つ目の目的との関係でジャクソンは，市民が税を支払おうという意欲を持ち，かつ，義務を感じるような環境を作るために，厳格でかつ公平な徴税係員というイメージを提示するための方法を見つける必要があった．２つ目の目的との関係では，彼は市民がより簡単に納税できるための方法を見つけなければならなかった．

彼は１つ目の目標を，マサチューセッツ州の市民に対して，たとえ裕福で，権力を有するものであっても支払わざるを得なくなるような，創造的で積極的な徴税員が待っていると理解させる，一連の透明性向上活動を通じて達成した．彼はテレビカメラの前で，税金の支払い滞納者が所有するヨットを差し押さえた．彼はさらにマサチューセッツ州で活動を一部行っているプロアスリートチームのメンバーから税金を回収しようともした．最も重要だったのは，彼は一定の猶予期間を広く周知し，その間に出頭し納税額を報告したものについては起訴しないと約束したことだっただろう．このような活動を通じて，歳入局は真剣に考えられなければならない組織であるという一般認識が速やかに作られていった．

２つ目の目的については，彼は様式を読みやすく，かつ記入しやすく作り直し，また，より早く郵送・返送されるようにし，そして納税者情報窓口により反応が早く，知識を持っている職員を配置した．彼はさらに早期に納税したものには３週間以内に報酬金を払うことを約束した．

これらの行動全て，その部門，上司，そして顧客の間のコミュニケーションの効果を高めると考えられる行動全ての組み合わせが，ジャクソンが社会から与えられた目標を達成することを助けた．すなわち，彼よりも前に任務についていた局長よりも少ない費用で，より公平な形で税を徴収するという目標である．戦略的コミュニケーションがこの事例においてこれほどまでに重要となった理由はまさに，税金を徴収するという任務の多くがジャクソン自身の組織のコントロールの外にあったことによる．それは，コミュニティの市民の意欲と能力次第だったのである．そして，彼らに届くための唯一の方法は，マスメディアに現れる組織のイメージや，レポーターの人格，また，組織との個々のやり取りを通じることしかないのである．明らかに，これらの技法はセンサーによる，豚インフルエンザに対応するために市民に予防接種を受けさせるための努力と同じくらい重要である．

批　　判

疑いようもなく，行政官がより効果的なコミュニケーターとなることには重要な危険が残っている．彼らがその監督者を欺き，市民をパトロン化してしまうリスクは常に存在する．しかし，公的セクターのマネージャーがマーケティングやコミュニケーションを行うことにはいくつかの利点もある．この新しい役割によって彼らは上司の要求や期待に対してより少なくではなくより多く対応できるようになるだろう．それは，マーケティングによって民間企業がその顧客に対してより良く反応できるようになるのと同じである．また，この新しい役割によって彼らはその目標を達成するにあたってしばしば必要となる，政策実施にあたっての支援を動員する手段を得ることができる．そうすると，公的セクターのマネージャーがこれらのスキルを発展させ，利用するのを避けるよりも，監督者の能力を向上させ，提供される情報が，偽りや嘘，操作的なものとならず，正しく，正確で，組織全体のミッションと一致していることを確保することの方が良い手段となるだろう．

公的価値の定義づけと創造を助けること

まとめると，政治マネジメントは，公的セクターのマネージャーが社会一般に代わって効果的に業務を遂行するための主要な機能である．しかし，それは困難かつ，倫理的にセンシティブなものでもある．政治マネジメントが必要となるのは，パブリックマネージャーが，公的な資源を用いて何を生み出すことに価値があるのかを決めるにあたって，また，価値があると合意したものを実際に生み出すにあたって，他の行政官や市民と責任を共有するからである．彼らは，その事業の目的を決定し，

実現手段を構築するにあたって，自ら直接の権限がない人々と交流しなければならないのである．

それでも，政治マネジメントに携わるにあたって彼らは，一方で監督者の判断や共同意思決定者の行動に影響を与えなさすぎ，魅力的な公的目的を効果的に達成できない場合と，もう一方では，あまりにも権限を行使しすぎることによって，民主制や市民の自由を脅かす場合との間にある，細い線の上を歩かなければならないのである．

マネージャーがこの細い線の上を歩くことを助けてくれる技法はある．しかしそれは実用的手引きとしての実証はまだまだ不十分であり，強力な規範的批判を免れ得ない．疑いようもなく将来には，アドボカシーの技術，政策マネジメント，交渉，市民による熟議，社会的学習，そして公的セクターにおけるマーケティングは絶え間ない改善と発展を通じて成長し続けるだろう．

今この時点で重要なのは，我々が，パブリックマネージャーはその事業の正統性を裏付け，与えられた目標を達成するために，自分の権限の境界の先にいる人々を動員するために何ができるのかという問題に対する可能な答えを持つことである．これらはパブリックマネージャーの課題のうち最も困難で，挑戦的なものの一つである．そしてこれらは公的セクターのマネジメントに特有の課題と思われるのである．

第Ⅲ部　公的価値の提供

第6章　公的セクターにおける生産の再構築
——オペレーション管理の機能——

　公的価値を追求する道の中で，我々はついにマネジメントの本質と考えられているものにたどり着いた．それは，具体的な結果を生み出すための，自覚に基づき，十分なスキルに基づいた，法律，財政，物質，そして人間に関する資産の投入である．マネージャーにとってビジョンを持つことと，資源の流れを自分の事業のために動員するということは別物である．しかし，マネジメントの核心は，思い描く価値を**実現すること**にある．それが，（リーダーシップや起業家精神との対比における）マネジメントの全てである．[1] オペレーション管理の課題を明確かつ具体的に理解するために，ハリー・スペンスと，リー・ブラウンが（それぞれ）ボストン住宅供給公社と，ヒューストン警察に就任した際に直面した，厳しい環境について検討したい．

ハリー・スペンスとボストン住宅公社

　1979年7月，マサチューセッツ州高等裁判所の判事であったポール・ギャリティは，ボストン住宅公社が居住者による集団訴訟に対する和解で引き受けた義務を果たせないことに我慢の限界を越え，前例のない措置を取った．彼はボストン住宅供給公社（BHA）を管理下においたのである．[2] この特別な措置を正当化するために，判事はBHAの理事会による，「総合的なミスマネジメントの疑い，義務不履行，能力欠如，そして無責任が，何ら疑いようのない形で存在することが示された.」と宣言した．[3] これにより，ギャリティはBHAの破産を宣告したのである．[4]

　予想通りBHA理事会はこの決定に上訴した．しかし，それは単に必然的な結果を遅らせることしかできなかった．6か月後，マサチューセッツ州最高裁判所によるギャリティの判決を支持する決定にしたがって，ギャリティはBHA理事会を停止させ，ハリー・スペンスを裁判所の「管財人」として指名した．判事によると，スペンスの任務は「BHAの住宅部門が州の衛生規則やその他の連邦，州，地域の住宅関係規則を遵守するよう，必要な，望ましい，そして適切なあらゆる措置をとること」であった．[5]

課　　題

　スペンスの課題は巨大なものであった．BHA は 1 万 7 千戸，6 万人の入居者からなる68の開発区を所有・運営していて，それは市の人口のほぼ10％に相当するものであった．昔価値のあったこれらの住宅ストックは今やショックを受けるほど補修が行われていない状態にあった．ボストンマガジンのレポーターは過去「ビレッジ・グリーン」と称えられたあるプロジェクトについて，鋭く描写している．「3階建てのレンガ造りの 2 つの居住棟を隔てている「グリーン」は，無機質な乾いたコンクリートの空間と，埃，割れたガラスである．錆びた広告柱には少なくとも10年前から何も広告が掲げられていない．二人の訪問者は公園のブランコの残骸を通り過ぎた．椅子は全てなくなり，脚のうち一つは崩壊していた．構造全体は傷つき，うめいている何かの動物のように見えた.(6)」

　このような BHA の事業の荒廃状況のため，多くの空室が存在することも驚くに値しなかった．1980年には家族向け住宅事業における平均空室率は28％に達した．最も問題となったミッションヒルとフィデリスウェイプロジェクトでは，空室率は40％を超えていた．そして，39棟，1500戸からなる郊外開発事業であるコロンビアポイントでは，空室率は70％にまで上昇していた．

　これらの廃れていく事業に残されていったのは，貧困層であった．1953年の BHA の報告によると，居住する家族のうち 4 ％が「救済を受けている」状況にあった．1975年には給与所得のない家庭の数は80％近くにまで上昇していた．1980年には入居者の収入は年間3700ドルから6400ドルとなっており，これは全米の公営住宅の中で最も低いものであった．

　徐々に，一人親家庭，主に母親中心のものが，BHA の入居者の中で高い割合を占めるようになった．家族調査において一人親世帯の占める割合は1969年には半分以下だったのが，1978年には 5 分の 4 を超えるようになった．その重要な結果として，未成年に対する保護者の監督が行き届かなくなったことがある．例えば，ミッションヒルでは人口の60％以上が未成年であった．スペンスはその結果について，「もし，全て母親しかいない 9 家族が 1 つの玄関の住戸に暮らしていたら，ティーネージャー男子による大きな問題を抱えるだろう．彼らは乱暴である．だからこそ男子は世界中の戦争で戦うのである．そこには誰も彼らを脅かして外に放り出す者はいないので，彼らはそのような玄関口を狙うのである.(7)」

財　　源

　BHA は老朽化する建物の維持と，貧困化していく住民の支援を同時に行うため

に，相当の財源を必要としていたが，不幸なことにほとんどそれは得られなかった．連邦住宅都市開発省（HUD）は，BHA の運営を補助するために年間 2 千万ドルを提供していた．この額は，マネジメントのしっかりした住宅供給公社が，一定の様式，築年数，そして BHA の建築方法のプロジェクトを運営するのにかかる費用を推計する計算式に基づいて弾き出されていた．また州政府も 7 百万ドルを拠出し，さらに BHA は居住者から賃料として 7 百万ドルを得ていた．

　不幸なことに，年間の運営費用はあまりにも大きく，スペンスが就任した時には BHA は 5 百万ドルもの負債を抱えていた．この負債のために BHA は急を要していた修復を遅らせ，居住者に対するサービスを削減せざるを得なくなっていた．この結果，建物は老朽化し，空室率は上昇し，賃料収入は減っていった．それは，民間の不動産企業が破産に至る，よくある負の連鎖である．

　予期せず，この負の連鎖を断ち切るため一定の財源が得られることとなった．1969年に HUD は条件を満たした公営住宅プロジェクトによるリノベーション事業を支援するため，「現代化」プログラムを開始した．BHA は毎年この補助金に応募し，毎年ある程度の資金を受領した．しかし，BHA のマネジメントがあまりにもひどかったために，この資金は結局使われず，結果として 3 千万ドルの未使用金が蓄積されていた．

　当然，賃料収入を上げることもできた．当時の入居者は未払い賃料として140万ドルの負債を有していた．賃料回収を強化することで，短期的な収入を得られ，もしそれを持続することができたなら，将来にわたってより高い収入を保障することができた．勤労世帯等，高所得の入居者の数を増やすことによって，追加的な賃料収入を実現することも可能であった．

　しかし，これらの潜在的な収入源は 2 つの重要なルールによって縛られていた．一つは，BHA が地域の中位収入の80％以下の人々にのみ住宅を貸すことができるというものであった．もう一つは，BHA は入居者にその年間収入の25％以上の賃料を課してはならないというものであった．

　これらのルールは BHA がどのような公的価値を生むべきかという論点についての，ある特定の見方を体現していた．それはつまり，BHA の公的補助を受けた住宅はボストンの最も貧しい人々に提供されなければならず，そしてさらに，BHA が課す賃料は不当に重いものであってはならないというものである．BHA が，ボストンの最貧困層に対する善良かつ寛容な大家であることに最大の公的価値があると考える市民や BHA の監督者にとって，これらのルールは BHA がその目的を達成することを確保するために基礎となるものであった．しかし，BHA の財政的持

194　第Ⅲ部　公的価値の提供

続性を確保したいと考える市民や監督者にとっては，また，最貧困層の利益の一部
をこの若干異なる目的のために犠牲にしても良いと考える人々にとっては，これら
のルールは不幸な障害であった．実際，これらのルールは BHA を破滅への道に追
いやっていたのである．

BHA の組織──マネージャー，組織構造及び体系

　これらの課題に対処するため，スペンスはよく体系づけられた，意欲の高い，オ
ペレーションの焦点の定まった企業体を必要としていた．残念ながら，BHA はこ
のいずれも備えていなかった．スペンスの任命に至る長い訴訟の期間を経て，トッ
プ層では深い分裂が，また下部層では広範なモラルの低下が生まれていた．

マネジメントチーム

　スペンサーの任命から遡ること 2 年，BHA の業務は，居住者と BHA との間で
の和解条項の遵守状況をチェックするために裁判所によって任命された「スペシャ
ルマスター」ロバート・ウィットルシーによって監督されていた．彼の業務を助け
るため，特別なスタッフ組織が作られた．計画・開発・現代化課である．

　部分的にこの結果，組織の古いマネジメント構造は萎縮した．局長と副局長のポ
ストは1977年10月以来空席になっていた．管理担当の局長補であるケビン・フリー
リーが（いやいやながら）局長代理を務めていた．

　これらの 2 つのスタッフ組織の間の関係は協調的とは程遠いものであった．新し
くスタッフの地位についた者は，ライン組織にいる古参者を腐敗していて，無能で
あり，計画を策定することや，自分たちの行動について説明すること，また，結果
を生むことができないとみなしがちであった．古参者の側では一方，新参者たちを
初心者で，組織のマネジメントの責任を負わないのに，その責任を負った者に対し
て数多くの批判を加えると考えていた．彼らは計画を書き，報告はするが，決して
顧客の面接には行かず，また，壊れた配管の修理もしないと．

組織構造

　トップの下では，問題はより深刻であった．BHA では約700名の職員が働いてお
り，彼らは 3 つの主要な課と，12の係に勤務していた（**図6-1**に組織図を示す）．約
200名が新しい計画・開発・現代化課か，前からあった管理課の管理職について，
計画策定や，会計処理を行っていた．残りの500名は業務課に配属され，入居者の
決定や，賃料の回収，建物の補修を行っていた．

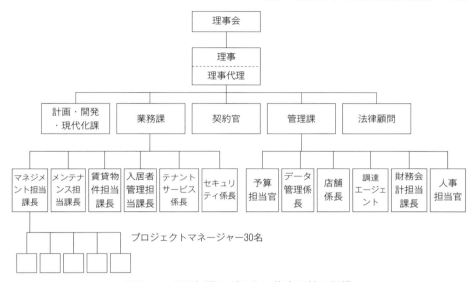

図6-1　1980年頃のボストン住宅公社の組織
出典：米国連邦住宅都市開発省ボストン地区事務所, *Management Review of the Boston Housing Authority*, 1976年6月より．

　業務課の業務は機能とプログラムによって分けられていた．一つのユニットはメンテナンスに責任を負い，もう一つはセキュリティを，三つ目が入退居（入居者の選定を含む）を，そして四つ目が入居者サービスを担当していた．さらに，業務課は30名のプロジェクトマネージャーを雇用し，その任務は一以上の特定の住宅プロジェクトにおける「効果的な運営・管理の確保」であった．

　かつて，プロジェクトマネージャーはあらゆる面で強力であった．彼らは誰がそのプロジェクトに入居できるか，また，どの補修要請が優先されるかを決定していた．しかし，次第に彼らの機能は専門特化した中央のオフィスに奪われていった．この目的は規模の経済を実現し，異なるプロジェクトにおける住民の処遇により一貫性を持たせるためであった．1972年には維持管理も集権化された．以降，プロジェクトマネージャーは賃料回収の権限，入居者選定，及び引越しに関する直接の権限を失った．機能が集権化されるにつれ，プロジェクトマネージャーの，個々のプロジェクトの方向性を決める力は失われていき，それと同時に責任感も失われていった．スペンスが着任した時には，彼らの仕事は家賃滞納者に督促状を送ることになってしまっていた．

政策と手続き

　維持管理，入居者選定，セキュリティを集権化したにもかかわらず，少なくとも部分的にはこれらの分野における業務を指導する政策や手続きの設計がまずいものであったため，業績は低いままだった．

　特に維持管理は長年の難題であった．BHAは300人の熟練工や労働者を雇用し，建物や基礎の維持管理に当てていた．その仕事の多くはルーティンワークで，さらに，メンテナンス要員は毎年10万件の修理指示に対応していた．これらへの対応は遅かった．緊急の要請に対応するには10日以上を要し，緊急でない要請に対応するには3週間以上を要していた．

　強力な労働組合である建築・建設労働組合によって打ち立てられた労働規則は生産性を向上させるための努力の足かせとなっていた．これらの規則は異なる業種と異なる労働者ができる仕事について厳格な区別をしていた．苛立ったBHAの職員はその結果をこう記している．「もし流しの下に水漏れがあったら，まずある作業員が訪問し，壁に穴を開けなければならない．次に配管工がその中に入ってパイプの修理をする．次に木工作業員が戻ってきて，壁の穴を塞ぐ．漆喰工が漆喰を塗る．さらに塗装工が壁を塗らなければならない．」⁽⁸⁾対応が遅くなるのも当然である．

　また，パトロン化と公務員の身分保障が品質を維持するために懲戒権を行使すること難しくしていた．ロバート・ウィットルシーはこう回顧している「もしあなたが維持管理工で懲戒を突きつけられたら，あなたの返事はこうだったでしょう．「お前は俺に何もできない．俺はXの友人だからだ」」．私が実際そう言われたように，そこには何年もの間積み重ねられてきた何層にもわたるパトロン化があったのです．」⁽⁹⁾さらに，BHAの作業員は仕事を得るために公務員試験を経る必要はなかったのだが，彼らはBHAに5年以上働くと，州の公務員法によって自動的に保護されるようになっていたのである．

　最後に，傷に塩を塗るようだが，BHAは賃金交渉の権限を持っていなかったのである．賃金は労働・産業担当の委員によって設定されていた．彼は何年もの間その賃金水準を組合に属する建設作業員の賃金の80％に固定していた．労働者たちはもちろん年間の作業がない場合や，病休，有給休暇の補償として高い賃金を得ていた．これらは全てBHAの従業員に付帯する手当であった．

　維持管理はおそらくBHA中最悪の業務部門であったが，入居者選定やセキュリティ部門においても深刻な問題が存在していた．入居者選定における主要な問題としては，入居希望をスクリーニングするための方針と業務手続き双方に関するものがあった．住宅が全ての人に開かれたものであることを確保するための既存の方針

は，応募者は「継続的にその金銭的義務を果たせない場合」，過去住居を破壊したか，他者に迷惑をかけた場合，または家賃不払いのために過去BHAの住居から退去となった場合にのみ不適格とすることができるとしていた．この担当は2名しかいなかったため，過去の記録も不十分であった．仮に情報が得られたとしても，BHAの法務担当者は入居候補者に対して法的措置を講じることについて醜悪なまでに後ろ向きであった．多くの場合，入居者は当然の権利のように入居を認められた．

この脆弱なスクリーニング手続きは深刻なセキュリティ上の問題を生み出していたが，BHAのセキュリティは他の弱点からも脅かされていた．暴行や盗難，麻薬取引に関与した入居者を追放することは最初に彼らが入居するのを防ぐことと同じくらい困難であった．BHAの法務担当者の側に立つならば，BHAによる恣意的な追放から居住者の権利を守るために設計された方針は，退去手続きを成功させることを極めて困難にしていた．しかし，彼らは本質的に努力することを諦めていたのである．その結果，犯罪者はプロジェクト地区の中で，懲罰をほとんど気にすることなく活動できたのである．次第にプロジェクト地区はあまりにも危険になり，警察は救助要請に応えるのをやめるか，武器を装備してのみ訪れるようになった．

維持管理，入居者選定，そしてセキュリティ業務におけるこれらの問題は，既存の政策が執行されることを確保するための適切な管理メカニズムと情報システムによって解決することが潜在的には可能であった．しかし，BHAはそのようなシステムをほぼ有していなかった．

BHAは本部の予算を実際の費用データを参照することなく策定していた．また，予算配分に対応する支出を追跡する努力も全く行われていなかった．財務システムの中で機能しているように思える唯一の部分は，賃料を支払っていない入居者の特定のみであった（その後彼らはプロジェクトマネージャーによる賃料回収業務の対象となった）．実際これが唯一，個々のプロジェクト地区単位で集められ，報告されている財務情報であった．費用，活動，業績に関する他のあらゆる情報は組織全体か，メンテナンスやセキュリティといった特定の機能ごとにまとめられていた．

従業員の誰一人として，実効的な業績基準を適用されていなかった．プロジェクトマネージャーは担当地区において，賃料回収，空室の改善，プロジェクトの外観，入居者の住居訪問等の定量的な目標達成に責任を負っていた．しかし，彼らの業績に関する情報は全く記録されておらず，監査も受けていなかった．また，これらのデータのうち一つとして，彼らの賃金の調整や，昇格見込みに影響を与えるために使われるものはなかった．同様に，BHAは技能工の生産性をその電子化された発注システムを通じて監視することもできたはずだが，これらのデータは不完全かつ

198 第Ⅲ部 公的価値の提供

信頼性がないと考えられていたのである.

スペンスにとって，BHA の業績を改善するためには多大なるマネジメント上の取組が必要であることは明らかであった．問題はどこから手をつけるかであった.

リー・ブラウンとヒューストン警察

リー・ブラウンは1982年4月にヒューストン警察の長官に就任した．それは8年間で7人目であった[10]．度重なる交代は都市自体の急速な変化と，急速に拡大し，将来性があり，ますます多様化する都市にとっての警察のあり方についての絶え間ない議論を反映していた.

背　　景

ヒューストンは，20年も経たない間に南部の田舎町から，巨大な成長を続ける都市に成長した．成長する都市は様々な分野において，希望を持つ人々を引き寄せた．その中には，ヒューストンに拠点を置く石油関係の多国籍企業を率いる役員たち，どんどん増えていく NASA 関係施設に勤める宇宙科学者たち，オフィスビルやショッピングセンター，マンションを開発する都市開発事業者（と彼らを支える法律家や保険会社），アメリカンドリームを追い続けるアフリカ系住民，ヒスパニックやその他の人々がいた.

この変化は富の分配に関する巨大な対立を生み出した．富はある種の特権を発生させた．この結果必然的に，ヒューストン警察に対する要請の数は増加した．60年台後半には暴動や騒擾が発生した．70年代半ばには，アメリカの殺人首都という汚名を冠することとなってしまった.

ヒューストン警察は最初，譲歩しないという方針で臨んだ．その基本的な戦術は1968年に警察に入り，法律顧問まで上り詰めたティム・ジェーンズによってこう記されている．「1970年当時，ヒューストン警察には2つの作戦部隊が存在し，一つは北部を，もう一つは南部を担当していた．それぞれの部隊は60人の警察官を有していた……我々の任務は……犯罪を食い止めることであった．……4，5名のチームで闇クラブに押し入り，細かいことや憲法のことなどはほとんど気にせずに書類，銃器，麻薬などがないか主人を取り調べた．もし酒販免許があったら，我々にはそれで十分だった．……我々は何百もの重罪案件の逮捕を行った[11]．」

これらの任務を支援するために，HPD は新しい権力構造よりも，古い権力構造に適応していた．ヒューストンポストの編集員はこう説明している．「1968年，ヒューストンは『善良な昔の奴ら』によって回っていた．それは警察だけではなく，消防，

衛生，公共事業もそうだった．この結果，警察とマイノリティの間では多くの紛争が起こっていた.[12]」

　つまり，60年台後半から70年代初頭にかけて，HPD は彼らに対する支持やその正統性は既存の社会秩序を維持することにかかっていると信じていたのである．HPD のこの目標に向けた決意が最も鮮明にあらわれたのは，1968年に発生した比較的小規模な騒擾案件への対応であった．ジェームズ元警部はその事件をこう回顧している．「我々は皆テレビで略奪の光景を見ていた．我々は皆動員された．……私は駐車場でパトカーの間に立っていたのを憶えている．［当時のトップであった］ハーマン・ショートが出てきて，拡声器を持ってパトカーの上に上がり，こう言った．『ヒューストンで略奪は許されない．略奪者は見つけ次第射殺される．スピーカーを手にして，奴らに家の中にいろ，そうすれば安全になると伝えろ．』と．私は背筋が凍える思いをした．我々はパトカーの集団で，ゆっくり走り，警告灯を照らしながら駐車場を離れた.[13]」

　70年代の間を通じて，ヒューストン警察は「カウボーイ」警察という好ましくない評判で全米から知られるようになった．この時期長官を務めたパピー・ボンドは警察官たちに，好きな服装，好きな武装はなんでも認めた．点呼の時にはカウボーイハットや，真珠で飾られた自動小銃が現れた．警察がより多くの職員を必要とした時には，「ここには実行がある」として，全米からヒューストンに職員を募集するキャンペーンが実施された．

　この結果として生まれたのが，HPD による過去に例を見ない規模の市民に対する暴力であった．テキサスの南部地区担当の司法長官補であったマリー・シンダーソンは当時についてこう語っている．「1977年の前半，ヒューストン警察は街のあちらこちらで人々を殺していました．それは血の海でした．3か月の間に13人もの人［が殺された］.」このような状況の中で，ジョー・カンポス・トーレスの事件が起きたのである.[14]」間も無く HPD 長官に任命されることになるハリー・カードウェルはこの事件についてこう述べている．「5名の HPD 警察官が酔ったジョー・カンポス・トーレスをバーから引きずり出し，尻を鞭で叩き，バッファロー・バイユーに投げ込んだ.[15]」その後の法廷での証言よると，事件に関与した警察官の一人は，「自分は彼が泳いで戻ってくるとずっと思っていた」と述べている.[16] 彼は事件の苦い思い出について，「彼は泳がなかった．沈んだ.[17]」と語った．

　この事件によってヒューストン警察は初めて，ヒューストンの警察の総合的な戦略について真剣に考え直すことを余儀なくされた．パピー・ボンドは辞任し，ハリー・カードウェルが取って代わった．カードウェルは過去に HPD のコミュニティ

関係局長を務めており，過去の長官のために多くの主要な業務をやってのけていた．カードウェルは彼の目標を，HPD の中で「説明責任を築き上げる」ことと定義した．

この目標を設定するにあたり，彼は古いヒューストンと，新しいヒューストンの間の明らかに対立する要求を調和させようと試みた．彼は古いヒューストンから，組織の主要なミッションとしての厳格な法執行を引き継いだ．また，新しいヒューストンからは，組織をプロフェッショナル化し，かつ，規律を高めることを導入した．これらの目的を達成するために，彼らは服装，武器，致死的な武力の行使について定める管理規則を定めっていった．彼はさらに警察官たちがしっかり任務についており，ちゃんとした服装と装備を身につけているかを確認するため，抜き打ち検査を行った．基準を満たしていないものは懲戒にかけられた．

ヒューストン警察の下士官はこれらの変化に反発した．カンポス・トーレスの事件によってすでにトラウマを負っている彼らは，労働組合を結成した．組合は警察官の間の士気の低下を示す報告書を作成し，また，警察官を恣意的な懲戒や公のスケープゴート化から守るための人事政策の変更を提案した．

カードウェルの反応は極めて権威主義的なものであった．巡査から労働組合の長になったボブ・トーマスは，その窮状を訴えることを認めるとしてカードウェルに集められた300のヒューストン警察官に対する，彼のスピーチをこう回想している．「彼はこう言ったんだ．『俺はクソッタレ独裁者だ．もしお前が嫌なら，お前はそこのクソッタレドアから出て行っていいんだぞ』……彼は我々の報告書を読もうともしなかったのです．彼はただそれを取り上げ，半分に裂き，ゴミ箱に投げ込んだのです.」[18]

カードウェルは自分の部下に対しても厳しかった．HPD の元高級幹部はこう語っている．「ハリーは監察部隊を結成した．彼はその仕事をできそうな２人の巡査部長を見つけるまで，多くの警部や警部補を飛ばしてヒラの警察官までたどり着いた．他のスタッフたちと彼との間で戦争が勃発した．彼らはカードウェルと戦った．彼らはカードウェルがすることを全て覆した．彼らはカードウェルを疲弊させていったのだ.」[19]

カードウェルは結局，警察内ではるかに評判の良かった B. K. ジョンソンに取って代わられた．元長官のパピー・ボンドはこの任命を好意的にこう評した．「ヒューストンが求めているのはジョンソンのように，市を犯罪者から守ることに集中してくれる人材だ．彼は低姿勢で，プロフェッショナルな警察官で，全ての人に対して大きな共感を持っている.」[20]

ヒューストンのマイノリティグループはそこまで信頼していなかった．そして，

ジョンソンの最初の一手は彼らにあまり安心を与えなかったのである．彼は市民集会におけるマイクのテストの際に，「ちびくろサンボ」の一部を繰り返したのである．徒歩によるパトロールでの中心街の捜索によって，ヒューストンの刑務所はジョンソンが「放浪者や呑んだくれ」と呼んだ人々であふれかえった．ヒスパニックコミュニティによる地区で多発した殺人事件の解決要請に対して，ジョンソンはパトカー部隊を派遣することを約束した．彼は，「彼らを見ても反発するな．我々はあなたたちに嫌がらせをしようとしているのではない．我々は本当にそんな時間はないんだ．」と言った．(21) そして間も無く，ヒューストンのゲイコミュニティーのリーダーが警察官によって射殺された．

　1981年の秋には，ヒューストンのマイノリティコミュニティは爆発寸前の状態となっていた．ヒューストンの新しいリーダーも困惑していた．政治・行政改革の基盤から市長に立候補していたケーシー・ウィットマイヤーは，マイノリティたちによる「レインボー・アライアンス」や，新しく市民となった専門家たちの支持を得て当選した．彼女は全国からヒューストン警察を率いる人物を探し，リー・ブラウンを任命した．

任務と資源

　ブラウンが着任した時，ヒューストンにおける犯罪は歴史的な水準に達していた．1970年から1980年の10年間のうちに，犯罪報告件数は年間一人当たりの主要犯罪率で0.065から0.090まで上昇した．殺人事件の件数は倍近くまでになった．強姦件数は3倍以上になった．強盗は10年間で70％上昇した．

　ヒューストン警察はこの増加する犯罪に対して，1億4200万ドルの予算と，3200名の警察官で対応していた．全国の平均と比較すると，この数はあまりに少なかった．ヒューストンは1000人の市民に対して，1.9名の宣誓した警察官しか雇っておらず，これは全国平均の3.5名の半分を少し超える程度に過ぎなかった．また，ヒューストンでは1平方マイルあたり6名の警察官しか配備しておらず，ロサンゼルス市警が15名配備しているのとはくらべものにならなかった．

　さらに，HPDに対する攻撃が，警察の士気の低下につながっていた．1970年から1978年の間，毎年約3％の警察官が辞めていった．1978年から1981年にはこの割合は倍増し，年間6％となった．離任する警察官に対する出口調査から，彼らの60％は自分が十分活用されていないと感じていることがわかった．また，半分以上の警察官がマネジメントについて「まあまあ」か「悪い」と評価していた．多くは車両や装備の品質の低下について懸念を表明していた．

組織——構造，システムと能力

HPDの組織は機能別のラインによって構成されていた．長官の下には3つの主要な部隊があった．現場作戦部隊，捜査部隊，そして支援部隊である（組織図は**図6-2**を参照）．

現場作戦部隊は市全体における1600の巡回警察官の動員について主に責任を負っていた．これとともに，160のパトカーを週7日，24時間体制で配備していた．地理的に区別された3つの巡回局と，6つの巡回課が，巡査部隊を監督していた．3つの巡回局のうち2つはさらに1以上のHPDの特殊部隊，すなわち南部巡回局はヘリ部隊を，中央巡回局は事故対策部隊と特殊作戦部隊を監督していた．

捜査部隊は犯罪捜査のためHPDの捜査官を動員していた．この部隊もまた3つの局を有しており，それは殺人，強盗，傷害及び窃盗を捜査する犯罪捜査局（それぞれ課が設置されている），麻薬・覚せい剤，非行，青少年犯罪に対応する特殊捜査局，

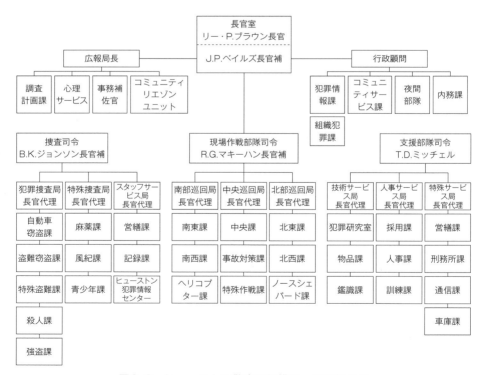

図6-2　ヒューストン警察の組織図，1982年5月
出典：Liz Brown "Assessment of the Department: Problems and Issues"（1982年9月）p.25より．

そして，犯罪歴や組織全体の情報管理システムの整備や施設の維持管理を担当するスタッフサービス局からなっていた．

支援部隊は組織全体に対して支援サービスを提供することで３つの局を管理していた．このうち技術サービス局は犯罪研究所，鑑識課，そして管財課からなっており，管財課は警察の在庫に加えて，盗難品の管理も行っていた．人事局は採用課，人事課及び訓練課からなっていた．特別サービス局は刑務所，コミュニケーション，運行管理及び駐車場課からなっていた．

この組織が実際にどのように活動しているかを学ぶために，ブラウンは警察の状況に関する報告書作成を委託した．６か月後に完成した報告書は警察の深刻な状況とともに，ブラウンにとっての困難な課題を描き出した．組織分析の古典的なフレームワークに則って，その報告書はこう結論づけていた．「警察の組織は……その効果に直接影響のある，一連のマネジメントと運営上の課題に直面している[22]．」．報告書は課題として，（１）「組織の方向を指し示すような明確な業務上の目標に裏付けられた，詳細な任務の指示の欠如」，（２）「不適切な組織運営手法に起因する，組織全体の業績の一貫性の欠如」，そして（３）「計画，予算，キャリア開発，内部コミュニケーションや執行等の分野に関するマネジメントシステムの欠如[23]」を挙げていた．

しかし，このような伝統的な視点を越えて，マネジメント報告書はいくつか新しい課題を挙げていた．報告書は積極的かつ革新的な警察活動の必要性を強調していたのである．報告書は結論部分の冒頭にこう記していた．「警察組織を管理するという仕事は，現代的な考えや，技術に遅れをとらないため，絶え間ない変化を要求する．法執行機関が経験している高まる複雑性や環境の変化は，80年代の警察業務を50年代，60年代，そして70年代のそれとは大きく異なるものとしている[24]」．これに加えて，報告書は上質なサービスの提供とコミュニティに与える印象についての注意というテーマを，ヒューストン警察の主要なマネジメント上の目標として強調した．「将来に向けた課題は，……質の高い警察サービスを，巨大な，民族的にも社会的にも多様化する都市圏が持つ期待に応える形で提供することにある……アメリカにおける法執行は，警察はそれが奉仕するコミュニティの一部であって，そこから離れてはならないという原則の上に立っている．ヒューストン警察がその優先事項や，警察のサービスの提供に関する認識についてコミュニティからのインプットを得ることは適切かつ必要なことである[25]．」

最後に，報告書は警察が将来その能力を高め，政策上の重要な革新を起こすために用いることのできる主要な資産を指摘した．その筆頭には「コミュニティによる

204 第Ⅲ部 公的価値の提供

支持」として，次のように述べられていた．「コミュニティは警察を支えるために関与を希望していた．重要な市民活動が現在いくつか存在しており，それには隣接コミュニティを対象とした『ヒューストン人の見守り』というプログラム，また，毎年行われる英雄的な警察官を讃えるハンドレッドクラブ賞が含まれる[26]」そのリストにはまた犯罪防止プログラム（コミュニティから匿名での犯罪に関する情報を集めることを目的としていた）や，警察官にスペイン語を教え，ヒューストンの巨大なヒスパニックコミュニティとの関係を向上させることを目的としたスペイン語プログラムも含まれていた[27]．

　これらの資産の活用のためにブラウンに与えられた裁量は極めて限られているように思われた．それは過去の遺産からのみでなく，彼に対する深い猜疑心によっていた．ヒューストンの強力な公務員システムはブラウンの2人の前任者をブラウンの組織の中で強力な地位につけていた．J.P.ベイルズはブラウンの代理として残り，また，B. K. ジョンソンは捜査部門を率いる補佐官として残っていた．ブラウンが就任した時，長官車はすでにベイルズに割り当てられており，彼のオフィスの家具は全て撤去されていた．ブラウンが職務を始めるにあたって残されていたのは，黄色のプリマスと，山積みになった箱だけであった．

運営マネジメントの機能

　これらの2つの事例は公的セクターのマネージャーが直面する業務運営上の課題を鮮明に描いている．これらの事例はまたある程度，行政管理に関する伝統的なイメージに対しても挑戦状をつきつけている．

　驚くべきことに，仮にその業績があまりにもひどく動揺するならば，公的事業体ですら破産してしまうこともあるのである[28]．BHAの事例では破産は明らかとなった．つまり，裁判所が，BHAはその責任を果たすことができないと宣言し，管理下に置いたのである．HPDの事例では破産は明示的ではなかったが，HPDはその信頼性を地元のコミュニティから失っていて，新たに着任した市長までもが効果的なリーダーを探しに部門の外を当たらざるを得なかったのである．

　政治的な目標も，業務運営上の課題のいずれも一定にとどまることはなく，変化していった．そして変化は，適応と，革新を必要とさせた．BHAとHPDが公共セクターにおける破産に至った理由の一つとして，この変化という課題に対応することが難しかったということがある．

　政治レベルについてみると，スペンスもブラウンも，複雑かつ移ろいゆく期待に対応しなければならなかった．当初BHAは所得水準の上昇の見込みのある貧困層

に対して，移行期における住居を提供するという任務を負っていた．その後はその資源をより深刻な貧困層に振り向けるように促されるようになった．そして現在，BHAは所有する住宅の質を維持し，財務的に自立するよう期待されている．それは，ある程度矛盾せざるを得ない目標だった．同様に，HPDは過去，法と秩序を生み出すことを期待されていた．今やHPDはその目標を，より武力を行使せず，多様な市民の権利により敬意を払いつつ達成することも求められている．

　任務に目を向けると，スペンスとブラウンはまた新しい，多様な課題に直面した．BHAは深刻な貧困層や片親家庭に住居を提供するという任務を，所得上昇の見込みのある家庭に対するそれとは（より困難で）異なるものと認識していた．HPDは激化する民族や階級間の対立によって増幅された都市における暴力に対処するのは，より均一で安定した社会において秩序を維持するのとは異なるということを学んでいた．これらの組織はどちらも新しい政治的期待と実質的な任務を認識し対応したが，創造性とエネルギーが十分ではなかった．その結果これらの組織は，民間企業が市場に適応できなかった時のように，破産に至ったのである．

　これらの事例は，政府は単に（更に言えば，主に）「サービス」だけを担うセクターではないという，第2章における私の主張を裏付けている．BHAもHPDもその[29]クライアントに奉仕するだけではなく，彼らに義務を課している．これらはいずれもその目的を達成するために，公的資金に加えて公権力を用いている．

　BHAは見た目からするとサービス機関である．それは公的補助を受けた住宅を貧困層に提供する．しかし，詳しく見てみると，BHAはその顧客に対して奉仕するだけでなく，義務を課していることがわかる．BHAは家賃の支払いを求め，ゴミを適切に処理するよう求め，そして，麻薬取引を行わないよう義務付けている．BHAは入退居に関するルール以上のものを入居者に求めることはできない．そしてこれらのルールは市民，その代表者，そして裁判所がBHAにその顧客を公平に扱い，公的住宅を本当に必要としている人に届けられるよう，厳しく設定されている．それでも，この限界の範囲内で，BHAはその顧客に対して，従わなかった場合の退居という苦痛によって一定の振る舞いをするよう求める公的な権限を持っている[30]のである．

　これとは対照的に，HPDは明らかに義務を課す機関である．それは市民に法律[31]に従うよう要求するために存在する．それでも，詳しく見てみると，HPDは同時にサービス機関でもある．それは市民に対して泥棒が家の中をうろつかないという保証を提供することに加えて，救急救命サービスや，旅行者への情報提供も行う．また彼らは警察が犯罪を解決し，正義が執行されるのを見届けたいと思う犯罪被害

者や目撃者を助けもする.

第2章で述べたように，サービスを提供するために公的資金を使いつつ，義務を課すために公権力を行使する公的機関になることの重要な帰結は，その機関が大きく異なる2種類の聴衆に向けて演じなければならないことである．その業務のうちの**ビジネス**の側面においては，その機関はサービスを利用するか，義務の対象となるクライアントを満足させるようにしなければならない．BHA は新しく子供が生まれたジョーンズ夫人に対して追加の暖房を提供しなければならない．HPD は武器の強奪の嫌疑がかかっているスミス氏に対して，大人しく出頭するよう説得しなければならない．**報告**の側面では，組織はその業務がうまく行われていると監督者を納得させなければならない．BHA はギャリティ判事に対して，最低限のサービスをその顧客に提供しているだけでなく，公平に人々を入居させていることについて満足させなければならない．HPD は新しい市長に対して，自分が犯罪被害を減少させつつ，その警察力と権限を経済的かつ公平に行使するような新しい警察の流儀を生み出すことができると満足させなければならない．

興味深いことに，これらの2つの事例においてクライアントの不満よりも，監督者の不満の方が破産につながっているのである．BHA の腐敗した顧客サービスのために，裁判所は BHA を管理下に置いたことは事実である．しかし，裁判所が（一部の）入居者の要求を受けて行っていたのは，BHA の顧客の個々の利益を，社会全体が満足するための主張に変換することなのである．実際，裁判所は顧客の私的な利益を，BHA が満たさなければならない公的な約束に変換し，そして，そのような利益を満足するという私的な価値を公的価値に変換したのである．

ヒューストンのマイノリティが警察によって公平に扱われるという利益（その他の市民による犯罪管理改善への要求とともに）が HPD の信頼を失う原因となったことも真実である．しかし，繰り返すが，実際に起こったことは，ウィットマイヤー市長の選挙が，かつて個人の利益であった，そして特定の集団における狭い利益を，**公的な**利益という地位に変えたのである．裁判所による決定，選挙，そして立法などの社会的選択を通じてこそ，個人的利益だったものが公的利益として再定義され，そして私的利益の満足に関連していた価値が，パブリックマネージャーが生み出すと約束した公的価値に転換されるのである．

これらの事例を詳しく見ると，公的セクターのマネージャーが直面する最も重要な課題の一つは，マネージャーが説明責任を負っている結果を生むために，いかにしてクライアントから協力を取り付けることができるかということであることがわかる．例えば，質の高い貧困層向けの公的住宅を求める中で，スペンスはどうやっ

第6章　公的セクターにおける生産の再構築　207

て入居者を，建物と土地を良い補修状態に維持するために動員することができるかに注目した．また，ブラウンは，公的秩序を取り戻し，恐怖を和らげるために，どうやってヒューストン市民をこの目的の下に団結させることができるかに注目した．市民やクライアントは生産プロセスの外にあるのではなく，彼らはそれに参加するからこそ，クライアントの協力が重要となるのである．

　これらの事例はまた，多くの公的組織が伝統的な行政管理の考え方では全く十分でないという点を明らかにしている．どちらの組織もコントロールを失っていた．彼らは十分な説明責任を確保するための基本的な行政機構すら欠けていた．十中八九，スペンスもブラウンも，伝統的な手法，例えば合理的な政策を策定すること，厳格な監督者を雇うこと，そして業績のレベルを監視することによって，大幅に組織のアウトプットを改善することができただろう．

　それでも，スペンスとブラウンが直面していた課題はこれらの基本的な段階以上のものを求めていた．スペンスもブラウンも基本的なミッションと，彼らの組織のアウトプットについて考え直さなければならなかった．より重要なことに，彼らは革新のための余地を見つけなければならなかった[32]．この業務の中で，彼らは業務管理に関する技術的な視点ではなく，戦略を考案する必要があったのである[33]．

運営マネジメントに関する戦略的見方

　「運営マネジメントに関する戦略的見方」というとき私は，これまでに本書で提示してきた様々な観察に基づく視点を意味している．それは，マネージャーは資金のみでなくその権限の行使についても説明責任を負うという考えを含む．さらに，彼らが使う資金は強制力を通じて集められることから，マネージャーは継続的に，彼らがサービスを提供する際にも，行政運営の公平性について責任を負う．それはさらに，公的価値が，その組織のビジネスの対象となるクライアントに加え，その組織の報告対象となる監督者にとっても満足のいく形で生み出されなければならないということも意味する．またそれは，パブリックマネージャーが変化し続ける政治的期待と実質的な任務に直面することから，彼らは従順で効率的なだけでなく，適応力があり柔軟な組織を作る責任も負っているという考えも含む．最後に，戦略マネジメントは，運営能力はしばしば組織の境界の外側に存在する可能性について注意を喚起している．

　戦略マネジメントに関する関心は，公的セクターにおける生産に関する伝統的な見方の価値をいささかも減ずるものでないことに留意する必要がある．しばしば，行政管理の伝統的な見方は完全に適切である．米国造幣局の運営の例のように，伝

統的な見方は，公的セクターにおける価値創造についての一般的な見方に対する，特殊なケースと見ることができる.⁽³⁴⁾ それは，ほとんど政治的対立や変化が起きず，運営上の革新もほとんど必要とされず，そして必要な運営能力が組織の境界の内側に存在している状況において成立するものである. これとは対照的に，戦略的な見方は，変化や対立が存在し，それとともに革新が求められている際に必要となるのである.

　パブリックマネジメントに関するこれらの見方は，たとえ実質的な目的の達成に向けた業務運営上の課題に集中している時であっても，マネジメント機能としての，政治マネジメントの重要性を劇的に高めることに注目してほしい. 政治上の変化が運営上の変化を必要とする（とともに，機会を生み出す）タイミングであることから，効果的な政治マネジメントは，マネージャーが何を生み出すべきかを考えるにあたっての鍵となるのである. また，強力な政治的支持は協力者を動員するために必要不可欠であることから，政治マネジメントはしばしば効果的な運営マネジメントの鍵となるのである. かくして，効果的な運営マネジメントについて議論するにあたって，効果的な政治マネジメントに触れないわけにはいかないのである. 先に導入した戦略トライアングルはこの基本的なメッセージを伝え，そして，政治マネジメントに関する章はそれを補強しているのである.

　それでも，マネジメントに関する戦略的見方は，厳格に業務運営に焦点を当てることを求める. 単に思い描くだけでなく，何かが生み出されなければならないのである. 授権環境に提示された「物語」が，測定システムに捉えられる実際の業績を通じて生きながらえなければならないのである. これらの責任に対応するため，戦略的マネージャーはその注意を，上部や外側，政治のみならず，下部，内側に，そして組織の生産過程に向けなければならないのである. 政治マネジメントに関する説明の中で述べたように，重要な論点は，どのような規範的な目的や分析技術が，運営改善に向けた彼らの努力の指針となるべきか，ということである.

公的セクターにおける生産の再編

　私の見方では，運営マネージャーは公的価値を創造するための機会を探し，見つけ，使わなければならない. 彼らの任務は彼らの組織の規模の拡大や，現在の政策の制度化，政治的要求からの組織の隔離，または組織を導く行政システムの磨き上げなどではなく，短期的にも，長期的にも組織の価値を高めることである.⁽³⁵⁾

　原則として，より高い価値を得るためには，（1）消費した資源あたりの公的活動の質か量を高めること，（2）現在の生産水準を達成するための（金銭面及び権限

面での）コストを削減すること，（3）公的組織が，市民の欲求をより適切に特定し，それに応えられるようにすること，（4）公的セクターの組織の業務運営における公平性を高めること，そして（5）課題に対応し，変化し続ける能力を高めることが求められる．追加的な公的価値を生み出すためのこれらの機会を特定するために，パブリックマネージャーは，民間のマネージャーのように，自分たちの組織を再編しなければならない(36)．これは，5つの要点を分析することを通じて可能となる．

　まず，彼らはどのような製品，サービスまたは義務が，ある特定の顧客に対して生産されるべきかを固め，そして，製品，サービスや義務の提供・賦課に関する業績がどのように組織の監督者に報告されるべきかを決定しなければならない．これらは民間セクターにおいてマーケティング，また，プロダクトエンジニアリングと呼ばれるものである．ここで「製品」は，組織の全体的な戦略におけるビジョンと一致していて，また，監督者と顧客双方にとって魅力的なものでなければならない．しばしば，価値の上昇は従来の活動に新しい質を付加することや，新しい要求を反映した新しい製品ラインを開発すること，また，新しい課題に対して効果的な対応を行うことを通じて得ることができる．

　次に，マネージャーは製品，サービス，そして義務が作り出される具体的な運営方法を設計しなければならない．これは生産エンジニアリングと呼ばれる業務であり，しばしば業務運営上のパフォーマンスの改善や，生産過程の革新が求められる．

　第三に，組織の業績を維持するために，マネージャーは組織の行政機構，すなわち組織構造，政策決定過程，人事機構，そして統制機構を活用し，そして調整しなければならない．運営マネージャーは生産性向上，監督者に対する報告の質の向上，重要な製品またはプロセスの革新の推進，またはより柔軟な組織を生むために，これらのシステムを変更しなければならない場合がある．このように，マネージャーはしばしば製品や生産プロセスだけでなく，行政運営上の革新を起こさなければならないのである．

　第四に，プロセス上及び行政運営上の革新を起こすために，運営マネージャーはこれらの革新が，彼らの組織の目的達成のために組織外の関係者を巻き込む能力に及ぼす影響を念頭に置く必要がある．組織の資源をより経済的に用いることを可能にするが，顧客との連携のやりやすさを犠牲にするような行政管理上の変革は，その課題のために投入される資源全体に注目するための行政管理上の変革と比べると，効率性と効果において劣ってしまう可能性がある．後者は必然的にパブリックマネージャーが，「協働者」を動員することを助ける一種の政治マネジメントを行うことを求めるからである．

210　第Ⅲ部　公的価値の提供

　これはとても複雑な計算を必要とするように聞こえるだろう．そしてそれは実際そうなのである．しかし，マネージャーは，運営マネジメントにおける知恵は，これらの課題の多くが過去に解決されたということを認識することから始まるのである．一般的に，組織は確立された目的，これらの目的に一致すると判断された特定の製品と活動，また，それを達成するための十分に実践されたプログラムやルーティン，そして，その主要な課題に組織の資源と注意力を集中させるための行政システムを持っている．これこそが，その組織をそれまでの間生きながらえさせてきたものなのである⁽³⁷⁾．

　運営マネージャーは通常ゼロから組織の製品，生産プロセスや行政システムを作り上げるという課題に直面することはない．むしろ，彼らの仕事は，製品，プログラム，または行政運営上の革新を通じてどうやって現在の運営方法を少しでも改善し，彼らの価値を向上することができるかを考えることなのである．時折，マネージャーは戦略的革新を起こし，政治的・課題環境の中でのその組織の地位を再構築しなければならないこともある⁽³⁸⁾．

　どの程度，また，どのような革新が求められるかは，運営マネージャーの5つ目の課題を定義する．つまり，彼らはその政治的授権環境との関係で，適当と考えられる程度の革新を起こすために必要な余地を生み出すために，どれだけの業務をこなさなければならないかを考えなければならないのである．イノベーションは資本を必要とし，また，クライアント，市民，そしてマネージャーにとってのリスクを包含する．資本を積み増し，リスクを軽減するために，運営マネージャーはその政治環境を巻き込まなければならないだろう，今回は生産のための支援よりも，承認を得るために⁽³⁹⁾．どれだけの革新を彼らが支持できるかは，どれだけの政治的信頼性を彼らが享受できるか次第なのである．

　このような計算を描写するために，BHA と HPD が直面した問題を，戦略的視点を持った運営マネージャーの視点を通して考えてみよう．

組織のミッションと製品の定義

　第3章において私は，組織のミッションと目標をシンプルで普遍的な概念を用いて定義することの重要性について述べた．そのような目標はマネージャーを集中させ，合目的的にさせてくれる．それはまた強い組織文化を築くことを助けてくれる⁽⁴⁰⁾．それでも，ほとんどの組織は単なる一つのシンプルな言葉以上のものを，その業務の指針として必要とする．ほとんどの組織は明示的にせよそうでないにせよ，**多くの階層からなる**目標や目的とともに業務を行う⁽⁴¹⁾．そのピラミッドの頂点には，

組織の広範かつ比較的持続的な目標があり，その底辺には，より具体的かつ，変化しうる業務運営上の目標が存在する．

頂点にあるゴールと，底辺にあるより具体的な目的とを結びつける論理は，様々な理解の仕方がある．ある者は，頂点にあるゴールは組織が辿り着くべき目的地を示し，底辺にある目標はその目的地にたどり着くための手段を示すと考える．またあるものは高次元の目標は長期的なものを，低位の目標は短期的なものを示すと考える[42]．おそらく，組織の目標の階層が持つ論理を説明する最も簡単で最も一般的な[43]方法は，高次元の目標も低位の目的もどちらも組織を特定の方向に向けようとするということである．唯一の違いは，**異なった抽象度**においてそれを行うということである．つまり，低位の目標は高いレベルの目標が何を意味するか，また，それを追求または表現するにあたって組織が何を行うかを簡潔に示すのである[44]．

目標のピラミッドが存在する理由は，少なくとも部分的には，目標を設定するにあたってマネージャーはその授権環境の様々な部分とコミュニケーションをとろうとし，そして彼らはその授権環境の異なる部分は異なる言語で会話することを学ぶためである．政治家やメディアはシンプルで，様々な価値で満たされたフレーズによる表現を好む．彼らに対してはひらめきを与え，そして意味を与えるレトリックがマネージャーに必要となるのである．しかし，予算部局や議会の予算委員会の「嫉妬深い色眼鏡」はより具体的で，定量的な説明を求める．彼らに対しては，数字，統計と成果による散文の方が，空疎にレトリックされた目標よりもはるかに雄弁なのである．

しかし，目標のピラミッドが存在するのは，マネージャーがその事業を導くにあたって有効と考えるためでもある．高いレベルでの抽象化なしには，組織はインスピレーションを欠き，その究極の目標について混乱するだろう．また，低いレベルの抽象化がなければ，中間層のマネージャーや従業員は業務運営上の指針や説明責任を欠いてしまうだろう．かくして，階層的な目標は対外的な説明と，内部の指示と管理の両面において貢献してくれるのである[45]．

予想できるように，スペンスとブラウンが着任した当時，BHA と HPD の高次のミッションは比較的よく確立されていた．BHA の目標は真っ当な，公的に所有され，補助を受けた住宅を，貧困という観点からそれを必要としている人々に提供することである，という仮定からスペンスは始めた．HPD の目標は刑法のプロフェッショナルな執行を通じて市民の命と財産を犯罪者から守ることにあると理解することからブラウンは始めた．

しかし，組織のミッションと製品についての問いをさらに検討する意味があるも

のとしていたのは，スペンスとブラウンが着任した当時，組織の業績について深刻な不満があったということである．BHA の入居者に提供された住居の質は州の裁判所によって不適切とみなされていた．ヒューストンの政治，法的コミュニティは HPD が提供していた不十分な治安のために支払われる対価について不満を持っていた．このような組織の失敗に関する認識は，詳しく見てみると，伝統的な目的を達成するための確立された手続きを執行できていないだけということかもしれない．しかし，それはそれぞれの組織における全体のミッション，目標，そして運営上の目標が誤って設定されていて，新しい目標の構造が定められなければならないことを示唆している可能性もある．戦略的リーダーシップにとっての機会を生み出すのは，この2つ目の可能性なのである．

BHA のミッションと製品の定義

　スペンスにとっての中心的な課題は，市民が公営住宅に何を求めており，また，市民が BHA が現在生み出しているものの価値をどう見て，どう認識しているかということであった．(46) 彼は市民が彼の組織の業績についてどう見ているかを知っていた．荒廃し，窓に板張りがされ，居住環境に対して無関心で，破壊的な住民が入居している建物という印象である．あらゆる意味において，このようなイメージは市民が BHA に生み出して欲しいと考えるものと鋭く対立するだろう．市民はおそらく BHA に綺麗で，十分管理の行き届いた，責任感のある居住者がいる建物を提供して欲しいと思っているだろう．しかし，BHA の住宅はあまりにもひどく老朽化しているため，多くの市民は BHA が失敗していると結論づけていたのである．彼らが購入し，家賃を払っている住宅は壊れつつあった．多かれ少なかれ，それは裁判所の認識と一致していた．裁判所は BHA が入居者に提供している住宅の質を批判し，そして，（入居者のみならず社会全体に対して）入居者はもっと良いものを得る権利があると判じたのである．

　このような状況の下でスペンスは，BHA の資源を市民にとって（また，入居者の人間的コミュニティにとって）より魅力的な建物を建設することに振り向けることもできただろう．彼は住宅ユニットの数を集約することもできただろう（これにより限られた改修予算をこれらの住宅に集中投下し，空ユニットに対する破壊行為を防ぐためのコストを削減できる）．また，彼は住民の構成を（より高い家賃を払うことができ，あまり世話をする必要がなく，建物を破壊する可能性がより低い方向に）変えることもできただろう．そのような変化はまた，生活水準が実質的に改善することを通じて，顧客にとっての住宅の価値を高めるだろう．さらに，そのような BHA におけるこのような業務運営

第6章　公的セクターにおける生産の再構築　213

の変化は正当化されるだろう．というのもそれは，「安全で，しっかりとした社会
住宅を，それを購入することができない人々に提供する」という上位の目標と，広
い意味で一致しているからである．

　それでも，より具体的なレベルでは，これらの変化はBHAが現在生み出してい
る基本的な商品とサービスに重要な変化をもたらすということを，スペンスは認め
なければならない．公営住宅の全体的な量は，一部の住宅ユニットを廃棄（つまり，
完全に板囲いし，きつく封鎖し，電気や水道を止めてしまう）することにより減ることにな
るだろう．そして，残りの住宅ストックの質はおそらく向上するだろう（そして現
在の住民に対して現状よりも大きい利益を与えることになるだろう）が，このような質の向
上の受益者は異なってくるだろう．BHAの顧客，または受益者は市の最貧困層から，
ワーキングプアに変わっていくだろう．それはひいてはBHAがもたらす利益の分
配を変化させ，また，その事業の全体的な公的価値を変えることになるだろう．そ
れはつまり，この組織がその基本的な産物を，ボストンで最も苦境にある市民に対
して緊急の住居を提供することから，社会・経済的により良い状況にある市民に対
して，若干質の高い住宅を提供することに変えることになるのである．

　また別のやり方として，スペンスはボストン市の最貧困層に対して大量の緊急の
住宅を提供することの価値について，人々に訴えかけることもできただろう．彼は，
市民がひどい住宅だと考えているものが実は，もし公営住宅がなかった場合と比べ
れば比較的良いものであると見て取れたかもしれない．したがって，BHAは顧客
に対して価値を生み出しているのである．それだけでなく，彼は市民に対して，
BHAの目的には，最も不利な環境にあり，したがって最も必要としている市民へ
の強い注力が含まれているということを再認識させることもできただろう．このよ
うな焦点の当て方はまず，公営住宅により体現される正義のコンセプトに合致する．

　もちろん困難なのは，このストーリーは強力な中間層の価値と強く衝突するとい
うところにある．中間層は建物が朽ちていくのではなく，守られることを求めてい
るのである．さらに，中間層は貧困層が受益することを望みつつも，彼らは貧困層
が住宅の所有に関して中間層の価値観を持つことをも求めていたのである．そして
さらに，もし顧客が政府のサービスを受けるのであれば，彼らは中間層の考える適
切なサービスの考えに合った形でサービスを受けなければならないのである．政府
はスラム街の頭であってはならず，実際それは裁判所の決定が求めたことでもある
のである．その結果としてスペンスは，ボストンの最貧困層が貧困から脱却するた
めの投資をできるような，綺麗で，魅力的なコミュニティを，資金面でも権限面で
も低いコストで生み出す責任を負っていたのである．どうやってこの目標をうまく

214 第Ⅲ部 公的価値の提供

達成できるかという問題は結局，手段のみでなく，価値があり，持続可能な公的住宅の適切な目標についての決定なのである．

HPD のミッションと製品の定義

ブラウンにとっての課題はさらに複雑なものであった．公営住宅のケースのように，警察とはどのようなものであって，どのように業務を行うべきかについて，広く共有された考え方があった．この考えは，警察が職業として発展し，警察組織がアメリカの都市における監督者とやりとりをしていく中で，時間をかけて洗練されてきた[47]．

この概念において，警察という業務の目標は明確であった．それは犯罪を減少させ，法を執行することである．これらの目標を達成するために，警察部門は伝統的に機動部隊に街中を巡回させ，犯罪を捜すとともに救助要請に迅速に対応させてきたのである．彼らはまた，犯罪を解決し，裁判所に対して効果的に証拠を提示できるような捜査員を訓練してきた．巡査も，捜査官も，いつ逮捕する権限が認められるかを判断でき，また，最小限の実力行使によって逮捕できるよう訓練されなければならなかった．多かれ少なかれ，ヒューストン警察はこのモデルに近い．

不幸なことに，このような警察業務に関する基本戦略が持つ価値に疑いを投げかけるような証拠が積み上がっている．試験的研究において，パトカーは予期していたほど犯罪率に影響を与えず，また，ほとんど市民を安心させることがないことが明らかになった[48]．また別の研究によると，救助要請の電話に迅速に対応しても，犯罪を減少させることができなかったことが明らかになっている[49]．そして，最も残念なことに，捜査部門は被害者と目撃者が，犯人が誰だったかを言った場合にしか事件を解決できないようだったのである[50]．そのような情報がないと，捜査員はどうしようもなかったのである[51]．

これらの研究は，現在の警察業務の戦略に対する一般市民と専門家の信頼を大きく揺るがした．しかも，これより優れていると証明できるような戦略をつくった者はこれまで誰もいなかったのである．それでも，戦略の改善策についての研究が，4つの主要な発見に沿って進められている．

第一に，犯罪抑制の成功は取り締まりの対象となるコミュニティとの密接，親密ともいうべき関係に依存しているということがはっきりとしてきたようである．コミュニティからの情報なしには，パトロールをする警察官も，捜査担当部局も無力である．さらに，市民が彼ら自身を守ろうという努力を行わなければ，警察による努力は大概無駄になる．このように，防衛の第一線は常にコミュニティ自身なので

ある⁽⁵²⁾.

第二に，恐怖はそれ自身によって重要な問題となることである⁽⁵³⁾．それは恐れを感じる人々にとって人生を惨めなものにし，そして，市民がその隣人をより危険なものとなるような行動に走らせる．市民が外出をやめ，銃器を購入し，ドアの後ろに隠れ，暴漢に対峙することができなければ，その地区はもはや自衛ができなくなってしまう．重要なこととして，警察は恐怖を緩和することができるが，それは必ずしも彼らが凶悪犯罪に立ち向かうために用いている手段と同じ方法である必要はないのである⁽⁵⁴⁾．なぜなら，恐怖は通常，落書き，騒がしい子供たち，公共空間での飲酒など，コミュニティにおける秩序の崩壊が示されることによって引き起こされ，警察は恐怖を緩和するためにこれらの「生活の質に対する侵害⁽⁵⁵⁾」に対応することに注意を幾分か向けなければならないからである．警察官はまた，パトカーから降りて，市民とより定期的に，個人的な交流を行うことによっても恐怖を緩和することができる⁽⁵⁶⁾．

第三に，市民は警察を犯罪抑止以外の多くのことに取り組んで欲しいと思っている⁽⁵⁷⁾．彼らは警察への電話を泥棒や暴行，強盗などの場合に限らず，事故が発生した時や，家庭内での喧嘩があまりに大きくなった時，また，単に心配になった時にも電話する．そのような要請は伝統的には不法であり，できる限り速やかに除外しなければならないと考えられてきた．しかし今では，このような要請の意義が見直されつつある．これらのうちあるものは犯罪予防の機会となり，またあるものは脅威となるような秩序の崩壊を予防する機会となる．また，このような要請は単に警察が「顧客に対する良いサービス」を提供する機会となり，それ自体が重要となりうるのである．そのような質の高いサービスは，警察が泥棒を発見し，都市における騒乱を鎮め，警察官による発砲を正当化するための市民の支持をも生み出しうるのである⁽⁵⁸⁾．

第四に，警察が事件として認知するものはしばしば，継続的な，底辺にある問題の指標となるのである⁽⁵⁹⁾．実際，出動要請の分析によると，要請の大部分は限られた場所，現在「ホットスポット」に指定されている場所から出されているのである⁽⁶⁰⁾．おそらく，個々の出動要請に対応し続ける代わりに，警察は状況を分析し，より良い長期的な対応を見つけることもできるだろう⁽⁶¹⁾．

まとめると，これらの4つの発見は警察の仕事のやり方についての主要な変化を指し示している．この新しいビジョンの下で，警察は引き続き犯罪の削減に集中することになるだろう．彼らはパトロール部隊を配備し続け，出動要請に応え続けるだろう．彼らは引き続き犯罪を捜査する部隊も維持し続けるだろう．しかし，彼ら

216　第Ⅲ部　公的価値の提供

は現在と比べてより幅広い課題について責任を引き受けることになり，逮捕だけでなく，より多様な対応によってこれらの課題に対処することになるだろう．

　具体的には，警察はその任務を犯罪への対応から，犯罪の予防，恐怖の緩和，そして危機対応にまで拡大する必要があっただろう[(62)]．警察官はパトカーから出て，市民と直接やりとりすることにより時間をかけなければならないだろう．そして警察は，ある事件が継続的な問題の表れであるか，また，それを解決するために何ができるか，いくばくかの関心を持って事件に対応するようになるだろう[(63)]．例えば，カリフォルニア州サンタアナにおける連続住居窃盗事件への警察の素晴らしい対処として，単に伝統に従って窃盗犯を捕まえるだけでなく，規制当局を動かして，麻薬取引の巣窟となっていた地域のモーテルを本来の用途に戻したことが挙げられる[(64)]．

　さらに警察は，地域コミュニティグループが地域の問題に注意を向けるように新しいメカニズムを作り出す必要があるかもしれない．現状では，警察は2つの異なる情報源から2つの異なる種類の問題について聞いている．一方では，警察は個々の市民の問題について，個々の対応要請を通じて知らされる．他方で，彼らは新聞や市民の代表者から市全体の問題について知らされる．警察が知らないのは，個人レベルの問題と，市全体の問題との間に存在する，地区レベルの問題なのである．

　警察組織はこのようなコミュニケーションを促進しない．地域別に組織された巡回部門は，巡回区の市民に対して，地域コミュニティグループがその懸念事項を伝えることのできる地区担当を確保してくれる．しかし，地区担当は通常，彼の業務は地区ユニットを市全体の優先課題への対処に集中させ，統一的な業務基準に従うことと考える．さらに，地区指令はパトロール部隊のみを指揮するため，彼らは必ずしも捜査部門や麻薬対策部門の資源へのアクセスを持っているわけではないのである．その結果，コミュニティの問題に対応については，積極性という意味でも，また，能力面からも限られているのである．

　このような，コミュニティから上がってくる問題を特定し，対応する能力の欠如から，2つの重要な結果が生じる．まず，警察は地域コミュニティが何を大事にし，何を警察に求めているかという重要な情報を失う．このような情報がない場合，彼らは自由に自分の優先課題を決めることができるが，それはコミュニティの優先課題と一致する場合も，一致しない場合も生じることになる．もう一つは，警察は犯罪削減のための潜在的に重要なパートナーとの間で信頼に基づく協力関係を生み出す機会を失うのである．市民，特にコミュニティの将来について見通しを持つほど意識の高い住民は，警察にとって極めて価値のある同盟者になりうる．彼らこそが通りを警戒するのを助けるために自発的に行動を取ってくれるのである．もし警察

が個人のみに対応し，コミュニティグループに対応しなければ，彼らは地域における第一の防衛線を強化する機会を失うのである．

　明らかに，警察活動の戦略に関するこれらの新しい考えを追求するためには，ヒューストン警察の個々の具体的な行動について重要な変化を必要とした．新しい成果，もしくは新しい成果群は，重大犯罪被害のみでなく，恐怖や秩序崩壊のコントロールに向けた取組を重視するだろう．またそれは，警察業務の強制的な側面に加えて，サービスの側面を重視するだろう．また警察は，個別の事件や市全体の優先課題だけでなく，コミュニティから上がってきた問題への対応も求められるようになるだろう．

　このように，スペンスもブラウンも，どのように自分の組織のミッション，成果，そして活動を定義すべきかという，重要な選択に直面したのである．彼らは過去の定義に安住することもできた．しかし，まさに彼らの組織が失敗していたからこそ，彼らはその目的を，自分の業務運営方法の観点から再検証する機会を得ることができたのである．彼らの組織がさらに何かを達成することができるかどうかを判断するために，彼らは自分の組織が現在どのように運営されており，その運営方法をどのように変えることができるかを検討しなければならなかった．

生産プロセスの再設計

　原則として，マネージャーは組織の製品を，それを生産するプロセスと区別することができる．しかし，現実の問題としては，製品と生産プロセスは極めて密接につながっていて，公的セクターの事業では特にそうである．その理由として次の3点が想起される．

　第一の理由は明らかである．生産プロセスの設計を，どのような製品が求められているかを知らずに行うことはできないからである．貧困層を対象として，建物の価値を維持し，そして低い維持管理コストの住宅プロジェクトを立ち上げるためには，BHA は正確にこのような結果が生み出されるように，入居者選定，建物の設計，そして維持管理のやり方を計画しなければならない．対応要請に直ちに対応できるようにパトロール部隊を配備するためには，警察は市を2つの地区に分割し，警察官の勤務スケジュールを設定し，車両を購入し，その車両に無線装置を備え付けなければならない．目標とする製品が，必要な生産プロセスを決めるのである．[65]

　二つ目の理由はそれほど明らかではない．サービスや法執行業務では，顧客は製品だけでなく，生産過程についても経験することとなるため，両者の間の区別は不明瞭になるからである．公営住宅当局がメンテナンスサービスの要請に迅速に対応

218　第Ⅲ部　公的価値の提供

できない場合，それ自体が公営住宅プロジェクトに住んでいるという経験の一部となる．もし警察が現場に速やかに到着するためにサイレンを用いたならば，それは警察車両が対応するという経験の一部となるのである．実際，組織と顧客との接触は，物理的な製品という媒体を通じて行われることには限られないのである．組織と顧客との接触は，製品，サービスや強制力が生み出され，提供される方法をも含むのである．顧客との接触は継続的かつ多面的であり，それぞれの側面が，顧客のサービスに対する評価に影響を与えるのである[66]．

　三つ目の理由として，生産プロセスの特定の属性はその事業の監督者にとってしばしば重要となることが挙げられる．例えばBHAの例では，多くの監督者は，現代化プログラムから最大限の価値を絞り出すため，プログラムの目的達成に必要となる専門スタッフをできる限り少なくすることを求めた[67]．彼らは（たとえそれが組織の業績を弱体化させたとしても）行政コストの低下は効率化を意味すると考えたために，スタッフを少なくすることを求めた．同様にヒューストンでも，監督者は集権的な殺人対策部局の創設が，警察の殺人事件解決能力を向上させると，そのような主張を支持する証拠がないにもかかわらず信じて，そうした部門の創設を求めた．また，市内における警察官の配置状況に注目する者もいた．それは，効率性についての関心というよりも，公平性についての関心からであった．監督者は**どのようなもの**が生み出されるかだけでなく，**どのように**物事が進められるかについても考えを持っているために，政府機関が用いる生産プロセスは，しばしば製品の一部となるのである．

　組織の運営プログラムと技術を，生産される製品と区別することには困難が伴うが，それでも，これらを区別することは，運営マネージャーの注意を次の3つの具体的な問題に振り向けることを可能とすることから，有意義である．その問題とは，ある事業が結果を生み出すために実際どのように運営されているのか，そのプロセスのどの属性や特徴が，顧客や監督者の事業に対する満足度を決定するにあたって重要となるか，そして，どのような重要な資産が動員されるのか，というものである．

公営住宅の生産

　BHAの事例では，生産プロセスの主要な部分は建物そのものに存在していた．建物は過去の支出を蓄積し，その価値をそこに住んでいる人たちに提供する．BHAの資本ストックはその生産の核心をなしていた．それが変わるとき，その製品も変わるのである．

第6章　公的セクターにおける生産の再構築　　219

　もちろん，建物はそれが建設された当時のままあり続けるわけではなかった．建物は老朽化や，管理不行届，破壊行為に対して脆弱であった．このことは，維持管理と修復もまた，生産プロセスの重要な部分であることを意味していた．実際，この分野での対応不足が，BHA の凋落の第一の原因となっていたのである．

　しかし，BHA の生産プロセスのもう一つの主要な要素として，入居者の選定と，退去の手続きがあった．入居者は BHA の生産プロセスの質と価値に，少なくとも３つの重要な形で影響を与えていた．

　公営住宅を補助する市民の観点からは，誰が公営住宅に住み，入居をどのようにして認めるかが問題であった．先に述べたように，最も貧しく，最も支援を必要としている入居者に提供される住宅サービスの公的価値は，たまたま政治家や公営住宅のマネージャーの友人であった，比較的暮らし向きの良い入居者に提供される住宅サービスの公的価値とは異なる．市民や納税者は公的福祉サービスが提供される際の正当性や公平性に関心があるため，サービス対象の選定と，入居者選定手続きは，BHA の価値創造活動の中心にあったのである．その理想は，BHA は（その設置法に定められているとおり）必要とする貧困層に公的補助のある住宅を提供し，それぞれの入居希望者を公平かつ正確に扱うことであった．

　入居者の視点からは，他の入居者が生活の質に決定的な影響力を持っていた．もし入居者がお互いに犯罪を犯すようになったら，たとえ建物そのものが魅力的であったとしても，生活は惨めなものになっただろう．もし入居者がちゃんとしていて，助け合うようであれば，貧しい住宅であっても魅力的になったかもしれない．同様に，もし入居者が住宅の手入れをして，十分補修が行き届くようわずかでも投資をしたならば，建物は，破壊されたり，乱暴に扱われたりした場合と比べて長持ちしただろう．

　長期的には，入居者の特徴とその行動様式が，入居者自身とその子供たちの将来の生活の見通しに影響を与える可能性がある．多くの人々はその環境にかかわらず善人になったり悪人になったりするほど物事は単純ではない．人々の行動様式は周囲の人々の事例や期待によって形成されるのである．住宅プロジェクトの個人や生活環境を変えるようなメカニズムは，最初に入居者を選定するメカニズムと同様に重要なのである．BHA 内に置かれた小さな組織である顧客カウンセリング室は，このような考え方への，先行的かつ，いくばくか曖昧なコミットメントを反映していた．住宅プロジェクトでは社会サービスは基本的なものから住民に提供されなければならないという考えも，これと同様であった．しかし，おそらく最も急進的な考え方だったのは，最も困窮している個人の集まりを機能するコミュニティに変革

する最も重要なやり方は，自己統治のプロセスを推進することにあるというものであった．この意味において，入居者サービスと自治会は，住宅プロジェクトの生産過程の一部と見ることができたのである．

かくして，BHA の生産プロセスは，資本財と，現在進行形の維持管理活動の組み合わせによって生み出される住宅サービスが，特定の顧客グループに対して，適格性の判断，入居希望者の選定，問題のある入居者の排除という手続きに従って提供されることからなるのである．そして入居者は，建物そのものを守るか，侵食する行動を通じて，この生産プロセスにおける主要な役割を果たすことになるのである．この製品はクライアント，すなわち公営住宅に住む受益者と，初期投資が維持されていて，この事業の便益が必要としている困窮者に届いていることにより，公的補助が正当化できることを確認したい監督者たちによって評価されるのである．

コミュニティの秩序の生産

公営住宅と異なり，警察部局における資本装備は，その生産プロセスにおいて比較的限定的な役割しか果たさない．確かに，警察組織も車両，駐在所，無線機，銃器やコンピューターを使う．しかし，組織の生産プロセスのより大きい部分は，個々の警察官がその業務を行う具体的な方法から生まれる．実際，警察の予算の80％以上は人件費に充てられるのである[68]．そうすると，これから得られる重要な示唆として，警察部門の業務運営「技術」は，警察官の業務執行方針や能力と，彼らの業務の指針となる政策や手続きにあるということが言える．

この観点から，警察部門は民間セクターのサービス企業に類似していると言える．これは驚くべきことではない．なぜなら，警察は多くの重要なサービスを提供しているからである．それでも，一見すると警察はサービス提供者というよりも義務を課す主体のように見えるだろう．確かに，警察の基本的な業務を「個人に対する義務の提供」と定義づけることもできるだろう．義務を課すに当たって，警察はカネに加えて，公権力を活用する．フィラデルフィア警察研究タスクフォースはこのように説明している．「警察は重要な公的な資源を託されている．最も明らかなものは資金である．毎年230百万ドルの予算がフィラデルフィア警察を通じて使用されている．さらに重要なことに，市民は警察に，実力と，公権力の行使を認めている．これらは市民が逮捕される際や手錠をかけられる際，また，警察官が市民に発砲する際，また，警察官がサイレンを鳴らして道路を専用しようとする際に行使されるのである[69]．」

国の権力や実力の行使は，監督者によるとりわけ厳密な検証の対象となる資源で

ある．彼らは公権力と実力が適切に（正当な根拠がある場合にのみ），経済的に（目的達成のために最小限の量をもって），そして，公平に（法律上脆弱な者に対して等しく）行使されていることを確認することを求める．このような関心は，市民とその代表者たちは正義と公平性という価値を，効率性と効果に加えて重視するから存在する[70]．

　しかし，正しく実力を行使することは，その効能を高めるという効果もある．正当性があり，控えめに行われる実力行使は，より濫りに，不注意に行使される場合と比べて，その対象となる者から大きな服従を得ることができる．正当な実力行使の対象となった者は，それに反論する根拠がない．（文字通り，または比喩的に）警戒線の横から見ている民衆は，容疑者よりも警察を支持するだろう．そのような状況においては，容疑者はより自発的に連行されていくだろう．この意味で，警察はその権力を行使するだけでなく，「節約」することも学ばなければならないのである．選択的な実力の行使によって，彼らはその専門性を明らかにすることができ，また，その業務執行の品質を高めるのである．

　適切に実力行使を行わなければならないというプレッシャーは，警察が業務運営上の一貫性を重視すること，すなわち，同じような事件を同じように扱うことにつながる．この目的はひいては，彼らがその生産活動を，機能別配置（job shop）というよりも，ライン生産方式として考えることにつながる．定義からして，ライン生産方式は同じ製品を何度も繰り返し生産する．アダム・スミスのピン工場はその原型である．これと対照的に，機能別配置では作業のたびに，異なる製品を生産する．顧客の要請に合わせて建築設計を行う建築事務所は機能別配置の重要な例である．

　ライン生産方式と機能別配置はその典型では極めて対照的であるが，これらの理想形は現実には連続的な面の上に存在する．アダム・スミスのピン工場に近いが，少し機能別配置側に位置する例として，カスタマイズモデルを生産する自動車工場が考えられる．建築事務所に近いが，少しライン生産方式側に位置している例は，その収入の50％を基本的な機械の生産から得ている機械工具会社があるだろう．本質的にこの連続体が示すのは，新しい設計や製造法が，どれだけその組織の生産プロセスの中で，個々の生産ユニットの中に入っていくかということである．もし設計の大部分が事前に行われ，機械，ポリシー，業務方法書及び訓練の中に組み込まれるのであれば，それはライン生産方式を運営していることになる．しかし，もし設計の大部分が，それぞれの製品を製作するその時に行われているならば，それは機能別配置を運営していることになる．

　相当程度，一貫した対応を確保したいという要請は，警察の幹部に対して，警察部門を機能別配置ではなく生産ラインとして見る流れを生んだ．警察部門はこの考

え方を，警察官が遭遇するであろうあらゆる具体的な状況を事前に特定し，そのような状況において警察官がどのように行動すべきかを書き出すことで明らかにしている．それは，警察部局の政策と，手続マニュアルがその運営技術を定義するやり方なのである．組織の運営手続きを文書化しようとするこのような動きは，組織が特定の問題に対処するための最善かつ最も適当な技術として学んだことを，全ての警察官が適用することを確保することによって，組織の効率性を達成するための方法として正当化することができる．しかし，このような標準化に向けた動きはおそらく，警察部門の対応の一貫性（したがってその公平性）を向上するための装置としても同様に有効であるだろう．文書化は，個々の警察官の裁量の幅を狭め，それゆえに警察官による不当行為の機会を減少させることにつながるのである．[71]

残念ながら，現実の世界は警察官に対して，極めて多様な環境を提示する．[72] 警察官は遭遇した具体的な状況に対応するためにしばしば，状況への適応や，発明を行う必要に迫られる（または，少なくともそれに価値がある）．信頼を失った機関に対する，一貫性や効果的な統制への懸念がなければ，効率的な組織的対応は，警察官に適当な現場対応を「委任」することになるだろう．つまり，警察をライン生産方式ではなく，機能別配置として組織するということである．[73] そのような事業における前提は，あらゆる問題はよく理解されているという期待から，それぞれの問題は少しずつ異なり，それぞれの状況への適応や，革新的な対応が必要になるというものに変わっていく．そして，問題を分析し，新しい対応を発明するというプロセスは，その問題に直面する「職人」の手に委ねられるのである．[74] 彼らは，過去の執行方針や手続きに蓄積された組織の経験を，どのように課題を解決できるかを考える参考にすることはできる．しかし，警察官はまた，解決策を考え出すために，彼らが遭遇した具体的な問題の本質について何を学んだかにも頼らなければならないのである．

機能別配置，特に多くの製品を短期に生産しなければならないものでは，組織に所属する人々が重要なリソースとなることに注目してほしい．このため，人員を採用し，育成し，配備するための組織構造は高いパフォーマンスを産むための要点となるのである．警察部局においては，そのようなシステムは，組織の日常業務を定義する大量の技術装置，例えば，スケジュール，配備システム，出動システムなどから構成されるのである．しかし，このシステムはまた，警察官が受ける訓練や，彼らが通りでどう対応するかを導く，公式・非公式のシステムからも構成されるのである．重要な点は，組織の生産プロセスは，その技術と，その文化の組み合わせなのである．

リー・ブラウンが就任した時，ヒューストン警察の技術と文化は明確な形を有し

ていた．技術的システムは，スケジュールシステム，通信システム，そして，警察官が何をでき，何をしてはいけないかを記したマニュアルからなっていた．またその文化の面では，ヒューストン警察はその仕事を，凶悪な街路での犯罪をコントロールするという文脈で理解し，整理していた．その特色は，技術的専門性と積極性の組み合わせにあった．[75] 彼らは要請の電話に応え，犯罪が起きているかを判断し，適当な場合容疑者を逮捕した．彼らは，警察の個々の，また，全体としての成功を，逮捕によって見ていた．

　組織の表象的な文化の下には，より隠された，水面下の文化が存在する．このレベルでは，警察はその任務を，ヒューストン市の良い人々を悪い人々から守るという意味で理解していた．ヒューストン警察は汚れた仕事をしなければならないことを理解していて，また，市民は誰も，実際にその汚れ仕事がどのように行われているかを知ろうとはしていなかった．警察は，市民の良心に訴えるため，街頭では大きく異なる行動をとりつつも，規律ある専門集団という魅力的な顔を示す必要があったのである．[76]

　この水面下の文化はある程度，警察がその業務運営を代表させようとしたやり方と，実際に彼らが街頭で直面した状況とのミスマッチから生じている．生産ライン方式の行政システムを，その業務環境が本質的には機能別配置である組織に押し付ける努力は，組織全体に対して大きなストレスを発生させていた．上司は時には，一般大衆の目に触れないようであればルール違反を見逃していた．しかし，その違反が公になると，警察の管理職は自分たちの評判を守るために，違反を摘発したのである．

　そのような世界において，警察官たちは極めて脆弱であると感じていた．それは，彼らが路上で出くわす者たちに対してのみでなく，自分たちの上司たちに対してもであった．彼らは次第に冷笑的になり，自分たちが何をすべきで，なぜそうすべきかについての，完全に異なる理解を生み出していった．そして，統制のための公式の仕組みはますます意味がなくなっていったのである．

　ヒューストンとそれ以外の地域でも見られる警察文化もまた，警察の政治とコミュニティからの独立を強調した．法の代理人として，警察官たちは自分たちをコミュニティから離れた，別のものとして考えた．彼らがもつ自分のイメージは，自分たちをコミュニティの中に置くのではなく，コミュニティの上から，法を押しつける者として投影していた．

　ある程度，このような独立性への警察文化のコミットメントは，公式な警察業務の理想と合致していた．警察は40年間の苦闘の末に，自分たちを政治から切り離し，

224　第Ⅲ部　公的価値の提供

自分たちの正統性を中立的な法の適用と，自分たちの技術的専門性に見いだすことによって，警察における汚職という傷から解放されたのである[77]．さらに，警察が局外者として法を執行することに社会が依存する場面も多くあったのである．例えば，人種別公立学校の統合を助けるよう求められた時や，妊娠中絶合法化反対のデモを守るよう求められた時である．それはまさに，警察のプロフェッショナリズムであった．

　しかし，独立し，自立し，力強くありたいというこの希望はまた，警察文化の暗い側面にも根ざしていた．警察は社会から孤立していると感じていた．その複雑なスケジュールと，その独自の経験によって切り離されていたと感じていたのである[78]．彼らは社会の他の多くの人々よりも，より多くの苦しみや，悪を見ていた．そして，彼らの目からすると，それこそが彼らを区別するものであったのである．彼らはまた，暴行者による攻撃だけでなく，市民や自分たちの管理職からスケープゴートにされることで，極めて脆弱な立場にあると感じていた[79]．自分たちを守るために，彼らは一体になるしかなかったのである．これらが全て，警察とコミュニティの間の壁を作っていったのである．

　しかし，自分たちをコミュニティから離れた存在として見るにあたって，彼らは警察業務が究極的にはどれだけコミュニティとの密接なつながりに依存しているかということを見過ごしていた．警察の成功はコミュニティが発生した犯罪について知らせてくれて，犯罪者を特定するのを助けてくれることにかかっていたのである．警察業務はまた，市民が犯罪の対象になりにくいように行動することにもかかっていた．何よりも，警察業務は市民が警察の存在に対して，安全かつ安心感を感じるかどうかにかかっていた．それがなければ，警察は恐怖を緩和し，強くしっかりとしたコミュニティを築くという目的を達成できなかったのである[80]．

　このように，警察部門における生産プロセスは，街頭における警察官の行動を動機づけ，方向付ける文化に組み込まれた，複雑な技術から構成されていたのである．認識される警察の価値は，警察官が遭遇する多様な環境に適応する能力と，その運用について説明する能力に根ざしていた．彼らは国家権力の公平かつ効率的な行使に加えて，資金の効率的な利用について説明責任を負っていた．警察はこれに加えて，住宅公社のように，その目的とする結果を生み出すために，その顧客に本質的に依存していたのである．

行政管理システムを通じた運営管理

　重要な目的が達成され，価値のあるサービスが提供されるために，マネージャー

第6章　公的セクターにおける生産の再構築　225

たちは組織の活動を活性化させ，導いていくために，行政管理システムを用いなければならない．主要な行政管理システムとは，（1）組織に雇用されている者の権限，責任及び説明責任の範囲の画定（組織構造），（2）組織が主要な政策決定を行い，再検討するために用いる検討プロセスの立ち上げ（戦略計画（策定）システム），（3）組織の主要な方針，政策プログラム及び手続きの策定（組織技術），（4）従業員の採用，選抜，訓練，評価，報酬及び昇進（人事システム），そして（5）組織の資源の利用，活動レベル，そして業績についての情報を作成し，報告すること（マネジメント情報及び統制システム）である．組織の生産活動の価値を向上させるためにこれらのシステムをどうやって使うかという戦略的な視点は，これらの行政管理システムを一体としてみるとともに，これらが組織の全体的な戦略にどう貢献しているかを評価しなければならないのである[81]．

ボストン住宅公社（BHA）の行政管理システム

　裁判所の管理下に置かれた時，BHA は一般的にその効率的な業務のために最も適していると考えられる形で構成されていた．当初，BHA の業務は主に，特定のプロジェクトにおけるゼネラルマネージャーを務めていたプロジェクトマネージャーたちによって導かれていた．彼らは維持管理，入居者選定や退居要請，家賃回収，全体的なコスト管理を含む多くの機能を担っていた．彼らはしばしば自分が管理するプロジェクトの住宅に住んでいた．彼らの活動は上のレベルの管理職によって，緩やかにしか監督されておらず，彼らの業績についてはほとんど情報が集められていなかった．

　結果的に，このような BHA の運営方法は十分に体系化されていないと批判された．BHA の監督者と BHA 中央の管理部門は，プロジェクトにおける共通の機能を集約化することによって効率性が向上すると判断した．全ての住宅プロジェクトに独自の配管工，ボイラー修理工，入居者選定担当者を置く必要はなく，これらの業務は必要に応じて出動する集約化された担当者によって行うことができる．さらに，これらの機能を集約化することによって，一貫性も向上するだろう．あるプロジェクトが，例えば維持管理に熱意のあるマネージャーを有しているからといって他のプロジェクトよりも有利になることはなくなる．そして，機能の集約化によって，それぞれの機能別のマネージャーが自分の担当する機能の質と一貫性を確保することについて責任を持つことによって，説明責任をも向上させるように思われた．

　これらの考えのもと，BHA のマネジメント層は個々のプロジェクトマネージャーから，専門化された中央の組織に機能を移すに至った．集権化されたユニットは個々

のプロジェクトについて理解することは求められず、少なくとも理論上は、全体の
プロジェクトに渡ってある機能をどのように動かすかを知ることに特化することが
期待された。しかしこのシステムは実際には期待されたようには動かなかった。プ
ロジェクトマネージャーの力が弱くなるにつれて、BHA の組織は住宅プロジェク
トにおける全体的な生活の質について責任意識を失っていったのである。スタッフ
は、それぞれのプロジェクトをコミュニティと見るのではなく、動かすべき機能の
集まりとしてしか見ていなかった。中間管理層や従業員は暗黙的に、住宅プロジェ
クトに住む顧客に対応することよりも、中央のマネージャーを満足させることの方
が大事と感じていた。

　さらに悪いことに、集権化されたオフィスが機能するための他のシステムはどれ
も実現しなかった。入居者選定に関する方針は存在せず、維持管理の状況について
の有益な情報も何もなかった。労働組合との交渉の結果である人事方針は、既存の
従業員にモチベーションを与えることや、配置転換させることを難しくしていた。
このようにして、BHA の行政管理システムは、従業員にそのミッション達成に向
けて大して貢献していなくても、収入を得続けることを可能としていた。実際、
BHA の行政管理システムにおいて、従業員によるミッションの**達成**を重視してい
るものはほとんど何もなかった。

　また、BHA の集約化された、機能別の構造は、BHA から何かしてもらおうとす
るときの、個々の、またコミュニティとしての入居者の苛立ちの原因にもなった。
もし個々の入居者が、何かを修理してほしいとき、また、隣人の素行に苦情を申し
立てたいとき、彼らは誰かわからない中央の事務局に報告を提出し、行動が取られ
るのを待たなければならなかった。住宅プロジェクトにおいて効果的な行動を起こ
すため、入居者グループを組織することも容易ではなかった。というのもやはり、
プロジェクト単位で話をできる相手がいなかったからである。彼らは対応を求める
ために中央の組織に連絡しなければならなかったが、その中央組織が対応してくれ
るかどうかはわからなかったのである。

　全ての重要な機能が集約化されてしまったため、BHA の入居者が実効的に対応
を得られる唯一の方法は、市全体の入居者グループを組織することしかなかった。
それは困難な取組であり、達成するまでに長い時間を要した。しかし、この入居者
グループが設立されたとき、市自体が強力な訴訟の被告になっていた。そして、こ
のような形での陳情は具体的な場所における具体的な問題の解決法の立案を促すこ
とはなかった。そして、訴訟はお互いの関係を敵対的なものとしてしまった。この
結果、BHA の目標を実現するために不可欠な人々は苛立ち、BHA と袂を分かって

第6章　公的セクターにおける生産の再構築　　227

いったのである．このようにして，潜在的に価値のあるパートナーシップが崩壊したのである．

ヒューストン警察の行政管理システム

　一見すると，ヒューストン警察（HPD）は BHA と比較してはるかに洗練されているように見えるかもしれない．HPD は公式の，完全な，階層的な組織を有していた．細かく定められた方針や手続きは HPD の業務のあらゆる側面をカバーしていた．組織の業績に関わる重要な情報は総合的なレベルでも，個々のレベルでも集められ，報告されていた．これらの意味において，HPD の組織は形式化の基準を満たしていた．(82) しかし，戦略的な問題は，公式のシステムが存在するかどうかではなく，それが組織の運営を助けているかどうかということである．この２つ目の視点から判断すると，HPD のシステムははるかに脆弱なもののように思えた．

　おそらく，最大の問題は，完全な形式的なシステムの存在によって生み出される，統制という幻想にあった．外から見ると，全ては統制下にあるように見えた．紙の上に記された方針や手続きは，どのような行動が取られるべきかを特定していた．狭い統制の範囲は，緊密な監督を保証していた．厳しい規律は，警察官が非行を犯した際に執行された．

　しかし，実際には警察官は比較的ゆるい監督のもとで活動していた．この非公式の文化は警察官が任務を遂行するためにルールを逸脱することを奨励していた．ルール逸脱が発覚すると，彼らは場合によって，監督者から守られる時とスケープゴートにされる時があった．このような状況は多大なストレスと冷笑的な態度を組織の中で生んでいった．それはまた業務を執行するにあたっての創造性を，ルールからの逸脱にしてしまった．このようにして，組織の主要な生産資本，すなわち，コミットメント，能力，警察官自身の順応性は，無駄になっていった．

　さらに，BHA と同じように，ヒューストン警察は，集約的な機能別構造によって目標達成を制約されていた．BHA のように，当初，都市部の警察の組織は地理的に分散していた．地区司令は地域における警察の長のように活動していた．しかし，この分権型の構造は，強力な地元の政治家が警察を私利私欲のために利用することを許してしまった．(83) 採用・昇進に関する決定は地域の政治家を支えるために腐敗していた．執行業務もまた，党に忠実な者に報い，その敵を罰するための手法になってしまっていた．

　このような不適切な政治の影響力から自身を守るために，アメリカ全土の警察組織は，機能別の集約的な組織に再編されたのである．BHA で起こったことと同様に，

228　第Ⅲ部　公的価値の提供

地区司令は次第にその機能を剥奪され，その機能は集権化された部門に移されていった．警察の権力の集権化を正当化する理由は，BHA が集権化された際の理由と全く同じであった．集権化された組織では，特定の機能を実施する際により高い能力を得ることができ，そして，それを警察全体にわたって活用することができるようになるというものであった．改革派はまた，集権化された組織は，一貫性のある，市全体での業績を実現するとも主張した．

　この組織再編によって，彼らが目指したものが達成された．彼らは地域の政治家の権力を弱体化させることができたのである．技能水準も向上した．警察の業務運営はより一貫性のあるものになった．しかし，BHA の集権化と同じように，これらの利点には対価が伴った．警察とコミュニティとの間の協力関係は崩れ始めた．綿密に練られた出動システムに投資することによって，警察は自分自身を個々の市民のニーズに縛りつけたことは確かである．しかし，個々の対応要請の電話に対応することへの関心は，より大きいコミュニティグループとコミュニケーションをとり，彼らが直面する問題について学ぶことの重要性を微妙に切り崩した．警察が**個人**に対してサービスを提供する限り，彼らは安全・安心をグループよりもむしろ個人単位で考えがちになるのである．コミュニティグループを協力者として持たない中で，警察は地域コミュニティにおけるより大きな問題に対する効果的な対応策を見つけることができなくなったのである．警察組織の中に話し相手になる者がいないことで，コミュニティグループの側としても，連帯するためのインセンティブがほとんどなかったのである．

　BHA と異なり，HPD は組織全体の業績を測るための強力な情報システムを持っていた．しかし，これらのツールは，HPD をそのミッションのある特定の見方に縛り付けることとなった．この主要な業績指標は，犯罪報告件数の水準であった．FBI の統一犯罪レポートシステムによって定義された方法によって計上されたこれらのデータは，全米の都市と，ヒューストン市内において，継続的に収集され続けた[84]．これによって，分析担当者たちはヒューストンの状況を，他の市と，また，ヒューストン市自身の他の時点と比較することができた．市民も監督者もこれらの比較を見ていたために，これらのツールはマネジメント上の大きな注目を集めていた．

　これらの措置は，HPD の組織の業務運営を重点化させる限りにおいては，目的を果たしていた．それらが HPD の組織をそのミッションの主要構成部分に集中させる限りにおいて，それらはまた望ましいものでもあった．しかし，このような利点にもかかわらず，犯罪統計レポートは3つの弱点を持っていたのである[85]．まず，この統計は，市民が経験した全ての犯罪ではなく，警察に報告された犯罪しか把握

できなかった．この報告されない犯罪についての「闇の統計」が不明なままとなっていたため，犯罪がどれだけ深刻であるか，それが改善しているのか悪化しているのか，また，犯罪がどこで起こっているのかについて，大きな不確実性が必然的に残されていた[86]．次に，警察の業績以外の多くの要素が犯罪率に影響を与えていたため，どのような犯罪水準の変化についても，警察が確証を持って説明することは困難であった．これらの変化は社会構造や経済の変化によって起きたのかもしれないし，逮捕された容疑者に対して刑事司法が適切に対応することができないために起きていたのかもしれない．第三に，この統計は警察の任務のうち一つの側面のみを強調しがちであった．つまり，殺人，強姦，強盗，傷害，窃盗などの事件の抑制である．このように，犯罪対策の役割のみを説明する測定法のために，その他の活動を通じてコミュニティの秩序や安全を向上させるために警察が果たすことのできる役割については，暗黙のうちに重要性が低くされていた．

これらのデータに加えて，警察は自分たちの業務運営について記載したアウトプット情報についても収集し報告していた．しかし，これらのデータもまた限界があった．警察は何件逮捕を執行していたか，また，報告された犯罪のうち何割が逮捕によって「解決」したかを報告していた．これらの数字は組織の活動レベルについて記録する上では役に立つ．しかし，これらの事件がその後裁判所システムでどうなったかを知らなければ，警察の業務運営の質に関する決定的な情報が欠けていることになるのである．彼はまた，「対応時間」についての情報も収集していた．しかし，この対応時間がサービスの意味のある属性なのか，それが逮捕し，事件を解決する機会と相関関係にあるのか，誰もわかっていなかった．

HPD の人事システムもまた，よく発展し，形式化され，強権的な法執行という目的によく対応していたが，組織のミッションに関する他の見方とは不完全にしかつながっていなかった．例えば，警察官の採用と選考システムは，実力を規律ある形で行使する能力を重視していた．応募者は女性に比べて男性がはるかに多かった．警察官が物理的に強制できるよう，身長の最低基準が定められていた．過去の違法行為は全て欠格事由となった．また，採用訓練は物理的なトレーニングと，法律の知識，そして，判断力や人間関係のスキル育成を重視していた．実際の経験上，採用訓練は抵抗する容疑者をどうやって地面に組み倒すか，パトカーでの追跡，そして，自衛のための発砲に集中していた．

任務に就くと，警察官の昇進には 2 つの主要なルートが待っていた．最速のルートは巡査から捜査官になることであった．警察官は逮捕（making "collar"）する際にイニシアチブを取ることによって，このような昇進の対象となることができた．彼

らは捜査官になると，給料が増え，その就業環境も飛躍的に改善した．彼らは自分
の仕事の計画をたて，自分の予定を立てるにあたって，大幅な自由を得ることがで
きた．さらに重要なことに，捜査官は市民のあらゆる全ての要求にさらされること
になる制服（仲間うちで「カバン」と呼ばれる）を脇に置いておくことができたので
ある．

　昇進のためのもう一つのルートは，監督役を通じるものであった．このルートで
は，マネジメントやリーダーシップではなく，業務に関する実質的な知識を問う公
務員試験を受けなければならなかった．パトロール部門の監督ポジションに昇進す
ると，より良い給料と，若干良い就労環境が待っていた．警察官は街頭に出なくて
もよくなったが，彼らは市民からの様々な要求や，その上司からの様々な要求に対
応しなければならなかった．

　このような人事政策は警察のパトロール業務の能力を阻害していた．最良の警察
官はパトロールから外れ，捜査部門に異動していった．マネージャーとなる者は，
警察官としての街頭での能力や，オフィスにおける効果的なマネージャーとしての
能力ではなく，試験に合格する能力で選別されていた．捜査官は組織のヒーローと
して考えられたために，警察における文化は，他のどんな価値を生む活動よりも，
犯罪対応や犯罪解決に焦点を当てたままとなった．

　総合すると，HPD の行政管理システムはよく統制され，任務に集中した組織と
しての外観を与えていたものの，それは実際には極めて流動的であり，その最も重
要な業務には不完全にしか焦点が当たっていなかったのである．集権化された構造
は地域コミュニティとのつながりを弱くし，結果有用な協力関係が生まれなかった．
統計は警察が生み出すことのできる公的価値のうち一部しか示さない目標と，その
有効性に疑問が残る業務プログラムに，警察の注意を向けることとなった．人事シ
ステムは任務に関する狭いビジョンを持った人材を採用する傾向を生み，また，組
織の主要な業務部門であるパトロールから，最高の人材と，組織上の地位を流出さ
せるという傾向を生んだ．BHA と異なり，ヒューストン警察の行政管理システムは，
組織の注意とエネルギーをあるミッションに集中させ続けた．しかし，残念ながら，
それほどまでに熱狂的に追求されたそのミッションが正しかったのかどうかは完全
には明らかではなかったのである．

革新と資本化

　組織の製品，生産プロセス，そして行政管理システムについて，組織全体の戦略
に照らして分析することは，組織が生み出すものにおける重要なギャップや，それ

が生み出される過程における不一致を特定してくれるだろう．例えば，BHA の分析は，効果的なメンテナンスの必要性と，そのような業務に求められる強固な手続きや行政管理システムの間のギャップを明らかにしている．それはまた，入居者を組織して上質なコミュニティの生活を生み出す必要性と，強い地域コミュニティの発展を助けるような組織構造の弱さとの間のギャップをも示している．HPD の分析は，組織の統制システムと，多くの警察官が勤務する環境との間の不一致を示唆している．それはまた，恐怖を緩和するためのプログラムの欠如や，市民が自分を守るために行動を起こすためのプログラムが欠如していることも示している．

このようなギャップと不一致を特定することは重要である．というのも，それがマネジメントによるイノベーションの必要性を特定するからである．ギャップや不一致はいずれも検討，計画，そして，投資の考えうる対象，すなわち，イノベーションの機会となる．このようなギャップや不一致によって示された課題に対応するに当たって，マネージャーは組織を業績の向上に向けて導いていくのである．

どれだけのイノベーションが行われる必要があるかは，組織がその政治的環境・課題環境にどれだけよく適応しているかにかかっている．もしマネージャーが破産した組織を引き継いだのであれば，彼らは多くの課題に直面するだろう．もし彼らが安定した環境においてうまく運営されてきた組織を引き継いだのであれば，一般的にいってそこまで多くの課題はないだろう．

イノベーションは一定の組織の資産を集中的に使うことを必要とするので，マネージャーはどのようなイノベーションがどれだけ行わなければならないか，大まかに知る必要がある．多くの公的セクターの組織において，従業員はイノベーションに慣れておらず，革新的なイニシアチブを実施するための判断権限は限られたトップレベルの管理職とそのスタッフだけが持っている．そのような組織において，迅速なイノベーションの動きを維持することは，組織のトップ層と，イノベーションを提案し，分析し，承認し，追跡するための組織の戦略計画（策定）システムの能力の両方に緊張を与えることとなる．

イノベーションはまた，マネージャーの従業員の忍耐力を使い果たす傾向もある．チェスター・バーナードは，マネージャーは成功するために従業員の「無関心の範囲」で活動しなければならないことを明らかにした．マネージャーは従業員に，彼らなりの組織との暗黙の契約の範囲を超えて何かを依頼することはできないのである[87]．もしマネージャーがこの範囲を超えて要求したら，従業員は抵抗し，マネージャーは失敗する．パブリックマネージャーが組織に対して依頼する最も困難なことの一つはもちろん，変化を求めることである．というのも，多くの公的セクター

の従業員は現在の業務方法に慣れて育ってきている．実際，彼らはうまく運営され，よく計画された組織の特徴である安定を，美徳としてみるようになっているのである．その結果，あまりに多くの変化によって物事が不安定になると，多くの従業員は組織の未来について恐れるようになり，それ以上の変化に抵抗するようになるのである．彼らの不安は，一定の期間の中に起こすことのできる変化の量を制約することとなる[88]．

　また，イノベーションは政治的リスクも生む[89]．初めは，メディアは単にそれがニュースになるという理由で，イノベーションに関心を持つ．実際，公的セクターのトップは時に，単により目立つためだけの理由からイノベーションを起こそうという誘惑にかられることがある．しかし，この問題は，もしそのプロジェクトが失敗した場合，メディアはしばしばスケープゴートを求めるということにある[90]．イノベーションに反対していた政治家も同じである．メディアも，政治レベルの監督者も，マネージャーが無責任であったと攻撃するだろう．彼らは国民のカネを使って**実験**を行うべきではなかった，もしそのアイデアがうまくいくかどうか確信がなかったのなら，そんな試みをすべきではなかったと．そのような背景に抗して，パブリックマネージャーはいくつかの実験の失敗を耐えることはできるが，長期間失敗し続けることには耐えられないのである．

　実行すべきイノベーションを掴むため，マネージャーはいくつかの異なるタイプを区別しなければならない．その一つは，**政策**または**プログラム**のイノベーションとして特徴付けることができる．これらのイノベーションは組織全体のミッション達成のために新しい資源の利用方法を定義する．したがって，スペンスはBHAの入居者選定方針を変更したり，住宅プロジェクトにおける若者のレクリエーションプログラムを策定したりすることができる．ブラウンはまた，恐怖に対処するためのプログラムを策定することもできただろう．

　また，**行政管理上**のイノベーションとして特徴付けられるものもある．これらのイノベーションは組織の業務運営における体系化，説明責任，統制のための新しい方法に関するものである．例えばスペンスはその維持管理部門の業績を測定するための情報システムを開発することができただろう．ブラウンはまた，パトロール部門を分権化し，地域コミュニティと強い関係を築くことができるようにすることもできただろう．

　また，**戦略的**イノベーションと特徴付けられるものもある．それは，組織の基本的な目標や，中心的な技術を再定義することを追求する．スペンスは，BHAの成功のために，より所得水準が高くなる可能性のある家族を受け入れ，最貧困層への

注力を弱めるよう判断することもできただろう．彼はこのような変化をBHAのミッションの，最も困窮している人々へ緊急の住宅を提供するということから，所得向上の可能性のある人々に移行期の住宅を提供するということに変更するものと理解しただろう．ブラウンもまた，HPDがその活動の焦点を，強権的な犯罪抑止から，恐怖を緩和し，ヒューストンの多様な地区に対するサービス提供の質を改善することに変化する必要性を見出していたかもしれない．

これらの異なるタイプのイノベーションの間には重要な関係がある．戦略上のイノベーションが成功するためには，通常多くのプログラム上，行政管理上のイノベーションを必要とする．実際，マネージャーが戦略上のイノベーションを詳細かつ具体的に思い描いた時にのみ，彼らはどのようなプログラム上，行政管理上のイノベーションが行われるべきかを具体的に知ることができるのである．後者のイノベーションは，組織の現在と，目標とする姿の間のギャップを埋めるのである．

この帰結として，プログラム上，また行政管理上のイノベーションは戦略上の変化に向けた具体的な道筋を提示してくれる．マネージャーはその新しく見定められた戦略に向けて，即座に動くことはできない．彼らは特定の，具体的な措置を講じることによってのみ動くことができるのである．それは通常，行政管理上，またはプログラム上のものとして特徴付けられる，より小さなイノベーションなのである．

これらの小規模なイノベーションはそれが新しい戦略につながるから採用される時と，単にそれが現在の業務運営上の問題を解決してくれるように見えるから採用される時があることに注意しなければならない．時には，現在の業務運営上の課題を解決してくれると思って採用したイノベーションが，突然，マネージャーに全く新しい戦略を考えることを可能にする，新しい視界を広げることもある[91]．

小規模なイノベーションはまた，多かれ少なかれ，新しい戦略への移行のために必要となる変化を刺激するための触媒ともなりうる．あらゆるイノベーションはそれが導入される組織に対して，第二波，第三波の影響を及ぼす．時にはこれらの影響は新しい戦略に向けた組織の動きを加速させる．また，時にそれは組織を押し戻すこともある[92]．力強い触媒と，比較的無力なイノベーションとを区別することは，大きなチャンスを迅速にものにしたいマネージャーにとっては極めて重要である．

戦略上のイノベーションのうち特に重要なものの一つは，組織を新しい目標や手法に向けて動かすだけでなく，組織が将来学習やイノベーションを行うための能力を向上させるものである[93]．ある程度，組織における大きな変化はどれもこれらの効果をもたらす．組織は新しい戦略への移行によって求められる多くの変化を生み出さなければならなくなると，その組織はどのように高い水準のイノベーションを維

持できるかを学ぶこととなる．これらの「筋力」が集中的に使用されるのである．
しかし，ある種の組織構造が，その組織を学習に対して積極的にさせるのかもしれ
ない．そのような構造とは基本的に，組織を多くの外部の刺激に晒し，多くの分権
化された意思決定を許容し，そして，組織の業務遂行のために従業員を多くの異な
るユニットにチーム化するものと考えられる．規則やルールよりも，価値や業績に
よって導かれる組織のほうが，このようなオープンさを維持するのに最も長けてい
ると思われる．

　何れにしても，組織の運営戦略はしばしば一定程度のイノベーションを必要とす
る．そのイノベーションは行政管理上のものであったり，プログラム上のものであっ
たり，また，戦略上のものであったりする．計画がより野心的であるほど，また，
組織を取り巻く環境がより切迫したものであるほど，イノベーションの必要性は高
まる．この視点からすると，BHA と HPD は一見すると大きく異なるように見える．

BHA におけるイノベーション

　BHA が直面した問題は，いくつかの単純な行政管理上のイノベーションによっ
て解決できるかのように見えた．本質的には，この組織はモラルが低下し，経営が
失敗しているように見えた．したがって，スペンスは基本的な業務運営を改善する
方法を見つけなければならなかった．それは，現代化基金を放出し，建物を改修し，
維持管理の質とタイミングを改善し，入居者選定と退居の方針を厳しくし，そして，
家賃回収を強化することである．

　しかし，これらの業務運営上の問題の背後には，戦略上の問題が隠されていた．
スペンスは，住宅プロジェクトは公的価値を無駄にするのではなく，それが保存さ
れる，魅力的なコミュニティであるということを明らかにすることで，公的住宅に
対する市民とその代表者たちのコミットメントを再構築するための方法を考えなけ
ればならなかった．そのため彼は最も劣悪な住宅プロジェクトのうちいくつかを閉
鎖するとともに，BHA の戦略をボストン市の最も困窮している市民への住宅提供
から，若干暮らし向きの良い人々へのサービス提供に変えることを考えることを求
められた．このような変化は BHA の政策と手続き上，より大きな適応を必要とし，
また，現在のものとは異なる方法で，授権環境と関わることを必要とした．

HPD におけるイノベーション

　ヒューストン警察もまた，業務運営上の問題，特に，実力と権力の行使のあり方
について，問題を抱えていたと表現することができるだろう．おそらくそれは，訓

練プログラムの改善や，過剰な実力行使について非難されている警察官を特定するための新しい行政管理システムによって解決することができただろう．

しかし，ヒューストンにおいては，戦略上の問題がより明らかであった．ブラウンが直面した本質的な問題は，彼がヒューストンを過去と同じように取り締まるか，それとも伝統を打破して，新しい，まだ試されていない戦略，すなわち，恐怖や無秩序といった問題を，効果的な犯罪抑止と同じ程度重要視し，ヒューストンのコミュニティとより効果的な協力関係を発展させ，そして，巡査官自身の主体性や能力をより活用できるように組織の管理手法を変更するような戦略を追求するかどうかというものであった．

そのような変化は，組織の文化や方向性について，はるかに本質的な変化を必要とするものであった．それは，組織の行政管理システムの具体的かつ特定の変化によって追求することもできたであろう．それはまた，組織の業務運営に関する無数の詳細の規定によって表現されただろう．しかし，これらの変化はあまりにも膨大であるために，それは単なる行政管理システムや業務運営上の変化ではなく，戦略の洗い直しとなるのである⁽⁹⁷⁾．

マネージャーは，より価値の高い戦略を追求するためににどれだけのイノベーションを行わなければならないかを測ると，彼らはその目標を達成するためにどれだけの資本増強が必要になるかを計算することができる．目標が高ければ高いほど，より多くの資本が必要になるのである．

公的セクターでは，資本増強は様々な形で現れる．明らかに，新しい資金は一つの資源である．新しく権限が認められることもまた同様である．しかし，最も重要なのは，おそらく一番資本の形が明らかでないものであろう．それは，失敗に対する政治的寛容である．このような形の政治的資本は政治マネジメントの実行を通じて，授権環境から与えられる．

もう一つの資本は内部にある．ある行動のための新しい資源や新しい能力はしばしば，組織に存在する「余裕」の中から見つかることも多い⁽⁹⁸⁾．もしマネージャーが現在の資源を再編する手段，通常は古いコミットメントを流動化し，解放された資源を新しいイニシアチブに振り向けることによる，を見つけることができたなら，さらなる資源を生み出すこともできる．残念ながら，このような取組は一般的に，強力な内部の抵抗にあう．ある特定のプログラムや行政取り決めを生み出すために力を注いだ人々，また，これらのプログラムの存続に自分のキャリアがかかっている人々は，組織の予算について自分たちの主張を諦めようとはしないのである．またこのような人々は新しい機能に自分たちの努力を振り向けようともしない．

このような内部の抵抗は外部の政治的圧力によって克服することができる．過去の経験からすると，組織における最も下位のマネージャーは，それが絶対的かつ議論の余地なく必要にならない限り，組織の資源に対する自分たちの要求を諦めることはない．彼らは変化に対する要求が不可避とならない限り，そのエネルギーや努力を別の方向に向けることはない．このような理由から，彼らはその上司からの変化を求める要求に対して，はじめは疑惑と暗黙の抵抗を持って対応するのである．彼らはその上司を**通して**，マネージャーが提示する変化の要求がどれだけ強力で持続的なものかを判断するだろう．上司による行動と，政治の世界からの支援から見た変化の要求の強さは，時間をかけてしか明らかにならないのである．

BHA と HPD の事例において重要かつ興味深い特徴の一つとして，新任のマネージャーであるスペンスとブラウンは当初，大幅な柔軟性を持っていたということが挙げられる．この柔軟性はまさに彼らの組織の弱さ，すなわち，明らかな，また，暗黙の破産宣言から生まれたものである．他の破産の事例のように，新しいマネージャーは比較的自由に業務運営を再編することができた．古くからいたマネージャーのうち何人かは離れて行った．彼らがいなくなったことで，部下たちの期待は動揺し，マネジメントのイニシアチブに対応しようという意思を高めた．

このような見方はブラウンよりもスペンスの方がよりよく当てはまるだろう．結局，スペンスの事例では，組織は公式に無能と宣言され，数年の間トップマネジメントなしで運営されていた．ブラウンの事例では組織はいくつかの過ちを犯していたが，引き続き幅広い支持を得ていた．さらに，最上層部のマネージャーは誰も離脱していなかった．実際，4 人の過去の長官はブラウン長官の下で主要な地位に就いていたのである．

しかし，将来外部からの支援を動員する機会を考えるにあたっては，この状況はむしろ逆となる．スペンスは公営住宅の新しいミッションに対する熱意を生み出すという困難な課題に直面する．彼は BHA の状況は改善し始めているという安心感を生むことはできるだろう．しかし，新しい幅広い支持層がその事業についてくるかどうかを予測することは難しい．これと対照的にブラウンはヒューストンの多くの市民にとって魅力的となりそうな警察のビジョンを持っていた．その魅力は，彼の組織が急激な変化を必要とするかどうかを判断しない中でも，成功を可能とするかもしれなかった．

分析から介入へ

この，2 つの組織における運営上の問題と機会についての評価は，業務運営を行

うマネージャーが，その組織における生産活動の変革を通じて価値を生み出す機会に敏感になることを目的としている．この評価はマネージャーが具体的な機会を実現するために具体的に何をすべきかという問いへの答えは示さないが，それは何に価値があるかについての手がかりを与えてくれる．マネージャーが業務運営上の価値を実現するために何をすべきかを学ぶために，我々はどうやって戦略的ビジョンを実施すべきかという問題に進もう．これが，第7章のテーマである．

第7章　実 施 戦 略
──運営マネジメントの技法──

　組織戦略の変化を遂行するために，マネージャーは一連の具体的な行動を起こさなければならない[1]．彼らは組織に対して単に新しい目標を追求せよと命じることはできず，また，その目標を達成するために新しい運営プログラムを考案しろと単に命ずることもできない[2]．組織の行政システムでさえ，ペンの一筆を持って変えることはできないのである．そうではなく，彼らは具体的かつ特定の行動を通じて，組織を新しい目的に向けて突き動かしていかなければならないのである．それには，新しい目的を伝える行動，組織外の支持を構築する行動，業務運営方法を再構築する行動，そして，部下の責務と説明責任を再構成する行動が含まれる．

　しばしばマネージャーは，戦略的な行動とは，マネジメント研修や，正式な予算システム，大規模な組織再編などの過程で生まれ，計画的に行うものであると信じている[3]．しかし，現実はそうではない[4]．多くの戦略的問題は，メディアや政治レベルの監督者が行政運営に関心を持った時にマネージャーを飛び越えてやってくる課題の波や，彼らのメールボックスに堰を切ったように流れ込んでくる課題の波から，機会的に引き抜かれるのである[5]．重要なことに，そうやって，良い戦略マネージャーは単に行動を計画することだけでなく，予期せぬ機会が訪れた時にどうやってそれを活用するかをも学ぶのである．

　第3章で私は，この混沌とした世界の中で合目的的であり続けるための重要な手段は，細かい戦略計画を作るのではなく，広い戦略的方向性を考えることであると示唆した．この方向性は，政治が，また組織が，思い描かれた価値を達成するために果たすべき主要な業務を特定できるだけ具体的でなければならない．しかし，私はこれらの任務を計画的な行動と即興的な行動両方によって取り組まれるべき一般的な問題と特定した．もし物事がうまく行って，マネージャーが賢明で，素早く，そして運が良ければ，マネージャーがとる個々の措置は，それが計画的なものであっても，それが機会的なものであっても，次にとるべき措置を形作ることを助け，それによって効果が増幅されるのである．限られたケースでは，マネジメントによる一連の介入が積み重なって，非常に珍しい組織上の現象を生むことがある．それが，組織戦略の実際の変化である．これが実務上のどのような形をとるのかを見るために，スペンスとブラウンが戦略的ビジョンを実現するために取った行動を見てみよう．

スペンス——ボストン公営住宅の再建

　ギャリティ判事は1979年10月，ボストン住宅公社（BHA）を管理下に置く命令を発した[6]．その直後，彼はスペンスを裁判所が指名する管財人に選んだ．BHAによる控訴は1980年2月まで終審しなかったため，スペンスはBHAを引き継ぐ準備のために丸々3か月を使うことができた．

道筋をつける

　スペンスは与えられた時間を2つの主要な任務を遂行するために使った．まず，彼はその説明責任の条件をギャリティ判事と交渉して，マンデートを固めた．そして，彼は中枢のマネジメントスタッフを採用した．

　スペンスはギャリティ判事と共同で，彼の正式な「任命書」を起案した．このマンデートの最終版で判事はスペンスに，「入居者の原告団に救済を提供すること」を命じた．このために彼には，「BHAの資産，資金及びスタッフを指揮し，統制し，マネージし，管理し，そして運用する完全なる権限」が与えられた[7]．

　彼の説明責任を維持するために，スペンスは判事に対して半年ごとに進捗報告を提出すること，また，管財を継続すべきかどうかを判断するために毎年行われるヒアリングに出席することに合意した．スペンスはまた，彼とギャリティ判事にBHAの進捗についての独立した視点を提供するために，学識経験者，入居者，ボストンの事業者団体からなる住宅諮問委員会を設立することにも合意した．

　そして，スペンスとギャリティ判事は，スペンスがBHAと裁判所による公営住宅の状況改善のための取組についてのスポークスマンになることを合意した．これらの手段を通じて，スペンスは重要な結果を提供するためにその任務に就いた．彼はこの立場を喜んで引き受けた．

　新しく定義された義務の遂行を助けるために，スペンスは彼の仕事上の仲間の中から，小規模なマネジメントチームを採用した．彼はキャロル・ガットを秘書に，ケイ・ギブスを執行補佐官に，ハワード・コーエンを首席顧問に，ロッド・ソロモンを特命プロジェクト担当に，そして，デビッド・ギルモアを業務運営担当代理として採用した．ガット，コーエンそしてギルモアとは過去に一緒に働いたことがあった．スタッフ採用にあたってスペンスは，「忠誠心がまず第一だった．能力についてももちろん大きな心配を持っていたことは認める……．しかし，私は彼らが，絶対的な信頼に値する人間であるとの確信が欲しかったのである[8]．」

　そして，彼の正式な任命の前夜，スペンスはその支持を必要としていた何名かの

主要な人物に対して電話をかけた．それは，BHA に対して州政府の資金を提供していたマサチューセッツ州コミュニティ・開発局のバイロン・マティース次官，BHA に連邦の資金を提供していた連邦住宅都市開発省のニューイングランド地域局のマービン・シフリンガー局長，そして，BHA の職員の大多数を代表する 2 つの労働組合である．チームスター（組織の現場マネージャーを含むホワイトカラーの代表）と，土木建築労働組合（BHA の維持管理業務を担う技能職人の代表）の委員長であった．スペンスはこれらの人物それぞれに対して，自分が BHA の管財人として任命されようとしていること，また，彼らと建設的に協力していきたいということを伝えた．

スタッフに対する挑戦

翌朝10時，スペンスは BHA の管財人として，初の幹部スタッフミーティングに臨んだ．彼は幹部たちに対して，自分の所管する業務について報告を準備し，その主要なスタッフについての評価を提出するよう求めた．

次のミーティングにおいて，スペンスは BHA の業務運営について深く手を入れた．彼は長い待機期間の間集めた山のような書類にしっかりと目を通していた．長い間無視されていた問題に光が当たり始めた．管財人の事務所から，継続的に政策メモが流れ出すようになった．

スペンスはまた，現場でもプレゼンスを発揮するようになった．少なくとも週 2 回，彼は抜き打ちの現場視察のために住宅プロジェクトを訪れた．彼は月 2 回の定期的な幹部会議を開催し，そこでは BHA のマネージャーは自分たちの活動，課題及び達成状況について報告を求められた．

これらは全て BHA の業務とその人々との積極的な関与につながっていった．そして，このような関与によってスペンスは「その権限の範囲内のほぼ全ての問題」について注意を払うこととなった．また，これによってスペンスは BHA のスタッフの能力，エネルギー及び傾向について評価することが可能となった．最も重要なこととして，これらの接触を通じてスペンスは業績の基準を設定し，執行することが可能になったのである．彼は次のように述べている．「2 日目には，私は文書を差し戻して，『書き間違いがある』というようなことをやっていた．BHA の組織はあまりにもたるんでいたので，このようなことが基本だったのである．BHA には何も基準がなかった．……見方によっては，これは瑣末で馬鹿げたことかもしれない．しかし，『これが我々の業務の質を表していて，そしてそれはクズである．』とも言える．」[9]

業務の水準と職員の説明責任を適正化しようというコミットメントを強化するた

め，スペンスはさらなる取組を行った．彼は公式の譴責文と表彰文を起案し，人事フォルダに保存した．組織の他の者たちから長い間「クラシックなタイプの生存者」として見られてきた二人のマネージャーが，懲戒処分の対象となったのちにBHAを離れた．彼らの退職はさらなる大規模な離脱の発端となった．6か月の間に，BHAの全ての上級職員が退職した．

組織再編

　彼らの退職によって，スペンスは，組織を主要な任務に向けて集中させること，また，彼の主要な部下の能力を引き出すことという2つの目標達成に向けてBHAを再編する機会を得た．一つの戦略的な手として，スペンスは建設マネジメント部を計画・再開発局から引き上げ，彼に直接報告する独立の部門とした．この変更は，BHAの劣化していく住宅プロジェクトの物理的状況を目に見える形で改善することが，彼が直面している最も緊急の課題であるという，彼の判断を反映していた．この変更はまた，スペンスが，ロバート・ティエニーという第1級のマネージャーを採用し，この取組を率いさせることを可能とした．スペンスは彼についてこう述べている．「彼のような能力を持った人物を，あれ以上低い地位の仕事で，あれ以上低い賃金で得ることができた試しはない．[10]」

　二手目としてスペンスは，入居者管理課を，業務部から切り離し，デビッド・ギルモアを業務運営担当の特別代理に任命した．ここではスペンスは，入居者選定の重要性を，彼が長期的に重要と指摘した他の二つの機能，すなわち安全・安心の確保と維持管理，に対するギルモアの固い統制を確立することの重要性よりも低くすることを追求した．スペンスの頭の中では，安全・安心の確保と維持管理の問題は究極的に，組織が直面する最も重要な課題であった．しかし，これらは建設工事や入居者の選定と比べて解決に時間がかかるので，スペンスは彼の首席補佐官に，これらの大きな長期的問題に取り組むことを求めたのである．また彼は，この仕事について，邪魔が入らないようにしたかったのである．

支持の構築と資源の誘致

　これらの組織上の変化によってスペンスはBHAのために外部の政治的支持を動員することに注力することができるようになった．住宅プロジェクトの惨憺たる状況に対して幅広い注目が集まったことで，政治分野でもこの問題に対する積極的な関与が生まれた．スペンスがBHAの業績を改善する方向性を示すことができれば，多くの人々が彼に助けの手を差し伸べてくれそうだった．

242 第Ⅲ部 公的価値の提供

スペンスはこの挑戦に対して，すなわち，精力的に，決意を持って，そして楽観的になることで，ある程度シンプルに対応した．さらに，ロバート・ティエニーが現代化事業（次に示す）を早期に成功に導いたことによって，BHA で何かが起きているという具体的な証拠を示すことができた．これらによって彼らは組織の将来についての確信を生み出すことができたのである．

このような政治的支持を維持するために，スペンスはマサチューセッツ州議会の要求に対して十分注意を払った．スペンスはジョン・ウォシェックを特別補佐官に任命し，政治リエゾンの担当とした．彼はもともと1978年に計画担当者として採用されていた．過去，BHA はパトロンを見つけることを通じて議会の支持を構築していた．新しい体制のもとでスペンスとウォシェックはこのような古いアプローチを，「最高の情報サービス」によって代替しようとした．その基本的な考え方は，議員の要求に対応するのではなく，彼らが関心を持った事項について情報提供を続けるというものであった．ウォシェックの「最高の情報サービス」は寛大な予算割り当てという結果につながった．1980年の D 通りプロジェクト補修事業には20百万ドル，1981年の現代化事業には 8 百万ドル以上の補助が提供された（そうした補助は1977年以降初めてであった）．

また別の信頼感を表すものとして，議会は BHA に建設工事の契約について大幅な裁量を認めた．BHA は長い間，「分割調達要求」(filed sub-bid requirement) という，小規模な下請け企業が公共工事の契約を受注できるよう，大規模な建設工事を小規模に分割することを求める煩わしい調達ルールの適用除外を求めていた[11]．この規則はもともと競争を拡大し，公平性を高めることを目的としていたが，同時にそれは事業全体を引き受けることのできるチームをまとめようとする発注者の努力を妨げるという，望ましくない効果も持っていた．発注者はまた，すでに入札に参加している下請けを使わなければならなかった．その全体的な効果として，建設工事の進捗は遅くなり，コストは上昇した．

スペンスとウォシェックの体制下で，議会は最終的に BHA の大規模事業をこの負担の多いルールから適用除外することに合意した．ウォシェックはこう回顧している．「それは主要な政治的勝利であった．……それは重要な法制であった．下請け企業たち（よく組織され，共闘していた）と労働者たちはあらゆる手を尽くして我々と戦った．……あのような状況下では，我々の議会との関係はとてもよく機能したと思う．」[12]

同様に，スペンスは連邦政府に対するロビー活動を効果的に進めた．任命から半年の間に，スペンスは13.5百万ドルが，BHA の 6 つの最も状態の悪い住宅プロジェ

クトを「安定化」させるための現代化基金に割り当てられたことを発表した．さらに，HUD は BHA に対して，未使用だった開発基金を新しい資金と組み合わせて，26百万ドルの資金プールを生み出すことを認めた．これは，BHA のもう一つの老朽化していたプロジェクトの一つであるフィデリス通りプロジェクトの大規模修繕のために使うことができた．

　しかし，1981年にレーガン大統領が就任すると，スペンスは連邦政府に今後あまり期待できないと感じた．実際レーガン政権は HUD による地方自治体への運営補助金を予算年度1981年には15％，1982年には30％削減することを目指した．「連邦レベルでの効果的なロビイングの方法がない」と判断したスペンスは，大規模公営住宅機関評議会（CLPHA, Council of Large Public Housing Authorities）を設立した．1982年3月，スペンスは CLPHA のスポークスマンとして，上院金融・住宅・都市問題委員会の住宅分科会において証言を行った．スペンスは HUD による運営補助金の上限案について「公営住宅に対する全面的な崩壊をもたらす」と述べ，もし HUD がこの方針を押し通すならば，「数年間のうちに，低所得者層の人々のシェルターとなる公営住宅がアメリカからなくなってしまうだろう」と締めくくった[13]．

　スペンスのロビー活動は実った．1981年と1982年の両財政年度に議会は連邦の補助金を適正な水準に維持するための追加の資金を承認した．のちに HUD が事務的に補助金を削減した時，CLPHA は訴訟を提起して勝ち，HUD が割り当てられた予算を執行するよう強制する法律の成立を支援した．

　スペンスはロビー活動の成功を CLPHA のおかげとした．CLPHA は，民間団体からの助成によって，フルタイムで研究とロビー活動を行う組織に成長していた．他の人々はスペンス自身の成果だとした．元裁判官補助官（court-appointed master）のロバート・ウィレスレーは彼に敬意を表して，「（スペンスは）この件についてとても素晴らしいアメリカの指導者であった．……彼は多くの支援資金を集めた．……（しかし，）シカゴの人々はもっと多くのものを受け取った．スペンスのおかげで[14]．」

作戦1：住宅ストックの再建

　新しい資金と，契約発注の柔軟化により，ロバート・ティエニーは BHA の老朽化した住宅の再建のための手段を手にすることができた．問題はどこから始めるかであった．スペンスとティエニーはこれらの資源を2つの戦略的目標を進めるために用いることを決めた．

　まず，彼らは BHA の最大かつ最も空室率が高く，最も老朽化の速度の大きいプロジェクトを安定化させることを追求した．この安定化は，3つの段階により進め

られた．まず，最も状態の悪い建物に住んでいる家族は比較的状態の良い建物に引っ越すこととなった．空いた建物は閉鎖し，入居者を移動させた先の建物は新しい配管や暖房によって改善された．

一つの視点からは，この安定化プログラムはBHAのマネジメントと，顧客の生活を改善したと言える．住民は空室率の下がった住宅プロジェクトに住み，改善された配管や暖房を得ることで利益をえた．BHAは維持管理業務を簡素化することで利益をえた．

しかし，もう一つの視点からは，この安定化プログラムはBHAの潜在的な顧客を傷つけている．空いた建物の封鎖によって，多くのアパートが利用できなくなった．疑いようもなく，その多くはいずれにせよ空室のままとなっていたはずなので，大きな損失ではなかった．それでも，この安定化プログラムによってボストン市の公的住宅の数が減ったことによって，潜在的な顧客の一部に住宅が提供できなくなったのである．

次に，スペンスとティエニーは再建，すなわち，特定の住宅プロジェクトの大規模修繕に集中した．3つの住宅プロジェクトが重点的に対応された．一つはD通りプロジェクトで，入居者の大多数が白人のプロジェクトであり，上院議長のウィリアム・ブルガーの子飼いのプロジェクトであった．実際，スペンスの任命のすぐ後，マサチューセッツ州議会はスペンスの大した努力を要せず，D通りプロジェクトの改修のための資金を認めた．人種的バランスを維持するために，議会はフランクリンフィールドプロジェクトにも同じように資金を認めた．これはドーチェスターにある主に黒人が入居する住宅プロジェクトであった．さらに，既に述べたように，スペンスは連邦政府と交渉して，人種的に混ざり合った住宅プロジェクトであるフィデリス通りプロジェクトのために，25百万ドルの資金プールを作っていた．

再建の対象としてこれらのプロジェクトを選定するにあたって，スペンスは，BHAの業務運営を通じて達成すべき主要な公的価値が何であるかを示唆した．ブルガーとの取引によって，スペンスは自分が政治的に影響力のある白人層の利益のためにBHAの資産を使うことに反対ではないものの，BHAがマイノリティ貧困層に住宅サービスを提供することについて強い決意を持っているということを示した．フィデリス通りプロジェクトへの重点的な取組は，スペンスがコミュニティの組織化，特に人種の混じったコミュニティのそれを重視しているということを示した．彼はこう説明している．「私は，ボストン市全体に対して，フィデリス通りのように住民グループが協力して，あのような計画を立てて，そしてBHAのスタッフと十分協力すれば，そこに資金が投入されるということを示したかった．」[15]

作戦２：治安の強化

　BHA の最も状態の悪いプロジェクトの一部を安定化させ，再建させた建設事業によって，BHA は成果を出しているという明確な証拠を提示した．しかしスペンスは，物理的な利益は，住宅プロジェクトにおける治安が改善されて初めて維持されるということを理解していた．1981年４月のスピーチ（後日ボストングローブ紙署名入り論説欄に掲載された）においてスペンスは，「我々のプロジェクトの住民の中での秩序とコミュニティの崩壊」を，解決されなければならない主要な問題として指摘した．彼の見方では，問題の多くは，警察や公営住宅当局自身のような「責任を持って秩序を維持する当局」の撤退によって生じていた．その証拠としてスペンスは，警察が問題のある住宅プロジェクトに立ち入ることに消極的であること，また，公営住宅当局が家賃債権を執行しようとしていないことを指摘した[16]．

　これらの問題を解決するため，スペンスはボストン警察に，BHA の警備員とともに「警察チーム」を編成し，BHA の最も治安の悪い住宅プロジェクトを巡回することを提案した．ロビー活動は成功し，スペンスと入居者政策評議会（BHA に対する裁判の原告団）は，この目的のために，復讐心の強いケビン・ホワイト市長の反対を乗り越えて，ボストン市のコミュニティ開発交付金から２百万ドルを確保した．1981年５月には，ボストン市警と，23人の文民捜査官が BHA の13の最も犯罪率の高いプロジェクトの巡回を開始した．

　スペンスはまた，BHA が問題のある入居者を退去させる能力を強化することを決めた．これは一方では法務スタッフの力をこの問題に振り向けること，もう一方では新しい広範な権力を追求することからなっていた．彼の法律顧問であったハワード・コーエンがこれらの任に当たった．

　コーエンはボストン住宅裁判所との間で非公式の取引によって，その法務のリソースを住民の退居に集中させることに成功した．それまで BHA の法務スタッフは，BHA の職員を住居約款違反に関して入居者から寄せられる苦情から守ることにその多くの時間を費やしていた．多くの苦情は些細なものであったが，それでもこれらの多くは犯罪として扱われていた．コーエンはボストン住宅裁判所を説得して，このような事件は刑事犯罪ではなく，民事上のものとして扱われるようにした．民事訴訟手続きは刑事と比較してはるかに容易であったために，スタッフの能力を住民退居の案件に振り向けることが可能となった．

　この新しい資源をより生産的に用いるため，コーエンはさらに，問題のある入居者を退去させるための時間を短縮することを追求した．彼は，退去を成功させるための主要な障害は，何か月もかかる退去手続きが終了するまでの間，苦情を申し立

246 第Ⅲ部 公的価値の提供

てた入居者は問題行動を起こした入居者の近隣に住み続けなければならないため，退去のための証言をしようとしないことにあると考えた．もしこの手続きにかかる時間が短縮できれば，より多くの入居者が証言を行い，退居事案はより迅速に対処できるようになるだろう．

1980年5月，ギャリティ判事はコーエンの要請を認め，入居者が重大犯罪を犯したか，犯そうとした場合，短縮された退去手続きを適用することを認めた．この緊急手続きのもとで，BHAはそれまで求められていた審査委員会（administrative grievance panel）を省略し，直接事件を裁判所に持ち込むことが可能となった．さらに，このような事件はギャリティ自身が担当することになったのである．

間髪を入れず，ボストン住宅公社はチャールスタウンプロジェクトに30年住んでいたジョージ及びアイリーン・レーダーに対して手続きを開始した．彼らの息子は，彼が人種差別に基づく傷害致死事件を犯した際，彼を警察から匿うことを拒否した別の住人を刺したとして告訴されていた．レーダー夫妻はギャリティの前で陪審団によって裁かれ，1980年8月に退居を命じられた．夫妻は直ちに控訴し，マサチューセッツ州最高裁は，緊急退去手続きは不適切な形で定められたとして，陪審員の判断を覆した．最高裁はさらに，このような手続きは憲法上認められていないとまでは言えなくとも，それを認める法律が定められなければならないとまで述べた．判決に従って，スペンスは，重大犯罪に関係する事案については，BHAが聴聞手続きを省略して直接裁判所に持ち込むことができるとする法案を提出し，それは1981年11月に成立した．

後から見ると，緊急手続きに関する論争は間違いだったかもしれない．スペンスとBHAはボストンの法曹界という，重要な同盟者の一つの信頼を失ったのである．さらに，緊急手続きはほとんど実質的な効果がなかったのである．それでも，スペンスは彼が問題を起こす住民を追及するということを知らせることができ，また，彼は犯罪に対して厳しいという姿勢を見せることによって，保守派の支持を獲得することができたのである．問題住民の退居に関する本当の効果は，より一般的だが，そこまで深刻ではない不法行為事案で発揮された．このような事案で，それまで弱気であった法務スタッフはが，50名もの入居者を退居させることに成功したのである．

治安改善のためのもう一つの取組として，スペンスはウォシェックに入居者選定手続きについて「深く掘り下げ」，解決策を提案するよう促した．ウォシェックが見つけたのは，法務スタッフのように，間違った問題にほとんどの時間を費やしてしまう業務運営の実態だった．

第7章　実施戦略　　247

　それまでの BHA の方針では，BHA の入居希望は全て，応募者が入居要件を満たすかどうかと，適格であるかどうかについての完全な調査を行うこととなっており，さらにそれは毎年更新されることとなっていた．これはもしすぐに入居できそうな場合は意味があるが，入居待ちのリストは8000人にも達していたのである！平均的な入居までの待機時間は 7 年となっていた．多くの応募者は，入居が認められる前に移転していた（死亡する者までいた）．

　ウォシェックが提案した手続きの再編によって，システムは大きく覆された．新しいシステムの下では，応募者には簡単な適格性の確認のみが行われ，一旦それを通過すれば，彼らの申請は，名前が待機リストのトップに近づくまで，それ以上の確認を求められないこととなった．待機リストのトップに近づくと，彼らはそれまで BHA が行っていたものよりもはるかに詳細な調査を受けることとなった．この最終段階の審査を担当するスタッフは，2 名から 6 名に増員された．調査手法は，電話による確認から，訪問調査に変更された．

　原則として，入居者選定の基準はこれらの変化の間も同じままであった．その基準には，設置法上定められた，最貧困層の市民に住宅が提供されることを確保するための収入基準と，現在と未来の入居者のために住宅プロジェクトの価値を守るための，入居者向けの行動規範が含まれていた．応募者は，「金銭上の義務を長期間満たすことのできなかった記録」，他者への嫌がらせや財産を破壊した場合，また，他の BHA の住宅において退去を命じられた場合や，不払い家賃がある場合，不適格とされる可能性があった．

　それでも，新しい手続きは住民に対して重要な変化をもたらしたようだ．一つには，BHA は応募者を却下し始めた．1983年 5 月，BHA は約30の申請を却下した．さらに，審査官と現場マネージャーは応募者が具体的な住宅プロジェクトにどううまく合うかについて注意を払うようになったのである．これについてスペンスは次のように説明している．「もし，玄関口が一つで一階あたり 3 家族がいる 3 階建ての住戸，つまり 9 家族があって，家長が全て女性であったとすると，数多くの十代の男子による，深刻な問題が発生するだろう．彼らを叱って外に追い出す者がいないために，彼らはそのような住戸を狙う．私はこの問題にどう対処するか案がなかった．……しかし，……入居者の割り当てをする際に，……『神様，私たちには子供たちを制御するために，この住戸に非常に力強い女性か，男性が必要です』と言うことは意味があるのではないか．と考えるのです．」[17]

　そして，空室の入居プロセスを加速させるために BHA が導入した新しい取組が，多少のスクリーニング効果を有することも明らかになった．スペンスのもとで

BHA はホームステッド・プログラム（homesteading program）を導入し，新しい入居者が BHA の提供した素材を使って空室の入居準備を行えるようにした．入居者のための弁護士であるレスリー・ニューマンは，このプログラムが入居者のスクリーニングにどれだけ効果があったかについてこう説明している．

　　（BHA は）冷蔵庫を空室に準備することに，深刻な問題を抱えていた……．そこで彼らは待機リストの最上位にいた家族に，「あなたのための空室があります．もしあなたが……自分の冷蔵庫を準備できれば，すぐに入居ができます」と言ったのです．そしてその家族，母親と三人の子供からなる家族は，「どうすればいいのかわかりません．冷蔵庫を買うお金がありません．」と答えます．そうすると BHA は，「わかりました，それでは，冷蔵庫を手に入れられ次第，入居を認めます．あなたは待機リストの順番を下げられることはありません．」しかし，BHA はリストの 2 番目の者に対して，「入居して部屋を準備することはできますか？」と質問し，もしその 2 番目の家庭に男親もいて，夫婦とも働いていて，冷蔵庫を買うことができるのであれば，BHA はその家庭をまず入居させたのです．[18]

　この微妙なプロセスは，入居者の構成を変えるというスペンスの目標と完全に一致していた．1974年以来，HUD の規則は，公営住宅当局に対して，「（住宅公社が）活動する範囲の低所得家庭を反映した，幅広い収入の家庭に住居を提供するという……基本的な目的」を達成するための基準を定めることを認め（むしろ促して）いた．[19]唯一の基準は，入居者の収入は中位家庭の収入の80％未満でなければならないというものだった．ある住宅公社，最も有名な例としてニューヨーク住宅公社は長い間，入居者選定方針として幅広い所得水準のミックスを追求してきた．その結果，ニューヨークの公営住宅の入居者のうち25％しか生活保護を受けておらず，そして，その運営収入の50％は家賃収入によって賄われていた．これらの数字はボストンのものとは対照的であった．ボストンでは住民の75％が生活保護を受けており，BHA の収入のうち家賃収入は25％だった．実際，ボストンの公営住宅の入居者の一人当たり収入は，全米の公営住宅の住民のうち最も低かった．

　このような比較結果から，スペンスと彼のスタッフは入居者選定方針として幅広い所得層を対象とすることの利点に注目した．「私たちは，ある種の混合を起こさなければならないと思った．それは，就労家庭と非就労家庭との混合とは違うものであった．」スペンスはその理由をこう説明した．「非就労家庭からなるコミュニティと，……就労者の多いコミュニティ……との間には，極めて大きい違いがあった．

第7章　実施戦略　249

……我々はフランクリンフィールドで進められている入居者組織がうまくいくように まず努めた．我々は何度か会議をやったが，誰が出てきたと思うか？　彼らの3 分の2は就労者であったのだ！　あのような，住民のうちほんの一部だったのに！ 彼らだけが，会議に出席する意味があると信じていたのだ．……我々は，開発の中 で，就労者の数を増やさなければならないと（結論づけた）[20]」．

スペンスは，彼が目指すような様々な所得水準の混合は，貧困層を助けるという 公営住宅のマンデートを曲げるものではないと主張した．「もしワーキングプア世 帯，その総収入は税引き前で5千ドルから1万2千ドルの間，であったなら，その 世帯は今日のボストンでは，生活保護世帯と変わらないくらい，住宅事情に困窮し ているだろう[21]」．しかし，ケイ・ギブスは，この政策は独断と差別を助長するもの だと主張した．「例えば5年もの間待機リストに乗っている人がいたとしよう．し かし，彼らは生活保護を受けている．そうすると，BHAは昨日応募してきたばか りの，仕事のある人をむしろ入居させるのではないか．それは公平ではない[22]」

このような，所得水準の混合についての抽象的な議論は，1983年の春に具体化し た．フィデリス通りプロジェクトは事業のマネジメントのために，民間事業者と契 約を締結した．民間事業者の業務の指針となる契約を準備する中で，入居者と BHAと事業者は，再建事業の終了後も再入居が保証される既存世帯を除いて，「入 居世帯は……中間所得層が全世帯の25％を占めることとなるよう，選定される．」 と合意した．契約の中で，中間所得とは，「入居が認められる所得上限の75％から 100％の間とする」ことも定められた[23]．

作戦3：コミュニティの組織化

これらの治安対策の取組に加えて，スペンスはそれぞれの住宅プロジェクトにお いて，入居者を組織化するためのプログラムを開始した．これらのプログラムは識 字，アルコール中毒対策や職業訓練も含んでいたが，その主要な原動力は社会福祉 事業ではなく，入居者が自分たちでできる活動であった．ギャリティ判事に対して 提出した1982年8月の第5回半期レポートにおいて，スペンスは方針の変更の根拠 についてこう述べている．「住民の能力強化を進めることに対する管財人の関心は， マネジメントの改善と，資本投資だけではBHAの住宅開発を長期的に立て直すこ とを可能にしないという認識を反映している．安心感のある，しっかりとしたコミュ ニティは，力強い，能力のある住民団体との協力のもとでしか発展することができ ないのである[24]．」

新しい取組のうち典型的なものとして，州政府から1百万ドルの補助を得てスペ

ンスが1982年に立ち上げた支援サービスプログラムがある．このプログラムでは，BHA は 3 つの開発プロジェクト，ミッションヒル，ミッションヒル拡張部及び D 通りの入居者タスクフォースと契約を交わし，彼らが教育，雇用，カウンセリング，コミュニティ組織サービスを提供することを手伝うためのスタッフを雇用することとした．

　スペンスは他のプロジェクトにおいて，コミュニティ能力強化と名付けられた同様のプログラムを立ち上げた．民間資金を活用して，6 つの BHA のプロジェクトに対して，コミュニティの組織化を支援する人材を雇い，入居者が維持管理，若年層対応，ガーデニング，レクリエーション活動などに対応するための委員会を設立する手伝いをした．レスリー・ニューマンはこれらの取組の全体的な効果についてこう述べている．「開かれた，前向きな地元の組合組織に参加する入居者の数は，管財下に入る前よりもはるかに多くなっていた．(25)」

　結果的に，プロジェクトレベルでの組織化の取組は，スペンスが市全体の入居者組織である入居者政策評議会（Tenant Policy Council）と対立する原因となってしまった．評議会はしばしばスペンスが BHA の状況を改善する取組を行う際のパートナーとなってきたが，次第にスペンスとその地域ごとの組織化活動を脅威と見るようになっていた．スペンスと評議会は同じ財団に対して資金援助を要請していた．スペンスがそれぞれの住宅プロジェクトで育てた組織は，評議会から独立して考え，行動するようになった．政策は，市（評議会）のレベルではなく，地元のレベルで策定されるようになっていった．

　スペンスは評議会に挑戦するという意向を宣言した．後に彼はこう述べている．「私は早い時期から（評議会に対して）要求を突きつけていった．『まず，第一に，あなたたちの組織は地域に根ざしていない，第二に，我々のテーマは分権化である．私の見立てでは，我々の開発プロジェクトの問題を解決するためには，力強い地域の入居者団体が必要だ．』と言って，実際，力強い地域団体について話し始めると，それは非常に脅威として捉えられた．(26)」

　この議論によるわだかまりは，1982 年 5 月についに噴出することになった．85700 ドルの評議会の1983年予算を承認するレターの中で，スペンスは次のように記した．「しかし，1983 年予算を承認するにあたって，……BHA は（評議会の）職員の生産性について……引き続き関心を持っているということを強調したい．……（評議会の）職員の活動は調整が十分でなく，短期間であることがあまりにも多い．力強い地域入居者政策評議会（Local Tenants Policy Council, LTPC）を支え，促進することよりも，その事務局長（マイラ・マカドゥー）は弱い LTPC の事務を支配するこ

とにむしろ力を注いでいるように見える.[27]」

スペンスは結果的に理事会を切り崩していった. 5月17日理事会は, 1975年以来この組織の事務局長を務めてきたマカドゥーに辞任を求める議決を行った. しかし, トップの変更だけでは評議会の反対派は満足しなかった. その結果2月にギャリティ判事は評議会を1983年4月18日付で解散することを命じた. 彼は管財人, 原告団, 住宅諮問委員会に対して, 「(評議会を) 代替し, 現在存在しない地域の開発プロジェクトにおける入居者団体を立ち上げるための資金要請計画を立てて実行すること」を指示した.[28]

BHAの強いコミュニティを構築するための取組を強化するため, スペンスはBHAが機能集約化の方向性を転換し, その代わりに地域のプロジェクトマネージャーに権限を委譲するよう求めた. 彼はギャリティ判事への第2次報告書においてこう書いている.「公営住宅におけるニーズは一様ではなく, プロジェクトごとに, また, コミュニティごとに大きく異なることから, 速やかつ十分な情報に基づく意思決定を行うためには意思決定権限の分権化が必要となる.[29]」同じレポートで後にスペンスは, 業務課についてこう紹介している.「理念的にも, 実務的にも, 我々の日々の活動は, 現場のマネジメント構造が第一であって, 業務課のその他の機能は, この現場の業務を円滑化し, 支援するためにあるのだという原則を持って行っている.[30]」

スペンスは5つの分野を分権化の対象とした. それは, 維持管理, 治安, 入居者管理, 歳入・歳出, そして資本改善である.

BHAが裁判所の管理下に入って最初の5年間は, これらの分野における統制の緩和は一様には進まなかった. 例えば, 入居者選定の分権化は提案レベルを超えなかった. 実際, 既に述べたように, この機能の一部の側面は, 業務の本質的な変化を起こすために集権化されていたのである.

それでも, その他の分野では変化は起きていた. 例えば, 1982年までに, 全ての現場マネージャーは自分の担当プロジェクトについて, 財政上の責任を引き受けていた. 中央のオフィスの指示に従って資金と人員を受け取るだけでなく, マネージャーは自分自身で優先順位を決めたのである. 彼らは予算について完全な裁量を持っていたわけではない. 例えば, 彼らは事業分野間での資金の流用は認められていなかったし, また, 資材の購入や, サービスの契約の決定を自分たちで行うことはできなかった. しかし, それでも彼らは「責任の中心」となったのである.[31] 同様に, 裁判所の管理下では, 非番の警察官が家族向けの団地を巡回したり, 個人契約の民間警備員が高齢者向けの団地に駐在するのではなく, BHAが自前の捜査官を

252　第Ⅲ部　公的価値の提供

フルタイムでプロジェクトに勤めるようにした．それでも，形式上は，これらの捜査官はセキュリティ係の監督下のままであった．

　スペンスによると，分権化の進捗が比較的緩慢でバラバラだった主な理由は，「現場マネージャーが非常に多様であった……．（マネージャーの）大多数はひどいものであった．……そして，能力に欠けている人々とともに分権化を進めることはできない．」．現場マネージャーを意思決定に参画させるという初期の努力は「象徴的な部分が大きかった」とスペンスは認めている．しかし，過去からの意味のある離脱として，それはマネージャーを試す役に立ったのである．例えば，現場マネージャーたちは安定化プログラムを計画するため，本部のミーティングに参加した．スペンスは，「彼らはそれまでこのような計画（策定）プロセスに参画したことは全くなかった．」と述べている．彼は次の慎重なステップとして，現場マネージャーに自分たちの予算案をつくらせた．それは，「資源をコントロールすることはマネージャーにとって直ちに意味のあるものであり，さらに，新しい権限によって彼らが何をやっているかを追跡することができた」ことによる．

　スペンスはまた，「人員配置のパターンが分権化に適していないということが明らかになる」までに若干時間を要したことも，分権化プロセスが遅くなった理由にあると述べている．当初 BHA は，プロジェクトマネージャーたちの上に，４層もの監督者がいる，極めて急峻なピラミッド型の構造を有していた．スペンスをトップに，業務局長のデビッド・ギルモア，現場マネジメント部長，そして，６人の地区担当部長がそれぞれのプロジェクトマネージャーを監督していた．当初は同意審決（consent decree）により設立されたこの地区担当部長は，スペンスによると，「本来は，周囲の能力が低い労働組合員（プロジェクトマネージャーそのもの）を管理するための上位管理職として考えられていた．というのも，地区担当部長は組合員でなかったからである．」しかし，プロジェクトマネージャーの能力が次第に向上するにつれ，地区担当部長の仕事はどんどん減っていった．そして彼らは介入的になり，せっかく生まれつつあったプロジェクトマネージャーの自律を損なっていたのである．

　最終的に，現場スタッフとの長い協議ののちに，スペンスとギルモアは解決策に合意した．1983年２月，彼らは現場マネジメント部長を廃止し，６つの地区担当部長を４つの地域担当部長として，ギルモアが直接指揮することとした．この新しい体制の下で，地域担当部長はおおむね７か８のプロジェクトについてプロジェクトマネージャーを監督する責任を持つこととなった．スペンスは，「それはつまり，皆忙しくなるということを意味した．そして，意思決定権限が失われることについ

ての心配からくる防衛反応ははるかに弱くなった. というのも, 誰も自分の役割が
なくなる心配をしていなかったからである.[36]」

作戦4：日常の維持管理

　日常の維持管理の主要な分野では, スペンスは熟練労働者をそれぞれの住宅プロ
ジェクトに配置することで, 主要な変化を生み出した. さらに大きな影響を生んだ
変化は, それまで別々であった維持管理と現場マネジメントの機能を統合すること
から生まれた. スペンスが導入したこの機能再編によって, プロジェクトベースの
維持管理担当者を配置し, 監督していた維持管理監督官は, プロジェクトマネー
ジャーの直接の指揮下に置かれることとなった. これによって, プロジェクトマネー
ジャーが, どの維持管理事業を行うべきかについて最終的な発言権を持つことと
なった. BHA の全ての維持管理工事を直接管理していた旧維持管理局はその人員
を削減され, 中央維持管理サービスと名称が変更された. その任務は, 例えば天井,
ボイラー工事や新規入居者のための空室の準備など, プロジェクトベースの作業員
の能力を超えるような大規模補修工事を行うことであった.

　それでも, 裁判所の管理下の間には, 日常の維持管理業務の分権化は完全にはで
きなかった. 多くのプロジェクトマネージャーは手元に十分技能のある職人がおら
ず, 維持管理監督官の作成したスケジュールに従ってプロジェクト間を行き来する
「スイング」職人に依存せざるを得なかった. このスケジュールが緊急事態によっ
て突然変わることは珍しくなく, プロジェクトマネージャーはしばしば住民の定期
的な修繕要請に応えることができなかった.

　全般的に見て, 日常の維持管理に関する組織の変更についての評価は様々であっ
た. ある現場マネージャーの言葉を借りると, 「日常の維持管理業務はずっと改善
していた. 3, 4年前と比べると, 昔は10段階評価で2点だったのが, 今は6点か
ら7点になったと思う. 今は日々の修繕を一週間のうちに処理できる.[37]」しかし,
その他の点ではBHA を非常に高く評価していた1983年のギャリティ判事へのメモ
では, ニューマン弁護士はBHA の業務面について, いくつかの厳しい批判を行っ
ている. 「ボストン住宅公社のプロジェクトの住民は主に, ……真っ当な, 安全で,
衛生的な住宅環境を求めている. この目標の実現のために必要な基本的な業務実施
方法を確立することは, 管理下に入る前と同様, 裁判所の管理下における最も困難
な要素であることが明らかになった. 目標と方向性の欠如, 業務遂行のためのシス
テムの欠如と, 業務を評価するためのデータの欠如という問題が, 維持管理と現場
マネジメントの分野で引き続き残っている. これらの残された欠陥のために, 裁判

所による管理の究極的な成功が危うくされている.」⁽³⁸⁾

当然, BHA はニューマンの批判に完全に同意しているわけではなかった. 特にデビッド・ギルモアは, 維持管理は改善されたと感じていた. なぜ入居者が完全には満足しなかったのかを説明するにあたって, 彼は不十分な資源という, 伝統的な説明を展開した. しかし, 彼はそのコメントの中で, 維持管理のニーズに応えるにあたっての, いくつかの異なる優先順位づけを示唆した. それは, 顧客ではなく, 市民向けのものである. すなわち, 「私は割れた窓を修理するために, 一瞬でガラス工を派遣するだろう. しかし, 少々の塗装の剥がれや, 壁面のわずかなヒビを補修するために塗装工を派遣することは必ずしも行わないだろう. なぜかというと, 割れた窓は多くの人々に対してメッセージを伝える. もしある住宅団地プロジェクトの窓がほとんど割れていたら, それはメッセージを送っていることになる. しかし, もしあるプロジェクトの壁に細いひび割れが多数あったとしても, それは住民以外にはメッセージを発しないからである.」⁽³⁹⁾

維持管理に関する小言に対するギルモアのナッジ的解決策は, 「住民によって終わりにする」というものであった.⁽⁴⁰⁾ 終わりとは, 小規模な, 表面上の補修に関する要求には, BHA は対応しないということを認めることを意味していた. それはまた, 例えば住民に修理資材を提供するなど, 住民が補修のための他の方法を見つける手助けをすることも意味していた. ギルモアは, BHA がすでに「何十万ガロンもの塗料」を住民に提供していることを補足した.⁽⁴¹⁾

1983年春——BHA の状況

1983年春までに, スペンスと彼のスタッフによる多大な努力の多くは明らかに結果を生みつつあった. 財政面では, 何百万ドルもあった運営赤字は解消していた. BHA は若干の余裕金の蓄積まで始めていたのである.

業務面では, 腐食が止まっていた. BHA の最も状態が悪かったプロジェクトにおける現代化事業によって, 市民や監督者の間に BHA の新しいイメージが生まれ, 入居者にとっても, はるかに良い生活環境を提供していた. これらの変化は, より効果的な住民組織の出現につながった. 住民の間の新しい精神の目的であり, また, 結果でもあった. 維持管理は引き続き苛立ちの元であったが, 住民組織の改善と, 分権化の加速によって, この最も困難な問題でさえ解決されるだろうと皆が思うようになっていた.

成功の一つの示唆として, スペンスは住宅プロジェクトにおける空室数の, 2800から2300への大幅な減少を強調した. スペンスは, 1984年末までに BHA の入居率

は，再建中の一件を除いて，100％になるだろうと信じていた．このことは，住宅プロジェクトが価値のあるものに修復されたことを示し，このような成功が維持されることを意味することから，スペンスは重要な意味があると判断した．その多くは事実であった．

しかし，空室の減少は部分的には BHA が提供する住戸の総数の削減によって達成されたものであることもまた事実であった．この削減は一部は初期の「安定化」によって発生し，また，住宅プロジェクトの多くを占めていた大家族のニーズに合うように住戸の密度が減らされた，後期の「建て替え」によって発生していた．総合すると，BHA における住民の数は裁判所管理下の間に増加したが，増加数は空室の削減数よりも小さかった．

おそらく，裁判所管理下における最も重要な成果は，形のないもの，すなわち，公営住宅という事業に対する市民の信頼感の回復であった．裁判所管理の初期における戦術について，スペンスはこう語っている．「自分をまず信頼の置ける人間として示せれば，のちにそれをバトンタッチしていくことができる．BHA の復旧はまずそれを極めて個人的なものとすることから始まった．[42]」スペンスは自分の信頼を確立することにほとんど苦労しなかった．しかし，特筆すべきことは，彼がその信頼感を，後に残される組織に移転することに成功したことなのである．

ブラウン——警察業務のフロンティアの探求

リー・ブラウンは，その任命に厳しく反対した組織の指揮をとることとなった．[43]彼の任命から24時間以内に，その12人の警察幹部のうち一人を除いて全員が，彼の任命への反対を公に宣言した．地元の警察官組合もこれに負けじと，ブラウンの経歴を調べるためにアトランタに調査団を派遣し，その結果を踏まえて，ブラウンはその職に不適格であると主張した．これらの反対にもかかわらず，ヒューストン市議会は11対 3でブラウンの任命を承認した．

新しいテーマ——未来に向けた道筋の構築

ブラウンはまずは先鋭的な対立を避けるよう行動した．彼は承認後すぐ，幹部スタッフと秘密会議を開催した．彼は会議終了後報道陣の前に現れ，彼は「ヒューストン警察を全米の模範とするために働く全ての人と協力する」つもりであると宣言した．[44]彼はまたその幹部スタッフについて，「我々はその共通した目標を達成するために，うまく一緒に取り組むことができると確信している」と述べた．[45]警察による暴力については，「警察権力の不当な行使は……容認されるものではない．警察

は法律を執行するために法を犯してはならないのである.」と述べた.(46) そして,黒人であることの重要性については,「マイノリティを含めて,全ての市民が,(彼らの)警察を尊敬し,支持するようになることが大事である.警察の任務を成功裏に達成するためには,コミュニティを構成する全てのグループによる支持が得られるかどうかにかかっている.」(47)

　早期に提示されたこれらのテーマは,ブラウンがヒューストン警察(Houston Police Department, HPD)の改革を指導するにあたって用いる考えを発信した.彼は,HPDの残念な過去ではなく将来に目を向けることで,また,その弱みではなく強みを強調することによって,組織を安心させた.また彼は,彼の野心を実現させるためには,HPDは変わらなければならないということも明確にした.中でも彼は,HPDはヒューストンの多様なコミュニティの問題によりきめ細かく取り組むことによって,市にとっての価値を高めなければならないと主張した.

　しかし,警察の未来を描くためには,この一般的なビジョンはさらに具体的になる必要があった.そこで,ブラウンはHPDの計画・調査局のリチャード・サンダー警部に対して,警察の評価報告を作成するよう指示した.ブラウンはサンダーに対して,(1)自分の把握した通り,ヒューストンにおける警察業務の状況を記録すること,(2)HPDの基本的な強みと弱みをリストアップすること,(3)組織の本質的な目標を定義すること,そして,(4)これらの目標から,どのような業務運営上,行政管理上のイノベーションが求められるかについての示唆を得ること,を指示した.

ヒューストンのコミュニティとの協議

　組織内部での仕事の開始に続いて,ブラウンは組織の外にその注意を向けた.夏の間彼はヒューストンのビジネスコミュニティと,市の多様な地区の住民と協議を続けた.彼はそれぞれのグループに対して,HPDの業務のうちどのような能力,ヒューストン警察をヒューストンにとって価値があり,全国の模範とするため,どのような特質に期待しているかを質問した.

　その間,警察の守旧派は胸を撫で下ろしていた.彼らから見ると,ブラウンは内部マネジメントよりも対外的な政治活動に関心があるように見えた.それは彼らにとっては都合が良かった.というのも,彼らは引き続き強力な立場に居座り続けることができたからである.先に述べたように,元ヒューストン警察長官であったB.K.ジョンソンと,ジョン・ベイルズは長官補佐官として残っており,ジョンソンは捜査本部を指揮していた.なお,ブラウンの任命により長官代行としての任務が終了

したため，ベイルズは一時的に無任所となっていた．HPD のその他の主要なポジ
ション，すなわち，現場オペレーションと内部管理担当は，共に HPD のベテラン
である，ジョン・マキーハンと，トマス・ミッチェルが担っていた．

　評価報告書は内部の者に対して脅威となり得た．しかし，その執筆担当者は比較
的階級の低い警察官で，その将来はリー・ブラウンよりもむしろ守旧派の手にか
かっていた．彼が過激なアイデアを出すことはあり得なさそうだった．むしろ，報
告書は単にさらなる資源を求める嘆願となるように見えた．また，リー・ブラウン
については，そのリーダーシップについて 1 年か 2 年だけ我慢すればいい，ただの
お飾りでしかないだろうと確信していた．

新しいテーマの運用化──評価報告書

　夏の終わり頃，評価報告書の進捗に関するブラウンの不満が明らかになると，
HPD の心拍数が高まった．ブラウンはサンダーから，コミュニティとの協議を通
じて何を得たかを定期的に聴取し，彼にそれらの見解を報告書に含めるように依頼
していた．しかし，昔の上司からのプレッシャーを受けて，サンダーはコミュニティ
の HPD に対する考え方ではなく，HPD 自身の考えを反映した文案を提出し続けた．

　結局ブラウンはコンサルタントのロバート・ワッサーマンを雇い，サンダーが報
告書を完成させることを手伝わせた．サンダーによると，この報告書に対するちょっ
とした好奇心が，「得体の知れない恐怖」(hallway anxiety) に変わったと述べている．
司令たちはサンダーを広間で呼び止め，事前の確認を求めた．「彼らは私が指揮し
ている部隊の本当の問題を明らかにするのだろうか，私は報告書で言及されるのだ
ろうか，」と彼らは聞いてきた．サンダーは彼らをなだめたが，警察全体が，不安
を抱えてその報告書を待っていた．

　報告書は，9 月後半，ブラウンが幹部スタッフと，地元企業の役員室を借りて 1
日がかりの密室会議を開催した時に示された．この舞台はブラウンが夏の間地元の
ビジネス界と培ってきた支持を象徴していた．今や彼こそが正統派であって，守旧
派は招待客だったのである．この威圧的な役員室はまた，マネジメント能力に関す
る新しい基準を予期させるものでもあった．それは，守旧派の多くがそれに対応で
きるかどうか確信のない基準であった．

　午前 8 時，4 名の長官補佐官と，8 名の長官代理が部屋に入ると，ネームプレー
トと，議題と報告書のコピーが入った封筒が置かれた馬蹄形のテーブル，そして，
参加者が会議に貢献することが期待されることを示す 2 つのホワイトボードを目に
した．サンダーはこう振り返っている．「それは，そのチームに対する，極めて用

258　第Ⅲ部　公的価値の提供

意周到な囲い込みであった[48].」それはまた，参加者全てにとって，初めて報告書を目にする機会でもあった．ブラウンは報告書を 1 ページずつ説明していった．

　報告書の基本構成は，ブラウンとワッサーマンが組織に対してどのように自己を評価してほしいと考えているかを示していた．「概要」と題された第一部においては，ヒューストンの発展，それが警察組織に課した課題，そして，それが生み出した機会について議論していた．「ヒューストン警察」と題された第二部では，その当時の HPD の組織構成とその業務について，詳細かつ網羅的に記述していた．「組織の評価」と題された第三部では，HPD が直面している基本的な課題を特定していた．この構成が持つ新しい特徴は，それが HPD を，市自体の変化する環境によってもたらされた，応えるべきニーズと，実行しなければならない任務に直面した組織として描いていたところにある．HPD の価値は警察が何を提供したいかではなく，市が何を必要としているかによって決まるのである．

　この点は，報告書の第三部において，直接的かつ強く述べられていた．「HPD が誇るべき，また，全米の模範となる多くの素晴らしいプログラムや特徴」について列記したのちに，著者は，HPD が抱えていた問題の要点として彼らが認識していた点についてこう記していた．「ヒューストン市が拡大し，急速に成長し，新しい労働力を引きつけるにつれて，HPD はこの絶え間なく拡大する……要求に……応え続けようとしてきた……．十分に整備されたマネジメントシステムを欠いていたため，HPD は後手に回っていた．……将来に向けた課題は，後手から先手に回ること，限られた資源を効果的に用い，巨大で，民族的にも，社会的にも多様な都市圏の期待に応える形で，質の高い警察サービスを提供する能力を……作り上げることである[49].」

　警察が「期待に応える形で」質の高いサービスを提供しなければならないという考えを正当化するために，筆者たちは，「アメリカにおける法の執行は，警察はそれが奉仕するコミュニティの一部であって，そこから離れたものではないという原則の上に成り立っている．ヒューストン警察がその優先事項と，警察サービスについての市民の認識について，コミュニティからの反応を得ることは，適当かつ，不可欠である.」と主張した[50].

　この点を明らかにした上で，彼らはブラウンが地元コミュニティの指導者との会合から得た情報を使って，改善が必要とコミュニティが考える 3 つの主要な分野を示した．それは，サービスの質，警察への恐怖，そして，警察のマネジメントであった．サービスの質については，こう記されていた．

第7章 実施戦略　259

市民から表明された……サービスの質……に関する主要な懸念は，彼らの近隣における警察の存在感の欠如，警察官の市民に対する態度，警察が電話に対応するまでにかかるあまりにも長い時間である．……多くの市民は……「地域のおまわりさん」が戻ってくることへの期待を示した．……コミュニティのマイノリティ集団は，彼らの電話に対して，より多くのマイノリティの警察官が対応してくれることを望んでいた．ヒスパニック系の住民は，言葉の問題や，若者の間の「シンナー遊び」のようなコミュニティの特別な問題についてより敏感と思われる，バイリンガルの警察官の追加を要求していた．……市民は……警察は，犯罪の後にだけ現れる見えない顔ではなく，頼りになる「友人」でなければならないと感じていた．[(51)]

警察への恐怖について報告書は次のように記していた．

ヒューストンでは警察への恐怖が，特に黒人，ヒスパニックのコミュニティの一部において，依然として存在する．市民は警察官が人々を侮辱するために「民族的」な言葉を使うことや，逮捕に伴って過剰な実力を行使することについて不満を持っている．……改めて，市民は，この警察に対する恐怖感への解決策は……警察とコミュニティの間の前向きな交流が決定的に必要とされていることとつながっていると信じている．[(52)]

そして，警察のマネジメントについては，報告書はこう述べていた．「市民は，HPD のマネージャーは一般的に，危機対応に目が向いていると感じている．……彼らはまた，HPD のマネジメント上の考えや哲学は「洗練されておらず，自己中心的で，そして，共感的でない」と感じている．トップ層のマネジメントは HPD の外からの助言を求めたり，受け入れたりすることができないか，そうしようとしない一部のメンバーによって妨害されていると述べるものもいる．」[(53)]

これらの鉄槌を加えた上で，ブラウンは幹部スタッフに対して，彼らが取り締まっているコミュニティから離れて（そして，ある程度上から）業務を行うのではなく，ヒューストン警察はコミュニティとの協力のもとで活動することにコミットすると伝えた．彼らの任務は「奉仕精神」が「冒険精神」を代替するような組織を作り上げることであった．さらに，ブラウンは，必要な変化を生み出すのは HPD のマネージャー次第であり，彼らはこの任務に緊急に取り掛からなければならないと主張した．

評価報告書は「業務運営上の効果改善と，残された課題の解決策の基礎とするた

めの」２つの主要な取組を特定して結論とした．それは，「現在の組織構造が持つ機能的な不平等を修正するための，暫定的な組織構造の整備」と，「この報告書に記された欠陥を修正するための改善プログラムを実施するための，アクションプランの策定」であった[54]．

　ブラウンはこの役員室で，９時間をかけて幹部スタッフと報告書を議論した．「この密室会議で，私は補佐官や長官代理たちに対して，私は模範的な警察部局を望んでいると伝えた．それはただの模範ではなく，アメリカでいちばんの警察であった．私は，それが何を意味するかを説明した．すなわち，我々の価値体系がどういうものとなるか，我々が期待する究極の成果は何かである．我々の存在意義は，人々に奉仕することであると，私は言った[55]．」リック・サンダーはその衝撃をこう回顧している．「それはまさにピーター・ドラッカーの言葉そのものだった．ブラウンは，彼はアウトサイダーで，ヒューストンの問題など理解できない……という議論を一掃した．部屋に集まった全員が一つのことを理解した．リー・ブラウンが指揮を取っていて，それを理解しているということを．……この密室会議は……良いマネジメントの典型であった．彼は，「これが我々の課題だ，解決策を提示してくれ」と言ったのである[56]．」

説明責任の構築

　その後数か月の間，ブラウンとワッサーマンはこの報告書と密室会議によって掴んだ主導権を活用した．彼らは組織を再編し，HPD のマネージャーに，マネジメントをするよう要求することによって，組織の深い部分まで変化を実現するという責任を追求し始めた．

組織再編

　最も複雑にもつれ，かつ，最も緊急の課題は，ブラウンの最も地位の高い４人の部下をどうするか決めることであった．管理・支援サービス部隊の長であるトマス・ミッチェル長官補佐官，現場作戦部隊の長であったジョン・マキーハン長官補佐官，元長官で，今は政治的影響力の強い捜査部隊の長の B. K. ジョンソン長官補佐官，そして，これも元長官であったが，今は無任所のジョン・ベイルズである．彼らは公務員の地位を持っているため，理由なく降格させたり，退職させることはできなかった．さらに，ベイルズを除く全員が（ベイルズは長官に指名されることを期待して新しく就任した市長にゴマをすり（curry favour），他の者たちとの関係を犠牲にしていた．），毎週「ティータイム」と呼んでいた集まりを開き，HPD がいかに落ちぶれ

ていくかについて不平不満を述べたり，時にブラウンに対する陰謀を企てたりもして
いた.

原則として，ブラウンはこの反抗的なグループに対処するための多くの手段を
持っていた. 彼らに対して辞任の圧力をかけることもできた. また，テキサス州公
務員委員会に，追加的な権限を認めるよう求めることもできた. また，彼らの権限
を迂回するために，スタッフの警察官から，下位の警察官に至る新しい指示系統を
作ることもできた. 結局ブラウンはこれらのいずれの方法も取らなかった. その代
わりにブラウンは，彼の手元にある人々と協力するための組織構造を作ることとし
たのである.

彼の最も喫緊の問題は，彼にはポストよりも多くの長官補佐官がいたことである.
ブラウンはこの問題を，市議会に対して，長官補佐官のポストを一つ追加するよう
説得することで解決した. そして彼は管理・支援サービスを２つの部隊に分割した.
彼はジョンソンを捜査部隊担当のままとし，ミッチェルを（規模の縮小した）管理部
隊の長とした. 重要な人事異動として，現場作戦部隊の長であったマキーハンは新
設の，縮小された支援サービス部隊に移ることとなった. 幹部スタッフのうち唯一
ブラウンの任命を公に反対しなかったベイルズは，巨大な現場オペレーション部隊
を担当することとなった.

この組織再編の最も重要な点は，ベイルズを現場作戦部隊の担当としたことで
あった. ある程度，これはベイルズの将来の忠誠心を確保する助けになった. 長官
に任命されなかったことについての失望感に加えて，ベイルズは，その地位を得よ
うとしたことによって，彼の同僚から，また，場合によってはブラウンからも疎外
されていることを知っていた. しかし，ベイルズを力強い地位につけることによっ
て，ブラウンは組織の中におけるベイルズの立場を修復した. さらに，ブラウンと
ベイルズは，ヒューストン警察の成功はパトロール部隊の改善にかかっているとい
う点で一致していた. この考えが共有されたことで，彼らの間の協力関係が固まっ
た. 最後に，ベイルズは警察の下士官の間で，特に比較的弱気なマキーハンとの比
較において，強く，重要な人物であった. このようにして，マキーハンを，新たな
意欲を得て，かつ，幅広い経験のあるベイルズに置き換えることによって，ブラウ
ンは，パトロール業務が HPD の中で最も優先されているということを示したので
ある. ブラウンはこの人事の理由を簡潔にこう述べている.「ベイルズと私の間に
は意見の相違はなかった. 我々は基本的に，パトロールの重要性について一致して
いた. そして，私はスタッフの長を必要としていなかった.」[57]

262　第Ⅲ部　公的価値の提供

マネージャーにマネジメントをさせること

　これらのマネージャーたちと一緒に働くことにコミットし，ブラウンは次に，彼らが行動的でかつ説明責任を果たすように，刺激しなければならなかった．このため彼は予算プロセスを分権化し，各部門の年間予算の作成と執行について，当該部門のトップと中間レベルのマネージャーが責任を持つこととした．様々な意味において，これはそこまで難しい課題ではなかった．というのも，組織の予算のうち90％は人件費だったからである．しかしそれでも，HPDのマネージャーたちはこのような責任を持ったことはなかった．その代わりに，ジョージ・ホーガンという，40年の経験を有する，民間人の行政アシスタントである男一人が，常に警察の予算を手当していた．ブラウンは，計画・調査局長に任命していたボブ・ワッサーマンに，この新しいプロセスを監督するよう指示した．彼はまた，HPDの予算課長として，各部門のマネージャーに予算業務の詳細を指示するために，ピート・マーウィック・ミッチェルから会計士を一人雇った（偶然それは黒人女性であった）．

　このような環境の中，ホーガンはすぐに引退し，長官補佐官たちは取り残され，一人でリー・ブラウンと面会することとなった．ある補佐スタッフは最初の会議についてこう述べている．

　　長官補佐官たちはブラウンと会議室に入った．長官と補佐官だけで，数字や図を抱えた警察官や（経理担当）という援軍はなかった．時に補佐官が廊下に逃げ出すこともあった．……彼らは顔面蒼白であった．……彼らは自分の予算についてこれっぽっちも理解していなかった．ブラウンは，この会議に基づいて組織の予算を決めていた．ベイルズは自分が何をやっているか知らなかったために，その整備士の半分を失った．⁽⁵⁸⁾

　ワッサーマンもまた会議について回顧しているが，彼はマネージャーに対する別の効果を強調している．

　　長官補佐官が自分の予算について何もわかっていなかったことは事実である．そして，リー・ブラウンは厳しい質問を投げかけていた．……しかし，重要なことに，一旦予算要求が認められると，リーが市議会と会合を持つときは常に，彼は幹部スタッフと彼らのスタッフ全員を連れて行った．市の予算課長が毎年の予算交渉会議を長官と行うために訪問し，会議室で40名もの幹部に囲まれたことを憶えている．……リーはこれらの状況で，難しい球を投げていた．自分のスタッフにも，市議会にも．⁽⁵⁹⁾

行動計画の策定

警察の年間予算を作る取組と並行して，ブラウンはもう一つの計画（策定）プロセスを指示していた．それは，HPD が評価報告書に記載された機会をどうやって活用し，また，欠陥をどうやって治癒するかを正確に定義する，「行動計画」を作る取組であった．ブラウンはこの行動計画を1983年に公表した．この報告書の形態と機能が持つ３つの側面は，その実質的な内容とは別に，極めて重要であった．

まず，この報告書は警察の内部で作成されたものであって，基本的にどうやって警察が業務を行うべきかに焦点を当てているものの，このレポートは警察内部に加えて，その外のコミュニティにも向けられていたという点である．その導入部分は次のように記されていた．「この文書はヒューストン警察の……マネジメント，サービス提供及び効果……を改善するための……行動計画を定める．この行動計画は……警察による，その改善のための目標についての公的な宣言である．[60]」この事実の重要性が見過ごされないように，報告書はさらにこう述べている．「このような宣言をすることによって，HPD はコミュニティに対して，一般市民が警察のプログラムの開発，改善，そして指揮に関するあらゆる側面について，深く関与することを望んでいるということを発信したい．[61]」このようにして，HPD はヒューストンの市民に対して責任を果たそうとしたのである．

次に，この計画は提案された改革プログラムを，いくつかのつながったロジックによって正当化することを目指していた．それは，提示された個々の改革の取組は，ヒューストンが直面する具体的な問題に対する最善の解決策であるということ，提案された解決策は専門家による，プロフェッショナルな内部分析から生まれたものであること，これらの解決策は警察の現場の経験全体に基づいていること，そして，提案された解決策は，HPD の伝統と強みを基盤としているということである．このようにして，この計画，そして，それが警察に突きつける要求は，実務的な知恵と必要性に強く結びついていたのである．

第三に，この行動計画はいくつかの異なる抽象度を持って記述されていて，それらは意識的に関連しあうようになっていた．それはまずヒューストンのコミュニティの問題についての概観から始まった．そして次に，行動計画は「警察の改善に向けたコミットメントの基盤となる，主要な価値と信念」を提示した．そして最後に，それはより具体的に，ヒューストン警察の業務を改善するために何が行われるかをより具体的に記述していた．

これによりブラウンは，実質的に行動計画を，HPD の政治的・課題的環境から生まれる必要性に従った目標とゴールの体系として提示したのである．最も広範か

264 第Ⅲ部 公的価値の提供

つ最も抽象的な目標は，組織の価値を定義するものであった．より具体的なプログラムや目標は，組織内のマネージャーたちが対応することが期待される，特定の，具体的な責任を提示していた．行動計画は組織が責任を持って実行することを助けるため，一般に公開された．ブラウンとワッサーマンは，この計画をコミュニティの期待と結びつけることは，その計画自身に命を吹き込むと，また，HPD の組織と職員の日々の行動に対して力強い要求を行う，絶え間のない力になるだろうと考えた．行動計画は重大な変化を求めていたために，これは重要だったのである．

組織の価値の定義

驚くべきことに，行動計画が提示した一般的な価値は，その最も過激な点であった．それに比べて，具体的な業務上のイニシアチブは比較的穏やかなものであった．行動計画は HPD の現在の業務と，未来の発展の指針として，10の基本的価値を特定した．

価値１：警察は自分たちだけではその責任を果たすことはできない．……警察は警察業務のあらゆる側面において，コミュニティを関与させることに積極的でなければならず，それはコミュニティの生活の質に直接影響を及ぼす．

価値２：警察は，……犯罪行動に対して，その発生の予防を重視する形で対応……（しなければならず），かつ，それは精力的な法の執行によって特徴付けられなければならない．

価値３：警察は，民主的価値を維持し，増進させるような形でそのサービスを提供しなければならないという基本的な原則を堅持する．

価値４：警察はヒューストン市の地区の強みを最大限補強する形でサービスを提供することにコミットしている．

価値５：警察はその政策の形成に当たって，市民からのインプットを認めることを約束している．

価値６：警察は地区住民と協働することにより，地区の犯罪の本質を理解し，それらの問題に最も効果的に対処するための，意味のある協力戦略を作る．

価値7：警察はその資源を最も効果的な形で管理することにコミットしている．

価値8：警察は，業務のパフォーマンスに影響を及ぼすような事項について，全ての従業員からのインプットと，その関与を積極的に追求し，従業員の満足度と，効果を大事にするように組織を運営する．

価値9：警察は最高の水準の一体性とプロフェッショナリズムを維持することにコミットしている．

価値10：警察は，その組織と業務が安定性，持続性及び一貫性を示している時に，その機能が最も効果的であると信じる．⁽⁶²⁾

　これらの価値の順序と内容の双方が重要であった．これらが合わさって，HPDが担うべき新しい機能が定義され，また，地域コミュニティとの新しい関係性が提示されたのである．

　例えば，犯罪予防を重視することで犯罪行動に対処するというコミットメントは，犯罪に対する戦いの中で重要な戦線を開き，警察の中での一定の活動の優先順位を高めることとなった．また，民主的価値を推進し，「最高の水準の統一性とプロフェッショナリズム」を維持するというコミットメントは，警察が最終的に，憲法上の権利を守る責任を認めるということを意味していた．「コミュニティの生活の質に直接影響するような警察のあらゆる活動について，コミュニティを参画させる」というコミットメントと，「ヒューストン市の地区の強みを最も強くする形で，警察サービスを提供する」というコミットメントは，業務上の自立性よりも，市民との協力を大事にするという決定を意味していた．

　これらの価値は既存の警察の職員とはうまく合わなかった．彼らは犯罪を予防することよりも，犯人を逮捕することの方が大事だと信じていた．彼らは歴史的に見ても，憲法上の保護を最も尊重しない警察の一つとして位置していた．そして彼らは市民と対話することよりも，職業上の独立性を維持することにはるかに関心があった．しかし，これらの価値はおそらく，新しいヒューストンのコミュニティ，最近現れた，先進的な中間層の市民と，ついに彼らの関心に対応してくれる警察長官を見つけたマイノリティ双方に，届いたであろう．

　ヒューストンのコミュニティからの支持を得ることができる価値と，警察が支持する価値との間の緊張はまさに，この宣言に警察組織を再形成するための潜在的な力を与えるものであった．⁽⁶³⁾ もしこれらの価値が，警察が尊重することのできる義務として位置付けられるのであれば，組織の文化は変わるだろう．しかしもしこれら

266　第Ⅲ部　公的価値の提供

の価値が外部からも内部からも支持されずに崩壊してしまえば，もしくは，任務を遂行する者たちから，意味のない信仰に過ぎないと無視されるのであれば，これらの価値は広報のためのツールでしかなくなってしまう.[64] したがって，報告書が約束した改善の多くは，警察の指揮命令における具体的な改善にかかっていたのである.

業務運営上の優先課題の特定

重要なことに，報告書は現場のオペレーションの変更についての提案から始まっていた．これを始めに置いたことは，ブラウンの，パトロール活動の改革は必要であって，かつ，警察活動の全体的な質の改善に十分となるだろうという確信を反映していた．それはまた，この部隊を指揮するジョン・ベイルズに大幅に業務を委ねるという意思決定とも一致していた．パトロール業務について，報告書は HPD が5つの業務上の特徴の「達成に向けて動く」ことをコミットしていた.

　　　パトロール資源の最大限の可視化
　　　緊急の支援を求める市民への迅速な対応
　　　生まれつつある犯罪のパターンに対する，警察とコミュニティによる効果的な
　　　　介入
　　　地区に勤務する警察官の安定的な配属による，警察と近隣住民の緊密な関係の
　　　　構築
　　　地区パトロールの間に警察官がどう過ごすかを決める優先順位を設定する際
　　　　の，住民参加[65]

　ある程度，このリストは現場を改めて確認したに過ぎないと考えられるかもしれない．最初の3つのポイントは伝統的な，パトロールと，出動要請への迅速な対応について強調している．しかし，詳しく見てみると，このリストはある破壊的な，新しい要素を含んでいることが明らかになる．犯罪防止は，警察と，**コミュニティ**によって達成されるとある．警察官は安定的に地域に配属され，それは単にプレゼンスを高めるためだけではなく，**緊密な関係の構築を可能とするため**でもあった．市民は警察官が地区のパトロールを行う際の優先順位の決定に参画することになった．このような言葉を通じて，市民との接触，地区の問題についての対話，そして，逮捕よりも犯罪の予防を重視する，別の警察活動のあり方についての種がまかれたのである.[66]

　このような新しい警察のあり方を進めようというブラウンの意図は，現場オペレーション部隊が，これらの業務上の特徴にアプローチするために行ったより具体

的な活動のリストを見てみると，より一層明らかになる．この部隊では，パトロール地区を地区の境界に対応するように再設計すること，緊急出動要請に対応するために必要な警察官の数を決めること，緊急要請に対応していない間の警察官の時間を管理するシステムを開発すること，犯罪予防のための積極的な問題解決の取組を支援する分析能力の開発，そして地域コミュニティから警察に寄せられた問題の解決について約束したのである．これらの個々の目的は，現場オペレーション部隊が，コミュニティが提起した問題について積極的にアプローチするための組織上のイノベーションを特定しているのである．[67]

　このアクションプランの核心は，現場オペレーション部隊の具体的な計画と，価値の宣言にあったが，その他のいくつかの特徴も言及するに値する．ブラウンは，個々の機能別幹部に詳細な方針と手続きの策定を義務付け，それをコミュニティグループと協議した上で行うように求めることで，分権化の取組を進めるとともに，マネージャーが責任を持つようにした．この要求は，HPD が業務運営上のイノベーションを可能にすると同時に，HPD を過去にないレベルの，市民からの精査に晒すことになった．ブラウンはさらに長官官房に監査課を設置し，HPD の主要な業務ユニットごとに毎年業務監査を行うことにした．それまで，HPD の各部門の業績を評価するメカニズムは存在せず，危機に際しての，ハイレベルの評価のみであった．

　同様に，「巡査官を HPD の屋台骨とする」というブラウンの決意は，巡査官が犯罪現場において予備的な捜査を行うための訓練を行うことと，捜査官の中での特別な階級を廃止し，全ての捜査官に巡査部長という階級を与えるという提案に反映された．さらに，ブラウンは HPD が言う所の「クリアランス」（捜査を通じて解決された，報告された犯罪の件数）について監査する新しい取組と，犯罪捜査を統制する新しい手法を提案した．これらの変化は，巡査官と比べて，HPD の捜査官の独立と地位を幾分減少させる効果があった．

主要なイノベーション

　これらが合わさって，ブラウンのイニシアチブは HPD において大きな動揺を引き起こした．何人かのマネージャーは，ブラウンが成功することに賭けて，警察をブラウンの警察業務のビジョンに向けて変えていくよう，改革の取組を実行した．3 つの改革が，業務運営上も，象徴的にも，特に重要となった．

ウェストサイド司令本部

ブラウンの着任より前に始まったが，彼の目的に素晴らしく合致した主要なイノベーションがあった．1979年，ヒューストンの有権者は，警察支部の改修と建築のために，35百万ドルの借入を行うことを市に認めた．警察はいくつかの小規模な施設を計画し，それぞれに，一定の規模の，車両を装備したパトロール部隊が配備されることとなった．捜査官は引き続き本部に配備されることとなった．

長期計画課長であったジェリー・デフォー警部補は，この計画がそれまで信頼を得てこなかった警察のあり方を内に含んでいると考えた．1979年に彼は代替案を提案した．それは，成長しつつある市の西部に対応するための「多目的司令センター」であった．彼は，捜査業務を含む，警察の全機能をこの新しい司令部に分権化することを提案していた．

彼は，この分署を，警察を近隣地区の生活に統合することを推進するために設計し，用いることを考えていた．この分署は警察の「占領軍」としてのイメージを排除し，地元との密接な接触を推進することになると考えられた．このような地元との関係を作るため，HPDの全ての機能は，警察官や市民が日常的に必要となるものは全て，この分署で代表されることとなる．それには，留置場，法廷，車両待機場，無線修理，行政事務，男性・女性警察官のパトロール施設，捜査官事務所，コミュニティ活動のための施設も含まれていた．

このような分権化とコミュニティとの統合の考えは，HPDの物理的な構造を変化する必要性から生まれたが，HPDはまもなく組織の構造も変えるという進歩を遂げた．当時の長官であったB.K.ジョンソンはデフォー警部補に，分権化によって影響を受けると考えられるそれぞれの部門を代表する13機能別タスクフォースから構成された，分権化調査グループを立ち上げることを認めた．この調査グループは1981年7月に報告書を取りまとめた．報告書は，ヒューストン警察の完全な分権化に向けた計画を提案した．しかし，市長選が近づいており，ジョンソン長官の未来も不確実であったために，デフォーの計画は日の目を浴びなかった．

リー・ブラウンはこの計画に新たな命を吹き込んだ．分権化されたウェストサイド司令本部は，17百万ドルの予算とともに設計が行われ，彼の地区ベースの警察というビジョンを体現することとなった．1983年の春，ブラウンと市長は共に，この計画を支援するよう市議会に要請を行った．市議会はこれを妨害した．多くの議員，その一部は新しく再編された選挙区から初めて選出されていた，は自分たちの地区の司令本部を望んでいた．最終的に市議会は計画を承認したが，さらに3つの地区司令本部の設置を条件としていた．1984年10月1日，市長と警察長官は，新しいウェ

ストサイド司令本部の定礎式を執り行った．それは，ブラウンの考える地区ベース
の警察の，具体的な象徴となった．

DART プログラム

　デフォーはまた，ブラウンによる，２つ目の HPD の未来に向けた主要な政策イノベーションも支援した．彼の分権化調査グループは，ヒューストン警察が，指定地域担当チーム（DART）を整備すべきと提案していた．DART の主要な要素には以下のものが含まれていた．

1. 全ての地域における犯罪や騒乱について，単一のパトロール司令官の指揮を受ける巡査官と捜査官の統合グループに責任を割り当てること
2. 最も緊急の事態を除いて，DART 警察官が担当地域外に出動することを禁じる方針による，「地区の統合」の維持
3. プレゼンスの向上と，対応時間の短縮のため，警察官１名のみが乗車するパトカーの活用推進
4. DART チームにおける巡査官と捜査官の業務の統合により，情報収集におけるより効果的な協力の推進と，巡査官の業務の充実
5. 警察官による担当地区の理解促進のため，「地区プロファイル」の活用
6. 担当地域における犯罪パターン特定のための「犯罪分析」
7. 市民グループの指導者，聖職者や，一般市民との公式な協議により，警察が対応できるコミュニティの問題についてのリストの整備
8. 「戦術行動計画」を策定し，情報収集活動を通じて DART チームが捉えた犯罪パターンや問題についての解決策の検討
9. 非番の警察官の活動指針としての，これらの戦術行動計画の活用

　ボブ・ワッサーマンは，DART がブラウンの改革に関する３つの基本的な要素を推進したと回顧している．それは，過去の悪い慣習を修正すること，警察活動に関する地域の信頼を構築すること，そして，ヒューストンを先進的な警察活動に関するアメリカの舞台とすることであった．

　　DART の重要性は，ヒューストンの警察業務が……「フロンティア精神」を特徴としていたことに基づいていた．警察官は「群れをなして」で，広い範囲を荒っぽく走り回っていた．地域に対する説明責任はなかった．警察官と捜査官の間の交流もなかった．コミュニティとの接点もなかった．DART はこ

270 第Ⅲ部　公的価値の提供

れらを，比較的単純な方法で修正することに焦点を当てていた．DART は警
察官を，地域密着型にし，捜査官たちを分権化し，地区グループに対するある
種の監督上の説明責任を提供した．彼らはまだいくつかの重要な事項，例えば，
リーダーシップや，シフトの監督，警部補の配置などについて，まだ答えを出
していなかった．このため，リーは一つの地区で試して，何が起こるかを見て
みることにしたのである．彼は変化を促したかった．このため，不十分な点が
あったとしても，やらせて見たのである[68]．

　ブラウンはジョン・ベイルズに DART のパイロットプロジェクト実施の責任を
委ね，現場オペレーション部隊に110名の警察官を配置し，1983年の秋に，1 地区
でこの業務を開始することとした．

ヒューストンにおける恐怖緩和の試験

　行動計画が完成し，DART の準備が進んだことを受けて，ヒューストン警察は
国立司法省研究所（National Institute of Justice）に，ヒューストンの地域における犯
罪への恐怖を緩和するためのいくつかの戦略を試すための補助金を申請し，勝ち取
ることができた．ワッサーマンは，ブラウンと HPD はすぐに，将来に向けた計画
や宣言以上のものが必要になるだろうと考えていた．彼らには「勝利」，すなわち，
ブラウンの指導力と，HPD の改革プログラムでの成功を積み重ねる能力を示す何
かが必要となると思われた．国から好意的なスポットライトが当たることによって，
HPD の自分自身のイメージが改善され，ヒューストン市民にとっても何か誇れる
ものができ，おそらく，リー・ブラウンの力を強くすることができると思われた．
ワッサーマンはこう振り返っている．「恐怖緩和プログラムが発表された時，……
我々はそれを追求していた，……我々はそれをヒューストンのために手に入れた．
我々はこれを，市民にとって，全米にとって重要な意味を持つ何かに取り組む経験
をする機会と見ていた．そして，我々は，ボトムアップでアイデアを考え出すこと
にコミットしていた．……そのため，我々は警察官タスクフォースを立ち上げた．
……彼らはアイデアを提案し，それを実行していった[69]．」

　このタスクフォースはブラウンとワッサーマンと協力し，ヒューストンの 4 地区
において，6 つの恐怖緩和戦略を試行することとなった．そのうちの一つ，コミュ
ニティ組織対応チームとして知られるものは，「騒乱，破壊行為など，犯罪関連や，
生活の質に関する問題に対応するためにコミュニティが組織するのを助けるため
に」警察官を派遣した．2 つ目の近隣地区情報ネットワークでは，HPD が犯罪リ

スクに関する正確な情報を提供するニュースレターを配信することにコミットした．3つ目の店頭派出所では，司令本部を補完するために，警察官が駐在する，小規模でより気軽な派出所を作った．4つ目の被害者フォローアップでは，最近犯罪被害にあった市民に警察官が連絡し，慰問と支援を提供することとした．5つ目の警察サービス対応では，警察官が市民から，警察のサービスの質への意見について，手紙調査を行うことを約束した．6つ目のダイレクト市民調査では，警察が地域住民の心配事について調査し，そのリストを作成する方法を提供した．これらのプログラムは，ブラウンがHPDの業務について強調してきた重要なテーマを反映していた．

組織の主流派との関与

進行中の行動計画において，重要な行政管理上の変化が求められており，また，ウェストサイド司令本部，DART，そして恐怖緩和に向けた議論と計画が進むにつれ，ヒューストンにおける警察への視線と感じ方が変わり始めた．しかし，それでも一部は，これらの介入は表面的で，脆弱なものであるとして引き続き心配していた．DARTと恐怖緩和試験はどちらも好意的に評価されたが，ブラウンはどちらのプログラムも拡張することができていなかった．多くのヒューストン警察支部とパトカーでは，伝統的な警察活動のやり方が支配的であった．どうすればHPDは一連の革新的なプログラムから，全く新しい警察活動の哲学に移行することができるのか？という問題が残された．

これに対する答えとして，ブラウンは2つの重要なイニシアチブを継続した．まず彼は，地域密着型の警察というビジョンをヒューストンの政治環境の中に根ざさせ，彼が生み出そうとしていた警察活動に対する継続的な支持と要求を確保しようとした．次に，彼はその公式・非公式の権力を使って，彼のビジョンを共有する人々が，個人的にも，業務運営上も成功できるような組織上の環境を生み出そうと取り組んだ．

1984年から1985年にかけて，ブラウンはヒューストンの民間，金融，そして，政治団体の間で支持を掘り起こすことによって，一つ目の目標を追求した．ブラウンは，危機下を除いて，ヒューストン警察は市民のリーダー達から閉ざされた存在だったことに気づいた．彼はそれを，委員会を設立し，彼の計画について強力なキャンペーンを展開することで変えていった．「我々は支持を得るためにビジネス界を大きく活用した」とブラウンは述べている．ヒューストンの警察業務に対する彼らのコミットメントを構築することは，市長と市議会がブラウンとその予算に対する「好

意的な印象」を作ることに貢献した.「我々に対して何かしてくれる人々が,我々の支援者になった.」「彼らは,我々がどうなるかについて,利害を有することになったのである.」⁽⁷⁰⁾

ブラウンは,新しい若いリーダーに改革の取組を主導させることによって,2つ目の目的を追求した.トーマス・コビー警部補は次世代の積極的な中間管理層の代表であり,長官はヒューストンの将来の警察活動を築くために彼を頼りにしていた.コビーは条件を満たすとすぐにあらゆる昇任試験を受験し,急速に階級を上げてきていた.ブラウンは彼を警部に任命し,彼にヒューストンの最も困難な地区である,ノースシェパード支署を担当させた.

コビーは恐怖緩和試験プログラムが開始した直後の1983年にノースシェパード支署に着任した.彼はそれを「支署を混乱に至らせた」と回顧している.ノースシェパードの管理職も警察官も,この新しい業務方針と,説明責任のための措置に対して抵抗していた.支部の警部と警部補は1か月もの間不在となっていた.支部は反乱の瀬戸際にあるかのように見えた.

コビーはこの支署の問題を,下位の警察官の心配を放置し,重要な人事上の問題を悪化するままに任せていた従来の体制に問題があると考えた.最初はコビーはどこから手をつけていいかわからなかったが,やがて解決策を思いついた.「私はリー・ブラウンがやったことをした.」とコビーは述べている.彼は積極的な態度を示していた能力のある警察官,すなわち,「そこの混乱に嫌気がさしていた警察官,何らかの意欲,コミットメント,プライド意識を持っていて,声がかかり,つながり,刺激されるのを待っていた警察官」を探した.⁽⁷¹⁾

コビーはすぐに自分なりの地域密着型警察を作り上げた.彼は店頭派出所を4つに拡張し,彼の警察官は地区のプロファイリングと犯罪分析を開始した.コビーの目には,店頭派出所は魅力的なものに思われた.彼は「悪いものの真ん中に良いものを置くことで,周りの悪いものを駆逐する」という考えを気に入っていた.⁽⁷²⁾

コビーはまた,日常のパトロール業務の中にコミュニティとの関係を統合した.指定されたコミュニティ担当の警察官を本部から出動させ,地元のコミュニティグループに対応させるという支署のやり方について,コビーは間違っていると考えた.このような警察官は支署とも,地域とも何のつながりを持っていなかった.彼ら一組でどうやってノースシェパードの学校と効果的に対処できるだろうか.どうやって彼らは支部のヒューストニアンズ・オン・ウォッチプログラムを管理できるだろうか.コビーの非正統的な代替案はシンプルなものであった.「自分の部下がこれをやるべきである.」彼はブラウンに,それまで集約化されていたこの機能を,自

分の支署で担当することを提案し，ブラウンは直ちにこれを承認した[73]．

　トム・コビーも，他の彼のような者も，ブラウンの警察活動についてのビジョンに機会と挑戦を見出していた．彼らはブラウンが示した革新的な方向性に向けて進むことに，自分たちのキャリアを賭けた．しかし，これらの改革がブラウンの任期後も続くかどうかという問題は残された．それが明らかになるまで，警察業務の将来は不確実なままであった．

　彼が引き起こした3年間の行政管理上の騒動と，業務運営上のイノベーションによって，また，外部の政治的支持と，組織強化に向けた要求によって，そして，組織内部のマネージャーの台頭によって，ブラウンは組織における自分の重要性を減少させるための何らかのメカニズムを必要としていた．彼は，組織自身の野心と成果として，警察活動の新しい戦略を特定するための方策を求めていた．

　彼は，ヒューストンのあらゆる階級からの多くの警察官と，HPD の将来について議論する会議を重ねることによって，それを見つけた．初めのミーティングでは，参加者は，ヒューストンの警察活動の未来は，ブラウンが提示した価値の中にあり，また，地元密着型の警察という一般的な概念の中にあると認めた．その後のミーティングでは，彼らは引き続 HPD につきまとっている業務運営上の問題について検討した．実質的に，組織全体がもう一度「行動計画策定」プロセスを経験したのである．しかし，今回は，このプロセスから生まれる計画は HPD 自身のものであって，ブラウンのものでも，ワッサーマンのものでもなかった．

ヒューストンの警察の状況，1988

　1989年，リー・ブラウンはニューヨーク市警の長官に任命された．地元密着型警察のコンセプトに強くコミットした若い女性のマネージャーが彼を引き継いだ．エリザベス・ワトソンは，その初めの取組として，ヒューストン警察はブラウンが示した道を歩み続けると宣言した．結局，継続的な方向性は，HPD がコミットした価値のうちの一つであったのである．

組織の再構成――戦略的マネージャーが考え，実行すべきこと

　これらの事例は，他の事例と組み合わさって，また，パブリックマネジメント，民間のマネジメントに関する文献の中に位置付けられることにより，公的セクターの組織の業績を向上させるために，公的セクターのマネージャーが何をすべきかについての手がかりを与えてくれる[74]．

274　第Ⅲ部　公的価値の提供

外部への，政治的説明責任の引き受け

　最も重要な教訓はおそらく，スペンスとブラウンがどれだけ**政治**マネジメントに注意を払っていたかについて観察することから得られる．具体的には，説明責任を引き受けることにより政治的支持を構築すること，また，自分たちが説明責任を持つ条件を彼らの監督者たちと交渉することである．スペンスはギャリティ判事と緊密に連携して，彼の権限と責任の範囲を明確にし，また，定期報告のプロセスについて合意した．それだけでは十分ではないかのように，スペンスは諮問委員会を立ち上げ，それにも説明責任を負うこととした．同様に，ブラウンは最初の記者会見において自分の全体的な目標を提示した．次に，彼はヒューストンの多様な有権者たちと幅広い交渉を行った．最後に，彼がこれらの過程において行った宣言はあまりにもインフォーマルかつ具体的でなかったため，彼は**HPDの評価報告書**と，**行動計画**を公表した．これらの文書によって，ブラウンは具体的な目標の達成を義務付けられたのである．

　このような行動はパブリックマネージャーの一般的な行動とは対照的である[75]．自分の組織を外部への責任というプレッシャーに晒すのではなく，マネージャーは通常そのような圧力から自分たちを遠ざけようとする[76]．彼らは，責任を引き受けることはあまりに多くの時間を要し，また，自分たちの組織をあまりにも多くの対立する要求に晒すことになると心配するのである[77]．さらに悪いことに，彼らは，外部政治に関わりすぎることは，組織内部の者から，自分自身の個人的野心や，組織運営上の実質的な責任への対応への無関心，また，不当な外的影響から組織を守る能力のなさとして捉えられてしまうのではないかと心配してしまうのである[78]．

　これらの一般的なやり方に反して，スペンスとブラウンの例は特筆すべきものである．彼らは責任を回避するのではなくむしろ引き受け，また，政治的期待を抑制するのではなくむしろ刺激した．さらに，この戦術は機能したように思えるのである．彼らが率いた組織の業績は改善した．これはなぜだろうか？　二つの理由が注目される．

　まず，新しく定められた説明責任の条件は，政治レベルの監督者の要求を反映していたため，政治的説明責任を引き受けることでスペンスとブラウンは強化された政治的支持を活用することができたのである．監督者の視点からは，スペンスとブラウンが率いる組織は最終的にその要求に応えるようになり，彼らが行うべきことをするようになったのである．これらの組織は価値のあるものになっていったのである．したがって，過去ケチだったものが寛大になり，猜疑心は信頼に変わった．その結果，監督者の態度はスペンスとブラウンの力を強くした．というのも，それ

はさらに多くの資源を彼らに与え，また，それをどう用いるかについて，より大きな裁量を与えたからである．ここにパラドックスが存在する．監督者に権限を委ねることによって，スペンスとブラウンは自分たちの力と，その目的を達成する能力を向上させたのである．

そして，自分たちの組織を極めて具体的な目的にコミットさせ，これらの目的を力強い監督者との具体的な約束の中に定めることによって，スペンスとブラウンは自分の組織に挑戦する能力を向上させたのである．一旦自分の目的が，自分たちの背後にある力強い監督者の期待や要求に結び付けられると，彼らの戦略的ビジョンは一過性のお飾りのようなリーダーの自己中心的な見方ではもはやなくなり，その代わりに，組織が対応しなければならない「現実」となるのである．[79]

もちろん，詳しく見てみると，スペンスもブラウンも自分たちの組織をやみくもに政治的監督者に晒していたわけではないことがわかる．そうではなく彼らは，自分たちが最も価値のあると考えているものを要求してくれそうな監督者を探し出したのである．実際，彼らは意図的に，自分たちの組織の古い戦略を支持する政治的同盟を妨害し，彼らが好むような目標を持った組織を要求するような新しい政治的同盟を形成させたのである．[80] そして，いったん自分たちが求める変化を要求するような外部の力強い支援者によって武装されると，自分たちの組織を変革するという任務ははるかに簡単なものとなるのである．[81]

実際，このような段階に至ると，組織の変革というプロセスは比較的馴染み深い形態をとることになるのである．ラッケルスハウスやミラーのように，スペンスとブラウンは新しい政治勢力による熾烈な批判の対象となった組織のリーダーシップをとることになったのである．この批判は現在の組織戦略を失墜させ，これらの組織を公的セクターにおける破産状態に追いやったのである．民間セクターにおける破産と同様，過去に対して何の忠誠心もない新しいマネージャーが任命された．そして，彼らは組織の過去のコミットメントを自由に流動化し，その業務を新しい目的・目標に移行させることができたのである．彼らの監督者は，その組織の対応力の無さと，輝きのない業績に慣れていたため，新しいイニシアチブを歓迎し，追加的な「資本」を提供したのである．また，組織の従業員は，変化がないことによってその将来に十分恐怖を覚えているため，最低限のマネジメント上の刺激に反応するのである．これらの全体としての結果は，最も起きそうにない奇跡，すなわち，組織戦略上の重要な変化である．

この組織の変革に向けた一般的なシナリオは，適切な状況においては，必ずしも実行することが難しすぎると言うことはない．[82] したがって，マネジメントについて

学んでいる学生ならば，組織の政治的環境が変化して，（その目標が，新しいマンデートとしっかりと合致している）新しいマネージャーが戦略的変革を実行するために採用された状況においては，説明責任の引き受けという方策が，責任を回避することよりもうまく機能するということを想像できるだろう．

　それでも，外部に対する説明責任を引き受けるという方策は，はるかに多くの場面に適用できる．実際，説明責任を引き受けることは，公的セクターにおいては**常に重要**なのである．マネージャーは，このステップを避けることができるように**見える**状況があるかもしれない．例えば，過去の伝統を未来に引き継いでいくことができるほど安定した状況や，効果的な監督を拒絶できるほど，組織が強固な評判を有している場合である．⁽⁸³⁾ このような場合，マネージャーは説明責任を回避して立ち去ることもできるかもしれないが，そうすることによって彼らはその後災厄に見舞われるリスクを犯す事になるのである．⁽⁸⁴⁾ その理由は，彼らは組織の監督者が，組織の業務を通じて表現して欲しいと考えている重要な価値とのつながりを失うリスクを冒す事になるからである．⁽⁸⁵⁾ 彼らは重要な種類の「顧客」から，あまりにも遠ざかってしまうことになるのである．それは，長い目で見ると，災厄を招くことになる．

　同様に，説明責任を拒絶することによって，マネージャーは自分たちが率いる組織に挑戦する能力の一部を失うことにもなる．⁽⁸⁶⁾ 外部からの要求に晒されることがなければ，変化の要請から守って欲しいという部下の要求に対し，彼らは脆弱になるのである．士気を維持するという目的のために，マネージャーは，幹部としての自分たちの責任は，変化の要請に組織の中でさらなる力を与えるのではなく，自分の組織をそのような要請から遠ざけることと考えるようになってしまうのである．⁽⁸⁷⁾ こうして，そのようなマネージャーは，監督者との関係において，組織の従業員の代理人になってしまうのである．この結末は，組織の対応能力と，市民や組織の監督者にとっての組織の価値を下げるということになる．

　説明責任を引き受けることが一般的に価値があるかどうかは，さらなる検証が必要である．今の時点では，もしマネージャーが組織における戦略上の変革を追求するのであれば，説明責任を引き受けることは重要な方策と考えられるということである．⁽⁸⁸⁾ そうしなければ，マネージャーは自分の組織に一人で立ち向かうことになる．責任を引き受ければ，マネージャーは市民の期待という集合的な力を，自分の組織の変革に向けることができる．それは，はるかに有利な立場となるだろう．

組織構造と人員配置

　説明責任を引き受けることと比べるとそこまで驚かされないのは，スペンスとブ

ラウンが，主要な部下の採用と組織設計を，組織の主要な任務に注意を向けるために用いたことである．あらゆるマネージャーは自分が主要な部下に基本的に依存していることを知っているであろう．したがって彼らは当然，個人的に忠誠心を持っている者を採用し，従業員の能力を最大限引き出すように組織を再設計するのである[89]．

自分のチームに引き入れること

　ある程度，スペンスとブラウンもこのパターンに従っている．スペンスはロバート・ティアニーを格上げされた建設マネジメント局長に，デビッド・ギルモアを業務担当の特別代理に任命している．ブラウンも，彼の戦略プランとなった2つの報告書を作成するためにボブ・ワッサーマンを雇った．しかし，ブラウンはスペンスと比べて組織の既存のライン管理職にはるかに大きく依存することを決めたという点で，二人の対応は異なっている．ブラウンはほとんど外部の者を雇っておらず，また，彼が雇った者はライン業務よりも，スタッフ職の地位を与えられていた．業務面では，ブラウンは組織の古いマネージャーに全てを賭けた．そして彼は，これらのマネージャーの多くは公に彼に対する反対を宣言していたにもかかわらず，そうしたのである．

　この違いは，制度上の制約の違いの結果として説明できる．スペンスはハイレベルのポストを新しく作り，それを埋めることについて，ブラウンよりも裁量の幅が大きかった．しかし，この違いはまた，マネジメントの手法の違いも反映している．ブラウンは**常に**，外部から採用するスタッフは少数とし，すでに組織にいる者と働く方針をとっている．

　重要なことはこれらのどちらのアプローチも機能したように思えることである．この発見は，マネージャーは「常に信頼できる人物で周りを固めなければならない」という一般的なマネジメントに関する助言に反する．これらの事例は，仮にマネージャーの下で働く幹部が個人的忠誠心を持っていなくとも，また，マネージャーのビジョンに実質的にコミットしていなかったとしても，マネージャーが成功しうるということを示している．ブラウンは彼の幹部スタッフの反対に対して，彼らに，容易にその結果を評価できるような重要な組織上の役割を与えることで対応したと考えられる．それは少なくとも，彼がジョン・ベイルズとその同僚について行ったことである．そのような取り扱いによって，個人的な忠誠心よりも，主要な組織の任務の業績が，マネージャーとその下で働く幹部とをつなげる紐帯となるのである．そして，時間が経つにつれてこれらの業務上の関係が個人的な忠誠心に，また，任

務へのコミットメントに熟成されていくのである．しかし，これは初めからそうである必要はない．ブラウンは，自分に対して反対を宣言した人々と共に働くことによって重要な組織の変化を達成したのである．

　もちろん，反対者と共に仕事をすることは，仕事を困難にする．マネージャーにとって見れば，細かく監督せずとも正しいことをやってくれると信頼できる人々を周りに置くほうが，はるかに心理的に楽になるし，また，業務上も効率的になる．しかし，ブラウンの例は，自分自身のチームを作ることができないときでも，マネジメントを行うことは可能であるということを示唆している．実際，そうすることによって，マネージャーは，自分が見つけた組織の知識と伝統との関係を保ち続けることができ，また，縁故主義という批判を避けることもできるのである．

　マネージャーが，個人的忠誠心を持っているか，または目標を共有しているという強い共感がある主要な部下なしに成功できるかは，マネージャーの個人的性格に大きく依存するかもしれない．落ち着いた性格のマネージャーは，不安を持ったマネージャーよりも，側近がいなくてもより上手くやっていけるかもしれない．しかし，組織の中での側近なしに生き残るためのマネージャーの能力は，組織の外から得られる支援によっても影響を受けるだろう．より多くの支持を外部から得られれば，マネージャーは内部の支持，心理的なものも，業務上のものも含む，は少なくとも済むだろう．

　自分の組織にどれくらいの人数を外部から導入するかを決めるにあたっては，組織内部の人々と，着任するマネージャーが知っている人々の質の違いもまた大きく影響するだろう．多くの新任のマネージャーは知り合いのネットワークを持っている．この能力のプールは，既存の組織の中で得られるものよりも深く，幅広い可能(90)性がある．もしくは，スペンスの例のように，組織がまだ持っていない何らかの特別な能力をカバーできるかもしれない．このような場合，組織のマネジメント上の能力や専門能力を，コストをかけずにアップグレードするために，より多くのものを外部から導入することは，完全に適当であると思える．

人々と主要な任務に組織構造を合わせること

　誰を雇うべきかという判断は，組織構造についての判断と密接につながっている．例えば，スペンスはリチャード・ティアニーとデビッド・ギルモアのための仕事を作るために，組織を再編した．ブラウンは彼の４人の長官補佐官を懐柔するために再編を行ったのである．

　スペンスもブラウンも，これらの機会を，遂行すべき戦略的に重要な業務を定義

する機会として活用した．スペンスは組織を「再生」し，「構築する」決意を，建設マネジメント局を組織のヒエラルキーの中で格上げすることによって示した．同様に，ブラウンはHPDの新しいビジョンの中でのパトロール機能の重要性を，ベイルズをそのトップに据えることで示した．つまり，組織構造は，マネージャーがマネジメント能力を，組織の短期〜中期の発展のために重要と考える任務に集中させることで，戦略的目的に対応できるように作られるのである[91]．

　これらの目的のために組織構造を利用する場合，マネージャー自身は永久に安定して運用される組織構造を作っているとは考えていないということに注意してほしい．彼らは自分の部下のマネージャーたちの注意を，今行わなければならない主要な業務に振り向け，組織が将来に向けて態勢を整えることができるようにしているのである．この緊急の要請の前には，組織論の些末や，一貫性のある組織の論理に対する要求などは，ほとんど意味を持たない．しかして，スペンスもブラウンも，機能上の，プログラム上の，そして地理上の論理が混ざり合った組織構造にたどりついたのである[92]．

内部に対する説明責任の構築

スペンスとブラウンはその任期の間も，外部への説明責任を引き受けることに加えて，内部への説明責任の基準を引き上げることによって，組織に挑戦していた．実際，この後者は論理上，前者を必然的に伴い，また，それを必要とする．外部への説明責任を引き受けることによってのみ，組織内の基準を説得力を持って引き上げることができる[93]．しかし，外部への責任を引き受けるには時間を要するため，スペンスもブラウンも，自分たちの危機意識を内部に伝えるために他の手段を用いた．興味深いことに，彼らの取組は2つの段階に分かれているのである．

　第一の段階では，スペンスもブラウンも，新しい，厳格な能力の基準を設定することで，意図的に自分たちの組織にショックを与えた．スペンスはミスの多い文書を書き直させるために差し戻し，また，公式の人事ファイルに，褒賞と懲戒のための文書を登録した．ブラウンも，マネジメント能力に関する基準が引き上げられることを強調するような設定のもとで，マネジメントレベルの密室会議を開催した．このような取組は，能力が大事であること，また，能力の差異は留意されること，そして，全員が，新しい態勢を満足させるために，これまでより少し多く働かなければならないということを強調していた．

　しかしこれらの取組はもう一つの重要な効果を持っていた．それは，これらの取組によって，組織の注意を新しいマネージャーに向ける効果があったのである．ス

ペンスとブラウンがとった規律のためのこれらの小さな行動は，通常とは異なる意味を持った．組織はこれらの行為を詳細に調べ，能力の基準がどれだけ高いものになるか，また，組織がどのような方向に向かうのかを理解しようとした．このような段階に至って，マネージャーは，自分たちが何を望んでいるか，また，自分たちの基準がそれまで使われていたものとどう違うかについての説明に対して，注意深く聞く聴衆を得ることになったのである．

　もちろん，これらの組織の交代という文脈の中で，スペンスもブラウンも，従業員の注意を引くことや，高い基準を設定するためにたいしたことをする必要はなかった．なぜなら，彼らが引き継いだ組織はすでに失敗していて，また，マネージャーが新しくなったことで，人々は基準が引き上げられることを予想していたからである．誰もがこのような結果を予想していたからこそ，小さな行動でさえも，劇的な効果を持ったのである．

　しかし，このポイントは，スペンスとブラウンが当然のように彼らに与えられた檜舞台を，自分たちの組織を安心させるためではなく，組織に挑戦するために，意識的に用いたというところにある．スペンスもブラウンも，自分たちの組織について公には不満を言わなかった．実際，二人とも支持を公に表明したのである．その代わり，事例を通じて，象徴を通じて，そして，幹部との個別の対話を通じて，組織全体にわたって，基準が引き上げられるという考え方を確立していったのである．

　第2フェーズでは，引き上げられた能力水準の象徴性と一般性は低まり，そして，具体性と特定性が高められていった．[94] スペンスとブラウンは困難な業務運営上の課題を，自分たちの組織全体に分配する方法を見つけていった．従業員は，それらから何が求められているかを詳しく学んでいった．この新しい水準に従うことを望まなかった（または，ついていけなくなることを恐れた）者は，離脱していった．それ以外の者は仕事に取り掛かり，そして，成功するにつれて，自分たちの新しい役割にコミットするようになっていった．組織の注意は新しいボスについての悩みや憶測から，新しいボスに与えられた具体的な課題へと移り変わっていったのである．

　スペンスもブラウンも，これらの目的を達成するために，予算プロセスと計画（策定）プロセスを活用した．これらのプロセスは長い間，公的セクターの組織の成功のために重要なものであると考えられてきて，実際そうであるように思える．[95] しかし，スペンスとブラウンは予算プロセスを，一般的なやり方とは異なる目的のために用いた．予算システムと財政システムを使うにあたって彼らは，資源の割り当てのための中央のスタッフによる計画を重視するのではなく，ライン業務の管理職たちが自分のユニットの業務についての責任を引き受けるようプレッシャーを与える

ために，予算プロセスを使ったのである．

このようにして，彼らは二人とも予算プロセスを**分権化**したのである．つまり，彼らは予算案を作成する責任を中央のスタッフから，実際に業務を担当するラインの管理職に移行させたのである．この変更を行うにあたって，彼らは予算策定に係る技術的権限をある程度手放すとともに，組織の伝統的な予算部局とやり取りすることに慣れていた監督者との関係で，信頼関係を一定程度犠牲にしたのである．その代わりに，彼らは組織全体にわたって，マネジメント上の責任を分散する機会を得ることができたのである．このような措置によって彼らはマネジメントの重荷からある程度解放され，それを部下たちに公平に分担させたのである．例えば，ブラウンがヒューストン市の予算担当課長との会議に自分の部下の幹部たちをつれていった時，彼は単に市役所に圧力をかけていたわけではない．彼は，自分が部下をどのように見ているかを理解させるために，市役所と自分の部下の幹部たちを呼んだのである．それはつまり，ヒューストン警察を全米で最高のものとする取組の主要人材としてである．

また，スペンスもブラウンも，予算プロセスとは別個のものとしての計画（策定）プロセスに頼った．特にブラウンは，評価報告書と行動計画を作成するために，戦略的計画（策定）プロセスに頼ることとなった．この戦略計画（策定）プロセスは，それが組織の注意をいくつかの，将来の業績改善のための鍵となる分野のみに組織の注意を向けるという点で，通常の予算プロセスとは異なっていた．一般的にいって，戦略マネジメント上のツールとしての予算の弱点は，それが通常包括的であろうとすることと，組織の活動全てを正当化しようとする点にある．マネージャーはしばしばこれらの目的のために予算を使うことから，組織の要求のあらゆる部分が認識されることになる．そうすると，必然的に，予算は組織の将来というよりも，現在についての正確な像を描くこととなる．これと対照的に，戦略的計画は意図的に選択的であろうとする．それは組織で起きていること全てについて説明しようとはしない．それは組織が直面している主要な問題と機会と，組織がこれらの問題に対処し，機会を活用するために行わなければならない適応策のみに焦点を当てるのである．

ブラウンは，組織の注意を主要な課題に向けるため，意図的にこの戦略計画策定のプロセスを活用した．スペンスはブラウンほどはそれを行わなかった．おそらくこの違いはスペンスの業務運営上の課題と目標が裁判所による管理の条件の中にあまりにも明確に定められていて，それ以上の戦略的な計画が必要でなかったことによるものだろう．管財条項には，管理下で遂行されなければならない一般的・具体的な課題が定義されており，これらは戦略計画として機能した．しかし，ブラウン

は自ら戦略計画を策定しなければならなかった．この違いはまた，スペンスが自分のスタッフのほとんどを外部から連れてきたことにも起因するだろう．戦略的計画（策定）プロセスは，スペンスが彼らとその任用交渉の中で進められた可能性がある．これに対してブラウンはその任用手続きを公に行わなければならなかった．

さらに，これらの違いはマネジメントの流儀と技術の実際の違いを反映している可能性もある．一般的にいって，スペンスの流儀は，ブラウンのものと比べて若干閉鎖的であるように見える．この違いは，彼らの戦略の長期的な持続性に影響を持つ可能性もある．ブラウンの流儀はより開かれたものであるために，また，彼の戦略はより一般に開かれていて，明示的であることから，彼は政治環境の変化に対してより脆弱であろう．もし世の中がブラウンの改革の理想に説得され続けるなら，彼のオープンさは改革を強化するだろう．しかし，もし世の中が変わってしまったなら，このオープンさは，彼の戦略の終焉を加速させるだろう(99)．スペンスはそこまでオープンでなく，その計画の全体像について明示していなかったために，彼は自分の目標に対する外部からの支援を動員しにくかったが，世の中の変化をうまく乗り切ることができる可能性があったのである．

追加の資源の調達

スペンスとブラウンの成功は利用可能な資源を使って新しいことをすることだけではなく，新しい資源を調達することにも依存していた．スペンスはマサチューセッツ州議会と，連邦政府それぞれから追加の資金を確保した．彼はまた，HUDからの運営費補助金削減という破壊的な結果が起こることを避けることにも成功した．ブラウンもヒューストンが財政上困難な時期であったにも関わらず，予算の増額になんとか成功し，また，アメリカ全体として意味のある取組のために，連邦政府から資金を得ることができた．

追加的な資源を調達することによって，スペンスとブラウンは顧客と，監督者によって認識されるサービスの質と量を改善するための手段を得たのである．彼らはまたこの追加的な資源によって，新しいイノベーションに取り組み，自分たちの組織の将来のために特に重要と考える，具体的な新しい能力を構築することができるようになったのである．したがって，彼らが追加の資源を調達することに成功する限り，組織の発展に対する彼らの影響力は，単なる追加の資金に伴う購買力の向上以上のものとなるのである．

等しく重要なこととして，スペンスもブラウンも，追加の資金に加えて，より広範な権限を追求し，獲得した．スペンスは明らかに追加の権限を必要としていた．

彼は BHA の住宅ストックを破壊し，住宅プロジェクトを住めないようなものにしてしまう力を持った入居者に対して，より大きな統制力を得るために闘った．ブラウンの要請はよりわずかなものであった．ブラウンの，地域コミュニティに手を伸ばそうとする取組は警察を「政治化」し，汚職の影響に晒す試みであるとして攻撃される可能性があった．しかし，彼が掲げる価値は法律主義と憲法上の権利の保護に対する高い関心を反映したものであったために，警察は，ブラウンが着任する前であれば認められなかったであろう，コミュニティに関与するための広範な裁量を与えられたのである．どちらの事例においても，追加的な権限は業績の改善につながった．スペンスの住宅プロジェクトはより魅力的で安全になり，ブラウンの街は恐怖が緩和され，より安全になった．

これらのマネージャーが追加的な資源の確保に成功するにあたって，３つの要素が助けになっている．それは，以前から存在する政治的文脈，マネージャーが業務に持ち込む個人的特徴，そして，彼らが取る具体的な行動である．以前から存在する政治的文脈の中で，彼らの組織は悲惨な状況にあった．これらの組織の能力を改善することについて，（特定の，力強い支持者に裏付けられた）強い公的な関心があった．したがって，追加の，新しい資源に対する一定の理由がすでにできていたのである．

重要な個人的特徴の中では，スペンスとブラウンは信頼性，能力，エネルギー，そして，魅力的な価値に対するコミットメントをもたらした．ある程度，これらの特徴は彼らの組織に移転されたかもしれない，それはさらに，それらをより魅力的な投資対象に変えていったのである．

彼らが行った重要な行動は，第５章において説明した技法と類似している．スペンスもブラウンも，自分たちの授権環境にいる者との関係を構築することに多くの時間を費やした．彼らはビジネス界とのミーティングに出席し，ラジオ番組で発言し，そして，自分たちをニュースに乗せ続けるために，プレスリリースを継続的に発出した．カウフマンが論じた連邦政府の幹部たちのように，スペンスもブラウンも内部のマネジメントではなく外部のマネジメントに，自分の時間の３分の１以上を費やした．⁽¹⁰⁰⁾

さらに，彼らにはともに，説明責任の条件を定める戦略計画のようなものを持っていて，彼らはその成果を定期的に報告していたということもおそらく関係しているだろう．彼らは説明責任を引き受けたことで監督者の信頼を得ることができたのである．この信頼感がそのまま，業務のための資金と権限を与えてくれることになったのである．

大規模な，公開のイニシアチブの実施

　これらの条件が同時に達成され，それらをうまく活用することができたために，スペンスとブラウンは増加した資源の流れを享受することができた．それだけでも業績を改善することはできたかもしれない．しかし，彼らはこの成功を越えて，自分たちの組織が業務を進めるやり方を変えようとしたのである．すなわち，彼らは自分たちの組織を革新，または刺激して，一般的により革新的になるようにしたのである[101]．

　重要なイノベーションの一部は，いくつかの主要な，広く公にされたイニシアチブとして進められた[102]．スペンスは BHA の最も状態の悪い住宅プロジェクトを集めて，3つの住宅プロジェクトを再生し，ほかの住民の生活の質を破壊する入居者に対する強制力を再構築した．これらの行動は BHA の生産プロセスを根本から変えた（それはまた，戦略上の重点を，最も困窮している住民に緊急の住宅を提供することから，ワーキングプアに対して持続的な住居を提供することに移していくことも表現・実現した）．ブラウンも，地域の多目的派出所を作り，DART プログラムを試験的に導入し，そして，全米レベルで重要な恐怖緩和プログラムを開始した．

　マネージャーによるこれらの全体的な取組の文脈の中で，これらの個別のイノベーションは BHA と HPD の発展に二重，三重の役割を果たしたように思える．これらのイノベーションはそれ自身として重要であった．つまり，より質の高いサービスが，これらのイノベーション実施の結果として，個々の顧客に対して提供されるようになった．同時に，これらのイノベーションは組織全体に対して，重要な間接的影響を与えたのである．その一つは，これらのイニシアチブはスペンスとブラウンが自分たちの組織の中で推進する主要な価値の象徴だったのである．スペンスは建設工事を，BHA の質，更新，投資，そして維持に対するコミットメントの象徴として用いることによって，入居者と従業員双方を苦しめていた恥，絶望，そして諦観を転換したのである．ブラウンは彼のプログラムを，組織の中で「奉仕精神」を推進し，捜査活動や犯罪対応機能に加えて，パトロールやサービス部門の価値を築き上げるために活用したのである．端的にいって，これらのイニシアチブは，マネージャーたちがその組織を率いるにあたっての広範な方向性を示す具体的な象徴となったのである．

　これらのイニシアチブはまた，スペンスとブラウンに対して，その幹部マネージャーや中間層のマネージャーの質とコミットメントを試し，彼らが自分自身とその組織について考え方を変えうるような一連の経験をする機会も提供することとなった．主要なイノベーションのマネジメントを行うことになった者は，その組織

が自分たちに新しい任務を引き受けるよう挑戦してくるものとして，また，それまでとは異なる目的を持ったものとして受け止めた．彼らは成功を収めるに連れて，単に新しいスキルを習得するだけではなく，新しい目的や手法を進める改宗者となるのである．スペンスとブラウンはこうして，組織の外だけでなく，内部で起こそうとしている変革をマネジメントするための，効果的なパートナーを発掘することができたのである．

最後に，これらのイノベーションはスペンスとブラウンが提示した目的と，彼らが提示した手法が，実際に成功できるということを実証したのである．これは，それまで現実的でないと考えられていた取組が実行できるという，また，役に立たないと思われていた手段に価値があるという具体的な証明を提供したのである．いかなる長い時間をかけた議論も計画も，このような影響を及ぼすことはできない．ましてや，これはほかの組織やほかの都市の人々を観察することから生まれるものでもない．大事なことは，BHA と HPD の中の人々が，イノベーションを成功させたことなのである．したがって，公的セクターにおけるイノベーションを失敗させるためによく用いられる主張の多くはこれには当てはまらない．

イニシアチブが持つ象徴性，それに関与するマネージャーや従業員への影響，そしてそれが，スペンスとブラウンのアイデアがともに実現可能であり，価値があるということを実証したことは全て，この主要なイニシアチブに，その直接の効果を超える重要性を与えた．これらのイニシアチブは組織の中に，スペンスとブラウンが追求していた変化に，より好意的な環境を生み出すことを助け，また，実際に変化一般に対してよりオープンな環境を作り出すことを助けた[103]．組織の中で有効なことは，組織の外でも有効である．これらのイニシアチブは，戦略的ビジョンが実現されつつあること，戦略的計画が実行されつつあることを証明していた．そして，その成功はさらに多くの資源，権限，そして自由をスペンスとブラウンに提供したのである．その結果として，組織の対応力はさらに増していく．従業員がマネージャーを無視できない力として捉え，自分自身の組織の中で，今追求されている方向性は面白く魅力的であるという声が増えていくのを聞くからである．

基本的な運営プログラムの再編成

これまで議論してきたことの多くが，表面的と考えられたとしてももっともである．新しいマネージャーが新しいミッションについて勇敢なスピーチをしたり，組織のトップ層を入れ替えたり，スタッフを震え上がらせたり，新しい予算や計画の手続きを導入したり，新しい目的を体現するような新しいイニシアチブを実施する

286　第Ⅲ部　公的価値の提供

ための追加的な資源を確保しても，それは新しいことでも，特別に重要なわけではないように思える．我々は多くのマネージャーがまさにこれと同じことをして，自分の影以上のものをほとんど何も残さずに，より大きくより良い仕事に移っていったのを何度も見ている[104]．

　それでも，これらの行動には単なる一時的な結果以上のものがあると私は考える．このような行動によって組織はある特定の方向における，より重要な変化に対して準備ができるようになるのである[105]．これらの行動は組織にとって新しい可能性を生み出す．しかし，この新しい可能性をうまく活用できるかどうかは，変化を促そうとする継続的なマネージャーの努力次第なのである．スペンスとブラウンを際立たせているのはまさに，彼らは表面的な混乱を起こすだけでなく，さらにその先に向かっていったところにある．彼らはこの混乱を，組織の基本的な運営手続を再編するために用いたのである．彼らは自分たちの組織の「核心技術」を追求していったのである[106]．

　この攻勢は，スペンスの例では，価値の高い公営住宅を生み出すにあたっての入居者自身の中心的な役割を認識すること，そしてこの事実を活用するために，BHA の活動を修正するという形をとった．質の高い住宅を生産するため入居者による貢献を高めるにあたって，スペンスは，ある程度ジレンマに陥った．一方では，彼は自分に与えられたマンデートの一部として，最も必要とする人々に対し，緊急の住居を公平かつ被差別的に提供する取組に BHA が集中するということを尊重していた．一方で彼は，入居適格者の中には，短期的にも長期的にも他の住民にとっての住宅の価値を減ずるような形で住宅を使用するものが多くいることも理解していた．したがって彼は，入居してくる貧困者が良いテナントになるよう確保しつつ，住宅サービスの焦点が貧困者に当てられ続けるための道筋を考えなければならなかった．

　既存の政策ではこのような問題について，入居者の適格・不適格を決める要素を定めることによって対処している．したがって，入居適格者は貧困層でなければならない．しかし，貧困層の入居者はもし（BHA の住宅やそれ以外でも）物件を破壊したり，周囲に迷惑をかけたりした経歴があれば，入居を拒絶される可能性がある．難しいのは，BHA がこれらの基準を入居者の選定にあたって適用していなかったことや，これらのルールを守らなかった入居者を退去させるために効果的に動かなかったところにある．スペンスとウォシェックは，住民の入退居の主要な要素を決める，基本的な運営手続きについて，重要な変革を起こさなければならなかったのである．

第7章　実施戦略　　287

　入居者選定については，ウォシェックは4つの重要な変化を導入した．まず，彼は応募システムについて，詳細な適格性調査は応募プロセスの最後，実際に入居が間近になった時にしか行われないようにした．これによって，より包括的な，最新の情報についての調査を行うことが可能になった．次に，この新しい手続きによって生まれた時間を使って，入居担当スタッフは応募者の友人や過去の隣人に対する，より集中的な調査を行うことが可能になった．これは，入居決定を応募者の正確，最新かつ完全な情報に基づいて行う可能性を高めた．また，以前は最終的な入居決定は中央のユニットによって行われていたが，スペンスとウォシェックはこの最終的な判断権限を，自分が担当する地域における BHA の全体的なサービスの質について責任を持つ，地区マネージャーに委ねた．これは，BHA と入居者との関係を変えた．入居者はもはや，自分たちについてほとんど知識を持たず，また，官僚的な手続きしか行わない，抽象的な組織とやりとりはしなくなったのである．今後入居者は，自分たちを定期的に訪れ，はるかに自分たちについて知っていて，また，自分たちが住宅プロジェクトのコミュニティの生活に与える影響について関心のある誰かとやりとりを行うことになったのである．そして，過去，空室は，全ての修理が完了し，全ての設備が揃って，入居可能と認められた時にのみ入居することとなっていた．新しい「都市入植政策」の下では，十分準備が整っていない住戸に住みたいと希望する者は，自分でその準備を行うという条件のもとで入居することが認められた．これは，資力のある者を，必要なサービスや設備について BHA に依存している者よりも若干優位に立たせることになった．

　これらの変更は，BHA に入居が認められた者の特性に顕著な変化をもたらした．所得水準は若干上昇し，（低賃金での）被雇用者の割合はより上昇した．未成年者に対する大人の割合も改善した．BHA のサービスの提供を受ける者の特徴に関するこれらの変化は，社会で最も困窮している人々に住宅を提供するということの価値を減ずるかもしれない．しかし，これはまた，現在住宅プロジェクトに入居している，ほんのわずかだけましな状況にある入居者の住宅の質を高めてもくれる．これらの変化はまた，BHA が，将来にわたって住宅の価値を守ることのできる貧困層に対して，ある程度質の高い公営住宅を提供することを望む多くの市民や監督者の目から見た，公営住宅の信頼性維持を助けてくれる．これによって高まった信頼性は，公営住宅という概念を生き長らえさせることによって，長い目で見ると，貧困層向けの公営住宅の供給量全体を増加させるかもしれないのである．

　スペンスの新しい戦略が公的価値を増したかどうかとは関係なく，入居者選定に関する基本的な業務手続きを変革することによって，スペンスは BHA がその顧客

や市民に対して提供する生産物について，重要な構造的変化をもたらした．組織の基本的な業務運営技術が変わったことに伴い，BHAの取組による生産物も変化したのである．

ブラウンの事例では，HPDの中核技術における重要な変化は，犯罪対応に過度に注力し，犯罪に対処する最も効果的な手法として逮捕にほぼ絶対的に依存する戦略から，犯罪予防を事後の逮捕と同じくらい重視し，犯罪に対処することに加えて恐怖を緩和することにも注力し，そして，パトロール業務を，警察官が市民やコミュニティと密接に連携し，コミュニティの問題をより適切に理解し，対処することができるように再編する新しい戦略へ移行したことから生まれている(107)．

DARTという新しいコンセプトは，結果的に地域密着型警察の正式な方針となった(108)．市全体で地域密着型警察を遂行するためには，多くの業務上の，また，行政管理上のイノベーションを必要とした．それには，（1）既存の地域地区の境界を反映するための管轄地区の再設計，（2）緊急電話通報の数を減らし，地域担当警察官がより多くの電話に対応できるようにし，また，巡査官がコミュニティの提示する問題により多くの時間をかけることができるように，「通報マネジメントシステム」の導入(109)，（3）警察官が，緊急要請に対応していない間はランダムにパトロールを行うのではなく，犯罪予防，問題解決，そして恐怖緩和のための活動に取り組むことを促すための新しい評価手続きの策定，そして，（4）巡査官が予備的な犯罪捜査を行うための訓練とその権限付与が含まれた．

これらのイノベーションを導入するためには，これらの技術を検証し，それが機能するかどうかを確認し，既存の方針や手続きを書き換え，そして，警察官や上司に新しい技術について訓練するための多大な組織上の努力を必要とする．しかし，これらの基本的な手続きを変えることによって，HPDが提供するサービスの本質に重要な組織全体の変化が生まれ，その結果，HPDがヒューストンの市民のために生み出す価値も大きく変化したのである．

共創と対応力の構築

戦略の検討，業務の再編に当たって，スペンスとブラウンは，自分の組織の顧客は単にサービスの受益者というだけではなく，生産プロセスの重要な一部であるということを認識していた(110)．スペンスは，公営住宅のサービスに惹きつけられる顧客が，他のクライアントや，この事業のために資金的貢献をする市民にとって住宅の価値を高めるように使わない限り，BHAは質の高い公営住宅を必要な人に届けることはできないということを理解していた．ブラウンもまた，HPDは犯人の逮捕

第7章　実施戦略　289

やコミュニティの安全を達成するためには，市民が警察官に犯罪について知らせ，自衛のために一定の責任を引き受けなければならないと理解していた．この意味で，市民，顧客，そして政府組織は公的セクターの組織に帰属する価値を共同で創り出しているのである．

　もし公的組織が，その目的達成のために市民や顧客の助けに頼ろうとするならば，マネージャーはこれらの外部からの貢献を増やすための手段を考え出さなければならない．興味深いことに，スペンスもブラウンも同じツールにたどり着いている．それは，業務を分権化し，市民や顧客が，自分たちが組織の運営や目的について実効的な影響力を持っていると感じられるようにすることである．スペンスもブラウンも黙示的に，市民が自分たちの組織を「所有」すれば，彼らは授権者として，また共創者として，より組織を支援するようになるだろうと考えていた．つまり，分権化は業務上の協力関係を構築することを助けるのである[111]．

　真実は定かではないが，市民や顧客との間でこのような協力関係を作るという目標を達成することは，以前のBHAやHPDでは困難であった．多くの公的機関のように，BHAもHPDも集権的な，機能別の組織であった[112]．ここで「集権的」というとき，最も日常的な業務ものを除き，あらゆる決定が組織のトップによって行われる組織を私は意味している．「機能的」というのは，トップレベルの組織が，プログラムや地理ではなく，機能によって区別されている組織を私は意味している．

　公的セクターにおいて，集権的，機能的な組織が選好されることは偶然ではない．それは，政治への不信と，科学的マネジメントという原則への確信という進歩主義時代の遺産を反映している．政治的な意味では，集権的な，機能別の組織は，地域の強力な政治家や地域別に組織されたサービス機関との間で増えつつあった汚職に対抗できることから，分権化された，地域別の組織よりも優れていると判断されていた[113]．彼らはまた，管理ルールの一律の適用を約束していた．業務運営上は，集権的な，機能別の組織は，専門能力の発展を促進し，大幅な規模の経済を生み出すことを可能にし，そして，無駄な冗長性を避けることができるために優れていると判断されていた[114]．

　しかし，民間セクターにおいて，科学的マネジメントに対する信頼感が「顧客に近づく」，また「行動へのバイアス」という原則に道を譲っていくにつれて，スペンスとブラウンも同じように，自分たちの組織を市民やクライアントに近づけ，街頭レベルでのイニシアチブにオープンにするために，集権的な組織構造を解体しようとしたように思える[115]．スペンスは入居者選定，退去，修繕，治安，そして社会サービスに関する権限をプロジェクトマネージャーに返還し，監督の階層を排除し，中

290 第Ⅲ部 公的価値の提供

堅マネージャーに上司によるチェックを経ずして行動する自由と責任を与えることで，BHA の組織構造をフラット化しようとした．ブラウンももともとある政治的コミュニティに対応するように地理的境界を引き直し，配下の部隊を，警察を構成する多様な専門機能を備えた新しい派出所に分散させ，そして，巡査官が犯罪捜査を行うことを認めた．

このような取組はボストンの公営住宅プロジェクトにおける住民組織や，ヒューストンの地元住民が BHA や HPD と協力関係を築くことを容易にした．これらのグループは組織構造の中で，彼らが抱える問題になんでも応えてくれる者を見つけることができた．BHA の入居者はプロジェクトマネージャーを，ヒューストンの市民は地区司令を見つけることができた．それぞれは，組織の多様な機能の多くについて権限を持つ，ミニ・コミッショナーとして行動することができたのである．

これらの事例は，集権化された機能別の組織を，分権化された，地理的な組織に移行することは簡単ではないことを教えてくれる．これには2つの主要な段階が含まれると考えられる．

最初に，分権化を進めようとするマネージャーは，集権化された機能別の部署を解体し，その機能（もしくはその人員）を，地理的に分散された部署に再配置するという，苛烈な取組を進めなければならない．このための最も穏やかなやり方は，ただ人員を物理的に異動させ，組織の上下構造には手をつけないことである．かくして，スペンスは中央のメンテナンス担当を特定のプロジェクトの「外」でも働くこととし，ブラウンは捜査官を新設のウェストサイド地区司令本部に配置したのである．

より厳しい課題として，専門部署が特定の業務について有する独占関係を打破し，その業務を他の部署に再配置することがある．ブラウンはこれを，巡査官に予備的捜査を実施する権限を与えることで行った．スペンスは，労働組合のルールによって制約されていたために，労働契約を再交渉することなしにはこれを行うことはできなかった．しかし彼は最終的には維持管理業務について一定の妥協を得ることができた．

この変化を起こすための最も強烈なやり方は，機能別のスペシャリストを，新しく設置された地域別のマネージャーの指揮下に置くことである．このようなやり方は通常，マネージャーに対して，かつて組織のエリートであった専門部署の能力と士気を損ねるとして，抗議や公の批判を招くことになる．このような不満を防ぎ，機能別部門が代表する専門能力を維持するために，多くのマネージャーは専門家の全てを地域別の部署に異動させることはしない．彼らは一部の限られた専門部署を

維持し，スペシャリストに最も依存するいくつかの業務を引き受けさせ，新しい部隊の人員の業務の質を監督させ，そして，ほかの部隊に配置されたスペシャリストに対して訓練を提供させるのである．このようにして，スペンスは中央の補修ユニットを残し，緊急事態や，特に複雑な修理業務にあたらせることにしたのである．ブラウンは決してその殺人事件捜査部門を解体することはなかった．しかしもちろん，彼が巧妙だったのは，組織の中央では集権的な部門の改革を行わずに，新しい多機能の司令部隊においても専門技術を維持したところにある．

　一旦マネージャーが集権的な機能別の部門を解体したら，彼らは次のステップとして，分権化された，地域別の担当マネージャーが，昔のようなスペシャリストではなく，組織のあらゆる機能をつかさどる総合マネージャーとして考え，行動するように準備しなければならない．通常，このような変化は大きなショックを与える．機能別の組織においては，マネージャーは自分の機能特性を他の者よりもよく理解することによってマネージャーになる．彼らの仕事は，技術的誤りを見つけた時に修正することで，自分たちの部下が，自分と同じくらいうまく仕事をできるようにすることである．しかし，新しい組織においては，中堅マネージャーはいくつかの機能を担当することとなり，そのうちの一部のみしか彼らはよく理解していないのである．そのため，彼らはマネージャーであることは何を意味するのか，考えを改めなければならないのである．彼らの仕事は，機能別のスペシャリストがチームとして働くことを助けることにあるのであって，特定の機能を完璧にすることではないのである．さらに，これらのマネージャーが，地元のグループと効果的な協働関係を作ることを期待されているのであれば，彼らはさらに政治マネジメントの技法についての訓練も必要となる．というのも，このような任務においては，政治マネジメントのスキルが試されることになるからである．つまり，中堅マネージャーは，隔離された官僚的環境の中で他の実質的な業務を行うスペシャリストの仕事を監督するスペシャリストから，地域のコミュニティグループとの双方向の対話を行いながら，様々なスペシャリストの取組を指揮するマネージャーに変わるのである．

　地理的分権はまた，分権化された地理的部門が業績について責任を持つようにする統制メカニズムの開発にもかかっている．最低でもこれは，組織の財政管理や，業績評価システムを修正し，組織の伝統的な効果・業績測定方法を分散して，新しく作られた組織の部門に対応できるようにすることが含まれる[116]．責任を確保するためのより野心的なメカニズムとしては，応答性の重要性を補強するために設計された新しいシステム，例えば顧客調査などが含まれる．またこれには，地域別部署の能力について，公開の事後的な包括評価を行うことも含まれるだろう．このように

して，例えばブラウンは自分の直属の監査チームを設置して，様々な部隊の全体的な効果について，総合的に，評価を行うこととしたのである．このようなツールを用いて，スペンスやブラウンのようなマネージャーは，運営上は分権化されつつも，中央が責任を持ち，顧客に対して対応力のある組織を生み出そうとしたのである．

地理的に分権化された組織への移行にあたっての最後の特徴を取り上げよう．地理的分権化によって組織がその顧客とより緊密な関係を築くことに成功する限り，組織はコミュニティの問題に対する応答力を継続的に持ち続けるだろう．そしてそれは組織に，地元の要求に合わせて継続的に調整，適応，イノベーション，そして刷新する能力を持ち続けることを強制するだろう．市場が民間セクターの組織における適応とイノベーションを刺激するのと同じように，クライアントとの緊密なつながりによって彼らが何に価値を見出すのかを判断することは，公的セクターの組織における変革を刺激するだろう[117]．

流れの中で行動する

これらの事例から一般化できることとして，個々のマネージャーが組織に戦略上の変革をもたらすに当たって果たす役割について，6つの重要な結論が導き出される．

まず，組織戦略を成功裏に実施することに，リーダーシップとマネジメントの両方の要素が関係しているということである[118]．マネージャーは自分の役割を，組織の中での活動に限ることや，また，既存の行政システムを完璧にすることに限ることはしない．彼らは，組織に対する支持を確立するためだけでなく，自分の組織を批判や要求，そしてその時点では満たせていない期待に晒すために，組織の外で活動する．彼らは授権環境との間で，組織の目的を整理し，説明責任を負う条件を交渉するための責任を引き受ける．彼らは組織の成果に加えて，イノベーションや改善が必要な部分に注意を振り向ける．つまり，彼らは自分の組織をただ守るのではなく，挑戦もするのである．

次に，これらのマネージャーは自分たちの組織にかけられるプレッシャーの量に細かく対応していたように思える[119]．挑戦は保証によって，批判は賞賛によって，過酷な要求は新しい資源によって報われる．初期の反対や背信は当然のことだが，マネージャーは，目標達成のためには組織の内部に誰か協力者を生み出さなければならないということを理解していたのである[120]．

第三に，これらのマネージャーは部分的にしか，行政管理システムの操作を通じて運営能力に影響を与えていない．組織を導くために行政管理システムを使うとき，

彼らの頭の中には，何が能力，完全性，もしくはシステムの現代性を構成するのかといった抽象的な考えではなく，どのような業務が遂行されるべきと考えるかが存在するのである．彼らは新しい組織図を描くことや，新しい業績評価システムを導入することに多くの時間をかけることはせず，自分の組織が直面する実質的な課題に集中し続けるのである．彼らは，より価値の高い戦略に向けて自分の組織を突き動かすために，自分が選んだ外部のプレッシャーや要求，組織の発展を導くような価値のビジョンを伝えるために設計された象徴的な行動，そして，少数の主要なイノベーションへの細かい注意に頼るのである．

　これは，彼らが行政管理システムを使わないということを言っているわけでは全くない．実際，スペンスもブラウンも，組織構造，計画（策定）プロセス，人事システム，そして，業績評価について，重要な変革を行った．また，行政管理システム上の変化それ自体が，組織が運営する方法についての重要な変化を生み出さないということも言えない．実際，行政管理システム上の大きな変化，例えば，集権的な機能別組織構造から，地理的に分権化された構造への移行や，組織内部での業績評価から，外部評価への移行などは，単に一定の発展のパターンを維持するだけでなく，また別の変化の引き金にもなるのである．

　私の主張は単に，行政管理システム上の大きな変化は，従業員に新しいやり方で考え，業務を遂行するよう説得するプロセスに先行するのではなく，むしろこれに追随するということである．行政管理上の変化は，変化に向けたメッセージを伝えるのではなく，それを補強するのである．このような変化は変化に向けた組織の取組を決めるのではなく，それを促進するのである．そしてそれは業務運営能力の向上が図られるように意図されるのである．

　第四に，これらのマネージャーは細かい計画に従うのではなく，臨機応変に動くように思える．彼らは自分が何をしようとしているのかについて，一般的な感覚を持っている．彼らは改善が不可欠な分野や，自分たちがコミットしている分野についても詳細に特定までしている．しかし，彼らはこのような計画に基づいて体系的に動くわけではない．彼らは機会が現れて初めてイノベーションを起こすのである．これはあたかも，解決すべき問題について常に（組織に入る前から）頭に入れていて，好機が訪れるのを待っているかのようである．

　第五に，これらのマネージャーは他の者からの貢献を受け入れている．彼ら自身が全ての解決策を編み出すことは，彼らにとっては重要ではない．彼らは自分たちが着任する前から始められていた多くのイニシアチブを取り入れたのである．彼らの議題に上がっている問題を誰かが解決したならば，それは素晴らしいニュースで

あり，然るべく祝福されるべきものである．もし誰かが新しい問題と，新しい解決策を提示したならば，これも良いニュースとして扱われるのである．

　第六に，これらのマネージャーは自分たちが行動を進めるペースと順序が重要であるということを知っていた．もしあまり急速に進められれば，組織は反乱を起こしていただろう．もしあまりにも歩みが遅ければ，彼らは大規模な組織の変革を実行するために必要なモメンタムを失っていただろう．同じように彼らは，自分たちの特定の行動に対する組織の反応は，近年他にどのようなことが行われたかにも大きく依存するということも知っていた．演説を行った後に，全くその内容と整合性のない行動が取られれば，演説と行動双方が持つメッセージを薄める．これに対して，演説を行った直後にこれを支える行動が取られれば，双方のメッセージを増幅させるのである．

　まとめると，戦略上の基本的な変化を起こすマネージャーは，一部は計画的な，一部は臨機応変な一連の具体的な行動を通じて動くのである．これらの行動は，彼らが率いる組織全体についてある程度予測不可能な影響を及ぼし，そして，マネージャーは変化に向けた取組が計画に沿って進むように，多くの調整を行わなければならないのである．彼らによる介入のうち一部のみが組織の行政管理システムに関する変革に関係している．それ以上に，自分たちの組織の全体的な，また，個別の目標が一定の視点に定まっているようにすることや，重要な任務を組織全体に割り当てるような組織構造や計画システムを築くこと，そして，組織を高い価値を持つ戦略に向けて動かすような生産物や生産プロセスのイノベーションに集中することに取り組むのである．しばしば彼らは，過去に抵抗された外部の挑戦に自分の組織を選択的に晒すことによって，自分の組織に極めて強い影響を与える．民間セクターの幹部が，組織の成功にとって顧客に近づくことが重要と学んだように，公的セクターのマネージャーも，市民やその代表者たちに近づくことが，その組織のより良い業績にとって重要であるということを学んでいる．政治環境との密接な交流や，その積極的な支持がなければ，マネージャーは何を生み出すことに価値があるのかを知ることもできなければ，それを達成することもできないのである．

終　章　分断された，不確実な世界における行動

　この本を通して，どのような課題に直面してきたか，どのような計算を進めたかを私たちが見てきたマネージャーについて改めて考えてみよう．第 1 章では，思慮深い司書を，第 2 章では強硬派の衛生担当の局長を，第 3 章では環境保護庁と青少年サービス局の堅実なリーダーたちを，第 4 章と第 5 章ではコミュニティ関係局とCDC の気鋭のトップたちを，第 6 章と第 7 章ではボストン住宅公社とヒューストン警察の決意を持った実務戦略家を取り上げてきた．これまでに提示してきたように，これらのマネージャーたちはある種の意識を持っていた．彼らは想像力にあふれ，目的意識を持ち，進取の精神を持ち，そして，計算高かった．彼らは自分たちが率いる組織が持つ，広く社会にとっての価値に注目していた．価値を追求する中で，彼らの意識は今日の具体的な状況の中で自由に動き回り，明日へ機会を探した．彼らは，自分が見出した可能性に基づいて，何をすべきか，すなわち，自分の目的をどのように定義すべきか，どのように政治レベルの監督者や共創者に関与し，そして，どのように組織の運営を導くべきかを計算した．そして，何よりも重要なことに，彼らは前に進み，自分の計算によって行うべきとされたあらゆることを実行したのである．

　このような事業は珍しいかもしれない．さらに，社会は公的セクターの幹部がそのような特性を持つことをあまり評価しないかもしれない．実際，もし公的セクターの幹部が一般的にこのような特性を有するならば，公共の目的を決めるための主導権が，選挙によって選ばれた行政官から，任命された行政官に移ってしまうと懸念する市民もいるだろう．それでも，本書における私の目的はまさに，公的セクターの幹部に対して，想像力，合目的性，進取の精神，そして計算高さを促すことにある．そうすると，必然的に私は，このようなリーダーシップを行使するにあたっての，倫理上の，また，心理学上の挑戦に直面せざるを得なくなるのである．もし本書で提案したマネジメント上の方向性や技法が民主主義を脅かすのであれば，それは拒絶されなければならない．もしそれらが，これらの業務を行うように求められる多くの一般市民によって受け入れられなければ，それは意味がなくなるだろう．

公的なリーダーシップに伴う倫理上の課題

　市民が公的セクターの幹部の長所を考える際，2 つの大きく異なるイメージが頭

に浮かぶだろう[1]．一つは，全体の奉仕者としてのイメージである．このイメージにおいてマネージャーは，その主人としての政治家の忠実な代理人として行動する．彼らの唯一の道徳上の義務は，法律，選挙または裁判によって定められたいかなる目的の達成のためにも自分の実質的・行政上の専門性を提供することにある[2]．彼らはより中立的に，また，対応力が高まれば高まるほど，より良い全体の奉仕者となるのである．

　この考え方の下では，どのような公的目的に価値があるかについてのマネージャー自身の考えは，良くても関係がないものとして扱われるか，悪くすれば疑いの目を向けられる．実際，マネージャーは何が公共の利益であるかについての自分自身の考えを抑制し，（規範的に優位にある）その政治上の監督者の判断に従うように具体的に義務付けられるのである．

　もう一つの，これと対照的な見方は，公的セクターの幹部を独立した道徳的行動主体として描く．第二次世界大戦後のニュルンベルグ裁判はこの見方を最も強力に表現した[3]．この裁判でナチスの幹部は，自分たちは単に命令に従っただけであると反論したが，戦争犯罪の科によって処刑された．裁判所は，公務員は自分の個人的な道徳上の責任を完全に放棄することはできないと判示したのである．たとえ彼らはその権限上主人たる政治家に縛られていたとしても，彼らは引き続き，独立した，責任ある，道徳上の主体でもあったのである．

　この考え方は，行政官が善悪についての自分の考えを表明することを求めることに注意してほしい．実際，この考え方はマネージャーに対して，上司からの違法ないしは道義に反する命令に抵抗するために，自分の道徳観を用いることを義務付けるのである[4]．また，彼らはそのような事態において沈黙を守ってはならず，彼らには，犠牲にされる価値について関心のある者がその目標のために立ち上がることができるだけ大きな声で，抗議する義務があるのである[5]．道徳的なリーダーとしての公的セクターの幹部は，不正や買収に対して，たとえそれらが政治権力による脅迫と結託していたとしても，「勇気という横顔」を見せるのである[6]．

矛盾する美徳のイメージ

　私たちが行政官の美徳についてこのような2つのイメージを有することは，少なくとも表面上はこれらが矛盾するように見えることから，若干驚くべきことに思える．端的に言って，一つ目の見方では，公務員は何が正しいかについて，自分の考え**を持たない（そしてそれに基づいて行動しない）**よう促される．一方，二つ目の見方では，公務員は自分の道徳観を持つ（そしてそれに基づいて行動する）ように，道徳上

終　章　分断された，不確実な世界における行動　297

義務づけられる．

　明らかに，我々は曖昧な状況にある．一方で我々は公務員が公的価値について自分たちの考えを持ち，社会の本当の利益や価値を犠牲にしてそれを追求することを恐れている．このように考えた時，我々は政治制度や，社会が本当の利益や価値を定義し打ち立てるプロセスの能力について，暗黙のうちに多大な信頼を置いていることになる．そして，我々は官僚機構が持つ，これらの熟議プロセスを覆す力について大きな懸念を有しているのである．

　一方で，我々は公務員が何の倫理的責任を持たない世界もまた恐れている．もし彼らがその行動について倫理的に責任を持たなければ，政治システムにおける汚職や不正に対する防波堤の一つが弱体化するだろう[7]．このように考えると，我々は，政治制度はしばしば短期的な，特定の利益に対する汚職に対して脆弱であり，それは公共の利益についての広く長期的な視点を持った，良識ある公務員によって抵抗されなければならない場合もあるということを思い出すのである．

矛盾する２つの見方の調停

　もちろん，ここで私が提示した２つの厳しく対立する見方は，ある程度までは調和することが可能である．例えば，マネージャーが自分の道徳観に基づいて行動しなければならないという義務は，彼らが持つ価値の重要性と，普遍性次第であると考えることもできるだろう．もし政治上の監督者とマネージャーとの間の対立が単なる政策上の違いであれば，官僚は自分の口を閉ざさなければならない．結局，公共政策の形成及び執行の中で自分が選好する政策が考慮される権利とは，まさに民主的選挙そのものであって，そのような権利は官僚による抵抗によって損なわれてはならないのである[8]．

　しかし，この対立が本質的な不正や汚職に関するものである場合，部下の行政官は屋根の上から，義憤の声を上げなければならない．なぜなら，いかなる選挙によっても，公務員に対して不正や窃盗を行う権利は与えられないからである．しばしば，このような政策上の相違と基本的な不正義や汚職は極めて明白であって，どのような場合にマネージャーはおとなしく道を譲るべきか，またどのような場合に彼らは監督者からの政治的圧力に積極的に抵抗すべきかが，単純なルールによって明確に示される．

　しかし，時には，人間の情熱が関わることによって，この区別は曖昧になる．公務員が意見の相違がある時に，これを政策上の違いではなく，相手側の不正や汚職にあるとすることは極めて簡単なことである．例えば，ジェリー・ミラーは施設外

での対応を単に望ましい政策や青少年犯罪抑制のためのより良い政策としてみていただけでなく，彼が児童を閉じ込めておくことは本質的に間違っており，正義に反すると考えていたことは明らかである．そのような前提に立つと，彼の反対勢力は単に意見が合わない者というだけでなく，不正を支持する人々であって，彼らの道徳上の主張は疑うべきものであるという結論に至ることは簡単である．

　マイルス・マホーニーの事例は，政策上の見解の相違がある者について汚職を指摘することはさらに容易であることを示唆している．マホーニーと彼のスタッフはデベロッパー，ボストンのホワイト市長，そしてボストン再開発公社の職員が，直接的な証拠はないが，単に彼らとの間に重要な政策上の見解の相違があることから，汚職していると疑った．マホーニーと彼のスタッフによる疑惑は，マサチューセッツ州知事の補佐官のアル・クレーマーにも及んだ．それは彼が前述の者たちとつながっているように見えたからである．サージェント知事のみが彼らの疑惑の対象にならなかったが，おそらくそれは単に彼がマホーニーの上司であって，自分のリーダーはいい人であるという希望によって守られていただけだろう．時が経つにつれ，彼らは悪い動機を持った補佐官がサージェント知事を操っているか，彼に誤った政治的方向性を刷り込んだと疑うようにまでなった．

　明らかに対立する公務員の美徳観を調停する別の方法として，公務員は，政策決定が行われる前に，自分たちの考え方を提唱するような行動をとる義務があるとすることが挙げられる．しかし，一旦決定が下されると，彼らの義務は新しく採択された政策を忠実に実施することに移行するのである(9)．したがって，例えば，マホーニーは，サージェントが彼に対してパークプラザ事業計画を承認させたいと思っていることが明らかになると，彼は，自分自身の考え方に関わらず，その決定を実施するためにあらゆることを行わなければならないのである．プロジェクトの承認を求める知事の意向に公に反対することはとりわけ誤りなのである．

　このアプローチは，継続的に行われるという意思決定の本質に対応できない．民主主義に関する理論においても，実務においても，政策決定は再評価に対してオープンである．これは，何も永遠に決まらないと言おうとしているのではない．いずれかの時点において，集団的に，権限ある判断が行われ，法律や執行命令，政策合意などに記載される．そのような時点で，ある公的価値は，他の公的価値よりもより重要であるという判断が行われ，これに対応して資源や組織の能力が移行するのである．さらに，複雑な政治システムをこのような意思決定に集中させることの難しさから，一旦意思決定が行われれば，議論を再開させたくないという強い希望が，意思決定をかなり安定的にするように機能するのである．

終　章　分断された，不確実な世界における行動　　299

それでも，このような制限があったとしても，あらゆる意思決定は遅かれ早かれ，再検討される時がいつかくるということも引き続き事実である．実際，政策を実行した経験から，その政策を再評価する新しい理由が生まれることはよくある．そして，再評価する理由ができれば，公的セクターの幹部の倫理上の義務は，反対の声を許すことに移るのである．(10)

このようなプロセスは，センサーと豚インフルエンザの例において起こり得たかもしれない．もしセンサーが実施プロセスを正確に把握していたなら，また，実施を通じて持ち上がった問題に実際に対応していたなら，彼は（感染拡大による最悪の結果に備えようという強い信念に基づく）強力なキャンペーンを進める立場から，よりヘッジをかけた立場（もし実際に感染拡大が起こっていた場合は悪い結果になるが，アメリカでは感染拡大が起きないという，可能性が高まっていた状況においてははるかに良い結果につながる）に変わっていたかもしれない．

明らかに，もし意思決定があまりにも短期間のうちに再考され，決定と再検討の間にほとんど時間が経っていなければ，公務員はほぼ常に自分の意見を述べる義務が生じ，沈黙を守り，実施に協力すべきという義務は消えるだろう．

公務員の美徳に関する対立する考えを調和させようとするこれらのアプローチは，公務員の間の，明らかに矛盾する美徳のイメージを救う上で，時間的に十分機能するかもしれない．しかし，組織を効果的かつ民主的にマネージしたいと考える良識のあるマネージャーの視点からすると，これらのイメージはあまりにも満足できないものなのである．なすべき価値があるのは何か，どのようなイノベーションが行われるべきかについての重要な議論のために，パブリックマネージャーがどのように監督者と関わるべきかという決定的な問題において，これらのイメージ（調和ができたとしても）は，限られた代替案しか提供しない．それは，沈黙の，義務的な服従，積極的なアドボカシーに続く，沈黙の服従か，意思決定の結果次第での辞任，または，騒々しい殉教である．このような選択肢はどれも，公共の善ために持続的な個人としての貢献を望む人々に対して，全く訴求しないのである．

疑わしい仮定と不当な冷笑

より悪いことに，公務員の美徳に関するイメージは，民主的統治が実際どのように機能しているかについての，いくつかの疑わしい仮定に基づいているように思える．これらの仮定は，パブリックマネージャーは効果的にコントロールされており，彼らの倫理上のジレンマを認識することや，彼らに使いやすい指針を示す必要はないとして，市民や監督者たちをうまく安心させようとしているように思える．2つ

の誤った仮定がこの議論を補強し，また，歪めている．

　一つ目は，パブリックマネージャーの行動は，現在進行形の熱い政治的議論によって形成された，明白で，一貫性があり，そして安定したマンデートによって導かれているという，心地よい仮定である[11]．もちろん，そのようなマンデートもある程度は存在する．そして，それがあるときには，マネージャーはそれを実行する倫理的義務があるということに疑いの余地はない．

　しかし，より一般的な状況としては，マネージャーは政治的対立が解決されたというよりも，覆い隠されたようなマンデートに基づいて行動しなければならないのである[12]．また，たとえ対立が解決されていたとしても，その解決策はしばしば暫定的なものであった，新しい政策の実施が困難であるという兆候が見え次第，対立が再燃するのである．

　対立が解決されないままである場合には，政府のマネージャーは誰に対して責任を負うのか，また，どのような目的に対して責任を負うのかは全くもって明らかでない．しばしば，彼らは，彼らを取り巻く政治的環境のバランスをどうやって維持するかを自分自身で決めなければならない．そして彼らは，より明確で一貫性のあるマンデートを得るために政策議論を再開させるのではなく，政策を現在進行形で進める中で批判に適応していくことによって，それを行う傾向にあるのである．こうして，政策を実施するにあたってマネージャーが行う決断は，どのような政策をとるかという決定と同じ程度重要であることがよくあるのである[13]．

　二つ目の仮定は，政府のために働くことを選ぶ人間が，何が公の利益であり，何が公的価値かという自分自身の倫理的観点を未確定のままにしておくことについて満足しているというものである．現実には，多くの人々がまさに，公共の利益について自分が持つ特定の見方を実現したいがために政府で働いているのである[14]．実際，それこそが，他に競争手段がない中で，社会における最も才能のある人々を採用するために政府が提供するわずかな補償の一つなのである[15]．さらに，我々市民も，しばしばパブリックマネージャーが目的を持っているということは良いと判断するにあたって，マネージャーに与するのである．我々は，金銭的犠牲を払ってでも目的を追求しようとする公務員を好む．しかし，我々が政府機関に，具体的な主張を実践しようとする人々を政府機関に集め，補償するならば，政治や政策方針が変化するときには，我々はそのような人々に対して，自分たちの主張を放棄し，異なる公的目的を至上命題として設定するよう求めるため，大きな譲歩を求めることとなるのである[16]．

　公的セクターのマネージャーの美徳についての伝統的なイメージは砂上の楼閣の

ようなものであるため，それは単に便利な指針にならないだけでなく，実務のマネージャーの間で冷笑や偽善を生んでしまう．しばしば，パブリックマネージャーは，自分たちが，持っていると思われている美徳観を表していると**主張**する．彼らはさらに，自分たちはその美徳観に忠実であると考えさえもする．しかし，実際には彼らは水面下で，自分の実際の価値を表現する方法を探しているのである．新しいジンテーゼによって対立する主張を包含するのではなく，彼らは，自分が望む目的のビジョンを，自分たちに同意する（分断された）授権環境の一部と繋げるのである．このようにして，政府のマネージャーたちの隠された美徳観が，自分たち，その組織，そしてその主張を，より騙されやすく，義務感の強い官僚たちを襲う政治の波から守る力強い堤防を築くための巧妙な応援者の一つになるのである．

その隠された美徳観から判断すると，多くのパブリックマネージャーは，マホーニーが，単に彼が圧倒的な政治的反対に直面する中で何をすることに価値があるのかについての自分のビジョンを修正しなかったからではなく，彼が自分の価値観を共有する支持者を見つけられなかったために，不適格だったと判断する．反対に，多くのパブリックマネージャーはミラーについて，単に彼が望ましい政策的立場をとったからでなく，彼が政治環境の中で，野心的でリスクのあるプロジェクトを実施するために十分な支持と権限を取り付けたことから，彼は尊敬に値すると考える．つまり，マネージャーは，どれだけクリエイティブに対立する政治権力を統合し，またはそれに適応するかではなく，自分が望む政策的立場を支える政治的支持者をどれだけうまく集められるかによって判断されるのである．

探求者としてのパブリックマネージャー

公的セクターの幹部の適切な役割についての別の考え方がある．これは，現代のガバナンスの現実の状況により近く，しかし，民主主義における説明責任のあり方を維持し，さらには強化することに向けられている．このイメージにおいては，公的セクターの幹部は執事でも犠牲者でもない．むしろ彼らは，社会から公的価値の追求を委託された**探求者**なのである．このような探求を始めるにあたって，マネージャーはその主動力と，想像力を発揮することが期待される．しかし，彼らはまた，ある程度安定的な政治からのガイダンスやフィードバックに対して対応力があることも期待される．最も重要な倫理上の責任は，良識を持って公的価値を追い求めることである．

ここでの「良識」とは，極めてシンプルなものを意味する．即ちそれは，彼らは何に価値があるかについての自分の考えをオープンに表明し，そのような考えにつ

いて，政治からの意見や，実務を通じた効果の検証を受けることについて積極的でなければならないということである．彼らは自分たちの考え方を隠したり，業務運営上や行政管理に関する理論の価値を検証する取組を妨害したりしてはならない．彼らは自分の組織が何を求めているか，何を行っているか，また，何を達成しているかを正直に報告しなければならない．このような報告に基づいて，組織の監督者は，必ずしも全てが一貫している訳ではないが，継続的に賞賛や批判の意見を提供するのである．そして，マネージャーの責務は，技術上，行政管理上の可能性が姿を表すにつれて，これらの意見を，自分の取組を更新することに活用することとなるのである．

このように，第1章で紹介した司書は，自分の地域コミュニティが鍵っ子たちにサービスを提供することを求めているかどうかを，そのような提案を行い，政策決定を待つことによって知ることができたかもしれない．もしくは，彼女は単に計画を開始し，その業績を報告し，反応を待つこともできただろう．第2章で紹介した衛生局長は民営化を試行し，それによって節約できた資源を，スラム街におけるより効果的なネズミ対策プログラムに活用し，これらのイニシアチブを報告し，市長や市議会，または新聞からの反応を待つこともできただろう．第3章で紹介したEPA長官のラッケルスハウスは，最も明らかな汚染源に対して積極的な法執行プログラムを実行し，そのイニシアチブの価値について，単にこれらの取組が「汚染源」が浄化活動を始めるきっかけになったかどうかという観点で評価するだけでなく，自分の取組に対する政治的反応を感じ取ることによっても評価したのである．

「事後的な」説明責任

このような公的セクターにおけるマネジメントのイメージにおいては，マネージャーとその監督者との対話——マネージャーが説明責任を果たす方法——の本質は，伝統的なパラダイムが思い描くプロセスとは異なることに留意してほしい．伝統的なパラダイムの下では，権限の承認は「事前に」起きるものと考えられている．もしマネージャーが新しいアイデアを思いついたならば，彼らは行動を起こす前に承認を求めなければならないと考えられている．本章で提示した考え方においても，事前の協議は魅力的かつ望ましいオプションである．その中では，マネージャーはその多くの監督者が持つ多様な懸念を聞き，相談し，それに対応する．彼らはさらに，自分の責任の範囲で，対立する利害関係のバランスを取るための考え方を提示することまでする．しかし，本章で提示した考え方はさらに，パブリックマネージャーに対して，彼らが達成したことの評価を通じて，事後的に授権環境と協議す

るためのより大きな余地を与えるのである.[21]

　もちろん,伝統的なパラダイムにおいても,事後評価は常に監督者との対話の一部であった.[22]しかし,一旦マネージャーを,効果的な行動を通じて公的価値を探求する探求者と捉えれば,結果についての事後的協議の比較的重要性が増す.実際,マネージャーにとっては,最初に監督者たちが何を求めているかを聞き出そうとするよりも,まずそれをやってみて,人々がどう反応するかを見て,何が可能で何が望ましいかを学ぶ方が簡単かもしれない.[23]

強化された説明責任としての戦略

　この新しいパラダイムでは,マネージャーは義務的に,公的価値についての考えを持ち,提示しなければならない.彼らは環境の変化に対応して,新しい考えを提案する権利と責任までも有するのである.そして,これらの考え方は,マネージャー自身が形づくり,整理するという意味で自分のものとなり,そして,マネージャーはその提案者として責任を持つことになるのである.

　しかし,このアイデアが成功するためには,マネージャーは周囲の環境から多くを取り込まなければならない.彼らは監督者たちの政治的要求に合致しなければならない.彼らは新しい目標の達成を助けるよう求められる従業員たちと協力しなければならない.そして,彼らは,市民や納税者がもし慎重に検討したならば支持するような一連の目的を,もっともらしく提示するという試練に臨まなければならないのである.

　これらは全て,公的セクターにおける健全な企業戦略の策定にあたって満たされなければならない試練と同じであることに留意してほしい.[24]実際,これらは全て,ラッケルスハウスによる EPA のビジョンが実務上有益かつ道徳上説得力のあるものとなった理由そのものである.ラッケルスハウス自身が EPA のミッションを整理して提示し,それらの考えは個人としての彼につながったが,彼が提示した考えは,彼が直面した環境において,社会全体として何が最善か考えた結果を表現している.この意味において,一貫性のある戦略的ビジョンを持つことは,**実務上**の要求のみならず,**道徳上**の要求にも対応することになるのである.

実質上と運営上のリスク

　もちろん,第3章で記したように,戦略的ビジョンにはいくつもの可能性がありうる.公的価値を創造する道筋は多く存在するのである.これらの中から一つを選ぶにあたって,マネージャーは必然的に,困難な道徳上の選択に直面する.[25]しばし

ば直面される倫理上の困難な問題として，マネージャーは自分たちが選んだ戦略を追求するために，社会をどれだけの実質的リスクに晒すことができるかというものがあるだろう．特定の戦略ビジョンにコミットするにあたって，パブリックマネージャーはしばしば，政治的価値がどれだけ変化するか賭けたり，自分たちの組織の中に新しい計画実施能力が発達することに，確信のないまま期待したりしなければならないことがよくある．このような推測にあたって，彼らは社会と自分の組織をリスクにさらしているのである．社会に押し付けられた実質上・運営上のリスクが大きければ大きいほど，マネージャーの個人的責任も大きくなる．これは，ミラーとセンサーが，ラッケルスハウス，スペンス，そしてブラウンと異なる重要な点の一つである．明らかに，ミラーとセンサーは他の誰よりも，社会に対してはるかに大きいリスクを負っている．彼らは「自分の会社を賭けて」新しい問題に，新しい方法で対応したのである．

　これと対照的に，ラッケルスハウスはそこまで大きな実質上・運営上のリスクを取らなかった．彼が，環境が危機的になるかどうか，また，彼が取る方法が最善かどうか確かでない中で環境浄化を進めることについて社会をコミットさせたことは事実である．しかし，これらのリスクは単に，ミラーやセンサーのものと比べて小さく，また容易に減じることができると考えられるのである．

　スペンスとブラウンはこれらの中間にある．彼らのビジョンは公的価値のある側面をリスクにさらしている．スペンスはボストンの最も困窮した市民に対する緊急住宅の量を一定程度諦めている．ブラウンは警察の対応時間がある程度遅くなるリスクをとっている．しかし，彼らは自分たちが進める変化によって，潜在的な利益が得られることを認識しており，一旦社会がこれらの利益を認識すれば，彼らの事業の価値が増進したと判断するだろうと考えていたのである．

民主的説明責任に対するリスク

　時に，特定の戦略にコミットするにあたって決断が求められる道徳上の困難な問題は，実質面や運営面だけでなく，政治や説明責任にも焦点を当てる場合がある．その問題は，どれだけ積極的に，そして，どのような価値を代弁して，パブリックマネージャーがその政治環境に関与し，またそれに対応すべきか，というものとなる．

　第5章において，マネージャーは自分の考え方を提唱していくにあたって，どれだけ積極的になるか，またどれだけ物事を操作するかを選ぶことができることを示した．政治的対立が存在するからこそ，マネージャーは自分の仲間を選び，一方に

与することができるのである．彼らは情報を統制でき，また，支持基盤や顧客グループと重要な関係を保つために，彼らは政治環境の中で特定の意見や利益を増幅し，または抑圧する手助けをすることができるのである．彼らの業務は特定の支持基盤を強化もしくは弱体化させるため，マネージャーは特定の外部集団に対して支援を提供し，懐柔することもできれば，またそれを否定することもできるのである．そして，政策を実施するにあたっては，彼らは様々な外部集団による主張を誇張し，緩和し，またはそれに抵抗することを選択できるのである．

　このような選択を行うにあたって，マネージャーは自分自身を道徳上のリスクにさらすことになる．なぜなら，彼らを取り巻く政治勢力は，自分たちの意見が聞き入れられるべき，または対応されるべきとの主張を合理的に行うことができるからである．したがって，ある主張を，他の主張を犠牲にして意図的に支持または無視するマネージャーは，何が公的価値を持つかについてだけではなく，誰に対して民主的な説明責任を負うかについても，重要な判断を行うことになるのである．

　このようにしてミラーは，児童の権利を主張する者に同調し，そして議会や裁判所における，従来型の矯正施設に代表される権限の一部を維持したいという者との関係を切り離すことによって，重要な道徳上の決定を行っているのである．ラッケルスハウスは，ニクソン大統領だけでなく，環境派のマスキー上院議員や，農薬の使用を継続したい農家ともコミュニケーション（そして影響力）を維持することで，別の重要な道徳的決断を行っているのである．

　一般的にいって，民主制の下では，行われるべきことに対して利害関係や考え方を持っている多くの人々との間で，コミュニケーションや説明責任を開いておくことが，おそらくより良い特質となるだろう．それは，そのような開放性があまりにも多くの「特別な利益」の侵入を許し，マネージャーが新しい政治上・技術上の可能性に対応できなくならない限りは，妥当し続けるだろう．

部下に対する責任

　また時には，どれだけ自分自身の組織に挑戦するかという厳しい道徳上の問題にマネージャーは直面することもある．ここで道徳上のジレンマが生じるのは，多くの公的セクターの組織（そして，これらの組織が体現する目的や，それが依存するスキル）は，時間が経つにつれて，そこで働く人々にとって，少なくとも自分の家に，時にはその魂のより所となるからある．もしマネージャーがその組織の目的や，それに伴って，組織構造と重要な課題の多くに大きな変革を起こすような戦略にコミットするならば，多くの従業員は不快に思うだろう．彼らは自分たちを守ってくれると信頼

していたマネージャーやリーダーに裏切られたと感じるだろう．彼らは望まれない変化を自分たちに押し付ける決定を行ったマネージャーに対して，そのような見方を突きつけるだろう．マネージャーの側でも，従業員の苦痛を感じ，自分は正しいことを行ったのかと悩むことになる．これは業務運営上の問題に加えての，重要な道徳上の問題である．

　例えば，ミラー，スペンス，そしてブラウンが自分の組織に対して，それまでやってきたことと大きく異なることを行うように挑戦したことは道徳上重要である．疑いようもなく，青少年施設において働いていた人々は，ミラーは自分たちが成功する助けをせずに，売り渡したと感じただろう．明らかに，BHA の以前の幹部たちは，スペンスの任命によって侮辱されたと感じただろう．明らかに，ヒューストン警察の上層部や下位の警察官の多くは，ブラウンが HPD に浸透させようとした新しい倫理観について怒りを覚えていただろう．

　このような人々はそれまでよく働いていたために，新しく着任するマネージャーから適当な処遇と支援を期待する権利を有するとも考えられる．世界が変わってしまったのは彼らが悪いわけではない．彼らは自分のやり方を主張する機会か，自分たちが求められている変化に対応できるか考えるための十分な時間や再訓練を与えられる必要があるかもしれない．

伝統的な回答の限界

　特定の組織戦略を採用することによって持ち上がる倫理上の問題をこれほどまでに興味深く，説得力のあるものとする理由の一つとして，難解な倫理上の問題に対する一般的な答えが，ほぼ確実に誤っていることが挙げられる．例えば，マネージャーが社会をどれだけのリスクにさらすべきかという問題に対する一般的な答えは，「ゼロ」，すなわち，パブリックマネージャーは公金を使ってギャンブルをしてはならない！というものである．しかし，それは正しい答えにはなり得ない．なぜなら，マネージャーは常に社会をリスクにさらすからである．本書で取り上げた事例は，変わりゆく環境の中で初手に固執し続けることは，政治が新たに表明した価値や，新しい技術上・行政上の可能性に合う方向性を手探りで探すのに比べて，マネージャーや組織，そして社会にとって，しばしばはるかに危険となるのである．

　しかし，社会が晒されるリスクの程度と，マネージャーが権限を得るために行う協議の量と中立性の度合いの間には，ある関係があるはずである．明らかに，スペンスとブラウンは自分たちの組織を使って実験する間，変化を起こしつつも，適切に説明責任を果たすよう熱心に取り組むことで，厳しい批判から自分たちを遠ざけ

ていた．それでも，ジェリー・ミラーの事例が示すように，時にはマネージャーは
率先して，社会に対して，それまで考えられたことのない，または真剣に捉えられ
たことのない新しい価値を示さなければならないこともあるのである．

　同様に，マネージャーがどのような政治的主張を受け入れなければならないかと
いう問題に関しては，彼らは全ての主張に対応しなければならないということも，
また，彼らは選挙で選ばれた長の主張のみに答えなければならないということも，
いずれも確実に誤りである．前者については，多くの政治的主張はあまりにも特定
の利益や，公的価値に関する自己中心的な考えに基づいていることから排除される
べきものであるために誤りである．後者については，立法府におけるその他の選挙
を経た監督者や，法律に定められた過去の政治的合意に基づく主張もまたパブリッ
クマネージャーに対して服従を要求することから，誤りである．したがって，マネー
ジャーはしばしば，政治的授権環境からのどの要求に，どの程度答えなければなら
ないのかを自分自身で判断するしかなくなってしまうのである．

　最後に，マネージャーがどれだけ自分の組織の従業員やその過去の伝統に責任を
負わなければならないのかという重要な問題については，彼らはその従業員を守る
義務があるとか，組織の継続性を保証しなければならないと言うことは，確実に間
違っている．しばしば，組織はその目的や方法論を再考するために，挑戦されなけ
ればならない．また，その組織の目的が重要でないというわけではなく，単に他の
事業がより重要になったという理由のために，その組織の財政に対する要求を削減
するための方法を見つけなければならない時もある．そのような状況においては，
パブリックマネージャーはこのような厳しい現実から自分の組織を隔離するのでは
なく，そのような現実に自分の組織を晒すという，積極的な義務を有することもあ
るのである．

　それでも，彼らは自分の従業員とその組織の伝統を一定程度尊重する義務を負う
こともまた明らかである．それらは簡単に廃止されるべきものではない．なぜなら，
従業員や組織が過去に行ってきたことの中には，倫理上の要求も，実務上の知恵も
存在するからである．

探求者としての行政のトップの義務

　おそらくそうすると，行政のトップの倫理上の義務について言えることはせいぜ
い，彼らは良識的な，公に説明のできる，公的価値を探求する取組を行う義務があ
るということである．そのような探求の中で彼らは，ビジョンを持ち，それを表現
する義務を持つ．しかしそのビジョンは，彼らが自分の職業上の・行政上の専門性

に基づいて重要と考えたことや，政策分析やプログラム評価の技術が示すことだけでなく，彼らの授権環境にいる者の要求をも取り入れなければならない．また，彼らは何を行っているのか，何が生み出されているのかについて，正確に報告する責任も有する．彼らが目的を表明し，活動や成果について報告することは，彼らがその監督者に対して責任を負うための，そして，説明責任を果たすことを通じて監督者から学ぶための，決定的な道標となるのである．

　時に彼らは，授権環境にいる政治勢力から受けるフィードバックや圧力によって，過去のやり方から離れて，新しい道を探す旅へと進まなければならなくなることもある．このような状況で彼らは，組織の過去の運営方法に対して意味を見出すようになっている自分の組織や従業員にどれだけ厳しく挑戦しなければならないかという，倫理上の重荷を背負わなければならないのである．

公的リーダーシップにおける心理的課題

　公的セクターの組織を率いることに伴う道徳上の課題に応えることは，公的セクターのトップになることが，倫理的だけでなく，心理的にも容易でない理由を明確化する助けにもなる．公的セクターのトップは我々全ての人々のために働いていること，我々は皆彼らが何をすることに価値があるかについて異なる考えを持っていること，そして，我々は皆このような考えを表明する権利があると感じていることから，彼らのオフィスには膨大な量のプレッシャーが蓄積されていく．まさに彼らは公からの願望をつなぐ役割を果たすことから，彼らは社会における対立の避雷針となるのである．[26]万人から賞賛を受けるように行動することはとても不可能である．せいぜい，彼らの行動は嫌々ながら耐えられるという程度である．彼らに対する反対派の声は常に，支持者の声よりも大きく，より一般に広がる．実際，個人攻撃がここまで政治的宣伝の重要なツールになったために，彼らは職業上の能力だけでなく，しばしば個人的な価値観や行動に対する不公平な，または中傷的な攻撃の対象となってしまうのである．[27]

誤った避難先の探索

　このような苛烈なプレッシャーのもとで，パブリックマネージャーは当然，心理的な避難場所を探すことになる．彼らは通常，２つの一般的な避難場所のうちの１つか２つを見つけることとなる．１つは，自分の目的が正しいという深い確信であり，もう１つは，公的目的を共有するか，個人的に心配してくれる親しい仲間からなる小さい集団による，一貫した後押しである．[28]時には，この小規模な支持者のグ

終　章　分断された，不確実な世界における行動　　309

ループは，政治環境の中で同じ見方を共有する者から選ばれることもあれば，彼ら
が導く組織の中，長い間一緒に働いてきた者の中から選ばれることもある。[29]

　しかし，もしマネージャーが，政治的に包摂性のある，そして（時に）自分の率
いる組織に挑戦するような公的価値のビジョンを追求するという厳しい倫理上の義
務を果たそうとするならば，彼らは自分自身をこのような一般的な落ち着き先から
距離を取らなければならない．彼らは自分の掲げる目的に対する確信について，疑
いを持たなければならない．なぜなら，彼らは公的価値に関する自分の見方が誤っ
ているか，自己中心的であるか，もしくは時代に合っていないという可能性につい
てオープンでなければならないからである．彼らは，自分の支持者と意見の一致し
ない者の考え方を聴き，それに対応する義務を有することから，このような親しい
仲間がもたらす安心感から一定の距離を取らなければならないのである．また彼ら
は自分の部下を新しいやり方を始めるよう突きつけなければならないかもしれない
ことから，部下がもたらす安心感に抵抗しなければないのである．

カミソリの刃の上を歩く

　したがって，公的セクターの幹部は一般的に対立する2つの心理的方向性の間で
複雑なバランスを取らなければならないこととなり，このため，パブリックマネー
ジャーという仕事は心理的にも困難を伴うものである．その一つは，彼らは，自分
の精力を傾けてまですべきこととは何か，自分の名声までかけて追い求める価値と
は何かについて，十分強い確信を持たなければならない．それでも，彼らのこの確
信は，疑いを挟む余地や，継続的な学習の機会を失わせるほど強くなってはならな
いのである．[30] 彼らが全力をかけて取り組み，また彼らとほぼ一体となった考え方は，
不測の事態に対処できるようになっていなければならないのである．もう一つは，
彼らは考慮と反省のための視野と余力を持ちつつ，決意と献身をもって行動しなけ
ればならないということである．[31]

　さらに，このような確信と疑い，行動と内省の間の困難なバランスは，一度だけ
ではなく，日々マネージャーがその業務にあたる中で，時には自分の考えを主張し，
その組織を特定の方向に向かわせるような行動をとることによって，また時には自
分を他人の考え方にオープンにして，自分の組織の方向性を変えることによって，
行われなければならないのである．

　私の同僚のロナルド・ハイフェッツは，このような挑戦を，「カミソリの上で歩く」
ことを覚えると表現した．[32] 彼は，ある集団や組織のリーダーがよく陥る2種類の失
敗を避けるためには，高水準のバランスと姿勢制御が必要であると指摘している．

その一つは，政治や組織の領域に今存在する考え方や環境に挑戦する勇気を欠くことから生じる．このタイプの失敗では，価値を生み出す機会を特定し，追求しなければならないというリーダーの責任が犠牲となる[33]．この失敗においては，現在の政治勢力のバランスや組織の伝統，または過去の習慣が，何を行うべきかを決めることを許してしまう．それを許すことは多くの場合において適当かもしれないが，それが常に正しいとあらかじめ前提を置くことは誤りである．実際，現状維持に対する膨大な圧力を考えると，初めから現状維持路線が適切であると判断することは怪しいと考えることもできるだろう．

2つ目の失敗は，現在の環境にあまりにも厳しく，そしてあまりにも急なスピードで挑戦することによって，マネージャーが，その政治レベルの監督者やその部下，またはその両方によって，これらの集団が，リーダーが進もうとする方向に合意できないかそれについていけないために，いわば「暗殺」されることから生じる[34]．このタイプの失敗では，マネージャーの持続的に有益であり続けるという能力が犠牲となる．

パートナーが果たす決定的な役割

ハイフェッツの考えでは，カミソリの刃の上を自信を持って歩くための唯一の方法は，フィードバックと，反省から生まれるバランス棒を支えにすることである．マネージャーは一歩一歩前に進まなければならない．しかし，そのバランスを保ち続けるためには，彼らは，クライアント，監督者，そしてスタッフを含む，自分の行動によって影響を受ける者からの反作用を吸収しなければならない．マネージャーは称賛の声を浴びせる者のみに耳を傾けていてはならない．なぜなら，支持者たちはマネージャーを次第に狭くなり，最終的に消えゆく道に導いてしまう可能性があるからである．これは，デビッド・センサーが，また，おそらくマイルス・マホーニーが辿った道筋である．

マネージャーは自分をしっかり支えて立たせてくれるパートナーを持たなければならない[35]．パートナー無くしては，マネージャーが成功することは不可能であり，また，自分が正しい道を歩んでいるかもわからない．また，前に進み続けるために必要な自信やエネルギーを持つこともできない．しかし，我々が見てきた事例では，マネージャーは自分のパートナーを，支持者だけでなく，対立する立場の者やライバルからも集めなければならないことを示唆している．なぜなら対立する立場の者はほぼ確実に，マネージャーやリーダーに何か重要なことを教えてくれるからである．彼らは何か重要な価値が犠牲にされるから，反対の立場を，それも力強い反対

の立場をとるのである．それは彼らがただ腐敗しているとか，悪であるということではない．民主主義におけるパブリックマネージャーは，このような人々の懸念を認め，それに応えなければならないのである．そして，どのように疑うかを学ぶ一部として，マネージャーはその対立する立場の者の考え方をどうやって真剣に捉えるかを学ばなければならないのである．

公的セクターのトップという職業

「職業としての政治」においてマックス・ウェーバーは，政治家に求められる心理的特徴のうち最も重要なものの一つとして，「情熱」を挙げた．彼は注意深く，それが，「不毛な興奮」と彼が呼ぶような，「ある種のロシアのインテリ」に見出されるようなタイプの情熱ではないということを述べている．そうではなく，彼は「事実に即した」，「内なる集中と冷静とともに，現実が（政治家に）作用することを認める能力」という意味での情熱について言及している．

このような見方を興味深いものとしているのは，ウェーバーが通常対立すると考えられている2つの特質を組み合わせているところにある．それは，ある目的にコミットすることから生まれる精神的強さとエネルギー，そして，無関心さに関連づけられる，分析，反省，及び客観視する能力である．ウェーバーの主要な洞察とは，対立と不確実性という現実に立ち向かい，さらに，どれだけ目の前の状況が最初の目標にとってどれだけ好意的，または敵対的であったとしても，その状況に合わせて行動を現実的に舵取りするという，困難な仕事を行うための精神的エネルギーを取り上げたところにあるのである．

この冷静な，内部の集中は，結局，公的組織を導く者の計算を導くことができ，また，導かなければならないのである．それは，分断され，不確実な社会のために活動する組織を率いる者が持つべき「マネジメント上の性格」を示している．そしてこれこそ，より効果的で，責任感を持ち，対応力のあり，そして，より民主的なマネジメントを達成しようと求める公的セクターのトップたちに向けて，この本が推奨する性格なのである．ここで提示した考え方や技術は，良い性格や経験が取って代わり得るものではない．しかしこれらは，幸運とともになって，マネージャーの性格と経験が持つ限界を伸ばす助けとなるだろう．

注　釈

序　章

(1)私はこれらの用語を用いて本書を適切に描写するにあたり，同僚の Michael Barzelay から恩恵を受けている．実務的な理論に関する強力な防御については Donald A. Schon, *The Reflective Practitioner*（Basic Books, 1983［邦題『省察的実践とは何か――プロフェッショナルの行為と思考』柳沢昌一・三輪建二 監訳，鳳書房，2007年］）参照.

［訳注 1 ］"public value" について取り上げた日本語の著書は限られている．訳語としては「公共価値」（ラウパッハ・スミヤ・ヨーク『Public Value を織り込む Public Corporate Governance の在り方』，京都大学大学院経済学研究科　再生可能エネルギー経済学講座　ディスカッションペーパー No.5，2019年10月）を当てたものがある他，公共性の議論の中で「公共的価値」という言葉が用いられている例がある（土場学『公共性と共同性のあいだ』応用社会学研究 2006 No.48）が，本書では，個人の私的な目的に資する「私的」価値との対比において，地域コミュニティや国家を含む共同体の目的に資する「公的」価値と訳すこととする.

　　public value の訳語を検討するにあたって，日本においては歴史的背景から「公」という語に上意下達的な「政府の」（官の）という含意があることから，「公共」の語を用いた方が良いのでは，という意見もありうるが，private-public の対比関係に対応して，public を「公的」と訳し，「公共」も「政府」も含む，個々人の私的な利害関係に止まらないものと捉えることが適当と考えたため，本書では public value を「公的価値」と訳すこととした.

　　そもそも，市場原理によって解決されない公共空間における諸問題について，主権者たる市民の授権に基づいて解決を図ることが政府の役割と考えると，public の担い手として政府とそれ以外の主体とを区別することは，お上たる政府という考え方を是認することとも思われ，少なくとも本書ではこのような立場は取り得ないと考えた.

　　いずれにせよ "public value" をどう訳すかは我が国における今後の官と民の関係の発展によるところが大きいと考えられる.

(2)公共部門の組織が何故そのように行動するのかの説明において際立った業績を挙げている文献として，James Q. Wilson, *Bureaucracy: What Government Agencies Do and Why They Do It*（Basic Books, 1989）.

(3)このニッチを素晴らしい形で埋めている文献として，Herbert Kaufman, *The Administrative Behavior of Federal Bureau Chiefs*（Brookings Institution, 1981）.

(4)Richard E. Neustadt はアメリカ大統領に対する憲法の影響について次のように記している．「交渉の必要性は，異なる機関の間で公的な権力を分かち合った憲法体系の産物である．」Neustadt, *Presidential Power and the Modern Presidents: The Politics of Leadership from Roosevelt to Reagan*（Free Press, 1990），pp.191-192参照．Laurence E. Lynn Jr. は，大統領にとって当てはまることはより階層の低い行政幹部にも同様に当てはまると述べている．Lynn, *Managing the Public's Business: The Job of the Government Executive*（Basic Books, 1981），pp.3-17 参照．Graham T. Allison はこの効果を，公共セクターと民間セクターのマネジメントを隔てる最も重要なものの一つであると指摘している．Allison, "Public and Private Management: Are They Fundamentally Alike in All Unimportant Respects ?", Jay M. Shafritz and Albert C. Hyde eds., *Classics of Public Administration, 2nd ed.*（Dorsey Press, 1987），p.519. Shafritz と Hyde の卓越した作品は本章を通して言及されている.

(5)Laurence E. Lynn Jr. and David DeF. Whitman は *The President as Policymaker: Jimmy Car-*

ter and Welfare Reform（Temple University Press, 1981），p.35において大統領をマネージャーとして扱っている．Martha Weinberg は *Managing the State*（MIT Press, 1977）においてこれらの用語を用いて知事について説明を与えている．そして，Doug Yates は *Ungovernable City: The Politics of Urban Problems and Policy Making*（MIT Press, 1977），p.28において，少なくとも部分的には知事をマネージャーとしてみている．

⑹Herbert Kaufmann は *The Administrative Behavior of Federal Bureau Chiefs* において，これらの行政官を注意の対象としている．Jameson Doig と Erwin C. Hargrove も *Leadership and Innovation; A Biographical Perspective on Entrepreneurs in Government*（Johns Hopkins University Press, 1987）において同じように焦点を当てている．

⑺Jerry Mechling, "Analysis and Implementation: Sanitation Policies in New York City," *Public Policy*, vol. 27, no. 2,（Spring 1978），pp.263-284参照．これらの地位は新しい製品のマネージャーや，民間セクターにおいて組織の新しいイニシアチブを推進するために一般的に用いられる「インテグレーター」の機能と類似しているかもしれない．Paul R. Lawrence and Jay W. Lorsch "New Management Job: The Integrator," *Harvard Business Review*, November – December 1967, pp.142-151参照．

⑻これらの行政官がどのように政治任命の幹部に対して影響力を行使したかの議論について，Hugh Heclo, A Government of Strangers: Executive Politics in Washington（Brookings Institution, 1977）．

⑼Joel D. Aberbach, *Keeping a Watchful Eye: The Politics of Congressional Oversight*（Brookings Institution, 1990），pp. 217-219参照．また，Morris S. Ogul, *Congress Oversees the Bureaucracy: Studies in Legislative Supervision*（University of Pittsburg Press, 1976），p.11参照．

⑽第 6 章と第 7 章で提示するボストン住宅公社の事例は公的組織に対する司法によるマネジメントの例を提供している．この現象についてのより一般的な議論として，Robert C. Wood, *Remedial Law: When Courts Become Administrators*（University of Massachusetts Press, 1990）参照．

⑾公的事業に強い痕跡を残した利害関係団体のリーダーの鮮烈な描写として，Charles McCarry, *Citizen Nader*（Saturday Review Press, 1972［邦題『怪物ネーダー：市民運動を演出する男の執心』深尾凱子訳, 実業之日本社, 1973年］）参照．

⑿E. S. Savas はこの傾向を奨励している．Savas, *Privatizing Public Sector*（Chatam House, 1982）参照．John D. Donahue は一定の限界と条件を指摘している．Donahue, *The Privatization Decision: Public Ends, Private Means*（Basic Books, 1989）参照．

⒀パブリックマネジメントの「役者中心的な」見方への批判として，Laurence E. Lynn Jr., "Public Management Research: The Triumph of Art over Science", *Journal of Public Policy and Management*, vol.13, no.2（Spring 1994），pp.231-259参照．私はまた，David Osborne と Ted Gaebler はその注意のほとんどをシステムの変化に振り向け，マネジメント上の教義の変化についてあまり言及していないことも重要と考える．Osborne and Gaebler, *Reinventing Government: How the Entrepreneurial Spirit is Transforming the Public Sector from Schoolhouse to Statehouse, City Hall to the Pentagon*（Addison-Wesley, 1992［邦題『行政革命』日本能率協会自治体経営革新研究会訳, 日本能率協会マネジメントセンター, 1995年］）．

⒁公共セクターにおける全体的な品質管理に関する議論について，Steven Cohen and Ronald Bran, *Total Quality Management in the Government: A Practical Guide for the Real World*（Jossey-Bass, 1993）参照．

⒂パブリックマネージャーがどのようにその仕事を行うべきかについての彼ら自身やその監督者が持つ考えが一つの重要な制度として考えられるとする，この見方を提供してくれた Marc Zegans から私は大きく恩恵を受けている．Zegans, "Innovation in the Well-Functioning Public Agency," *Public Productivity and Management Review*, vol.16, no.2（Winter 1992），pp.141-156

参照．Hugh Heclo は似たような点を主張している．すなわち，「公務員は，これまで受け入れられてきたアメリカの政治機構から幾ばくか離れたような形で政府の舞台に現れた……おそらくこれらの憲政史からの離脱の最も重要な効果は，彼ら公務員自身の意識の中にある．アメリカの高級官僚は，政府の中で公務員としての自分の居場所が確かにあると感じる根拠が薄いのである……彼らの公務員としての職業は憲政文化の一部では決してなかったのである．」．Heclo, "The State and America's Higher Civil Service" (Department of Government, Harvard University, 複写，1982), p.5参照．

(16)私はこれらの考えを世界中から集まった公共セクターの幹部に提示した経験によって幾ばくか勇気付けられたことを白状する．ケネディスクールの学生には40カ国以上の行政官が含まれる．また，私はこれらの考えをオーストラリア，カナダ，英国，ポーランド，スペイン及びウクライナにおける幹部プログラムにおいても提示した．どの場合にも，幹部たちは彼らの独自の文化や制度に即して理解することができた．それでも，これは私のアプローチが一般的に有効であることを必ずしも証明するものではない．

(17)アメリカ政府の文脈についての素晴らしい概観として，James Q. Wilson, *American Government: Institutions and Policies* (D.C. Health, 1981) 参照．政策立案過程についての卓越した議論について，Charles E. Lindblom, *The Policy-Making Process* (Prentice-Hall, 1980) 参照．パブリックマネージャーが活動する現代の舞台についての鋭い議論について，John E. Chubb and Paul E. Peterson eds., *Can the Government Govern ?* (Brookings Institution, 1989) 参照．

(18)米国議会についての良い知見をもたらしてくれる分析として，David Mayhew, *Congress: The Electoral Connection* (Yale University Press, 1974 ［邦題『アメリカ連邦議会：選挙とのつながりで』岡山裕訳，勁草書房，2013年］) 及び Richard Fenno, *Congressmen in Committees* (Little, Brown, 1973) 参照．執行機関に対する法制面での監督の本質と行動について，Aberbach, *Keeping a Watchful Eye* 参照．公共セクターの幹部と議会との交流については，Philip B. Heymann, *The Politics of Public Management,* (Yale University Press, 1987) 参照．

(19)例えば，Harry M. Clor ed., *The Mass Media and American Democracy* (McNally, 1974); Martin Linsky, *Impact: How the Press Affects Federal Policymaking* (Norton, 1986); Stephen Hess, *The Government/ Press Connection: Press Officers and Their Offices* (Brookings Institution, 1984); 及び Leon V. Sigal, *Reporters and Officials* (D.C. Health, 1973) 参照．

(20)この分野における古典はもちろん Neustadt, *Presidential Power and the Modern Presidents* である．知事についての議論として，Robert Benn, *Governors on Governing* (National Governors' Association, 1991) 参照．

(21)例えば，Walter Nicholson, *Microeconomic Theory: Basic Principles and Extensions, 2nd ed.* (Dryden Press, 1978), pp.607-678参照．要約として，Edith Stokey and Richard Zeckhauser, *A Primer for Policy Analysis* (Norton, 1978 ［邦題『政策分析入門』佐藤隆三・加藤寛監訳，勁草書房，1998年］), pp.292-319参照．また，Richard Zeckhauser and Derek Leebaert, eds., *What Role for Government: Lessons from Policy Research* (Duke University Press, 1983) も参照．

(22)Dwight Waldo は「官僚制の適切な役割とは，急激な変化の中での安定化のための力として行動することであると，また，これは官僚制が無責任かつ馬鹿げているように思える際に行っていることであると，ある程度説得力を持って主張することができる．」と述べている．しかし Waldo が，パブリックマネージャーによるより良い応答性やリーダーシップを選好し，このような見方を退けていることは重要である．Waldo, "Public Administration in a Time of Revolution," *Public Administration Review*, 28 (July-August 1968), Shafritz and Hyde, *Classics*, p.367に再録．Rufus Miles はキャリア公務員がどの程度新しく着任する政治家の幹部の要求に応えなければならないかについての一定の考えを，"Administrative Adaptability to Political Change," *Public Administration Review*, September 1965, pp.221-225において示している．かなり劇的な政変へのキャ

316

リア公務員の対応を記した事例として "Surviving at the EPA: David Tundermann," KSG Case #C16-84-588.0, "Surviving at the EPA: Mike Walsh," KSG Case #C16-84-589.0, "Surviving at the EPA: Mike Cook," KSG Case #C16-84-590.0, "Surviving at the EPA: Bill Hedeman," KSG Case #C16-84-591.0, "Surviving at the EPA: Gary Dietrich," KSG Case #C16-84-592.0, "Note on the EPA under Administrator Anne Gorsuch," KSG Case #N16-84-587.0（全て Kennedy School of Government Case Program, 1984）．

⑫John W. Pratt and Richard Zaeckhauser, *Principals and Agents: The Structure of Businesses* (Harvard Business School Press, 1985). 公共セクターにおけるこれらの考えに対する批判として，Mark H Moore and Margaret J. Gates, *Inspectors-General: Junkyard Dogs or Man's Best Friend?* (Russell Sage, 1986).

⑭Howard Raiffa, *The Art and Science of Negotiation* (Harvard University Press, 1982).

⑮組織に関する一般的な導入として，Gareth Morgan, *Images of Organizations* (Sage Publications, 1986) 参照．公共セクターの組織の行動理由についての議論として，Wilson, *Bureaucracy* 参照．

⑯この分野の古典は James G. March and Herbert Simon, *Organizations* (Wiley and Sons, 1986 [邦題『オーガニゼーションズ：現代組織論の原典（第2版）』高橋伸夫訳, ダイヤモンド社, 2014年]) である．また，Herbert Kaufman, *Red Tape: Its Origins, Uses, and Abuses* (Brookings Institution, 1977 [邦題『官僚はなぜ規制したがるのか：レッド・テープの理由と実態』今村都南雄訳, 勁草書房, 2015年]) も参照．イノベーションへの障害への現代的な対処法と迂回方法については，Rosabeth Moss Kanter, *When Giants Learn to Dance: Mastering the Challenge of Strategy, Management, and Careers in the 1990's* (Simon and Schuster, 1989) 参照．

⑰行政学の伝統的な見方についての包括的な説明として，Shafritz and Hyde, *Classics* 参照．また，古典的なテキストとして Leonard D. White, *Introduction to the Study of Public Administration* (McMillan, 1926); E. Pendleton Herring, *Public Administration and the Public Interest* (McGraw-Hill, 1936); Dwight Waldo, *The Study of Public Administration* (Random House, 1955); Frederick C. Mosher, *Democracy and the Public Service* (Oxford University Press, 1968) などがある．より最近のアプローチとして，James W. Fesler and Donald F. Kettle, *The Politics of the Administrative Process* (Chatham House, 1991) 参照．批判として，Michael Barzelay and Babak J. Armajani, *Breaking through Buraucracy: A New Vision for Managing in Government* (University of California Press, 1992) 参照．

⑱Mosher, *Democracy and the Public Service*; 及び Judith E. Gruber, *Controlling Bureaucracies: Dilemmas in Democratic Government* (University of California Press, 1987).

⑲Luther Gulick が "Notes on the Theory of Organization" (Shafritz and Hyde, *Classics*, pp.79-89) において生み出した "POSDCORB" という略語を参照．

⑳Kaufman, *Administratie Behavior of Bureau Chiefs*; Herbert Kaufman, *The Forest Ranger* (Johns Hopkins University Press, 1960); Jeffrey Manditch Prottas, *People Processing* (D.C. Health, 1979); Martha Derthick, *Agency under Stress: The Social Security Administration in American Government* (Brookings Institution, 1990). マネジメント上の行動を公共セクターの組織の業績と結びつける試みとして，John J. DiIulio Jr., *Governing Prisons: A Comparative Study of Correctional Management* (Free Press, 1987).

㉛Richard B. Stewart, "The Reformation of American Administrative Law," *Harvard Law Review*, vol. 88, no.8 (June 1975), pp.1667-1813; Jerry L. Mashaw, *Due Process in the Administrative State* (Yale University Press, 1985).

㉜Jerry L. Mashaw, *Bureaucratic Justice: Managing Social Security Disability Claims* (Yale University Press, 1983).

㉝民間セクターのマネジメントに関する文献としては，Chester Barnard, *The Functions of the*

注　釈（序章）　317

Executive（Harvard University Press, 1938 ［邦題『バーナード経営者の役割』飯野春樹編, 有斐閣, 1979 年]）; Peter F. Drucker, *Management: Tasks, Responsibilities, Practices*（Harper and Row, 1973 ［邦題『マネジメント：課題・責任・実践』野田一夫・村上恒夫監訳, 風間禎三郎［等]訳, ダイヤモンド社, 1974年]）; Thomas J. Peters and Robert H. Waterman, *In Search of Excellence: Lessons from America's Best-Run Companies*（Warner, 1982 ［邦題『エクセレント・カンパニー：超優良企業の条件』大前研一訳, 講談社, 1983年]）; そして Michael E. Porter, *Competitive Strategy: Techniques for Analyzing Industries and Competitors*（Free Press, 1980 ［邦題『競争の戦略（新訂）』土岐坤他訳, ダイヤモンド社, 1995年]）などの古典が挙げられる.

(34)Porter, *Competitive Strategy*.

(35)Kanter, *When Giants Learn to Dance*；及び Donald K. Clifford and Richard E. Cavanagh, *The Winning Performance: How America's High-Growth, Midsize Companies Succeed*（Bantam, 1985 ［邦題『ウィニング・パフォーマンス：勝利企業の条件』大前研一訳, プレジデント社, 1986年]）.

(36)John Kotter, *A Force for Change: How Leadership Differs from Management*（Free Press/ Coller Macmilan, 1990 ［邦題『変革するリーダーシップ：競争勝利の推進者たち』梅津祐良訳, ダイヤモンド社, 1991年]）.

(37)これらの同じ課題を扱い, そして私が従っている重要な新しい伝統を形づくる, パブリックマネジメントと公的な起業家精神に関する新たな文献がある. この分野の主要な業績として, Lynn, *Managing the Public's Businesses*；Gordon Chase and Elizabeth C. Reveal, *How to Manage in the Public Sector*（Addison Wesley, 1983）; Doig and Hargrove, *Leadership and Innovation: A Biographical Perspective*；Laurence E. Lynn Jr., *Managing Public Policy*（Little Brown, 1987）; Heymann, *The Politics of Public Management*；Steven Kelman, *Procurement and Public Management*（AEI Press, 1990）; Erwin C. Hargrove and John C. Glidewell eds., *Impossible Jobs in Public Management*（University of Kansas Press, 1991）; Robert F. Behn, *Leadership Counts: Lessons for Public Managers from the Massachusetts Welfare, Training, and Employment Program*（Harvard University Press, 1991）; Martin A. Levin and Mary Bryna Sanger, *Making Government Work: How Entrepreneurial Executives Turn Bright Ideas into Real Results*（Jossey-Bass, 1994）; 及び Richard N. Haass, *The Power to Persuade: How to Be Effective in Government, the Public Sector, or Any Unruly Organization*（Houghton Miffin, 1994）などが挙げられる.

(38)これらの事例を部分的に取り上げるものとして, ケネディ行政大学院のケースプログラム *The Kennedy School Case Catalog*, 3rd ed.（Kennedy School of Government Case Program, 1992）参照.

(39)Nelson Polsby, 私信.

(40)このような実務家として, Nancy Altman-Lupu, Robert Blackwell, Manuel Carballo, Hale Champion, Gordon Chase, Richard Darman, Michael Dukakis, Richard Haass, Martin Linsky, そして James Verdier といった人々が含まれる.

(41)このような希望の限界として, Mark H. Moore, "Policy Analysis vs. Social Science: Some Fundamental Differences"（Daniel V. Callahan and Bruce Jennings eds., *Ethics: The Social Sciences and Policy Analysis*（Plenum Publishing, 1983））参照.

(42)Graham T. Allison and Mark H. Moore, "Special Implementation Analysis"（*Public Policy*, vol. 26, no. 2（Spring 1978））; Daniel A. Mazmanian and Paul A. Sabatier, *Implementation and Public Policy*（Scott, Foresman, 1983）参照.

(43)Mark Moore, *Gordon Chase and Public Sector Innovation*（Kennedy School of Government, 複写, 1987）.

318

(44)John E. Chubb and Paul E. Peterson eds., *Can the Government Govern ?* (Brookings Institution, 1989).

(45)民間セクターにおける柔軟，革新的かつ価値追求型の組織の重要性についての議論として，Peters and Waterman, *In Search of Excellence*；Kanter, *When Giants Learn to Dance*；及び Donald K. Clifford and Richard E. Cavanagh, *How America's High-Growth Midsize Companies Succeed*（Bantam, 1985）参照.

(46)Chris Argyris は「支持されている理論」とは「実際に用いられている」理論と同じであるという考えの誤りについて我々に常にただし続けている．Argyris and Schon, *Organizational Learning* 参照.

(47)William A. Niskanen, Jr. はこれこそが公共セクターの幹部の主要な動機であると考える．Niskanen, *Bureaucracy and Representative Government*（Aldine-Atherton, 1971）参照．James Q. Wilson は *Bureaucracy*, pp.118-120の積極的な記述の中でこれについて疑義を呈している．私はここではこれは規範的基準としては間違っていると主張しており，これははるかに簡単な議論である.

(48)存続と成長は民間セクターにおけるマネジメント上の成果として重要な規範的テストである．というのも，これらはその組織が市場の課題に継続的に対応しているということを示唆するからである．実際，存続し，繁栄する組織を作ることは，Peters and Waterman が *In Search of Excellence* において称賛したマネジメント上の成果である.

(49)Robert Caro, *The Power Broker: Robert Moses and the Fall of New York*,（Knopf, 1974）．また，James W. Doig and Erwin C. Hargrove eds., *Leadership and Innovation: Entrepreneurs in Government*（Johns Hopkins University Press, 1990）における J. Edgar Hoover と Robert Moses に関する話を見てほしい.

(50)例えば，*The Politics of Public Management*, pp.15-17における，Phil Heymann による連邦取引委員会の説明を参照.

(51)この点についての議論として，第5章（起業的アドボカシーの倫理について）と終章参照.

(52)Peters と Waterman は単に存続と成長に注目しただけでなく，持続的な**収益性**についても注目した．これは公共部門におけるアナロジーが必要となる概念である．Peters and Waterman, *In Search of Excellence*, pp.22-23参照.

第1章　マネジメントにおける想像力

(1)ここで私が描いた事例は，私の故郷，マサチューセッツ州ベルモントにおける議論からシミュレーションした仮想の事例である．鍵っ子について司書が何をすべきかという点は，熱い議論の対象となるように思える．最も包括的な議論は，Frances Smardo Dowd, *Latchkey Children in the Library and the Community*（Onyx Press, 1991）である．児童や大人による図書館の空間利用を管理することの困難さについては，Paul G. Allvin, *Library Goes by the Book: Restrictions on ChildrenFaulted by Andover Parents*（Boston Glove, July 22, 1990）, p.27参照.

(2)Aaron B. Wildavsky は連邦の予算プロセスにおけるこの種の行動を観察している．Wildavsky, *Politics of the Budgetary Process*, 4th ed.（Little, Brown, 1984）, pp.108-123参照.

(3)この考えは David Osborne と Ted Gaebler が「冒険する政府」と考えるものの一例である．Osborne and Gaebler, *Reinventing Government: How the Entrepreneurial Spirit Is Transforming the Public Sector from Schoolhouse to Statehouse, City Hall to the Pentagon*（Addison-Wesley, 1992［邦題『行政革命』日本能率協会自治体経営革新研究会訳，日本能率協会マネジメントセンター, 1995］）, pp.195-218参照.

(4)政府サービスに対してどのような価格が課されるべきかを決定する際の困難についての議論として，Joseph T. Kelly, *Costing Government Services: A Guide for Decision Making*（Government

注　　釈（第1章）　　319

Finance Research Center, 1984）参照.

(5)同様の問題が，湾岸戦争の資金調達という，大きく異なりかつあまり想像していなかった文脈において発生した．この事例では，アメリカの同盟国は同国に対して戦争遂行に関連する費用の一部を支払うことに同意した．ここでの問題は，一体誰に対してその資金は支払われるべきかというものであった．一つの可能性としては米国国防省に直接払うもので，もう一つは米国議会に支払い，議会がその資金を国防省に配分するというものであった．第一案ははるかにシンプルのように思えたが，議会における国防省の監督者はそれをためらった．それには二つの理由があり，その一つとして，このことは議会がペンタゴンに流れる資金を効果的に統制できなくするというものであった．もう一つは，このことは国防省が傭兵となって，「依頼者」に対してその依頼を受けて行う軍事作戦について費用請求する権利を認めるということになるというものであった．もしそうではなく資金が米国議会に支払われ，その後国防省に配分されるのであれば，国防省はよりしっかりと民主的統制の下に置かれ，その支出は国防省の組織としての目的よりも，米国の国家としての適切な目的を反映しているとより強く想定できることとなるだろう．この話について Sean O'Keefe に謝意を示したい.

(6)「指針を得るためにタウンミーティングを開く」ことは，司書にとっていくつかの重要な課題を解決することに留意されたい．まず，これは彼女を，図書館という資源を鍵っ子の需要に応えるために使うことは公的に価値があるかどうかを決めるという責任（そしてその特権！）から解放してくれる．第二に，彼女が**どのように**運営するか，また議論によって何が生まれるかによっては，タウンミーティングは個々の鍵っ子の親たちの集合的利益を，彼らの個々の要求に応える中で公的な利益に変えるかもしれないし，変えないかもしれないのである．彼女はこの議論を，鍵っ子の親のために，その面倒を見るための費用や不都合を最小化することから始めることもできれば，その反対者のために，この要求に応えることでその他の人々が受ける困難，費用，不都合を最大化することもできた．どのように議論を始めるか，また，議論を始めるかどうかを決めるにあたって，彼女は何が望ましいかという彼女自身の考え，また，自分の組織の最も基本的な任務についての彼女の感覚，またはタウンミーティングにおける議論がどれだけ「合理的」になりうるかについての彼女の感覚にさえも影響を受けるだろう．例えばもし彼女が，一部の政治家たちがこの問題を片親家庭の子育て放棄や他人にその負担を負わせていると攻撃するために使うかもしれないと考えたなら，彼女は図書館が鍵っ子に対応することは公的に価値があるかという論点は効果的に議論できず，したがって開かれた議論は社会にとっての最良の利益にならないと決断するかもしれない．もしくは，彼女はこれは重要な論点であって，どのようにこの論点を枠組みづけるべきかについて考えるかもしれない．何れにしても，彼女はタウンミーティングを開催すべきかどうかというだけでなく，どのようなアプローチを取るべきかという決断にも迫られるのである．これらの論点は第4章，第5章及び終章において集中的に議論される.

(7)米国は常に様々な種類のボランティア団体を育んできた市民文化を誇りとしてきた（そしてこのことについて他の国から尊敬されてきた）．19世紀半ばにはアレクシス・トクヴィルはアメリカの民主主義のこの特徴がいかに一般的かつ重要であったかを，*Democracy in America*（ed. Francis Bowen, Vintage Books, 1945［邦題『アメリカのデモクラシー』松本礼二訳，岩波書店，2005年］），pp.198-206において記している．より最近では，Robert Putnam が，イタリアの地方公共団体の質を決めるにあたってのボランティア団体の重要性について観察している．Putnam, *Making Democracy Work: Civic Traditions in Modern Italy*（Princeton University Press, 1993）参照．現代アメリカの経験に基づく興味深い事例として，"Finding Black Parents: One Church, One Child," KSG Case #C16-88-856.0（Kennedy School of Government, Case Program, 1988）参照.

(8)公共図書館のありうる役割とミッションについての一般的な議論として，David Gerard ed., *Libraries in Society: A Reader*（K. G. Sauer, 1978）参照．図書館が市民の助けになる方法を積極

320

的に探さなければならないという主張については，Bernard Vavrek, "Public Librarianship: Waiting for Something to Happen"（*Wilson Library Bulletin*, vol. 67, no.8（April 1993））：p.70 参照.

(9) パブリックマネージャーは自分に授けられた資源の最も価値のある利用法を見つける責任がある という主張は例外のないもののように聞こえるかもしれない．実際にはこれはマネージャーがそ の周囲において都合の良いことを探すことを促すという点で，議論を生む余地のある主張である． これは，以下に述べるように，我々が**民間**のマネージャーに求めるものと一致しているが，公的 セクターの幹部に求めるものとは一致しない．公的セクターの幹部はその適切な目的に縛られて いることが期待され，その与えられた目的を達成するためのより効果的な手法のみを探すことが 期待されているのである．かくして，パブリックマネージャーにとっては，「与えられた資源の 最も価値のある使い道を見つけること」よりも，「与えられた目的をできる限り効果的かつ効率 的に達成すること」に責任があるという方が一般的なのである．この一見すると簡単だが，実際 には極めて重大なパブリックマネージャーの役割に対する認識の変化──公的価値の追求におい てほとんど役割のない歯車から，重要な役割を担う探求者への変化──は，本書を通じた主要論 点である.

(10) この考えの主要な源流として，Woodrow Wilson の古典的著作 "The Study of Administration,"（*Political Science Quarterly*, 2（June 1887））：pp.197-222; Frank J. Goodnow, *Politics and Administration: A Study of Government*（Russell and Russell, 1900）; Leonard D. White, *Introduction to the Study of Public Administration*（Macmillan, 1926）; E. Pendleton Herring, *Public Administration and the Public Interest*（McGraw-Hill, 1936）; Luther Gulick, "Notes on the Theory of Organization,"（Luther Gulick and Lyndall Urwick eds., *Papers on the Science of Administration*（Institute of Public Administration, 1937））; 及び Louis Brownlow, Charles E. Merriam and Luther Gulick, *Administrative Management in the Government of the United States*（United States Government Printing Office, 1937）などがある．これらの古典的文献か らの素晴らしい抜粋は，James Shafritz and Albert C. Hyde, *Classics of Public Administration*, 2nd ed.（Dorsey Press, 1987）に集められ，便利に解釈されている.

これらの著者が公的セクターの幹部の任務を枠組みづけるために用いた言葉の具体例として次 のようなものがある．Woodrow Wilson は「行政学の目的は，まず政府が何を適切かつ成功裏に 行うことができるか，次に政府はいかにしてこれらのことをありうる最高の効率性と，ありうる 最低の資金またはエネルギーのコストによって行うことができるか，を発見することである.」 （Shafritz and Hyde, *Classics*, p.10の引用）．彼は政府が何をすべきかに関する「政策」（policy）と, 政府の業務を効率的に行うことに関する「行政」（administration）との間の古典的な区別を導入 してこう述べてもいる．「行政は**政治（politics）**固有の範囲の外側に存在する．行政に関する 論点は政治上の論点とは異なる．政治は行政の任務を定めるが，それ（行政）はその組織を恣意 的に操作されることを許してはならない（Shafritz and Hyde, *Classics*, p.18）．彼はまた何が行 政官の「良い」振る舞いであるかについて「彼らが仕える政府の政策への安定した，心からの服 従」とも述べている（Shafritz and Hyde, *Classics*, p.22）．Goodnow は Wilson による政治と行政 の区別に呼応してこう述べている．「政治は政策や，国の意志の表現に関するものである．行政 はこれらの政策の実行に関するものである.」（Shafritz and Hyde, *Classics*, p.26）．White は何年 も後の著作において，行政の機能についてより詳細に説明しこう述べている．「行政管理は国家 の目的の達成における，人員及び物資の管理である……．行政自身が国家の目的の形成にどの程 度関与するかはオープンな問題として残されている……．行政管理の目的は公務員や行政の従業 員の手元の資源を最も効率的に用いることにある……．あらゆる側面で，良い行政は無駄の根絶, 資源とエネルギーの保存，そして経済と労働者福祉に合致する公的目的の最も迅速かつ完全な達 成を追求する」（Shafritz and Hyde, *Classics*, pp.56-57）.

注　釈（第1章）　321

　　しかし，政治と行政の分離を基礎とする伝統，そして行政の目的は与えられた目的をできる限り効率的かつ効果的に達成することであるという仮定は常に，物事はそこまで単純ではないことを示すような関連するテーマを伴っていたことを考慮することは重要である．かくして，例えばWhite は「立法機関に集まってくる問題はしばしば，議員たちは専門家によるサービスを用いてのみ取り扱うことのできる技術的な問題と複雑に絡み合うか，または純粋にそうなってしまうのである．地方政府の統制，公共サービスの規制，改定された規制の執行，海軍の決算報告，保健部局の組織，農業研究のための全国組織の維持，これらは全てそれぞれの事例の運営の詳細を知っている者の支援によってのみ，法例集に掲載できるようになるのである……．これらの人々は単に立法者にとって便利なだけでなく……彼らは単に代わりがきかないのである．彼らは政府なのである．」（Shafritz and Hyde, *Classics*, p.59）．この点は Emmette S. Redford が *Democracy in the Administrative State*（Oxford University Press, 1969），pp.31-36においても強調している．Herring はさらに，目的の実行のみならず定義におけるパブリックマネージャーのイニシアチブの重要性を指摘し，そしてマネージャーの専門性のみならず，政治の不完全性もまたその理由であると指摘している．彼は「官僚の肩には，集団間の意見の違いを仲裁し，立法過程を通じて到達された経済・社会上の妥協を効果的かつ実現可能なものにするという重荷の大部分が載せられている．かくして議会は一般的な原則を定める法令を通過させる．その詳細はそれを補充する規則によって埋められなければならない．官僚は法律の適用に必要となる条件を定めることが任され，彼はこれらの任務を果たすにあたって，立法者よりも良い立場にあるのである．というのも，彼は日常の業務を通じて法が対応しようとする状況に直接関わることになるからである．」（Shafritz and Hyde, *Classics*, p.74）と記している．

　　したがって，行政官は法律の意図を達成するための効果的な方法を考案できる熟練した技術者であるべきか，立法者の議論を助けることのできる専門家であるべきか，近視眼的な，または悪い動機を持った政治から公的利益を守ることのできる行政官であるべきか，またはこれらのいずれでもない何かであるべきかという問題は，行政学や，より広い一般の議論における未解決の問題なのである．Frederick C. Mosher が1968年に述べたように，「政府の『現実の世界』における近年の進展は，政策—行政の二項対立関係に，ほぼ忍耐の限界を超えるまでになった緊張をもたらした．実際，理論面では，有効な代替案を探し当てることは今日の行政学の第一の問題といっても過言ではないのである．しかしこの二項対立という考えは，他の多くのもののように，なかなか消えないのである．その存続に有利な動機という構造的な障害がある．概して，立法者は見かけほどそれが重要でないと宣伝することで自分の重要性を損なうことを嫌う．彼らがそれをするのは，通常行政（または司法）による立法権の「簒奪」を非難するときである．同様に，行政官も……，そのような非難を招くことを恐れ，自分たちが政策に大きく影響しているということを宣伝や，認めることさえも避ける．」Mosher, *Democracy and the Public Service*（Oxford University Press, 1968），p.6参照．かくして，学識者や実務家は長い間行政学の伝統的教義に欠陥があることを知りつつも，彼らは学術界においても，実務においても，また，一般市民の間でも，伝統的理論を覆せずにいたのである．なぜこの理論がこれほどまで長い間残ったのかの説明として，Alasdair Roberts, "Demonstrating Neutrality: The Rockefeller Philanthropies and the Evolution of Public Administration, 1927-1936"（*Public Administration Review*, vol. 54, no. 23, pp.221-228）．

⑾ Judith E. Gruber, *Controlling Bureaucracies: Dillemmas in Democratic Governance*（University of California Press, 1987）．

⑿ Woodrow Wilson, "The Study of Administration."

⒀ これは少なくとも，立法過程により達成されることが期待されているものである．Dennis Thompson, *Political Ethics and Public Office*（Harvard University Press, 1987），pp.96-122参照．

⒁ Herbert Jacob, *Law and Politics in the United States*（Little Brown, 1986），pp.241-243における

法律の形態に関する議論を参照.

⒂議会がどのようにその監督機能を行使し，行政機関のマネージャーの説明責任を確保しているかについての議論については，Joel D. Aberbach, *Keeping a Watchful Eye: The Politics of Congressional Oversight*（Brookings Institution, 1990），pp.195-198を参照. 議会による監視が法律の文言に縛られるかどうかという問題については，Harvey C. Mansfield, Sr., "Accountability and Congressional Oversight,"（Bruce L. R. Smith and James D. Carroll eds., *Improving the Accountability and Performance of Government*（Brookings Institution, 1982）収録）を参照. 監察長官がどうやって政府のマネージャーの法制上の要求に対する説明責任を確保するかについての議論として，Mark H. Moore and Margaret J. Gates, *Inspector General: Junkyard Dogs or Man's Best Friend?*（Russel Sage, 1986）参照.

⒃注⑼参照.

⒄Edward C. Banfield は"The Training of the Executive"（*Public Policy*, vol.10（1960）：pp.20-21）において，マネージャーの「実質的」（substantive）能力と「行政上の」（administrative）能力とを区別した. Michael Barzelay は「官僚的改革モデル」がこれらの異なる２種類の能力に応じた異なる組織内の地位を作ったと記している. つまり，実質的な専門家はライン業務の責任を任される一方，行政上の専門家は内部管理やマネジメントに関連するスタッフの地位に置かれるというのである. Barzelay and Babak Armajani, *Breaking through Bureaucracy: A New Vision for Managing in Government*（University of California Press, 1992），p.5参照.

政府のマネージャーにとっての実質的知見の重要性は，公務員システムが，日常的に業務遂行の中で，重要な適性の特徴の一つとして，知識と経験を確立していくことに暗黙のうちに示されている. しかし，実質的または専門的知見が行政上またはゼネラリストとしての知見と比べてどれだけ重要かは行政学の分野において長い間議論され続けている問題である. 長い間，米国では英国やその他の大陸諸国の政府の例を模倣し，具体的な分野よりも，行政の一般的原則の知識をその専門とする階層を確立する努力が続けられてきた. このアプローチが米国において実現可能か，または望ましいかについての懐疑的な視点として，Rufus D. Miles, *Rethinking Some Premises of the Senior Executive Service*（Bruce L. R. Smith and James D. Carroll, eds., *Improving Accountability and Performance of Government*（Brookings Institution, 1982），pp.41-45）参照.

⒅何が「行政上の」能力であるかは，White, *Introduction to the Study of Public Administration*（Institute of Public Administration, 1937）に述べられている.

⒆過去10年ほどの間，私はケネディスクールの幹部育成プログラムを，大事業の責任を引き受ける人々を表す言葉のリストを黒板に書くことで締めくくってきた. そのリストには次の言葉が含まれる. 「リーダー」，「起業家」，「幹部」，「マネージャー」，「行政委員」，「理事」そして「官僚」. 私は次に「リーダー」と「起業家」の下，「委員」，「理事」そして「官僚」の上に線を引いて，線の上にある言葉と下にある言葉の違いがわかるかとプログラムの参加者に問うた. 彼らは普通その違いを感じ取り，その違いはそれぞれの言葉が示す自由度や指導力の差にあり，リーダーや起業家には行動する権限が与えられているが，その他は誰かが行動する権限を与えるまで待たなければならないと考えた. 彼らはまた，リーダーや起業家であることに大きなリスクを，その他についてより安全であると感じた. 彼らはこのリスクを，クリエイティブにならなければならないとともに，不確実な道のりを進んでいく責任を引き受けることと関連づけた. 線の下にある言葉，すなわち「行政委員」，「理事」そして「官僚」は，参加者の多くが公的セクターの言葉として捉えていたこともまた重要である.

⒇官僚についてのこのような見方として，Edward C. Banfield, *Political Influence*（Free Press of Glencoe, 1961）；及び William A. Niskanen, *Bureaucracy and Representative Government*（Aldine-Atherton, 1971），p.40参照.

(21)２つの重要な著作によって風向きが変えられつつある. Osborne and Gaebler, *Reinventing Gov-

注　釈（第1章）　323

ernment；及び Barzelay, *Breaking through Bureaucracy.*

(22)これらの2つの職の違いとそれぞれにおける現任者が公的な取組の方向性についてどのような相互関係をとるのかについての包括的な検討として，Hugh Heclo, *A Government of Strangers: Executive Politics in Washington*（Brookings Institution, 1977）参照.

(23)Niskanen, *Bureaucracy and Representative Government*, p.39. Terry Moe はニスカネンに同意して次のように述べている.「一旦ある行政機関が作られると，政治の世界は別物になる．行政機関の官僚は今や自身の権利として政治的主体となるのである．彼らはその公式の任務と完全には一致しない可能性のあるようなキャリア上，制度的な利害を有することになり，彼らの専門性と，委任された権限という強力な資源をもって，彼らの自己中心的な目的のために行使する可能性があるのである．彼らはその利害や資源が政治ゲームを変化させる新しいプレーヤーなのである.」Moe, "The Politics of Bureaucratic Structure"（John Chubb and Paul Peterson eds., *Can the Government Govern？*（Brookings Institution, 1989）, p.282）参照.

(24)David R. Mayhew, *The Electoral Connection*（Yale University Press, 1974［邦題『アメリカ連邦議会：選挙とのつながりで』岡山裕訳, 勁草書房, 2013年］）.

(25)Niskanen, *Bureaucracy and Representative Government*, pp.138-154. Terry Moe, "Political Institutions: The Neglected Side of the Story"（*Journal of Law, Economics, and Organization*, vol.6（1990）: pp.213-254）.

(26)第2章の議論を参照されたい.

(27)Graham T. Allison, "Public and Private Management: Are They Fundamentally Alike in All Unimportant Respects？"（Shafritz and Hyde, *Classics*, pp.510-529）.

(28)これは Herring が *Public Administration and the Public Interest* において主唱している見方である.

(29)Herman S. Leonard, "Theory S and Theory T"（Kennedy School of Government, 複写, 1984）. Robert D. Behn も類似の見方を支持している. Behn, *Leadership Counts: Lessons for Public Managers from the Massachusetts Welfare, Training, and Employment Program*（Harvard University Press, 1991）, pp.203-209参照.

(30)これはますます民間セクターのマネージャーが活動する世界となる. Thomas J. Peters, *Thriving on Chaos: Handbook for a Management Revolution*（Knopf, 1987［邦題『経営革命』平野勇夫 訳, ティビーエス・ブリタニカ, 1989年］）参照.

(31)自己のために行うことと，誤っていることとの区別は潜在的に重要である. Mark H. Moore and Malcolm K. Sparrow, *Ethics in Government: The Moral Challenge of Public Leadership*（Prentice-Hall, 1990）参照. また，終章における議論も参照されたい.

(32)注(9)参照.

(33)Robert A. Caro, *The Power Broker: Robert Moses and the Fall of New York*（Knopf, 1974）参照. また，Jameson W. Doig and Erwin C. Hargrove, *Leadership and Innovation: A Biographical Perspective on Entrepreneurs in Government*（Johns Hopkins University Press, 1987）も参照.

(34)Michael Maccoby, *The Gamesman: The New Corporate Leaders*（Simon and Schuster, 1976［邦題『ゲームズマン：新しいビジネスエリート』広瀬英彦訳, ダイヤモンド社, 1978年］）参照. Laurence E. Lynn Jr. はこのイメージをうまく採用して公共部門に当てはめた. Lynn, "Government Executives as Gamesman: A Metaphor for Analyzing Managerial Behavior,"（*Journal of Policy Analysis and Management*, vol.1, no.4（Summer 1982）: pp.482-495）.

(35)効果的なマネジメントが公共セクターにおいても重要であるという証拠として，John J. DiIulio Jr., *Governing Prisons: A Comparative Study of Correctional Management*（Free Press, 1987）；及び Osborne and Gaebler, *Reinventing Government* 参照.

(36)プログラム評価の基礎的な参考文献として，Carol H. Weiss, *Evaluation Research: Methods of*

324

Assessing Program Effectiveness（Prentice-Hall, 1972）参照．具体的な文脈においてどのように
プログラム評価を行うかについての便利な指針として，Jerome T. Murphy, *Getting the Facts: A
Fieldwork Guide for Evaluators and Policy Analysts*（Goodyear Publishing, 1980）参照．組織
がその業績を改善するために日常的にプログラム評価を使うことに関する問題については，Aaron
Wildavsky, "The Self-Evaluating Organization"（*Public Administration Review*, 32（September-October 1972）：pp.509-520）参照．

⑶Edith Stokey and Richard Zeckhauser, *A Primer for Policy Analysts*（Norton, 1978［邦題『政
策分析入門』佐藤隆三・加藤寛監訳，勁草書房，1998年］），pp.134-158.

⑶Osborne and Gaebler, *Reinventing Government*, pp.166-194.

⑶マネージャーが全体的な目標や目的を持つことの重要性について，Philip Selznick, *Leadership
in Administration: A Sociological Interpretation,* rev. ed.（University of California Press, 1984
［邦題『組織とリーダーシップ（新版）』北野利信訳，ダイヤモンド社，1975年］）；及び Peter
Drucker, *Management: Tasks, Responsibilities, Practices*（Harper and Row, 1973）参照．民間
部門における企業戦略の概念については，Kenneth Andrews, *The Concept of Corporate Strategy*, rev. ed.（R. D. Irwing, 1980［邦題『経営戦略論』山田一郎訳，産業能率短期大学出版部，1976
年］）；及び Michael E. Porter, *Competitive Advantage: Creating and Sustaining Superior Performance*（Free Press, 1985［邦題『競争優位の戦略：いかに高業績を持続させるか』土岐坤他訳，
ダイヤモンド社，1985年］）参照．

⑷Philip B. Heymann, *The Politics of Public Management*（Yale University Press, 1987）, pp.12-15;
David A. Lax and James K. Sebenius, *The Manager as Negotiator: Bargaining for Corporation
and Competitive Gain*（Free Press, 1986）, pp.264-267.

⑷「間接的マネジメント」という考えについての追加的な示唆として，Lax and Sebenius, *Manager as Negotiator*, pp.315-330参照.

⑷Heymann, *The Politics of Public Management*. また，Richard N. Haass, *The Power to Persuade:
How to Be Effective in Government, the Public Sector, or Any Unruly Organization*（Houghton
Mifflin, 1994）.

⑷Laurence E. Lynn Jr. and John M. Seidl, "Bottom-Line Management for Public Agencies"
（*Harvard Business Review*, vol.55, no.1（January-February 1977）：pp.144-153）; Roger Porter,
Presidential Decisionmaking: The Economic Policy Board（Cambridge University Press,
1980）.

⑷Lax and Sebenius, *Manager as Negotiator*.

⑷Robert B. Reich, *Public Management in a Democratic Society*（Prentice-Hall, 1990）; Ronald A.
Heifetz, *Leadership without Easy Answers*（Harvard University Press, 1994［邦題『リーダーシッ
プとは何か！』幸田シャーミン訳，産能大学出版部，1996年］）.

⑷Philip Kotler and Eduardo L. Roberto, *Social Marketing: Strategy for Changing Public Behavior*
（Free Press, 1989［邦題『ソーシャル・マーケティング：行動変革のための戦略』井関利明監訳，
ダイヤモンド社，1995年］）.

⑷行政官が直面する道徳上の義務に関する理論面での議論として，Arthur Isak Applbaum, "Democratic Legitimacy and Official Discretion"（*Philosophy and Public Affairs*, vol.21, no.3（Summer
1982）：pp.240-274）；及び John P. Burke, *Bureaucratic Responsibility*（Johns Hopkins University Press, 1986）参照．より応用的な議論については，Moore and Sparrow, *Ethics in Government* 参照.

⑷公的セクターの業務運営についてこのように考えることになったのは，同僚の Robert Leone,
Michael O'Hare, Steven Kelman 及び Michael Barzelay とのいくつかの授業における協働に負
うところが大きい.

注　釈（第2章）　325

⒆民間セクターにおける革新的な組織の構築方法についての議論として，Rosabeth Moss Kanter, *The Change Matters: Innovation and Entrepreneurship in the American Corporation*（Simon and Schuster, 1983［邦題『ザ・チェンジ・マスターズ：21世紀への企業変革者たち』長谷川慶太郎監訳, 二見書房, 1984年]）；及び Peter M. Senge, *The Fifth Discipline: The Art and Practice of the Learning Organization*（Doubleday, 1990［邦題『最強組織の法則：新時代のチームワークとは何か』守部信之 他訳, 徳間書店, 1995年）参照．これらの教訓がどのように公的セクターに引き継がれるかについての議論として，Alan Altshuler and Marc Zegans, "Innovation and Creativity: Comparisons between Public Management and Private Enterprise,"（*Cities*, February 1990, pp.16-24）；及び Mark H. Moore, *Accounting for Change: Reconciling the Demands for Accountability and Innovation in the Public Sector*（Council for Excellence in Government, 1993）参照．

⒇倫理的義務とコミットメントについては，注⑶参照．適切な心理的スタンスとして，Max Weber, "Politics as a Vocation"（H. Gerth and C. W. Mills, trans., *From Max Weber*（Oxford University Press, 1958［邦題『職業としての政治（改版）』脇圭平訳, 岩波書店, 2020年]））；及び Heifetz, *Leadership without Easy Answers* 参照．

第2章　公的価値の定義

⑴この事例は，司書の事例と同様，よく知られた話を基礎とした仮定のものである．それはパブリックマネージャーの経験から一般的に導かれるものの，いかなる特定のマネージャーの正確な歴史でもない．私はこれをマネージャーが直面する課題と，彼らが考えうる方法を表現するために用いた．

⑵Richard A. Brealey and Stewart C. Myers, *Principles of Corporate Finance*, 4th ed.（McGraw-Hill, 1991［邦題『コーポレート・ファイナンス』藤井眞理子・国枝繁樹監訳, 日経 BP 社, 2002年]）, p.22.

⑶民間セクターの**マネージャー**が商品やサービスを**考案**する責任を持っているというのは厳密には真実ではない可能性がある．より多くの場合，彼らは誰か他の者–企業の CEO やマーケティング担当者–によって考えられた商品を生産する責任があるのである．それでも，もし我々が CEO やマーケティング担当者も「マネージャー」と考えるならば，ある企業のマネージャーは製品の生産に加え，それを考案する責任を持つということは真実となる．さらに，民間企業はますます，中間レベルのマネージャーによる起業家精神を奨励するような体制を作るようになっているということも事実である．例えば，Rosabeth Moss Kanter, *The Change Masters: Innovation and Entrepreneurship in the American Corporation*（Simon and Schuster, 1983［邦題『ザ・チェンジ・マスターズ：21世紀への企業変革者たち』長谷川慶太郎監訳, 二見書房, 1984年]）, pp.129-179参照．これは公的セクターにおいても起こりつつあるように思える．United States Department of Agriculture, Forest Service, "The Evolution of Middle Management in the Forest Service," *New Thinking for Managing in Government*（USDA Forest Service, n.d.）参照．

　我々がしばしば製品（生産する価値のある何かという想像を持って理解しうる）という概念を，その製品の生産（技術的問題として理解されることの方が多い）と区別しようとするという事実，そして製品を考案することを「リーダーシップ」や「起業家精神」と関連づけようとするという事実は，第1章注⑼における議論を反映している．我々は明らかに，リーダーシップや起業家精神を，価値のあるものを見つけるための想像力の行使と関連付け，マネジメントや行政を，我々の想像力によって価値があるだろうとされたものを達成するための技術的方法を考案することと関連づけている．これらの区別の重要性についてのさらなる証拠について，John Kotter, *A Force for Change: How Leadership Differs from Management*（Free Press, Collier Macmillan,

1990［邦題『変革するリーダーシップ：競争勝利の推進者たち』梅津祐良 訳, ダイヤモンド社, 1991年］）, pp.1-18参照. このリーダーシップとマネジメントの区別が, 理論面と, マネジメントの実践においてどのように用いられているかについての興味深い解釈として, James Krantz and Thomas N. Gilmore, "The Splitting of Leadership and Management as a Social Defense" (*Human Relations*, vol.43, no.2 (February 1990)：pp.183-204).

(4)これらは Thomas J. Peters と Robert H. Waterman が「卓越性」を代言する企業を特定するために用いる基準であり, そして, 彼らが民間セクターにおけるマネジメントの主要な課題と捉えるのは, 長期にわたって収益性を維持することのできる組織を作ることである. Peters and Waterman, *In Search of Excellence: Lessons from America's Best-Run Companies* (Warner, 1982［邦題『エクセレント・カンパニー：超優良企業の条件』大前研一訳, 講談社, 1983年］）, pp.121-125.

(5)もちろん, 厳密には企業の短期的または長期的な収益性が企業の価値創造能力の確実な証拠となるわけではない. ある企業がその生産活動において, 空気や水のように所有者のいない又は価格はないが他者にとって価値のある資源を用いたり, もしくはまだ特定されていないリスクを労働者に与えたりする場合, その財務上の成功は企業の全体的な活動について歪んだ見方を与えうる. それでも, 第一段階の近似として, 企業の財務上の成功は, なんらかの価値が消費者のため, したがって社会一般のために生み出されたという推定を生むのである.

(6)James W. Fesler and Donald F. Kettle も, *The Politics of the Administrative Process* (Chatham House, 1991), p.9において, 権限をパブリックマネージャーの主要な資源として扱っている. Terry M. Moe は, 国家による公的権力の行使へのコントロールは, 自分の利益のために, 又は, 公的価値に関する自分の独善的な見方を公共政策に押し付けるために政府を使おうとする個人を惹きつける原因の一つとなっていると考える. Moe, "Political Institutions: The Neglected Side of the Story," (*Journal of Law, Economics, and Organizations*, vol. 6 (1990)：pp.221) 参照.

(7)税を払う「義務」がどのように果たされるかについての議論として, Mark H. Moore, "On the Office of Taxpayer and the Social Process of Taxpaying," (Philip Sawicki ed., *Income Tax Compliance* (American Bar Association, 1983), pp.275-291) 参照.

(8)興味深いことに, 経済の専門家はもはや哲学的に, 市場を社会において商品やサービスを分配する適切な方法であると擁護していないかのように思える. 市場メカニズムに対する哲学的擁護を探すためいくつかのミクロ経済学の教科書を読んでみたが, 何も得られなかった. 哲学的理由を見つけるためには, 自分達は経済がどのように機能するかという技術論に加えて, 規範的な政治理論も生み出していると考えていた初期の著者に遡らなければならない. John Stuart Mill, *Utilitarianism and Other Writings*, ed. Mary Womack (Meridian, 1974), pp.21-30参照. 稀少な資源の分配における市場の社会的価値に関するより現代的な防衛として, 経済学を経済学者以外のもののために翻訳している文献に当たらなければならない. Steven E. Rhoads, *The Economist's View of the World: Government, Markets, and Public Policy* (Cambridge University Press, 1985), pp.62-64.

(9)ここで私が言おうとしているのは,「厚生経済学」に関連する観点である. これらの考えに関するとても良い概要と, それがどのように社会決定プロセスに関連するのかについて, Edith Stokey and Richard Zeckhauser, *A Primer for Policy Analysis* (Norton, 1978［邦題『政策分析入門』佐藤隆三・加藤寛監訳. 勁草書房, 1998年］）, pp.257-290参照. 厚生経済学の基本的な考え方は, 社会における諸活動の全体的な価値は, その社会における活動から個々人が得る満足によって捉えられるというものである. もちろん, 原則としてそのような満足は, 消費財の効率的な生産に加えて, それぞれの個人が正義や公平と考えるものを生むように作られた社会に暮らすことから得られる満足をも含みうる. しかし, 実際のところ厚生経済学は一般的に, 個人が消費できる財やサービスの効率的生産を達成することによって得られる満足に焦点を当て, 公正な社会で暮らすことから生じる満足にはそれほど注意を払わず, ましてや, 公正な, 又は徳のある社会や,

そのような社会であれば一定の政策分野においてどのような行動が選択がされるかということについて，個人が他人と討議し，共有された考えを政府組織を通じて表明することができるような政治プロセスに参加することから得られる満足にはさらに注意が払われない．厚生経済学にとってとりわけ異質であるのは，満足は個人の経験外のあらゆるところにおいて見られるという，「集産主義」的な考えである．個人―その趣味，集団，そして満足―は常に分析の単位となる．家族，集団，又は政治団体は決してそうはならない．この点において，厚生経済学は人間と社会の本質に関するアリストテレスの理解から離れ，J. S. ミルのそれに追随するのである．なぜ個人がその他の中間構造から離れた存在として見られるべきではないか，そしてこのような中間構造の文脈の中で表現された個人の選好がいかに公的セクターにとって対応すべきものであるかについて，Michael Sandel, "Political Theory of the Procedural Republic,"（Robert Reich ed., *The Power of Public Ideas*（Ballinger, 1988），pp.109-122）参照．

(10)Rhoads, *The Economist's View of the World*, pp.62-63.

(11)「我々」の存在を論理整合的に提示するにあたって私は，「リベラル」な政治・経済哲学への支配的なコミットメントから脱却しようとしている．この哲学は個人の重要性を強調するとともに，政治プロセスを通じたグループ化によって意味のある集団的願望の発展を選好しうるような一貫性のある集合体として諸個人を束ねることの困難又は不可能性を強調する．私は，個人を，集合的な欲求を持ちうるような共同体の市民に作り上げる可能性（そしてその望ましさ）についてのより楽観的な見方を持つ，「共同体主義的」哲学の範疇に入りつつあるのである．共同体主義哲学についての代表的な著作例として，Michael Sandel, *Liberalism and Its Critics*（New York University Press, 1984）；Amy Gutman, "Communitarian Critiques of Liberalism,"（*Philosophy and Public Affairs*, vol. 14, no. 3（Summer 1985）：pp.308-322）；George Will, *Statecraft as Soulcraft: What Government Does*（Simon and Shuster, 1983）；及び Robert Reich, *The Power of Public Ideas*（Ballinger, 1988）参照．私がここで採用する立場に一致した具体的な議論として，Sandel, "The Political Theory of the Procedural Republic," pp.109-121参照．このような哲学はジョン・ロールズが正義についての考えを構築するにあたってとった立場とそこまで離れていないように思える．彼は「もし人間の自己の利益への傾向がお互いの警戒を必要とするのであれば，正義に関する彼らの公的感覚が安全な組織化を可能とする．強い目的を持った個人の間で，正義に関する共有された考えは市民の友好という絆を打ち立てる．正義への一般的希望が，その他の目的の追求を制限するのである．」Rawls, *A Theory of Justice*（Harvard University Press, 1971［邦題『正義論（改訂版）』川本隆史・福間聡・神島裕子訳, 紀伊國屋書店, 2010年］）参照．アメリカの政府が実際のところ共同体主義的政治哲学の理想のいくつかを近似できるという議論として，Steven Kelman, *Making Public Policy: A Hopeful View of American Government*（Basic Books, 1987）参照．

　私が政府の共同体主義的な見方を採用している理由の一つには，私がその哲学的立場を好むということがある．しかし，より重要なのは，パブリックマネージャーは単にそうしなければ自分の人生に哲学的意味を見出せないことから，共同体主義的な立場を取らなければならないということである．それは我々がパブリックマネージャーに公的資源を社会全体の利益のために動員するよう依頼し，不完全な政治的過程を通じてどこに公的価値があるのかについて（極めて不完全に）彼らに指示する際に道理にかなう唯一の立場なのである．

(12)そのようなマーケットがどのように見えるか，そしてそれが何を購入しようとしているかは，積極的な意味において，政策科学の焦点である．規範的な意味では，それはあらゆる市民，選挙で選ばれた代表者，そしてパブリックマネージャーが関心を持たなければならないことである．このマーケットが今どのように機能しているかについての「希望的」見方として，Kelman, *Making Public Policy* 参照．最も悪意のある組織，すなわち米国議会ですら，公共財を生み出すことを目的としているという議論について，Arthur Maas, *Congress and the Common Good*（Basic

Books, 1983), pp.4-12参照. そして，これが規制に関する政治の指針となるプロセスであるという見方について，James Q. Wilson, "Politics of Regulation" (James Q. Wilson ed., *The Politics of Regulation* (Basic Books, 1980), pp.357-364) 参照.

(13)William F. Willoughby は1918年に，行政官がどのように計画を実行しているかについての正確な情報を提供することの重要性を強調してこう述べている．「過去どのように政府の取組が行われてきたか，また現在の状況はどのようなものであるか，将来に向けてどのような行動が検討されているかを知る適切なすべを持たない限り，大衆の意思は理性的に形成されることも，表明されることもできない.」Willoughby, *The Movement for Budgetary Reform in the States* (D. Appleton, for the Institute for Government Research, 1918); Jay M. Shafritz and Albert C. Hyde eds., *Classics in Public Administration*, 2nd ed. (Dorsey Press, 1987) における Willoughby の再掲. この見方は，「依頼人たる市民」とその代理人，すなわち立法者や官僚との間の適切な関係についての考えの中心となる. John W. Pratt and Richard Zeckhauser, *Principals and Agents: The Structure of Business* (Harvard Business School Press, 1985), pp.1-24参照.

(14)Kenneth A. Shepsle, "Positive Theories of Congressional Institutions," (occasional paper 92-18, Center for American Political Studies, Harvard University, 1992). 政治プロセスに対する理論的批判について，William Niskanen, *Bureaucracy and Representative Government* (Aldine-Atherton, 1971), pp.138-154参照. 経験則による批判として，Robert Dahl, *Who Governs: Democracy and Power in an American City* (Yale University Press, 1961 [邦題『統治するのはだれか：アメリカの一都市における民主主義と権力』河村望・高橋和宏監訳, 行人社, 1988年]) 参照.

(15)John Chubb と Paul Peterson はこの点を簡潔に示している.「米国におけるガバナンスの問題は主に，十分に整然として，一貫性，先見性，安定性のある政策を追求でき，狭い，一時的な利益のために国家の福祉が犠牲とならないような政策取り決めや制度を作るというものである.」Chubb and Peterson eds., *Can the Government Govern?* (Brookings Institution, 1989), p.4参照. もし私が，まず彼らが「政策取り決めや制度」の中に，公的セクターのマネージャーの活動の指針となる倫理が含まれていて，そして彼らが「国の福祉」の定義は政治によって大きく影響され，時が経つにつれて，集団的欲求や客観的状況の変化に伴って変化しうるという考えを受け入れていれば，私はこの言明により強く同意しただろう.

(16)第1章注(9)参照.

(17)この立場を擁護するものとして，Kelman, *Making Public Policy* 参照.

(18)例えば，ウッドロー・ウィルソンは政府が行動にコミットするにあたって政治が解決しなければならない決定的な問題は，「まず第一に，政府が何を適切に，そして成功裏に行うことができるかを発見することである」と考えた. Wilson, "The Study of Administration," (*Political Science Quarterly*, 2 (June 1887), Shafritz and Hyde, *Classics*, p.10に再録). 現代の経済学者もまた，政府の行動に関するプロセスがこれらの条件を満たすことを選好する. 例として Stokey and Zeckhauser, *Primer*, pp.283-285, 292-293, 310-319参照.

(19)Richard Zeckhauser と Derek Leebaert は「我々の政府組織は，信念や価値は，それが自己の利益のためであっても，不十分な情報に基づいていたとしても，または公共精神に基づくものだとしても，選挙の過程を通じて表明されるということのみを要求する．実際には，我々の国家は，最も重要なものとして，公教育に支えられて，政治過程を通じたより十分な情報に基づく結果を促すための最小限の取組を行っている．それでも，米国は健全に，参政権に教育面での基準を設けるという考えを拒絶し，見かけ上合理的な政治上の結果を達成するために代表制に基づく政府から逸脱することを拒絶してきた．これと対照的に，政府による政策の選択は，特に執行部門によるものは，健全な思考に基づかなければならず，そして，それが結果を生む場合，合理的分析によって支持されなければならないということも一般的に受け入れられているように見える．このような規範がどこから演繹されるのかは明白ではない．それが憲法によるものでないことは確

注　釈（第2章）　329

実である．建国の父たちが，市民の生活のこれほどまでに多くの側面とここまで不可分に絡み合っ
ている現代の政府の本質を予期していたならば，おそらく彼らは政府の決定のための手続き規則
を定めていただろう．しかし，彼らはそのような指示をなんら残さなかったのである．」と述べ
ている．Zeckhauser and Leebaert, *What Role for Government: Lessons from Policy Research*
(Duke University Press, 1983), pp.10-11.

⑳Woodrow Wilson, "A Study of Administration."それぞれの範疇における完全性のイメージにつ
いて，Frank J. Goodnow, *Politics and Administration: A Study in Government* (Russel and
Russell, 1900, Shafritz and Hyde, *Classics*, pp.26-29再録) 参照．

㉑Edward Banfield は実質的知識と行政上の知識とを区別している．Banfield, "The Training of
the Executive," (*Public Policy: A Yearbook of the Graduate School of Public Administration*,
vol.10 (1960)：pp.20-23) 参照．

㉒E. Pendleton Herring はこの事実を最も強く主張している．Herring, *Public Administration and
the Public Interest* (McGraw-Hill, 1936) 参照．

㉓この問題は今日も続いており，それはパブリックマネジメントがこれほどまでに難しい理由の一
つである．Erwin C. Hargrove and John C. Glidewell eds., *Impossible Jobs in Public Manage-
ment* (University of Kansas Press, 1990) 参照．

㉔「気まぐれなマンデート」の問題については，Martha Derthick, *Agency under Stress: The So-
cial Security Administration in American Government* (Brookings Institution, 1990), p.4参照．
また，Mark H. Moore, "Small Scale Statesmen: A Conception of Public Management," (*Poli-
tiques et Management Public*, vol.7, no.2 (June 1989)：pp.273-287) 参照．

㉕Dwight Waldo によると，「官僚制の適切な役割とは，急激な変化の中での安定化のための力と
して行動することであると，また，これは官僚制が無責任かつ馬鹿げているように思える際に行っ
ていることであると，ある程度説得力を持って主張することができる．この見方においては，そ
れはバランスホイールやジャイロスコープのような役割を持っているのである．」．しかしワルド
が，パブリックマネージャーによるより良い応答性やリーダーシップを選好し，このような見方
を退けていることは重要である．Waldo, "Public Administration in a Time of Revolution,"
(*Public Administration Review*, 28 (July-August 1968), Shafritz and Hyde, *Classics*, p.367再録)．
Rufus Miles は "Administrative Adaptability to Political Change," (*Public Administration Re-
view*, vol.25, no.3 (September 1965)：pp.221-225) において，キャリア公務員がどこまで新任の
政治任用の幹部の要求に適応しなければならないかについて一定の考えを打ち出している．かな
り劇的な政変へのキャリア公務員の対応を記した事例として "Surviving at the EPA: David
Tundermann," KSG Case #C16-84-588.0; "Surviving at the EPA: Mike Walsh," KSG Case #C16-
84-589.0; "Surviving at the EPA: Mike Cook," KSG Case #C16-84-590.0; "Surviving at the EPA:
Bill Hedeman," KSG Case #C16-84-591.0; "Surviving at the EPA: Gary Dietrich," KSG Case
#C16-84-592.0; "Note on the EPA under Administrator Anne Gorsuch," KSG Case #N16-84-
587.0 (全て Kennedy School of Government Case Program, 1984)．

㉖今では，この技術を解説し，その適用についての代表例を示し，組織内外における政策形成プロ
セスへの影響を評価し，その効用や適切さについての批評を提供する多くの著作がある．これら
の技術の潜在性について述べた初期の著作の例として，Ronald McKean, *Efficiency in Govern-
ment through Systems Analysis* (John Wiley, 1958)；及び E. S. Quade, *Analysis for Public De-
cisions* (American Elsevier, 1975)．この方法論のより現代的な扱いについては，Stokey and
Zeckhauser, *Primer*；Peter W. House, *The Art of Public Policy Analysis* (Sage, 1982)；及び
David L. Weimar and Aidan R. Vining, *Policy Analysis: Concepts and Practice* (Prentice-Hall,
1989) 参照．このような技術が政府の意思決定に与える実際の影響力についての疑義として，
Laurence E. Lynn Jr., ed., *Knowledge and Power: The Uncertain Connection* (National Acade-

my of Sciences, 1978）; Arnold J. Meltsner, *Policy Analysts in the Bureaucracy*（University of California Press, 1976）; Henry Aaron, *Politics and the Professors: The Great Society in Perspective*（Brookings Institution, 1978）; 及び Aaron Wildavsky, *Speaking Truth to Power: The Art and Craft of Policy Analysis*（Little, Brown, 1979）参照. 政策分析の影響についてのより最近の評価として, Laurence E. Lynn による "Policy Analysis in the Bureaucracy: How New？How Effective？"（*Journal of Policy Analysis and Management*, vol.8, no.3（Summer 1989）: pp.375）における, 次のような2つの論文の概要を参照されたい.「長い時間をかけて, 政策分析という考えは, 普通の, そして時折卓越した政策立案者による国家の通常の運営の中で, 多少なりとも何かの役に立ったように見える.」. 政策分析に対するより先鋭的な批判として, Peter Self, *Econocrats and the Policy Process: The Politics and Philosophy of Cost-Benefit Analysis*（Westview, 1975）; John Forester, *Planning in the Face of Power*（University of California Press, 1989）; 及び Charles E. Lindblom, *Inquiry and Change: The Troubled Attempt to Understand and Shape Society*（Yale University Press, 1990）参照. 政策分析がどのように熟議する政府を支援するかについての一案として, Giandomenico Majone, "Policy Analysis and Public Deliberation,"（Reich, *The Power of Public Ideas*, pp.157-178）参照.

(27)これまでの注, 特に Lynn, Meltsner, Widalvsky, Forester そして Lindblom 参照.

(28)政策分析及びプログラム評価という技法の有効性についての文献は, その成功についての文献と比較して限られている. それは主に政策分析やプログラム評価の良い部分の例からなり, その作業が政策形成プロセスに大きな影響を及ぼしたことの実証ではない. 初期の例として, John P. Crecine ed., *Research in Public Policy Analysis and Management*（JAI Press, 1981）参照. 政策形成の中で重要となる考えや, 政策分析の技法がより強力な考えを産むため, どのように修正されなければならなかったかについての議論として, Mark H. Moore, "What Sorts of Ideas Become Public Ideas？"（Reich, *The Power of Public Ideas*, pp.55-84）参照.

(29)David Osborne and Ted Gaebler, *Reinventing Government: How the Entrepreneurial Spirit Is Transforming the Public Sector from Schoolhouse to Statehouse, City Hall to the Pentagon*（Addison-Wesley, 1992［邦題『行政革命』日本能率協会自治体経営革新研究会訳, 日本能率協会マネジメントセンター, 1995年］）pp.166-194; 及び Michael Barzelay and Babak Armajani, *Breaking through Bureaucracy: A New Vision for Managing in Government*（University of California Press, 1987）, pp.8-9.

(30)Malcolm Sparrow, *Imposing Duties: Government's Changing Approach to Compliance*（Praeger, 1994）.

(31)民間セクターにおけるサービスとの遭遇という概念について, John A. Czepiel, Michael R. Solomon and Carol F. Surprenant eds., *The Service Encounter: Managing Employee/Customer Interaction in Service Businesses*（D. C. Heath, 1985）; 及び James L. Heskett, W. Earl Sasser and Christopher W. L. Hart, *Service Breakthroughs: Breaking the Rules of the Game*（Free Press, 1990）参照.

(32)政治マネジメントの機能と技法については, 本書第4章及び第5章参照.

(33)Graham T. Allison は公的セクターの組織の硬直性を強調し, それは以前のコミットメントや経験に由来するとしている. Allison, *Essence of Decision: Explaining the Cuban Missile Crisis*（Little, Brown, 1971［邦題『決定の本質：キューバ・ミサイル危機の分析（第2版）』漆嶋稔訳, 日経 BP 社, 2016年］）, pp.67-100参照.

(34)公的事業の監督に関する問題について, John D. Donahue, "The Architecture of Accountability,"（*The Privatization Decision: Public Ends, Private Means*（Basic Books, 1989）, pp.3-13）参照.

(35)これはプリンシパル＝エージェント問題としてみることができる. Pratt and Zekhauser, *Prin-*

cipals and Agents 参照．公的セクターにおける具体的な状況における，このパラダイムが持つある種の問題についての議論として，Fesler and Kettl, *The Politics of the Administrative Process*, pp.319-321; そして Mark H. Moore and Margaret J. Gates, *Inspectors-General: Junkyard Dogs or Man's Best Friend ?*（Russell Sage, 1986），Appendix A, pp.95-115参照．この考えに対するより最近の批判として，John Dilulio Jr., "Principled Agents: The Cultural Bases of Behavior in a Federal Government Bureaucracy,"（*Journal of Public Administration Research and Theory*, vol.4, no.3（July 1994）：pp.277-318）参照．

㊱James Q. Wilson は一般に自明として考えられている次のことを提示した．「郵便配達や運転免許証の発行のやり方にはリベラルも保守もありえない．」Wilson, *Bureaucracy: What Government Agencies Do and Why They Do It*（Basic Books, 1989），p.66参照．彼は（他の者がそうしたように）「ごみ収集」を付け加えることもできただろう．しかし実際には，これらの業務を達成するにあたって，リベラルや保守的な方法が**ある**ということが次第に明らかになってきているのである．最も明らかなのは，その業務が民営化されるかどうかである．一般的にいって，リベラルは官による生産を選好し，保守は民による生産を選好する．

より本質的には，それぞれのサービスがどれだけ提供されるか，そのサービスの提供にあたって何らかの公的補助が行われるか，また，もしそうであれば，それは累進的であるか，逓減的であるか，そしてその活動の生産にあたって市民を動員するために公権力が行使されるかに関して，実際の差異が存在しうるのである．例えば行政は市民が運転免許証を取りに行きやすいように，幾ばくかの補助を行うことができる．行政はまた，市民が自動車を運転するために免許を要求する法律をどれだけ厳格に執行するかを決めることもできる．同様に，この後に議論するように，これらの公共サービスの分配について，大きく異なるルールを定めることもできる．例えば，どこに郵便受けを配置するか，どこに自動車登録機関を設置するか，そしてどこでどれだけのゴミ収集を行うか．

これらの表現がおそらく実際に意味するのは，これらの分野において何が効果的なサービスを構成するのかについて，比較的高い程度の合意があるだろうということと，そしてマネージャーが公平性を含め，業績のあらゆる面を改善するための様々な方法があるということである．それは私も同意する．しかし，パブリックマネージャー，衛生委員でさえも，重要な価値面での決定を行わなければならないことがしばしばあるのである．

市民のためにより大きな価値を生む機会について思いをはせるのは，衛生担当のマネージャーの責任の一部であると主張するために，私はおそらく彼に，暗黙のうちに，民間における場合以上の責任とイニシアチブを与えている．この点，私は自分が見せようとしているものを当然と考えているのである．私は多くの人々はこの言い方に反対しないだろうと考える．実際，人々は，労働者が懸命に，よく働くよう促すことにより，価値が生まれるよう確保すること，おそらくさらには現在の目標をより効果的に達成する新しい方法を考案することがマネージャーの仕事の一部であると考えるのである．人々が心配するようになるのは，彼らが権限を付与された任務の限界を超える時である．ここでは明らかにそのような状況にはない．それは，第１章における司書に関する懸念の一部である．

㊲私は同僚の William Hogan に，公共政策を正当化するにあたって「物語」がもつ中心的な役割を特定することに，大きく恩恵を受けている．物語について言及する場合，私はそれが事業を合理化する以外なんの目的も持たない虚偽や，作り話であると言っているのではない．私は，集団としての欲求とその達成の集団的消費者たる，市民やその代表に対して魅力がなければならないと言いたいのである．

㊳公衆衛生プログラムの必要性に関する歴史的な文献として，Stuart Galishoff, *Safeguarding the Public Health: Newark, 1895-1918*（Greenwood Press, 1975）参照．

㊴Paul Berman, "The Study of Macro- and Micro- Implementation,"（*Public Policy*, vol.26, no.2

(Spring 1978)：pp.157-184.

⑷何が自由主義社会において「権利」として確立する価値があるかもまた，より規範的な政治理論における焦点である．例として，Rawls, *Theory of Justice*；及び Ronald M. Dworkin, *Taking Rights Seriously*（Harvard University Press, 1978）参照.

⑷資金のみならず公権力の集中的な行使を含む，興味深い政府の政策ツールのカタログとして，Michael O'Hare, "A Typology of Government Action," （*Journal of Policy Analysis and Management*, vol.8, no.4（Fall 1989）：pp.670-672）参照.

⑷喫煙と政府の規制に関する問題について，Thomas C. Shelling, Nancy Rigotti, Michael Stoto and Mark Kleiman, *Implementation and Impact of a City's Regulation of Smoking in Public Places and the Workplace: The Experience of Cambridge, Massachusetts*（Harvard University, Kennedy School of Government Institute on Smoking Behavior, 1988）参照．アルコール摂取と政府の規制に関する問題については Mark H. Moore and Dean R. Gerstein eds., *Alcohol and Public Policy: Beyond the Shadow of Prohibition*（National Academy Press, 1981）参照.

⑷このような運動の計画と利用についての一般的議論として，Philip Kotler and Eduardo L. Roberto, *Social Marketing: Strategies for Changing Public Behavior*（Free Press, 1989［邦題『ソーシャル・マーケティング：行動変革のための戦略』井関利明監訳，ダイヤモンド社，1995年]）参照．その効能についての議論として，Janet A. Weiss and Mary Tschirhart, "Public Information Campaigns as Policy Instruments," （*Journal of Public Policy and Management*, vol.13, no.1（1994）：pp.82-119）参照.

⑷刑法の強圧性に関する一般的議論として，Herbert L. Packer, *The Limits of Criminal Sanction*（Stanford University Press, 1968）参照.

⑷この観点からは，公権力の行使にあたっての不正，浪費及び濫用を排除するという意味で，裁判所は行政予算管理局と同等のものとして見ることができる.

⑷公的介入に関するいくつかの正当化が，Stokey and Zeckhauser, *Primer*, pp.291-319に提示されている.

⑷同上.

⑷同上.

⑷ロールズは *Theory of Justice*, p.62において，正義の関心の対象となるべき「基本財」と，自然財とを区別している．彼はまた，私がここで行っていること，すなわち，最も広範な社会のレベルにおける正義の定義方法に関する彼の考えを，具体的な政策の文脈における正義の定義に用いることに対して警告を発している．pp.9-10参照.

⑸Zeckhauser and Leebaert, *Role for Government*, pp.3-15.

⑸同上.

⑸Robert Stavins はこれらの考えを環境政策の分野において集中的に発展させてきた．Stavins, *Project 88: Harnessing Market Forces to Protect Our Environment*（U. S. Senate, 1988）参照.

⑸この考えもまた，Zeckhauser and Leebaert, *Role for Government*, pp.3-15に現れる.

⑸Dworkin, *Taking Rights Seriously*, pp.82-100.

⑸衡平（equity）という概念は，ロールズの *Theory of Justice* の中心的位置を占めている．それは個人が，正義が何を要求するかをについて想像することを期待される条件としてロールズが用いる「初期状態」（original position）の重要な部分である．そして，ある面，それは彼がこの「初期状態」から生まれると考える正義という概念の，最も重要な目的なのである．pp.17-22及びpp.60-75参照.

⑸John Locke, *Two Treatises of Government*（New American Library, 1960, second treatise, sections 87-89, pp.366-369［邦題『統治二論』加藤節訳，岩波書店，2010年]）.

⑸同上，section 131.

注　　釈（第2章）　333

⑱同上．ジェレミー・ベンサムもまたこの命題に合意した．彼（ベンサム）がその功利主義の考えを発展させた作品は *The Theory of Legislation* と題されている．その第一文は「公共善が立法者の目的でならなければならない」と始まる．ベンサムはそしてなぜ個人の効用の最大化が立法活動の適切な目的とならねばならないかについて説明を進めていくのである．*The Theory of Legislation*（Oceana, 1975［邦題『立法論綱・憲法論綱（日本立法資料全集別巻 404）』島田三郎重訳，信山社，2006年］）参照．

⑲Ken Winston, "On Treating Like Cases Alike,"（*California Law Review*, vol.62, no.1（1974）：pp.1-39）.

⑳政府の運営の特徴としての，「適正手続」（due process）の重要性について，Jerry L. Mashaw, *Bureaucratic Justice: Managing Social Security Disability Claims*（Yale University Press, 1983），pp.21-34参照．

㉑Doug Yates, *The Ungovernable City: The Politics of Urban Problems and Policy-Making*（MIT Press, 1977）.

㉒この効率的基準についてのより詳細な議論について，Stoke and Zeckhauser, *Primer*, pp.155-158参照．

㉓同上，pp.312-315.

㉔これは分配上の正義に関する自然な考えである．必要性という考え，正義論におけるその役割，そしてそれが政府組織とどのように関係するかの議論について，Rawls, *Theory of Justice*, pp.274-284参照．現代アメリカにおける市民の正義に対する見方を興味深い形で実証的に研究したものとして，Jennifer L. Hochschild, *What's Fair: American Beliefs about Distributive Justice*（Harvard University Press, 1981）参照．

㉕これは「水平的公平」の原則である．すなわち，あらゆる人々がその状況に関わらず，行政によって等しく取り扱われなければならないというものである．税の文脈における議論として，Richard A. Musgrave and Peggy B. Musgrave, *Public Finance in Theory and Practice*, 5th ed.（McGraw-Hill, 1989［邦題『財政学：理論・制度・政治』大阪大学財政研究会訳，有斐閣，1983年］），pp.218-219, 223-228参照．法と正義の文脈における議論について，Winston, "On Treating Like Cases Alike" 参照．

㉖多くの人々は，公的セクターの組織の会計システムが必ずしも公的セクターの組織の費用効率性について，民間セクターにおけるそれと同じように政治的議論の引き金にならないことについていささか残念に感じるだろう．おそらくこの差異は公的セクターの組織における測定システムはその組織の価値創造能力を明らかにするという点においてより弱いために起きていると思われる．しかし，これはまた，政治の市場がその組織がどのように重要かを示すように見える「物語」と比べると「数」にははるかに関心がないことを意味している可能性もある．もちろん，このバイアスはまた，行動面で強力な説明責任のシステムが，日常の監督プロセスよりも，パブリシティや報道での扱われ方により対応することを示している．さらに，「物語」は「数」と比べてはるかにプレスの注目を集める可能性が高い．メディアが持つマネージャーの評判と，重要な公的組織の業績を形成する装置としての驚異的な能力を明らかにする事例として，Esther Scott, "Managing a Press 'Feeding Frenzy': Gregory Coler and the Florida Department of Health and Rehabilitative Services,"（KSG Case #C16-92-1135.0, Kennedy School of Government Case Program, 1992）参照．

㉗政治上の熟議プロセスの望ましい質のうちいくつかについての議論として，Kelman, *Making Public Policy*, pp.248-270; 及び Robert Reich, "Policy Making in a Democracy,"（Reich, *The Power of Public Ideas*, pp.123-156）参照．

㉘Allison, *Essence of Decision*, pp.67-100. 組織の継続性が注目に値し，かつその全体の有効性（及び困難）にとって重要である組織の例として，Herbert Kaufman, *The Forest Ranger*（Johns

334

Hopkins University Press, 1960）；及び Arthur Maas, *Muddy Waters: The Army Engineers and the Nation's Rivers*（Da Capo Press, 1974）参照.

(69)Hugh Heclo は的確に次のように述べている.「矛盾することだが，公務員はその最も価値のあるサービスを，抵抗することによって［変化に関心を持つ政治レベルの幹部に］提供することができる.」Heclo, *A Government of Strangers: Executive Politics in Washington*（Brookings Institution, 1977), p.176. 彼はさらに公務員がいかに，政治レベルの幹部を問題から遠ざけられるような実質上，行政上，そして政治上の知見を有しているかを説明している.彼が議論していないのは，公務員の利害がどれだけ，自分たちが率いる組織を守ることにあり，そしてそれが良いことであるか悪いことであるかである.後に彼は変化志向の政治任命者と，組織に忠実な公務員との間の衝突の鋭い描写を提供している.「全体的な構図は，数多くのいわゆる政治レベルの統治者が，官僚制の上にあるというものである.彼らは一時的で，構造的に分断され，ほとんどお互いを知らず，そして多種多様な個別のパトロンや支持者によって支持されている…….彼らは政府機構を実際に統制し，運営するにはあまりにも数が少なく，そして一時的なのである.彼らに対するのは，幅広い高級官僚という，「他者」であって，……幹部は彼らを通じて主導しなければならない…….これらの公務員は時の大臣に対する一貫した忠誠心を持つことは期待されていない…….その反対である.最上位の官僚は特定の官僚組織にこもり，外部の力の源との忠誠関係を構築するにつれて，防御力を高めていくのである」(pp.242-243).

(70)Jay R. Galbraith は「組織上の余裕」（organizational slack）が持つ，組織の柔軟性を強化する上での便利な役割について，*Designing Complex Organizations*（Addison-Wesley, 1973）において議論している.

(71)Peters and Waterman, *In Search of Excellence*, pp.121-125.

(72)本書の序章における，何がマネジメント上の成功を構成するかについての議論を参照されたい.

(73)利益団体に対する政府の脆弱性についての古典的な実証的研究として，David Truman, *The Governmental Process: Political Interests and Public Opinion*（Knopf, 1951）参照.この政治プロセスがいかに市民及びその代表者の個人的利害に脆弱であるかについての，より現代的な理論的研究について，Morris P. Fiorina, *Congress: Keystone of the Washington Establishment*（Yale University Press, 1977）参照.

(74)Daniel Lahneman and Amos Tversky, *Extensional vs. Intuitive Reasoning: The Conjunction Fallacy in Probability Judgment*（Harvard Business School Press, 1983）.

(75)Giandomenico Majone, "Policy Analysis and Public Deliberation,"（Reich, *The Power of Public Ideas* 収録）.

第3章　公的セクターにおける組織戦略

(1)Robert A. Dahl は次のように述べている.「多くの社会において，そして特に民主主義社会において，目的はしばしば議論の最中にある.それが明確かつ批判の余地なく決定されていることは滅多にない.」Dahl, "Science of Public Administration,"（*Public Administration Review*, 7, no.1（Winter 1947）：pp.1-11, Jay M. Shafritz and Albert C. Hyde eds., *Classics of Public Administration*, 2nd ed.（Dorsey Press, 1987), p.184に再録）. James Q. Wilson は同様の分析をして次のように述べている.「政府機関は，明確化や合意が時折にしか得られないような，民間企業と比べてはるかに一般的か，曖昧，または一般性のない目的を有しがちである.これらを明確化しようとする努力はしばしば，無意味な言葉遊びや，深刻な見解の不一致を明らかにすることにつながる.」Wilson, *Bureaucracy: What Government Agencies Do and Why They Do It*（Basic Books, 1989), pp.25-26.

(2)Martha Derthick は，頻繁な変更がアメリカ政府の一貫した特徴であり，効率的な行政の問題と

注　　釈（第3章）　　335

なるものであると考える.「民主主義は,定期的かつ頻繁な選挙を所与とするが,政策上の指針に不安定をもたらす.行政機関が運用する法律は,政権担当者が代わり,現在の政権が統一性のない,常に変化する社会に仕え,満足させようとすることによって,常に改正に向けた圧力を受けることとなる.」Derthick, *Agency and Stress: The Social Security Administration in American Government*（Brookings Institution, 1990）, p.4.

(3)William F. Willoughby はこの説明の重要性を強調して次のように述べている.「過去どのように政府の取組が行われてきたか,また現在の状況はどのようなものであるか,将来に向けてどのような行動が検討されているかを知る適切なすべを持たない限り,大衆の意思は理性的に形成されることも,表明されることもできない.この条件を満たすために考案されたあらゆる方法のうちどれ一つとして,完全性及び有効性の観点で,適切に準備された予算に匹敵するものは何もない.Willoughby, *The Movement for Budgetary Reform in the States*（D. Appleton, for the Institute for Government Research, 1918, Shafritz and Hyde, *Classics*, p.33に再録）.

(4)この事例は,"William D. Ruckelshaus and the Environmental Protection Agency"（KSG Case #C14-74-27.0, Kennedy School of Government Case Program, 1974）に基づいている.環境保護庁は Marc K. Landy, Marc J. Roberts and Stephen R. Thomas, *The Environmental Protection Agency: Asking the Wrong Questions from Nixon to Clinton*（Oxford University Press, 1994）において詳細に評価・分析されている.

(5)環境保護に対する幅広い市民の支持という**外観**を動員することについての興味深い説明として,"Steven Cotton and Earth Day"（KSG Case #C14-75-62.0, Kennedy School of Government Case Program, 1975）参照.

(6)Landy, Roberts and Thomas, *The Environment Protection Agency*, pp.290-297参照.

(7)この説明は,"Jerome Miller and the Department of Youth Services"（KSG Cases #C14-76-101.0, #C-14-76-102.0及び #C14-76-102.1, Kennedy School of Government Case Program, 1976）に基づいている.ミラーの改革に伴ってマサチューセッツで起きたことは,その直後に次の文献において集中的に分析されている.Lloyd E. Ohlin, Robert B. Coates and Alden D. Miller, *Reforming Juvenile Corrections: The Massachusetts Experience*（Ballinger, 1977）; 及び Robert B. Coates, Alden D. Miller and Lloyd E. Ohlin, *Diversity in a Youth Correctional System: Handling Delinquents in Massachusetts*（Ballinger, 1978）.この経験は十年以上後になっても,Barry Krisberg, James Austin and Patricia Steele, *Unlocking Juvenile Corrections: Evaluating the Massachusetts Department of Youth Services*（National Council of Crime and Delinquency, 1989）において分析されている.

(8)青少年司法における戦略上の問題についての議論については,Mark H. Moore and Thomas Bearrows, Jeffery Bleich, Francis X. Hartmann, George L. Kelling, Michael Oshima and Saul Weingart, *From Children to Citizens*, vol. 1, *The Mandate of the Juvenile Court*（Springer-Verlag, 1987）参照.

(9)矯正学校が何を達成できるかについてのビジョンは,1846年の Lyman 少年学校の開校にあたっての George Briggs 知事によるスピーチの中で整理されている.「その一部,または全部を国庫から支援されている多くの価値ある組織の中で,強情な精神と堕落した心を持った,精神を放置され,反抗的で,放浪し,怠惰で,悪意ある少年を引き受けることを約束し,彼らを浄化し,更生し,そして彼らを人間の正しさと,道徳の美しさの中で,勤勉で,有意義で,徳のある市民として教育され,準備されたものとして再出発させるものと比べて,それ以上に重要性を持ち,又はコミュニティの将来の繁栄と道徳的一体性と密接に関係するものはないと言っても過言ではないだろう.」("Jerome Miller and the Department of Youth Services"（#C14-76-101.0, p.1）における引用).

(10)なぜこのような機関がただの倉庫のようなものになるかを説明する社会学的理論として,Irving

Goffman, *Asylums: Essays on the Social Situation of Mental Patients and Other Inmates* (Aldine Publishing Company, 1970) 参照.

⑾Coates, Miller and Ohlin, *Diversity in a Youth Correctional System*, p.186. Ellen Schall, "Principles for Juvenile Detention," (Francis X. Hartmann ed., *From Children to Citizens* ,vol. 2, *The Role of the Juvenile Court* (Springer-Verlag, 1987) pp.349-361に収録) も参照.

⑿Rosemary Sarri and Yeheskel Hashenfeld ed., *Brought to Justice? Juveniles, the Courts, and the Law* (University of Michigan Press, 1976).

⒀Moore et al., *The Mandate of the Juvenile Court*.

⒁政治的マンデートの一貫性と正確性のなさ, そしてマネージャーにもたらす困難について, Erwin C. Hargrove and John C. Glidewell eds., *Impossible Jobs in Public Management* (University Press of Kansas, 1990), pp.16-20参照.

⒂E. Pendleton Herring は次のように記している. 「官僚の肩には, 集団間の意見の違いを仲裁し, 立法過程を通じて到達された経済・社会上の妥協を効果的かつ実現可能なものにするという重荷の大部分が載せられている……. 彼はこれらの任務を果たすにあたって, 立法者よりも良い立場にあるのである. というのも, 彼は日常の業務を通じて法が対応しようとする状況に直接関わることになるからである. 」Herring, *Public Administration and the Public Interest* (Shafritz and Hyde, *Classics*, p.74に再録). John Chubb は, より現代的な文脈においてこれに同意している. 「議会と大統領, そして時折裁判所は介入の目的を定め, そしてその目的を達成するという業務を行政主体に委ねなければならない……. 政治家は政策を適切な詳細さをもって計画する専門性もなければ, 彼らが行動しなければならないあらゆる分野における専門性を取得する能力も持っていないのである. 政治家が対応する状況は変化するものであり, そして政治家は必要に応じて法律を改正する立場にはないのである. Chubb, "United States Energy Policy," (John Chubb and Paul Peterson eds., *Can the Government Govern?* (Brookings Institution, 1989) p.59収録).

⒃Herbert Kaufmann, *The Administrative Behavior of Federal Bureau Chiefs* (Brookings Institution, 1981), pp.91-138.

⒄選挙で選ばれた行政のトップが執行部門の機関に対して行うことのできる監督についての議論として, Richard Nathan, *The Administrative Presidency* (Macmilan, 1986); 及び Robert Behn, *Governors on Governing* (National Governors' Association, 1991) 参照. 政治任命の行政官による監督についての議論は, Hugh M. Heclo, *A Government of Strangers: Executive Politics in Washington* (Brookings Institution, 1977) 参照. 立法府による監督がどのように機能するかの議論は, Joel D. Aberbach, *Keeping a Watchful Eye: The Politics of Congressional Oversight* (Brookings Institution, 1990) 参照. 利益団体がどのように公務員の裁量を制約するかについての議論は, James Q. Wilson ed., *The Politics of Regulation* (Basic Books, 1980), pp.372-382参照. そして, 報道機関による監督と, 公務員や政策形成に及ぼす影響についての議論については, Martin Linsky, *Impact: How the Press Affects Federal Policymaking* (Norton, 1986) 参照.

⒅Kaufman, *Federal Bureau Chiefs*, pp.115-124. 公的セクターにおける革新の難しさとリスクについては, Mark H. Moore, *Accounting for Change: Reconciling the Demands for Accountability and Innovation in the Public Sector* (Council for Excellence in Government, 1993) 参照.

⒆Wilson は次のように述べている. 「政治レベルの幹部は政策を変えることができる. 彼らは担当する行政機関の虜囚になる必要も, 議会の監督者の道具になる必要もない」(*Bureaucracy*, p.206).

⒇Wilson は, 「[議会] とそれを構成する委員会は, 一体となって発言することはなく, そして議会もその委員会も, 全ての行政機関に対して, あらゆる状況における完全な統制を行う手段を持っていない. 」と評している (*Bureaucracy*, p.238). 彼はまた, 行政機関のマネージャーが議会における政治対立を利用する可能性も指摘している. 「時折, 政策面での起業家が, クライアント集団の利益に反する, 又は伝統的な利益団体間の対立を乗り越えるような一連の行動のために,

議会における多数派を動員することに成功することがある」(同上, p.249). Philip B. Heymann は Casper Weinberger が連邦取引委員会を率いた際, そのような機会を捉えるために用いたスキルを記している. Heymann, *The Politics of Public Management* (Yale University Press, 1987), p.21参照.

(21)公的セクターの幹部がイノベーションや実験のための余地を作る際に直面する問題についての議論として, Moore, *Accounting for Change* 参照.

(22)「破産」という言葉を用いるアプローチは, 単なる比喩以上の目的を有している. 時に, 民間セクターと公的セクターとの重要な違いの一つとして, 民間セクターの企業は破産する可能性がある一方, 公的セクターの組織にはその可能性がないことが挙げられる時がある. 悲しいことに, それはもはや真実ではないのである. いくつかの市政府は文字通り破産してしまった. 他の行政機関においても, 多くの側面において, 民間セクターにおける破産と実質的に等しい運命を辿ってしまった. たとえば, いくつかの学校, 刑務所, そして精神施設が, それぞれの施設利用者の基本権を保護することに繰り返し失敗したために, 裁判所の管理下に入ってしまった. また他の機関は, 議会, 報道機関, または新しい政権からあまりにも厳しく批判されたために, そのトップが辞任を余儀なくされたり, その予算が大幅に削減されてしまった. このような状況は, それが一連の組織的失敗の結果として生じ, 通常組織の業務運営の劇的な再編に加え, その組織の長の解雇という結果につながることから, 民間セクターにおける破産と実質的に同等と捉えることができる. 民間セクターにおける破産と同様に, 公的セクターにおける破産もしばしば, 組織の劇的な再構築が起きることを可能とする, ある種の危機を生む. その再構築はしばしば, その組織の業績の大きな改善につながる. 私は, 民間セクターの破産について教えてくれ, そして公的セクターの組織を研究するにあたってこの現象が持つ潜在的な重要性を示唆してくれたハーバードビジネススクールの Colyer Crum に感謝する.

(23)民間セクターにおけるマネジメントについての著者の多くは, 組織の全体的な目標と特徴を定義することはゼネラルマネジメントとリーダーシップの主要な任務と考えている. Kenneth Andrews は, 「執行役員の最高の機能は, 事業の本質を決定し, その目標を定め, 改訂し, 達成するという継続的なプロセスを導くことであると, 依然として考えられている.」と主張している. Andrews, *The Concept of Corporate Strategy*, rev. ed. (R. D. Irwin, 1980 [邦題『経営戦略論』山田一郎訳, 産業能率短期大学出版部, 1976年]), p. iii. John Kotter は「多大な不確実性に関わらず, 基本的な目標, 政策および戦略を定めること」を, 民間セクターのゼネラルマネージャーが直面する「主要な課題とディレンマ」のリストの最上位に位置付けている. Kotter, *The General Managers* (Free Press, Collier Macmillan, 1986 [邦題『ザ・ゼネラル・マネジャー：実力経営者の発想と行動』金井寿宏他訳, ダイヤモンド社, 1984年]), p.122. Philip Selznick は, より一般に行政管理上のリーダーシップについて書く中で, 「組織上のリーダーシップの決定的な質が明らかになるのは, 政策形成と組織構築が交錯する領域を含む, 政策の領域においてである……. 集団の存在の目標を定義し, これらの目標に決定的に適応した事業を計画し, そしてその計画が生きた政治となるのを見届けることが……リーダーたる政治家の機能である.」Selznick, *Leadership in American Administration: A Sociological Interpretation*, rev. ed. (University of California Press, 1984), p.37.

(24)Andrew は, 民間セクターの企業の企業戦略の定義をこう記している. 「戦略の概要についての宣言は, その企業が計画か提供する製品ラインとサービスを, 製品が現在またはこれから計画される市場と市場セグメントを, そして, 市場に到達するためのチャネルを特徴付ける. この業務の資金調達の手段は特定され, 利益目標と, 資本の安全性や利益率のどちらに重点が置かれるべきかについても特定される……. 統率機能における主要な政策が述べられる.」(*The Concept of Corporate Strategy*, p.21). これより前の部分において, 彼は「戦略」を「未来に向け意識された目的」と, 「機能戦略」を「機能別分野ごとの戦略」と, 「ビジネス戦略」を「商品についての

選択」と，そして「企業戦略」を「詳細な機能戦略・ビジネス戦略に加え，組織とその基盤についてのあらゆる考えを包含する考え」と定義している（同書，pp.vi-vii）．

(25)公的セクターと民間セクターのマネジメントの類似点と相違点についての一般的な議論として，Graham T. Allison, "Public and Private Management: Are They Fundamentally Alike in All Unimportant Repects?"（Shafritz and Hyde, *Classics*, pp.510-529）参照．目標設定という具体的な問題については，Allison はアメリカン・モーターズ（AMC）社長の Roy Chapin が行った計算と，EPA 長官の Doug Costle が行ったそれとの間に重要な差異を見出して次のように述べている．「Chapin と Costle のどちらも，目的と重点分野を打ち出し，業務運営計画を考え出さなければならなかった……．AMC の戦略を再形成し，特定の市場セグメントに集中するにあたって……，Chapin はその理事会と協議し，資金調達を計画しなければならなかった．しかし，その主導権は実質的に彼のものであった．しかし，Costle は，EPA の「現在の，または行うべき」業務や，「現在の，もしくはあるべき」組織について，どれだけの選択肢を有していただろうか．これらの主要な戦略的な判断は，彼が農薬や有害物質を規制する業務を行うべきかを定める，立法プロセスから生まれてきたのである……．EPA の広範な戦略の立案にあたっての，大統領，その他の政権幹部（ホワイトハウスのスタッフ，議会関係，その他の機関の長を含む），EPA 長官，議会の委員会の長，そして外部団体の相対的な役割は，重要な問題を構成するのである（同書，pp.522-523）．

(26)Richard A. Brealey and Stewart C. Myers, *Principles of Corporate Finance*, 4th ed.（Mc-Graw-Hill, 1991［邦題『コーポレートファイナンス』藤井眞理子・國枝繁樹監訳，日経 BP 社，2014年］），p.22.

(27)Andrews はまた，「代表取締役，社長，COO やゼネラルマネージャーは過去に作られた計画が定めたとおりに得られる現在の結果に，まず第一に，そしておそらく最も渋々ながら責任を持つ者である．この直後に述べる彼らの組織の中の人々に対する懸念や，その後に述べる彼らの社会に対する責任は，この真実を否定できるものではない．一株あたりの収入の増加や，株主の投資へのリターンの増加に対する期待に対して十分な成果を達成することは，これらを必要とするのである」（*The Concept of Corporate Strategy*, p.5）．

(28)プログラム評価と費用便益分析が，非営利組織や公的セクターの組織の業績改善にあたって果たしうる役割についての有意義な一般的議論として，Joseph S. Wholey, Mark A. Abrahamson and Christopher Bellavita, *Performance and Credibility: Developing Excellence in Public and Nonprofit Organizations*（D. C. Health, 1986）参照．

(29)第 2 章注(26)参照．

(30)注(24)参照．

(31)私はハーバードビジネススクールの John MacArthur 学長に，この点を強調してくれたこと，そしてこの事実が，私が当初考えていた以上に，民間セクターと公的セクターにおける戦略マネジメントの問題の密接な関係を示唆していると主張してくれたことに感謝する．

(32)この概念の基礎的な導入として，Andrews, *Corporate Strategy* 参照．この概念のより近年の発展については，Michael E. Porter, *Competitive Strategy: Techniques for Analyzing Industries and Competitions*（Free Press, 1980［邦題『競争の戦略（新訂）』土岐坤他訳，ダイヤモンド社，1995年］）参照．

(33)Porter, *Competitive Strategy*.

(34)一貫した戦略を持つことが，民間セクターの組織の業績を改善するという証拠については，Thomas J. Peters and Robert H. Waterman Jr., *In Search of Excellence: Lessons from America's Best-Run Companies*（Warner Books, 1982［邦題『エクセレント・カンパニー：超優良企業の条件』大前研一訳，講談社，1983年］）参照．

(35)Porter は，「競争力のある戦略を作るための要素は，企業をその環境と対比することである

注　　釈（第3章）　　339

……．企業の環境の主要な側面は，その産業，またはその企業の競争相手となる産業である．」
と述べている（*Competitive Strategy*, p.3）．

(36)Peters と Waterman は，「顧客への集中」が，民間企業の業績の重要な側面であることを発見した．Peters and Waterman, *In Search of Excellence*, pp.156-199参照．マーケティングと事業戦略におけるその役割についての現代的説明については，Henry Assael, *Marketing Management: Strategy and Action*（Kent, 1985）参照．

(37)Porter, *Competitive Strategy*, pp.156-188.

(38)同上，pp.3-33.

(39)同上，pp.47-71.

(40)同上，pp.88-108.

(41)同上，pp.361-367.

(42)Selznick, *Leadership in Administration*, pp.42-56.

(43)私はこの例について同僚の James Vaupel に感謝する．私は，ここで描かれた企業は，1970年頃のゼネラルエレクトリック社であると信ずる．その他のシンプルな目標の宣言のリストについて，Terrence E. Deal and Allan A. Kennedy, *Corporate Cultures: The Rites and Rituals of Corporate Life*（Addison Wesley, 1982）, pp.23-25参照．

(44)組織の目的を定義するにあたって，適切な抽象化のレベルを見つけることは，効果的な「戦略」を策定する技法のうちの，重要な一部である．それは柔軟性と，将来の調整を許容する程度に抽象的でなくてはならず，しかし，組織の業務運営に挑戦し，マネージャーが説明責任を果たすことを確保できるだけ具体的でなければならない．この点については，続く第3章及び第7章の議論を参照されたい．

(45)Porter, *Competitive Strategy*, pp.129-155.

(46)同上，pp.40-41.

(47)同上，pp.361-367. また，D. F. Abel and J. S. Hammond, *Strategic Market Planning: Problems and Analytical Approaches*（Prentice-Hall, 1979）参照．

(48)同上．

(49)概観として，Richard B. Freeman and James L. Medoff, *What Do Unions Do*（Basic Books, 1984［邦題『労働組合の活路』島田晴雄・岸智子訳，日本生産性本部，1987年］）参照．マネジメントによる反応と，企業の業績への示唆について，同書 pp.11-12及び pp.181-190参照．

(50)「社会的規制」とその戦略，影響についての議論として，Eugene Bardach and Robert A. Kagan, *Social Regulation: Strategies for Reform*（Institute for Contemporary Studies, 1982）参照．

(51)地域社会による民間事業者への要求の一種として，工場閉鎖について事前の通知を要求するというものがある．この分野に関する法制度についての議論として，C and R Associates, *Plant Location Legislation, Community Costs of Plant Closings: Bibliography and Survey of Literature*（Federal Trade Commission, 1978）参照．

(52)これらの変化を解釈する一つの方法は，「制約」を，民間セクターの企業がどのようにその戦略を定義するかに関心のある様々な「利害関係者」の集団による要求と見ることがある．このような戦略のイメージは，R. E. Freeman, *Strategic Management: A Shareholder Approach*（Putnam, 1984）において明示的に打ち出されている．

(53)企業買収という現象の議論については，F. M. Sherer, "Corporate Takeovers: The Efficiency Arguments,"（*Journal of Economic Perspectives*, vol.2, no.1（Winter 1988）pp.69-82）；及び John Pound, "Beyond Takeovers: Politics Comes to Corporate Control,"（*Harvard Business Review*, vol.70, no.2（March-April 1992）：pp.83-94参照．

(54)これはハーバードビジネススクールの Malcolm Salter 教授からの私信からの引用である．この考えのより形式的な発展については，Joseph L. Bower, "The Managerial Estate"（Harvard

Business School, 複写, 1987) 参照.

(55) 公的セクターの組織は自然独占であるという心地よい仮定は急速に消えつつある．この仮定への最大の脅威はおそらく，ゴミ収集から図書館運営，刑務所の運営に到るまで，公的資金により運営されている多くのサービスの生産が潜在的に民営化されうることにある．これらの傾向と，どのような業務が最もうまく民営化できるかについての決定を導く分析枠組みについての議論について は，John D. Donahue, *The Privatization Decision: Public Ends, Private Means* (Basic Books, 1989) 参照．しかし，次の２つの発見によっても脅かされている公的組織もある．一つは，それらの公的組織が一律に供給するものと考えられている需要の一部が，民間資金によって，民間企業によって生産されている部門と並行して業務運営を行っている場合である．もう一つは，公的資金によって，公的に供給を行っている部門が，市場の全体的な発展に伴って「市場におけるシェア」を失いつつある場合である．特に，警察が全体的なセキュリティ市場において「市場シェア」を失いつつあることは認識されてきた．Malcolm Sparrow, Mark H. Moore and David Kennedy, *Beyond 911: A New Era for Policing* (Basic Books, 1990), pp.47-50.

(56) 公的セクターの組織が「多くの商品ラインナップ」よりも「一貫したミッション」を持っているという仮定もまたおそらく誤りであろう．例えば，米国の麻薬取締政策は，郊外の有権者を維持するためマリファナに向けられているその力の少なくとも一部を，インナーシティにおけるコカインやヘロインというより深刻な問題に対処するためにさせなければならない．同様に，青少年矯正システムにとって，「コミュニティにおける保護」を行うために必要な政治的余裕を得るために，「ブートキャンプ」を運営することも重要となるかもしれない．実際は，それぞれのケースにおいて，ある特定の人々に向けられたある種の政策プログラムを運営することは，その行政機関が別のどこかで別の問題に対処するために用いることのできるある種の信頼性を生むのである．これは民間セクターのマネージャーがその分析・活用方法を習得している，商品ライン間のシナジーの一種である．

(57) 公的セクターにおける戦略に関するこの概念は，1970年台後半に始まった議論から生まれた．Joseph L. Bower の影響を受けた Stephen Hitchener と Philip Heymann は，その先導者のうちにあった．Philip Heymann は戦略的トライアングルを描いた最初の人物であったかもしれない．この概念に関する過去の文献における議論は，Heyman, *The Politics of Public Management*, pp.12-24; David Lax and James Sebenius, *The Manager as Negotiator: Bargaining for Cooperation and Competitive Gain* (Free Press, 1986), pp.264-267で確認できる．

(58) この戦略的トライアングルによって提示される計算に新しいものはほとんどない．Selznick は，「組織のミッションを定義するにあたって，リーダーは(1)政治の内部実態—組織の内部に存在する対立，妨害や能力，そして(2)組織が存続するために追求・達成しなければならないものを決定づける外部の期待を考慮しなければならない．」と記している(*Leadership in Administration*, p.67［邦題『組織とリーダーシップ (新版)』北野利信訳，ダイヤモンド社, 1975年］)．Wilson は Herbert Simon による，欧州の経済復興に向けマーシャルプランを実施するため1948年に設立された機関である米国経済協力局 (ECA) に関する古典的な研究の成果を次のように記している．「与えられた任務の定義の存続を決定づける主要な要素は，まず，それがどれだけ実施可能であるか (実際に人々がその任務を遂げることができるか)，そしてそれが外部の同盟者 (他の行政機関や議会グループ) にどれだけ強く支持されているかである」(*Bureaucracy*, p.56)．公的セクターにおける戦略計画のより詳しい概念図については，John M. Bryson, *Strategic Planning for Public and Nonprofit Organizations* (Jossey-Bass, 1988) 参照．

(59) 公的セクターのマネージャーが，古い戦略が失敗しつつある世界において，どのように新しい矛盾のない組織のビジョンを作り上げるかについての議論は，*The Politics of Public Management* (pp.19-24) における，Heymann による，Caspar Weinberger の連邦取引委員会のマネジメントに関する記述を参照されたい．

注　釈（第3章）　341

(60)このように，この枠組みはある種のマネジメントの失敗を防ぐことを目的としている．すなわち，組織の目的・目標を定められないという失敗である．Selznick は，「［リーダーシップの］失敗の一つは，目標を定められないという失敗である．組織は，ひとたびそれを生かしておくために多くの力が働く「ゴーイングコンサーン」になると，その組織を運営する人々は簡単に，目的を定めるという任務から逃れることができる．この逃避は，一つはそれに伴う厳しい知的労働のために生じ……，また，その組織の内外にいる，目的の厳格な定義によって脅かされるであろう人々との対立を避けたいという希望からも生じる……．リーダーシップに対する批評においては……このような，事業のミッションを定義するというリーダーの責任を強調することが含まれなければならない．このような見方は決して新しいものではない．これは，多くの決定的瞬間において，これこそが問題の所在であるにもかかわらず，あまりにも多くの業務管理の分析が，組織の目標を所与のものとしているからこそ重要となる（*Leadership in Administration*, pp.25-26）．

(61)このような状況にある組織についての興味深い分析として，Marshall W. Meyer and Lynn G. Zucker, *Permanently Failing Organizations*（Sage Publications, 1989）参照．

(62)私は，これらの様々な種類のマネジメント上の課題をこのように整理するやり方の価値を強調してくれた Martin Linsky に負うところが大きい．それは，Richard N. Haas が最近の著作 *The Power to Persuade: How to Be Effective in Government, the Public Sector, or Any Unruly Organization*（Houghton Miffin, 1994）において導入した「コンパス」というアイデアに密接に関連している．Hugh Heclo もまた，政治レベルの幹部がどうやってその業務にうまく順応するかを述べるにあたって，同様の概念を用いている．Heclo, *A Government of Strangers*, pp.161-170 参照．

(63)Wilson は，これらの対立する要求を仲裁するという任務がいかに中心的なものであるかについて次のように述べている．「米国において，政府のハイレベル層は自分たちの行政機関を，複雑で，対立に引き裂かれ，そして予測不可能な政治環境の中で維持することで頭がいっぱいになっている」（*Bureaucracy*, p.31）．

(64)政策分析とは何か，公的セクターの幹部が，提示された公的資源の利用に価値があるかどうかを判断するにあたってそれをどう活用できるかについての議論として，Laurence E. Lynn Jr., "Policy Analysis"（Frederick S. Lance ed., *Current Issues in Public Administration*, 5th ed.（St. Martin's Press, 1944）収録）参照．その方法論についての網羅的な議論として，Edith Stokey and Richard Zeckhauser, *A Primer for Policy Analysis*（Norton, 1978［邦題『政策分析入門』佐藤隆三，・加藤寛監訳, 勁草書房, 1998年]）；及び Peter DeLeon, *The Foundations of Policy Analysis*（Dorsey, 1983）参照．誰が分析を行い，なぜそれが公的セクターの組織において使われるかの議論として，Arnold J. Meltsner, *Policy Analysis in the Bureaucracy*（University of California Press, 1976）参照．プログラム評価の技法が，公的セクターの業績を把握するためにどのように利用できるかについては，Wholey, Abrahamson and Bellavita, *Performance and Credibility* 参照．

(65)例えば，Jerry L. Mashaw, *Bureaucratic Justice: Managing Social Security Disability Claims*（Yale University Press, 1983）の特に pp.21-40における，社会保障局の障害者プログラムの分析と評価を参照されたい．

(66)この種の分析において用いられる方法論については，Heymann, *The Politics of Public Management* ; Richard Neustadt and Ernest May, *Thinking in Time: The Uses of History for Decision Makers*（Free Press, 1986［邦題『ハーバード流歴史活用法：政策決定の成功と失敗』臼井久和他訳, 三嶺書房, 1996年]）, pp.91-110, 212-231; 及び John M. Bryson, *Strategic Planning for Public and Nonprofit Organizations*（Jossey-Bass, 1988）, pp.93-116参照．

(67)Robert B. Reich, "Introduction"（Reich, *The Power of Public Ideas*（Ballinger, 1988）, pp.5-7収録）．

342

(68)Graham T. Allison, "Implementation Analysis–The 'Missing Chapter' in Conventional Analysis: A Teaching Enterprise" (*Benefit Cost and Policy Analysis: 1974* (Aldine Publishing, 1975) 収録). また, Graham T. Allison and Mark H. Moore, *Public Policy* (special edition, vol.26, no.2); Mark H. Moore, "A Feasibility Estimate of a Policy Decision to Expand Methadone Maintenance," (*Public Policy*, vol.26, no.2 (Spring 1978)：pp.285-304); Richard Elmore, "Backward Mapping: Implementation ; Research and Policy Decisions," (*Political Science Quarterly*, vol.94, no.4 (1980)：pp.601-616); Gordon Chase, "Implementing a Human Service Program: How Hard Will It Be？" (*Public Policy,* vol.27, no.4 (Fall 1979)：pp.385-436収録), Steven Kelman, "Using Implementation Research to Solve Implementation Problems: The Case of Energy Emergency Assistance" (Journal of Policy Analysis and Management, vol.4, no.1 (1984) pp.75-91) も参照.

(69)Herbert Kaufman, *Time, Chance, and Organizations: Natural Selection in a Perilous Environment* (Chatham House, 1985) pp.46-53.

(70)Meltsner, *Policy Analysis.*

(71)政治任命の役割について, Heclo, *Government of Strangers* 参照. 報道担当部局の役割については, Stephen Hess, *The Government/ Press Connection: Press Officers and Press Offices* (Brookings Institution, 1984) 参照.

(72)このような伝統についての概観について, Shafritz and Hyde, *Classics in Public Administration*, 特に第1章注(9)（訳者注：注(10)の誤りか）において触れられている引用を参照されたい. もちろん私がこの戦略的トライアングルが提案する思考とマネジメント上の注意の分配は, 行政学の伝統と異なるという場合, その「伝統」には多くの異なるものがある. 私は行政学の歴史的起源について触れることもできれば, 最近の著作の中で修正された形の原型について触れることもできる. 等しく重要なこととして, 私は「学術的」伝統にも, 「実務上の」伝統にも触れることができ, そして現代の学術的議論には存在するが, 実務ではまだ存在しない多くの考え方があるということを暗黙のうちに認めることもできる.

　私がここで**言及している**のは, 行政学のもともとの概念と, 私がケネディスクールの幹部向けプログラムにおいて遭遇したパブリックマネージャーたちの現在の思考と実務の組み合わせである. マネージャーは与えられた目的を効率的に達成することにのみ責任を負うという見方は, 実務家たる公務員にとって直ちに理解できるものである. しかし実際には, 彼らは外部の価値と上の政治から, それまで安住してきたものよりも広範なリーダーシップの権限を探すという挑戦を経験しているのである. 彼らはもちろん, 自分たちが公的価値についての重要な判断を下し, 政治的アドボカシーに携わってきたことを認めるが, 彼らは若干の後ろめたさとともにそれを行っているのである.

　さらに, 現代の行政学を学ぶ学生は, 政策と行政管理との間の線引きは十分維持できず, そして公務員はしばしば目的と価値を定義するという政治的任務に関与しているという肯定的な主張を十分理解しているものの, 彼らはこのような現実が行政学の規範的理論に及ぼす影響についてはまだ多少よくわかっていない部分があると言ってもあながち間違いではないだろう. 私は, Dwight Waldo が "Public Administration in a Time of Revolution" (*Public Administration Review*, 28 (July-August 1968)) と題した論文において, この迷いをとても上手く捉えていると考える. 長くなるが, ここに引用する価値があるだろう.

　　伝統的に……我々は, 官僚制の理論ないしは正当化理由として, ……それは政策形成や, 政治への関与とは全く関係がないと考えてきた. この考えの一つの表現は, 公務員の中立性である……. 公務員の義務とはまさに, 彼の義務を果たすことであって, それは指示に従い, そして（または）法律を執行することである.

　　今でもこの理論, または理想は, 馬鹿げたものでは全くない. この理論は概ね我々のために

なってきたこと，それは未だに十分活力を有していること，そしてそれを放棄することは，強大な悪の扉を開くこととなるということを十分説得的に主張することができる．一方で，これについてあらゆる種類の疑問が提示される．それは現実の描写というよりも便利な神話ではなかったのか？　それが便利な神話**だった**としても，それは**今でも**そうなのか？　我々は過去いずれかの時点で，職業，または規律として，行政は必然的に政治プロセスと密接に関係すると決めたのではなかったか？　それは，我々は単にに執行のみではなく，法律の立案や政策決定にあたって何らかの役割を**持ち**，または**持つべき**であるということではなかったのか？　自分たち自身を人形と考えることは困難であり，かつ一定の環境においては無責任とさえ言えるのではないか？　もしこれが事実で，もしこれが我々が信ずるところであれば，革命の時において，我々の行動が持つ意味は何なのか？

　私は，我々はより意識的に，**より自覚的に**，今日の革命に対応しなければならないという立場をとる．しかし，この事実は一方に肩入れしているわけでは全くないということを認めさせてほしい．この公務員の中立性についての考えは，それが虚構，理想など，どのように呼ばれようとも，これまでその役割を果たしてきたのであり，それを放棄することによって本当の危険が**生み出されている**のである．官僚の適切な役割とは，劇的な変化の最中において安定化力として行動することと……いうことができ，そして，これこそが，官僚が無責任や，馬鹿者のように見える時に行っていることなのである．

　この視点が一定程度力と有効性を有すると認めた上で，そのバランスについては私はこれを否定すると言いたい．すでに部分的に提示した理由から，私はそれは非現実的であり，間違っていると考えるのである……．急速に変化する環境に適応しない組織は……その目的や，任務の観点から効果的になれないのである．長期的には，そのような組織は存続すらできないだろう．公共サービスは，知的かつ想像力を持った対応により……，単にそれ自身の「直近の」利益に奉仕するのみならず，社会の変革と適応を，「善」の潜在性を最大化し，「悪」の潜在性を最小化する形で助けることができるのである．

　結局，私は Waldo と同じ結論にたどり着いたのである．実際，私は彼が作り上げた伝統の枠の中で考え，書き記そうとしているのである．しかし，心地よい立場から抜け出すにあたって彼が経験した困難を感じずにはいられまい．行政管理の実務家にとっても，学者にとっても，政治的中立性という心地よいイメージをきっぱりと諦めてしまうことは，とりわけその代替案が全く明らかでない時には**極めて難しい**．結果的に，多くの実務家や学者は，この立場が不可能であると認識する必要に迫られていない時には，ほぼ無意識のうちにこの立場に戻ってくるのである．本書の主旨は，パブリックマネージャーのために，代わりとなる立場を考え出すための取組である．

⑺政治と行政との間の関係は，極めて早い段階から，行政管理の古典的な教科書において取り上げられている．ウッドロー・ウィルソンは，「政治が行政の任務を定める」と述べている．Wilson, "The Study of Administration" (Shafritz and Hyde, *Classics*, p.18). Frank Goodnow はこの理解に共鳴し次のように述べている．「政治は政策や，国の意志の表現に関するものである．行政はこれらの政策の実行に関するものである．」Goodnow, *Politics and Administration: A Study in Government* (Russell and Russell, 1900, Shafritz and Hyde, *Classics*, p.26に再録).

⑺Leonard White は行政管理に，この内部マネジメントへの鋭い注目を導入している．「行政管理は国家の目的の達成における，人員及び物資の管理である……．行政管理の目的は公務員や行政の従業員の手元の資源を最も効率的に用いることにある」．White, *Introduction to the Study of Public Administration* (Macmillan, 1926, Shafritz and Hyde, *Classics*, pp.56-57に再録).

⑺Luther Gulick は PODSCORB という略語を用いて，これらの技法の多様性と重要性を示した．Gulick, "Notes on the Theory of Organization" (Shafritz and Hyde, *Classics*, pp.88-89に再録).

(76)説明責任の一般的な考えと，マネージャーに法律に定められた条件で説明責任を果たさせるための監察総監の役割についての議論については，Mark H. Moore and Margaret J. Gates, *Inspectors-General: Junkyard Dogs or Man's Best Friend ?*（Russell Sage, 1986）参照.

(77)Heymann はこの点を的確に指摘している．「マネージャーはその組織に影響力を及ぼしうる者全てを満足させようとすることはできない……．マネージャーの仕事はむしろこれらを整理して，それを支持することで資金面・物理面での資源，大衆の承認と協力，人員や協力者，そして組織がその目標を実行するために必要な権限が得られるような，望ましい目標を実行することである（*The Politics of Public Management*, p.14）.

(78)Reich, "Policy Making in a Democracy," pp.123-156.

(79)この変化は Mark H. Moore, "Small Scale Statesmen: A Conception of Public Management"（*Politiques et Management Public*, vol.7, no.2（June 1989）：pp.273-287）にて述べられている．また，Herman Leonard, "Theory S and Theory T"（Kennedy School of Government, 複写, 1984）も参照．Robert Behn はまた，戦略的リーダーとしてのパブリックマネージャーの概念を *Leadership Counts: Lessons for Public Managers from the Massachusetts Welfare, Training, and Employment Program*（Harvard University Press, 1991), pp.203-206において発展させている．この変化が，マネージャーが行わなければならないある種の計算に与える意味は，Selznick によって実にうまく捉えられている．「行政の階層を登っていくにつれ，意思決定の分析はますます難しくなっていく．それは単にその決定がより重要であったり，複雑になったりするからではなく，新しい「論理」が生まれてくるからである．効率性という論理は，下部組織に最も明確に適応され，通常それは明確に定義された業務運営上の責任，限られた裁量，決まったコミュニケーション方法，そして指揮命令系統における確実な立場を伴う．しかし，ピラミッドの頂点に近づくにつれ，効率性という論理はその力を失う．このレベルにおける問題はマネジメントの専門家の通常のアプローチではなかなかうまく対処できない．「スムーズに動く機械」としての組織という機械的なメタファーは，よくまとまった組織と，行政の効率的な技術についての過度な強調を意味する．おそらく，このような強調のために，分析を行う者は，政策と行政の内部関係を観察する能力を失い，その結果，組織のリーダーシップに関する真に決定的な経験のほとんどを見逃してしまうのだろう（*Leadership in Administration*, p.3）.

(80)このことは完全に正確というわけではない．私が勧めている組織の変革は，監督者がパブリックマネージャーに期待する主導力の量と特徴に対する期待を少し変えて，彼らに私が提示する戦略的計算のための視野を与えるというものである．つまり，私が影響を与えようとしている「組織」とは，パブリックマネージャーの流儀について我々が持っている，支配的な規範ないし期待なのである．私は説明責任の構造や，報告徴収の要求について何ら重要な変更を提案しているのではない．実際，あえて言うならば，私はパブリックマネージャーに，今以上にしっかりと，政治的監督者に対する説明責任を**果たしていく**よう促している.

(81)この説明もまた，ケネディスクールのケーススタディ "William Ruckelshaus and the EPA" に基づく．私の解釈は Joseph L. Bower に重要な影響を受けている.

(82)"William Ruckelshaus and the EPA," p.3.

(83)"Design for Environmental Protection"（KSG Case #C16-74-26.0, Kennedy School of Government Case Program, 1974, rev. 1977）.

(84)規制順守を促すために競争上のプレッシャーを用いることの重要性について，Robert A. Leone, *Who Profits: Winners, Losers, and Governmental Regulation*（Basic Books, 1986）参照.

(85)これに続く出来事と，実質的に価値があり，政治的かつ行政上実施可能なアプローチの継続的な追求の議論については，Mark K. Landry, Mark J. Thomas and Stephen R. Thomas, *The Environmental Protection Agency: Asking the Wrong Questions*（Oxford University Press, 1990）参照.

注　　釈（第3章）　　345

(86)Andrews, *Corporate Strategy*, p.11.

(87)Coates, Miller and Ohlin, *Diversity in a Youth Correctional System*, pp.175-178; 及び Krisberg, Austin and Steele, *Unlocking Juvenile Corrections* 参照.

(88)この新しい枠組みの発展は, "Contracting for Human Services: The Case of DYS" (KSG Case #C14-79-269.0, Kennedy School of Government Case Program, 1979, rev. 1984) に記載されている.

(89)Krisberg, Austin and Steele, *Unlocking Juvenile Corrections*.

(90) "Contracting for Human Services: The Case of DYS."

(91)この観点からは, 彼らは John Kotter が描いたマネージャーと似ている.「ゼネラルマネージャーは常に彼らが携わるビジネスについての幾ばくかの知識と, 何をしなければならないかについての幾ばくかの感覚と共にその仕事を始める……. しかし, 彼らがその頭の中にはっきりとした計画を持っていることは滅多にない」(*The General Managers*, p.60).

(92)リーダーシップに関する多くの著者は, 目的を定義することと, それを十分頻繁に繰り返すことによって, それが外部の評判と, 組織の内部文化のアイデンティティーとなるようにすることの重要性を強調している. Chester I. Barnard は例えば,「協力しようという意志は, 他者と関わりたいという曖昧な感情や希望を除いて, 協力の目的なくしては発展し得ない. そのような目的がなければ, どのような具体的な取組が個人に求められるか, ましてや, 多くの事例において, どのような満足が期待できるかを知ることも予期することもできない……. 共通の目的が実際に存在するという信念を繰り返し説くことは, 幹部の必要不可欠な機能である.」Barnard, *The Functions of the Executive* (Harvard University Press, 1966［邦題『バーナード経営者の役割』飯野春樹編, 有斐閣, 1979年］), pp.86-87. Laurence E. Lynn Jr は, 公的セクターの幹部と, 彼らがどのようにそのリーダーシップの影響を確保するかについて書く中で,『組織の行動の意図と重要性を解釈することのできる, 戦略上の前提を定めること』を,「変革のエージェント」となることを望む公的セクターの幹部に対する推奨事項のリストの最上位に位置付けている. Lynn, *Managing Public Policy* (Little Brown, 1987), pp.270-271.

(93)リーダーシップの失敗の最も一般的な原因の一つは, 目的を定義し, 確立できないことであるという, Selznick の分析を思い出して欲しい.「組織のリーダーシップが失敗するとき, それはおそらく前向きな失敗や過失ではなく, おそらくより多くの場合怠慢によるものである……. その怠慢とは部分的には勇気が欠けていたことにあり, また部分的には理解力がかけていたことにある. 目的を掲げ続けることには勇気が求められる. 組織の脆弱性の根本要因を認識し対処するためには理解力が求められる」(*Leadership in Administration*, p.25).

(94)積み重なった日常のマネジメント活動をくぐり抜ける中で, 目的に集中し続けることの効用についての興味深い議論として, Thomas J. Peters, "Leadership: Sad Tales and Silver Linings" (*Harvard Business Review*, no.79611 (1979)：pp.164-172) 参照. Norton Long はこれに同意して, "Public Administration, Ethics, and Epistemology" (*American Review of Public Administration*, vol.18, no.2 (June 1988)：p.111) において,「ある政権の政策を評価するためには, よく考えられ, 常に発展する公共の利益の概念が, 重要なことと些細なこと, そして成功と失敗を区別するために必要となる.」と述べている.

(95)Selznick はこのような行動を, 良い結果, 悪い結果のどちらを生むにしても, 組織の目的の「制度化」のために決定的となると考える.「ある事業者, ある団体, またはある政府機関がはっきりとしたクライアントを作り上げるに連れて, その事業者は安定した支持の源と, 簡単なコミュニケーションの経路を伴った安定性を得ることとなる. 同時に, その事業者は柔軟性を失う. 制度化のプロセスが始まるのである」(*Leadership in Administration*, p.7).

(96)John Kotter は次のように述べている.「ゼネラルマネージャーが作るアジェンダとネットワークは, ……押し寄せてくる人々や出来事がある程度体系的に長期的計画に貢献することを理解し

346

つつ，日常的にはそれらに，日和見主義的に，効率的に対応すること……を可能にする」（*The General Managers*, p.88）.

⑼この悪用に関するさらなる議論については，Aaron Wildavsky, *The Politics of the Budgetary Process*, 4th ed.（Little Brown, 1984［邦題『予算編成の政治学』小島昭訳，勁草書房，1972年］）参照．また，Robert N. Anthon and Regina Hertzlinger, *Management Control in Nonprofit Organizations*（Irwin, 1975），pp.249-258も参照.

⑼Terrence E. Deal, *Corporate Cultures: The Rites and Rituals of Corporate Life*（Addison-Wesley, 1982），pp.21-25.

⑼Graham T. Allison はこの観察を，彼の組織行動の描写の中心に置いている．Allison, *Essence of Decision: Explaining the Cuban Missile Crisis*（Little Brown, 1971［邦題『決定の本質：キューバ・ミサイル危機の分析（第2版）』漆嶋稔訳，日経BP社，2016年］），pp.67-100.

⑽Barnard による次の警告を思い出してほしい．「客観的な目的……は，組織の決まった目的であると……**信じられている**ものである（*Functions of the Executive*, p.87）．Wilson はこの点をより鋭く指摘している．「単に自分の組織を維持するだけでなく，変革していく幹部は，単に支持者の支持を得る以上のことを行う．彼らは任務，文化，そして自分たちの行政機関の重要性についての説得力のあるビジョンを提示するのである．最高の幹部は自分たちの組織に価値を浸透させ，そして他の者に対してこの価値が単にその組織にとって便利なだけでなく，政治にとって不可欠であると確信させるのである」（*Bureaucracy*, p.217）.

⑾私はこの見方について，同僚の Ronald Heifetz に感謝する．彼はこれがタビストック人間関係研究所に関わった者に共通する見方と報告している.

⑿これら異なる種類のイノベーションについての議論として，Mark H. Moore, William Spelman and Malcolm Sparrow, "Police Innovation: From Production Lines to Job Shops"（Alan Altshuler and Robert Behn eds., *Innovation in American Government: Challenges, Opportunities, and Dillemmas*（Brookings, 1997）収録）参照.

⒀Herbert Simon は組織の高いレベルの目標と低いレベルの目標を，私がここで提示したものと同じ意味で理解している．「「目的」と「過程」との間には本質的な違いはなく，程度の差しかない．「過程」とは，その直近の目的が手段と目的の階層の中で低いレベルにある活動であり，「目的」とは，その目指す価値や目標が手段と目的の回想の中で高いレベルにある活動の集合である」（Simon, "The Proverbs of Administration," Shafritz and Hyde, *Classics*, p.171収録）.

⒁組織の目的を定義するにあたっての一定の曖昧さが持つ価値については，Wilson, *Bureaucracy*, pp.25-26参照．また，Selznick の「大規模な組織の目標はしばしばとても広いものとなる．個々の具体的な目標が現実的か賢明であるかを予期することは困難であるため，一定の曖昧さが許容されるべきである．」（*Leadership in Administration*, p.66）というコメントにも留意されたい．彼はまた，「組織のミッションの適切な定義……への特徴的な脅威は，過度な，または未熟な技術的方向付けである．この姿勢は，方法や手段への集中によって特徴付けられる．行動の目的はしばしば当然視され……，自己決定がより重要となる分野—「主導力」が行使されるべき分野—に移りゆくにつれ，目標を定めることは無関係ではいられなくなるのである．」（p.74）とも述べている.

⒂このような目標の構造の効用についての議論として，Max D. Richards, *Organization Goal Structures*（West Publishing, 1978）参照.

⒃一方で，皮肉なことに，まさにどのように進めるべきかについて不確実性があるからこそ，そのような行政機関に，その取組についての詳細な説明をすべきという強力なプレッシャーがかけられるのである．この不確実性はより大きな説明責任を要求し，それは詳細な報告を行うことによってのみ満足させることができる．これらのプレッシャーがどのように組織の業績を弱体させたかについての興味深い説明として，Malcolm Weiss, John S. Carroll, Kent F. Hansen and Constance Perin, *Making Progress in Cleaning Up DOE's Weapons Complex: Issues of Organization and Management*（MIT Energy Laboratory, 1993）参照．説明責任の要求と，イノベーションの必要性との間の緊張関係についてのより一般的な議論として，Moore, *Accounting for Change* 参照．

⑽Behn は，多くの公的組織は革新的な取組から利益を得ることができると主張する．Behn, "A Curmudgeon's View of Public Administration"（*State and Local Government Review*, Spring 1987, p.47, pp.54-61）参照．

⑽Heymann は，「マネージャーは停滞し，混乱した政治プロセスにエネルギーと知見をもたらすことができる．しかし，そうすることによって，マネージャーはもはや，せいぜい選挙で選ばれた権力のパートナーであり，彼らを選んだ人々の奉仕者でしか無くなってしまうのである．と述べている．

⑽Kaufman, *Federal Bureau Chiefs*. また，Wilson, *Bureaucracy*, p.35も参照．

第4章　政治マネジメントの機能
——支持，正統性と共同作業の創出——

(1)この説明は Colin Diver による事例 "Park Plaza"（Boston University, 1975）を基にしている．この事例はケネディスクールにおいても KSG Case#16-75-707.0（Kennedy School of Government Case Program, 1975）により配布されている．

(2)豚インフルエンザの事例における説明は2つの出典によっている．一つは，J. Bradley O'Connor and Lawrence E. Lynn Jr. が監修し，"Swine Flu（A）"（KSG Case #C14-80-313.0, Kennedy School of Government Case Program, 1980）と題されたケネディスクールの事例である．もう一つはこれらの出来事を分析し記載した優れた著作である，Richard E. Neustadt and Harvery Fineberg の *The Epidemic That Never Was: Policy-Making and the Swine Flu Affair*（Vintage, 1983［邦題『豚インフルエンザ事件と政策決断：1976起きなかった大流行』西村秀一訳・解説，時事通信出版局，2009年]）である．

(3)Graham T. Allison は「公的セクターと民間セクターのマネジメントを最も鋭く分かつその根底にあるのは，……根本的な**憲法上の差異**である．ビジネスにおいては，ゼネラルマネジメントの機能は一人の個人に集中されている．それは，CEO である……．これと対照的に，米国政府においては，ゼネラルマネジメントの機能は憲法上，対立する組織の間に分散されている．執行部門，議会の二院，そして裁判所である……．かくして，民間企業のCEOに集中されたゼネラルマネジメントの機能は，憲法上の要請によって，……多くの対立する組織の間に分散され，このためにお互い対立する野心を有する多くの個人によって共有されているのである……．多くの行政サービスは実際には国と，地方政府によって，独立した権限をもって提供されることから，これらのレベルにおいてさらに多くの人々が関与することを意味する．」（Allison, "Public and Private Management: Are They Fundamentally Alike in All Unimportant Respects ?"（Jay M. Shafritz and Albert C. Hyde eds., *Classics of Public Administration*, 2nd ed., Dorsey Press, 1987), p.519収録)).すると，このような権限を共有する者から，行動に必要となる十分な権限を集めるという任務がマネジメントの重要な機能となることは驚くに値しない．David Lax and James K. Sebenius, *The Manager as Negotiator: Bargening for Cooperation and Competitive Gain*（Free Press, 1986), pp.323-324における「間接マネジメント」についての議論も参照．

(4)税の徴収，規制及び執行のような公的セクターの事業は，その目的に貢献するよう他者を強制するために権力に依存することから，その目的を達成するために必要とする能力の多くがその組織の境界の外側にあるということに留意されたい．このため，目的の背後において公権力と正統性を動員するための取組として理解される政治マネジメントは，規制・法執行機関にとってとりわけ重要になりうる．その執行の取組を助けるような市民の支持という重み無くして，彼らはその

目的を達成するために必要となる程度の法令遵守を獲得することができないのである．「サービスの提供」よりも「義務を課す」機関が直面した特別な問題についての議論として，Malcolm Sparrow, *Imposing Duties: Government's Changing Approach to Compliance*（Praeger, 1994）参照．

(5)Richard Neustadt の記憶すべき引用は常に，このパブリックマネジメントについての基本的な考えを捉えている．「ある者が権限を他者と共有し，しかしその他人の気まぐれによって自分の仕事を左右されない場合，彼が他人に急かされて行動しようとするかは，彼自身がその行動を自分にとって正しいと考えるかどうか次第となる．大統領の説得的な任務の主要素は，ホワイトハウスがそのような人々に求めているものは，彼らが自分自身のために，そして自分の権限を持って行うべきことであると確信させることなのである．」Richard E. Neustadt, *Presidential Power and the Modern Presidents: The Politics of Leadership from Roosevelt to Reagan*（Free Press, 1990）, p.30.

(6)Herbert Kaufman, *The Administrative Behavior of Bureau Chiefs*（Brookings Institution, 1981）, pp.45-78.

(7)Gordon Chase and Elizabeth C. Reveal, *How to Manage in the Public Sector*（Addison-Wesley, 1983）, pp.64-75. パブリックマネージャーがその日常的な説明責任の条件について交渉しようとした興味深い事例について，"The Executive Branch and the Legislature: Opening the Lines of Communication in Minnesota"（KSG Case#16-90-991.0, Kennedy School of Government Case Program, 1990）参照．監察総監がパブリックマネージャーを日常業務の中で説明責任を果たすようにする方法については，Mark H. Moore and Margaret J. Gates, *Inspectors-General: Junkyard Dogs or Man's Best Friend?*（Russell Sage, 1986）参照．

(8)この問題についての議論として，Mark H. Moore, *Accounting for Change: Reconciling the Tensions between Accountability and Innovation*（Council for Excellence in Government, 1993）, pp.137-148参照．

(9)E. Pendleton Herring の次の評価を想起してほしい．「官僚の肩には，集団間の意見の違いを仲裁し，立法過程を通じて到達された経済・社会上の妥協を効果的かつ実現可能なものにするという重荷の大部分が載せられている」Herring, "Public Administration and the Public Interest"（Shafritz and Hyde, *Classics of Public Administration*, 2nd ed.（Dorsey Press, 1987）, p.74に再録）.

(10)Neustadt はこのような状況はしばしば発生するとしている．「ほぼ全ての政策は多くの行政機関を巻き込む．ほぼ全ての政策プログラムは行政機関間の協働を必要とする．」（*Presidential Power and the Modern Presidents*, p.34）.

(11)大統領レベルで動くそのようなシステムの例については，Laurence E. Lynn Jr. and David DeF. Whitman, *The President as Policymaker: Jimmy Carter and Welfare Reform*（Temple University Press, 1981）参照．そのようなシステムをどのように設計するかについての提案としては，Laurence E. Lynn Jr. and John M. Seidl, "Bottom-Line Management for Public Agencies"（*Harvard Business Review*, vol.55, no.1（1977））参照．

(12)Richard Neustadt は *Presidential Power and the Modern Presidents*, pp.29-32において，大統領でさえも，その配下の官僚を常に信頼できる形でコントロールできるわけではないということを注意喚起している．Lynn と Whitman は *The President as Policymaker*, pp.265-268において，社会福祉政策の策定のための調整にあたっての，大統領のリーダーシップの失敗に関する悲惨な物語を記している．

(13)Philip B. Heymann, *The Politics of Public Management*（Yale University Press, 1987）, p.148.

(14)「一貫性のない権限」がいかにニクソン政権下の「麻薬戦争」の成功を困難なものとしたかについての議論として，Mark H. Moore, "Reorganization Plan # 2 Reviewed"（*Public Policy*, vol.26,

注　　釈（第4章）　349

no.2（Spring 1978）：p.249）参照.

(15)Martin Linsky, *Impact: How the Press Affects Federal Policymaking*（Norton, 1986）, pp.60-88参照. また, E. E. Schattschneider, *The Semi-sovereign People: A Realist's View of Democracy in America*（Dryden, 1960［邦題『半主権人民』内山秀夫訳, 而立書房, 1972年]）, p.7も参照.

(16)しばしば, これらの状況においては, パブリックマネージャーはその期待する結果を達成するための方法として, 情報キャンペーンを繰り広げる. このような活動についての議論として, Janet A. Weiss and Mary Tschirhat, "Public Information Campaigns as Policy Instruments"（*Journal of Policy Analysis and Management*, vol.13, no.1（1994）：pp.82-119）.

(17)Michael O'Hare, "A Typology of Governmental Action"（*Journal of Policy Analysis and Management*, vol.8, no.4（Fall 1989）：pp.670-673）.

(18)Hugh Heclo, *A Government of Strangers: Executive Politics in Washington*（Brookings Institution, 1977）, pp.158-190.

(19)Philip Heymann は, 政治任命者は少なくとも次の3つの重要な役割を有すると述べている. それは, 大統領の立場の支持者としての役割, 執行部門と立法部門, または執行部と司法部門との仲介役としての役割, そして非政治的な専門家, もしくは準司法的な公務員としての役割である. Heymann, *The Politics of Public Management*, p.120.

(20)Joel D. Aberbach, *Keeping a Watchful Eye: The Politics of Congressional Oversight*（Brookings Institution, 1990）; 及び David Mayhew, *Congress: The Electoral Connection*（Yale University Press, 1974［邦題『アメリカ連邦議会：選挙とのつながりで』岡山裕訳, 勁草書房, 2013年]）.

(21)Chase and Reveal, *How to Manage in the Public Sector*.

(22)Heymann, *The Politics of Public Management*, pp.150-151.

(23)同上, p.151.

(24)政策形成における報道の役割についての一般的議論として, Gary Orren, "Thinking about the Press and Government"（Linsky, *Impact*, p.12-20収録）参照.

(25)Linsky, *Impact*, p.87-118.

(26)同上, p.118.

(27)同上, pp.112-118.

(28)積極的な報道戦略の成功を記した興味深い2つの事例として, "Selling the Reorganization of the Post office"（KSG Case #C14-84-610.0, Kennedy School of Government Case Program, 1984）; 及び "Please Be Patient: The Seattle Solid Watste Utility Meets the Press"（KSG Case #C16-91-1058.0, Kennedy School of Government Case Program, 1991）参照.

(29)利害関係団体がどのように形成されるかについての議論として, James Q. Wilson, *Political Organizations*（Basic Books, 1973）参照. 利害関係団体の政治プロセスへの影響についての古典的議論として, David B. Truman, *The Governmental Process: Political Interests and Public Opinion*（Knopf, 1951）参照.

(30)これらは Truman の *The Governmental Process* と, また, James Q. Wilson ed., *The Politics of Regulation*（Basic Books, 1980）において議論されている種の利害関係団体である.

(31)これらは Wilson が *Political Organizations* と *The Politics of Regulation*, pp.385-386において扱っている種の利害関係団体である. そのような団体の形成と維持についての興味深い議論として, Charles McCarry, *Citizen Nader*（Saturday Review Press, 1972［邦題『怪物ネーダー：市民運動を演出する男の執心』深尾凱子訳, 実業之日本社, 1973年]）; 及び Osha Gray Davidson, *Under Fire: The NRA and the Battle for Gun Control*（Henry Holt, 1993）参照.

(32)潜在的集団については, Truman, *The Governmental Process*, p.34参照.

(33)同上. また, Raymond Bauer, Ithiel De Sola Pool and Lewis Anthony Dexter, *Business and Public Policy: The Politics of Foreign Trade*（Aldine-Atherton, 1972）; 及び Charles Edward

Lindblom, *The Policy-Making Process*（Prentice-Hall, 1980［邦題『政策形成の過程：民主主義と公共性』藪野祐三・案浦明子訳, 東京大学出版会, 2004年］）参照.

(34)Mancur Olson は利害関係団体が形成されうるような限られた条件を説明する経済理論を打ち出している. Olson, *The Logic of Collective Action: Public Goods and the Theory of Groups*（Harvard University Press, 1965［邦題『集合行為論：公共財と集団理論』依田博・森脇俊雅訳, ミネルヴァ書房, 1996年］）参照. James Q. Wilson は,「目的によるインセンティブ」（purposive incentive）, すなわち, 集団の中の個人が共有する, 何らかの公的目的を達成しようとする欲求を中心として集団が形成されうるという考えを含む, 利害関係団体が形成されるより広い一連の可能性を提示する理論を提示している（Wilson, *Political Organizations*）.

(35)Jeffrey M. Berry, *The Interest Group Society*, 2nd ed.（Scott Foresman, 1989）.

(36)同上, pp.100-105. 利害関係団体に対する非難については, Jonathan Rauch, *Demosclerosis: The Silent Killer of American Government*（Random House, 1994）参照.

(37)Allison は, 利害関係団体と密接につながった部下が, 組織の戦略を形成しようとするパブリッククマネージャーにもたらす困難の例を提示している. Allison, "Public and Private Management," p.523参照.

(38)Philip Selznick による次の評価を想起されたい.「政府機関がはっきりとしたクライアントを作り上げるに連れて……, その事業者は安定した支持の源と, 簡単なコミュニケーションの経路を伴った安定性を得ることとなる.」（*Leadership in Administration: A Sociological Interpretation*, rev. ed.（University of California Press, 1984）, p.7.

(39)裁判所が行政機関の決定を覆すことのできる条件は, 行政法の中心的論点である. その概観として, Richard Stewart, "The Reformation of American Administrative Law,"（*Harvard Law Review*, vol.88, no.8（June 1975）: pp.1669-1813）参照.

(40)Robert C. Wood ed., *Remedial Law: When Courts Become Administrators*（University of Massachusetts Press, 1990）.

(41)理論面については, Stewart, "The Reformation of American Administrative Law" 参照. 実務面については, Robert Katzmann, *Regulating Bureaucracy*（MIT Press, 1980）参照.

(42)Daniel J. Meador, *The President, the Attorney General, and the Department of Justice*（University of Virginia, White Burkett Miller Center of Public Affairs, 1980）, pp.36-39.

(43)Heymann は *The Politics of Public Management*, pp.74-75において同様の主張を行っている.

(44)Roger Porter, *Presidential Decisionmaking: The Economic Policy Board*（Cambridge University Press, 1980）.

(45)Neustadt, *Presidential Power and the Modern Presidents*, p.30.

(46)同上, pp.150-151.

(47)例えば, "Les Aspin and the MX"（KSG Case #C14-83-568.0, Kennedy School of Government Case Program, 1983）参照.

(48)Herbert Kaufman は「代表度」（representativeness）,「非党派的能力」及び「幹部のリーダーシップ」といった重要な行政過程面での価値を特定している. Kaufman, "Emerging Conflicts in the Doctrines of Public Administration,"（*American Political Science Review*, vol.50, no.4（December 1956）: pp.1057-1073）参照. その他の価値は, 行政法の背景をなす直観的事実の中に捉えられている. Jerry L. Mashaw, *Due Process in the Administrative State*（Yale University Press, 1985）, pp.172-182参照.

(49)マネージャーが, 自分たちが行わなければならない選択の正統性を最大化するために, 政策マネジメントプロセスを設計しようとする状況を記述した事例として, "The Recession of the Passive Restraints Standard"（KSG Case #C16-82-455.0, Kennedy School of Government Case Program, 1982）; 及び "Controlling Acid Rain, 1986"（KSG Case #C15-86-699.0, Kennedy School

注　釈（第4章）　351

of Government Case Program, 1986) 参照.

(50)Charles E. Lindblom, "The Science of 'Muddling Through' " (*Public Administration Review*, 19 (Spring 1959) : pp.79-88, Shafritz and Hyde, *Classics*, pp.268-269再録).

(51)Mark H. Moore, "What Makes Ideas Powerful ? " (Robert B. Reich, ed., *The Power of Public Ideas* (Ballinger, 1988), pp.55-83).

(52)同上, pp.55-57. この考えのより発展的な議論について, Mark H. Moore and Dean L. Gerstein, *Alcohol and Public Policy: Beyond the Shadow of Prohibition* (National Academy Press, 1981) 参照.

(53)Moore, "What Makes Ideas Powerful ?" pp.57-60.

(54)Moore and Gernstein, *Alcohol and Public Policy*.

(55)Richard E. Neustadt and Ernest R. May, *Thinking in Time: The Uses of History for Decision Makers* (Free Press, 1986 [邦題『ハーバード流歴史活用法：政策決定の成功と失敗』臼井久和他訳. 三嶺書房, 1996年]), pp.34-36.

(56)同上, pp.34-57.

(57)Robert Martinson, "What Works? Questions and Answers about Prison Reform," (*Public Interest*, 35 (1974) : pp.22-54).

(58)James Q. Wilson ed., *Urban Renewal: The Record and the Controversy* (MIT Press, 1966).

(59)Erwin C. Hargrove and John Glidewell eds., *Impossible Jobs in Public Management* (University Press of Kansas, 1990).

(60)私のこの考えの表明は, ケネディスクールの幹部向けプログラムにおいて, 公的セクターの実務家上級幹部を長年教えてきた経験に基づいている.

(61)James Q. Wilson の「単に自分の組織を維持するだけでなく, 変革していく幹部は, 単に支持者の支持を得る以上のことを行う. 彼らは任務, 文化, そして自分たちの行政機関の重要性についての説得力のあるビジョンを提示するのである. 最高の幹部は自分たちの組織に価値を浸透させ, そして他の者に対してこの価値が単にその組織にとって便利なだけでなく, 政治にとって不可欠であると確信させるのである.」(Wilson, *Bureaucracy: What Government Agencies Do and Why They Do It* (Basic Books, 1989), p.217) という指摘を想起されたい. 政治に関与することによって大きな達成を得ることができた幹部の説明については, Jameson W. Doig and Erwin C. Hargrove, *Leadership and Innovation: A Biographical Perspective on Entrepreneurs in Government* (Johns Hopkins University Press, 1987) 参照. Herbert Kaufman も, パブリックマネージャーは政治マネジメントに4分の1から3分の1の時間を費やし, そして, 私はそうする傾向にあるが, もし政治マネジメントに外部の「情報収集」活動を含むならば, それ以上の時間を費やすと観察している. Kaufman, *The Administrative Behavior of Bureau Chiefs*, pp.77-78. 最後に私は, 公的組織において立法府, プレスその他の, 関係を維持しなければならないような組織との対外関係を取り扱う特別な部署を置く傾向が増しているということを指摘したい. 報道担当部局におけるこのような傾向については著作にもなっている. Stephen Hess, *The Government/Press Connection: Press Officers and Their Offices* (Brookings Institution, 1984), pp.1-3.

(62)Karl Deutsh はかつて, 権力はある個人が自分の好む世界のあり方を強いることができる能力であると述べた. したがってそれは「学習しないですむ能力」である. マホーニーはその権力の一部を失うことによって, 公的価値についての自身の見方を改める機会を提供されたのである. Deutch, *The Nerves of Government: Models of Political Communication and Control* (Free Press, 1966 [邦題『サイバネティクスの政治理論 （新装版）』佐藤敬三他訳, 早稲田大学出版部, 2002年]), p.111.

第5章　政治マネジメントの技術
──アドボカシー，交渉，リーダーシップ──

(1)この種の政治マネジメントの重要性は，早期から Woodrow Wilson によって認識されていた.「いかなる進歩を得るためにも，我々は世論という多様な主権者を指示し，説得しなければならない．これは，王という単一の主権者を動かすことと比べ，はるかに実現性の低いものである.」(Wilson, "The Study of Administration," Jay M. Shafritz and Albert C. Hyde eds., *Classics of Public Administration*, 2nd ed. (Dorsey Press, 1987), p.16収録)). Laurence E. Lynn Jr. は最近同じ点を指摘している.「[公的セクターの幹部は]現実の結果を生む無数の任務について公式の責任を負っているが……，[彼らは]……それらの任務を達成するための権力と資源を集める努力の中で，継続的な不満を抱えているのである.」Lynn, *Managing the Public's Business: The Job of the Government Executive* (Basic Books, 1981), p.158.

(2)Woodrow Wilson もまた政治マネジメントの形態を民主主義の要求に合致するようにすることの重要性を見出していた.「もし我々がそれ[行政の科学]を行使するならば，我々はそれをアメリカ流にしなければならない……．我々は心から我々の憲法を学ばねばならず，その血管から官僚という熱病を取り除かなければならず，アメリカの自由な空気を大きく吸い込まなければならない.」("The Study of Administration," p.13). より最近になって，Robert Reich は「民主主義は騒々しく，でしゃばりがちで，鬱陶しく，時間がかかり，予測がつかず，そして混沌としている．しかし，それはまた，これまでに政府が市民に対して説明責任を負うことを確保するよう考案された最高の政府のシステムなのである.」と述べている. Reich, *Public Management in a Democratic Society* (Prentice-Hall, 1990), p.4. 彼はそして，民主主義の価値を守るための，この環境とやりとりするための一つの方法を推奨するのである．彼はそれを「熟議する関係」(deliberative relationship) の発展と呼び，そこでは「[マネージャーがその]業務に一定の理想や価値，[彼らが]なされるべきと考える特定のアイデアさえも持ち込む．しかしそれでも[彼らは]指針を得る源として市民や中間団体と向き合う．[彼らの]関係は，[彼らが][自分たちの]価値観や当面の目標について正直かつ率直であることに加え，[彼らは]市民が[彼らの]計画にどのように反応するかに注意深く耳を傾け，そしてそれに従って修正する意思があるという意味で熟議と言えるのである」(p.7).

(3)官僚の責任についての原則がいかにしてパブリックマネージャーの実務を制約するかについての卓越した議論として，John P. Burke, *Bureaucratic Responsibility* (Johns Hopkins University Press, 1986) 参照. 公的セクターの幹部の行動における「徳」(virtue) と「価値」(vitru) についての議論として，Mark H. Moore and Malcolm K. Sparrow, *Ethics in Government: The Moral Challenge of Public Leadership* (Prentice-Hall, 1990) 参照.

(4)選挙で選ばれた執行部門の幹部と，彼らがその官房の日常業務を担うメンバーとして指名する者との関係についての記述として，Roger Porter, *Presidential Decisionmaking: The Economic Policy Board* (Cambridge University Press, 1980), pp.11-25参照. Richard E. Neustadt は政治家のトップ，スタッフ，そして内閣秘書官の間の関係，そしてこれらの関係の歴史的視点についての魅力的な物語を *Presidential Power and Modern Presidents: The Politics of Leadership from Roosevelt to Reagan* (Free Press, 1990), pp.91-99, 193-194において提供している.

(5)頑固な性格が交渉にもたらす困難について，Roger Fisher and William Ury, *Getting to Yes: Negotiating Agreement without Giving In*, 2nd ed. (Houghton Mifflin, 1991 [邦題『ハーバード流交渉術：必ず「望む結果」を引き出せる !』岩瀬大輔訳，三笠書房, 2011年]), pp.18-19, 29-32参照.

(6)Fisher と Ury は *Getting to Yes*, pp.32-36において，交渉における継続的なコミュニケーションの重要性を強調している．残念ながら，多くの状況において，政府のプロセスの一体性を守るために設計されている法制度のために，共通の利益を有する人々は直接お互いと話し合うことがで

きなくなっている．したがって，例えば，マホーニーはその後の計画の決定について何らかの法的または政治的リスクを負うことなしには，デベロッパーと直接，内々に話すことは法律上できなかっただろう．

(7)交渉を行うインセンティブについて，Howard Raiffa, *The Art and Science of Negotiation*（Harvard University Press, 1982）参照．交渉担当者が交渉なしに何を得ることができると考えているかの決定的な重要性について，David A. Lax and James K. Sebenius, *The Manager as Negotiator: Bargaining for Cooperation and Competitive Gain*（Free Press, 1986）, pp.46-62参照．

(8)Richard Neustadt, *Presidential Power and the Modern Presidents: The Politics of Leadership from Roosevelt to Carter*（Wiley and Sons, 1980）, p.90参照．

(9)Roger B. Porter, "Economic Advice to the President: From Eisenhower to Reagan,"（*Political Science Quarterly*, vol.8, no.3（Fall 1983）: pp.403-426）.

(10)Richard G. Darman, "Policy Development Note #4: Propositions for Discussion on Recent Progress and Remaining Problems in the Design of Policy Development Systems"（Kennedy School of Government, 複写, 1980）.

(11)閣僚レベルの政策形成システムの設計にまで立ち入った卓越した議論として，Roger B. Porter, *Presidential Decisionmaking*（Cambridge University Press, 1980）参照．

(12)Neustadt は大統領とその閣僚メンバーとの間の関係における同様の困難を，*Presidential Power and the Modern Presidents: From Roosevelt to Reagan*, pp.32-37において記している．

(13)Martin Linsky, *Impact: How the Press Affects Federal Policymaking*（Norton, 1986）, pp.40-68.

(14)これが知事の計算だったという証拠として，Colin S. Diver, "Park Plaza"（KSG Case C#16-75-707.0, Kennedy School of Government Case Program, 1975）における彼の立場の記述を参照されたい．

(15)センサーの行動を記述し分析するにあたって，私は再度 Richard E. Neustadt and Harvey Fineberg, *The Epidemic That Never Was: Policy-Making and the Swine Flu Affair*（Vintage, 1983 ［邦題『豚インフルエンザ事件と政策決断：1976起きなかった大流行』西村秀一訳・解説，時事通信出版局，2009 年］）と，J. Bradley O'Connor and Laurence E. Lynn Jr. の "Swine Flu（A）"（KSG Case #C14-80-313.0, Kennedy School of Government Case Program, 1980）に依っている．ここでの私の記述はせいぜい Neustadt と Fineberg による詳細かつ微細な分析の表面的なまとめに過ぎない．全ての出来事を理解したいと考える者は彼らによる事例の説明を読まなければならない．

(16)このメモは Neustadt and Fineberg の *The Epidemic That Never Was*, pp.198-206に完全に再現されている．

(17)同上，p.41.

(18)Neustadt と Fineberg が述べているとおり，「制度を守ることを，予防薬の倫理に優先させることはできなかった」（同上，p.25）.

(19)O'Connor と Lynn の "Swine Flu" 中の印象深い記述では，「月曜の業務時間終了時には，豚インフルエンザ政策のアウトブレイクがワシントンの各地において発生していた」（p.9）.

(20)Neustadt and Fineberg, *The Epidemic That Never Was*, p.35.

(21)O'Connor and Lynn, "Swine Flu", p.17.

(22)同上，p.15.

(23)同上，p.22.

(24)Neustadt and Fineberg, *The Epidemic That Never Was*, p.195.

(25)同上，p.95.

(26)同上，p.91.

(27)同上，pp.116-137.

354

⑵Howard Raiffa, *Decision Analysis*（Addison-Wesley, 1968）.

⑵同上，pp.116-122.

⑽同上，p.117.

⑶同上，pp.118-122.

⑶同上，pp.122-126.

⑶この流儀の例として，Michael Maccoby の *The Gamesman: The New Corporate Leaders*（Simon and Schuster, 1976 ［邦題『ゲームズマン：新しいビジネスエリート』広瀬英彦訳，ダイヤモンド社，1978年］），pp.76-85における「ジャングルの戦士」の記載を参照されたい.

⑶Robert Reich は的確に，「もし［マネージャーが］説明責任の体系を迂回したり打倒しようとするならば，彼らはまず市民が何を欲しているか，また必要としているかを知ることができなくなるだろう. 有効性は，［マネージャーが］何らかの公的価値を持つことを達成するのに効果的であってのみ存在する価値なのである. 市民が何を欲しているかについての［マネージャー］自身の判断は間違っている可能性がある.」と述べている. Reich, *Public Management in a Democratic Society*, p.5.

⑶長期的には間違いなく一定の危害を生じた，効果的な起業家精神の劇的な事例について，Robert Moses と彼がニューヨーク市の発展に及ぼした影響についての，Robert Caro の説明を参照されたい. Robert Caro, *The Power Broker: Robert Moses and the Fall of New York*（Knopf, 1974）.

⑶Karl W. Deutsch, *The Nerves of Government: Models of Political Communication and Control*（Free Press, 1966 ［邦題『サイバネティクスの政治理論（新装版）』佐藤敬三他訳，早稲田大学出版部，2002年］），p.111.

⑶この見方は，Carl J. Freidrich と Herman Finer が政府の中でのマネージャーの責任について述べた古典的な論文においてとったものである. Freidrich, "Public Policy and the Nature of Administrative Responsibility"（E. S. Mason and C. J. Freidrich eds., *Public Policy, 1940*（Harvard University Press, 1940）収録）; 及び Finer, "Administrative Responsibility in Democratic Government"（*Public Administration Review*, 1（1941）：pp.335-350）参照. この主題は Reich, *Public Management in a Democratic Society* と Moore and Sparrow, *Ethics in Government* において共鳴し描写されている.

⑶この点についての秀逸な議論として，Reich, *Public Management in a Democratic Society*, pp.1-9 参照.

⑶「起業的アドボカシー」という言葉は Robert Reich による政治マネジメントについての一連のまとまった考えの説明としてまず提示されたと考える. これらの技法は Philip B. Heymann の *The Politics of Public Management*（Yale University Press, 1987），p.144において総合的に提示されている. もう一つの形として，Morton H. Halperin, Peter Clapp and Arnold Kanter, *Bureaucratic Politics and Foreign Policy*（Brookings Institution, 1974）参照. 典型的な起業的アドボカシーの例として，Caro, *The Power Broker* 参照. その批判としては，Reich, *Public Management in a Democratic Society*, pp.60-63参照.

⑷起業的アドボカシーの技法を提示するにあたって，私はとりわけ Philip B. Heymann, Graham T. Allison, Robert Blackwell 及び Richard Haas との長年にわたる対話に大きく負っている. 私の議論の中のあらゆる優れた点は彼らに属し，失敗は私に属する.

⑷Philip B. Heymann は私がこの点とここで提示した分析の多くを考え出すにあたっての恩人である.

⑷この特別な定式化について，Phillip B. Heymann に感謝する.

⑷Lynn は *Managing the Public's Business*, pp.158-159においてこの点を力強く，そして的確に指摘している. Lax と Sebenius も *The Manager as Negotiator*, pp.314-338において，交渉が問題解決の技法として果たす問題と役割を記している.

注　釈（第5章）　355

⑷Graham T. Allison は有権的決定に至るこれらの道筋を「行動チャネル」と呼んでいる．Allison, *Essence of Decision: Conceptual Models and the Cuban Missile Crisis*（Little Brown, 1971［邦題『決定の本質：キューバ・ミサイル危機の分析（第2版）』漆嶋稔訳，日経 BP 社, 2016年］），pp.169-170参照.

⑸正統性とその様々な源についての考えとして，Heymann, *The Politics of Public Management*, pp.74-89参照.

⑹このルールについていくつか重要な例外があるように見える．例えば，「独立」規制機関は政治から独立していると考えられている．様々な種類の「公法人」も同様である．それでも，よく見ていくと，これらの行政機関に対する政治的影響力は弱められているに過ぎず，なくなっているわけではないことが明らかになる．彼らは典型的には立法府に予算配分を求めなければならない．これらの行政機関の長は選挙で選ばれた政治家によって指名され，そして立法府が決めればいつでも，これらの機関は廃止されうるのである．したがって，細かな区別はあったとしても，基本的な点においてはやはり正しいのである．独立行政委員会の役割については，Marver H. Bernstein, *Regulating Business by Independent Commission*（Greenwood Press, 1977）参照.公法人に関する議論については Jameson Doig, "If I See a Murderous Fellow Sharpening a Knife Cleverly...' The Wilsonian Dichotomy and the Public Authority Tradition"（Princeton University, 複写, 1983）参照.

⑺Heymann は前掲注⑸ pp.109-124において，立法府に特別の注意を払っている.

⑻裁判所がどのように政策決定に関与するかについての議論と，この役割に関する裁判所の能力についての一般的な議論として，Horowitz, *The Courts and Social Policy*（Brookings Institution, 1977）参照.

⑼これについての興味深い例が "Ellen Schall and the Department of Juvenile Justice"（KSG Case #C16-87-793.0, Kennedy School of Government Case Program, 1987）に現れる．Reich も *Public Management in a Democratic Society*, pp.76-89において興味深い事例を議論している.

⑽このような様々なチャネルのコンセプトは，Heymann が政治環境における資源の「配置状況」（configuration）について議論する際念頭に置いていたものかもしれない．Heymann, *The Politics of Public Management*, pp.156-158参照.

⑾Hugh Heclo, "Issue Networks and the Executive Establishment"（Anthony King ed., *New American Political System*（American Enterprise Institute, 1978）収録），pp.87-124参照.

⑿この集団は「潜在的な」利害関係団体を含みうる．David Truman, *The Governmental Process: Political Interests and Public Opinion*（Knopf, 1951），p.34参照.

⒀ここで私は Allison がある主体の「利害」(stakes) と「立場」(stands) との間で行った区別に依っている．Allison, *Essence of Decision*, pp.167-168参照.この区別は交渉アナリストたちが交渉当事者の「関心」(interests) と「立場」(positions) との間に用いる区別と概ね相似している．Lax and Sebenius, *The Manager as Negotiator*, pp.68-70参照.

⒁Richard E. Neustadt and Ernest R. May はこのための2つの異なる方法を提示している．一つは「問題の歴史を精査する」ことで，もう一つは「（その歴史の中に）人々を置いてみること」である．Neustadt and May, *Thinking in Time: The Uses of History for Decision Makes*（Free Press, 1986［邦題『ハーバード流歴史活用法：政策決定の成功と失敗』臼井久和他訳，三嶺書房, 1996年］）それぞれ pp.91-110及び pp.157-180参照.

⒂Allison, *Essence of Decision*, p.168.

⒃Neustadt and May, *Thinking in Time*, pp.34-57.

⒄Heymann は既存の意思決定「環境」(setting) の中で効果のある戦術と，「政治環境を再形成する」ことを追求する戦術とを区別することで，この区別を黙示的に行っている．Heymann, *The Politics of Public Management*, pp.145-189参照

(58)これは Reich の起業的アドボカシーへの批判の要点である. Reich, *Public Management in a Democratic Society*, pp.5-6参照. 紛糾している問題について厳しい立場を意図的に取ることによってより持続的なマンデートを作り上げた議員に関する興味深い事例について, "Senator Scott Heidepriem and the South Dakota Anti-Abortion Bill"（KSG Case #C16-93-1213.0, Kennedy School of Government Case Program, 1993）参照.

(59)E. E. Schattschneider が述べたように,「あらゆる紛争の結果は, その伝搬範囲によって決定されるというのが第一の定理である. あらゆる紛争において, それに関与する人々の人数が, 何が起きるかを決定する. 参加者の人数のあらゆる変化が結果に影響する.」Schtattschneider, "*The Contagiousness of Conflict*"（*The Semisovereign People: A Realist's View of Democracy in America*（Dryden, 1960［邦題『半主権人民』内山秀夫訳, 而立書房, 1972年]), p.2収録）参照.

［訳注2］特定の問題について調査審議するため, 最高位の有識者等により構成される米国政府の諮問機関.

(60)Heymann, *The Politics of Public Management*, p.137.

(61)この出来事は "Les Aspin and the MX Missile"（KSG Case #C14-83-568.0, Kennedy School of Government Case Program, 1983）に記されている. この事例についての興味深い議論は Heymann の *Politics of Public Management*, pp.125-163に現れる.

(62)この出来事は "The Case of the Segregated Schools"（KSG Case #C14-83-531.0, Kennedy School of Government Case Program, 1983）に記されている. Linsky は *Impact*, pp.95-104において冷徹な分析を行っている.

(63)Linsky, *Impact* ,pp.88-118. Leon V. Sigal, "What the News Means Depends on How the News Gets Made"（*Reporters and Officials*（D. C. Health, 1973), pp.1-6収録）も参照.

(64)Linsky, *Impact*, pp.119-147.

(65)Neustadt and May, *Thinking in Time*, pp.48-57.

(66)Heymann は *The Politics of Public Management* において, 所与の状況における「攻めの一手」（play）という概念を提示し発展させている.

(67)公民権は興味深い事例である. "Voting Rights Act of 1965"（KSG Case #C14-80-307.0, Kennedy School of Government Case Program, 1980）参照.

(68)Richard Haas, "Ripeness and the Settlement of International Disputes"（*Survival*, vol.30, no.3（May-June 1988）：232-249).

(69)私はこの見方について Phil Heymann に感謝する. この点を描写する興味深い事例として, Ron Beaulieu, "Selection 103 of the International Revenue Code"（KSG Case #C94-75-58.0, Kennedy School of Government Case Program, 1975).

(70)Isaiah Berlin, *The Hedgehog and the Fox: An Essay on Tolstoy's View of History*（Simon and Schuster, 1966［邦題『ハリネズミと狐：『戦争と平和』の歴史哲学』河合秀和訳, 岩波書店, 1997年]).

(71)Nancy Altman はケネディスクールにおいて「行政委員会」に関するいくつかの事例を作っている. "Les Aspin and the MX Missile"（KSG Case #C94-83-554.0, Kennedy School of Government Case Program, 1983), "National Commission on Social Security Reform"（KSG Case #C94-83-554.0, Kennedy School of Government Case Program, 1983)；及び "The Sawhill Commission: Weighing a State Takeover of LILCO"（KSG Case #C15-86-718.0, Kennedy School of Government Case Program, 1986）参照.

(72)Beaulieu, "Section 103 of the International Revenue Code."

(73)Dennis W. Banas and Robert C. Trojanowicz, *Uniform Crime Reporting and Community Policing: A Historical Perspective*（Community Policing Series, no. 5, Michigan State University, National Neighborhood Foot Patrol Center, 1985).

注　　釈（第5章）　　357

⑺ "Hunger in America" (KSG Case #C14-75-85.0, Kennedy School of Government Case Program, 1975).

⑺John J. Dilulio Jr., *No Escape: The Future of American Corrections* (Basic Books, 1991), pp.103-147.

⑺Lisbeth Schorr (with Daniel Schorr), *Within Our Reach: Breaking the Cycle of Disadvantage* (Anchor Press/ Doubleday, 1988), pp.184-192.

⑺John P. Kotter, *The General Managers* (Free Press, 1986), p.88. Hugh Heclo はこれもまたパブリックマネージャーにとって重要であると評価している．「政治レベルの幹部が自分たちを助けるために行うことの多くは人的ネットワークの構築と一般的に説明しうる．」Heclo, *A Government of Strangers: Executive Policies in Washington* (Brookings Institution, 1975), p.158.

⑺Reich は最も代表的な批判者である．*Public Management in a Democratic Society* 参照．

⑺私がこのセクションにおいて展開する「政策マネジメント」という概念は，ケネディスクールの同僚たちの著作や，彼らとの集中的な個人的対話に基づいている．主要な文献は Porter, *Presidential Decisionmaking*；Laurence E. Lynn Jr. and John M. Seidl, "Bottom-Line Management for Public Agencies" (*Harvard Business Review*, vol.55, no.1 (1977))；Laurence E. Lynn Jr. and David DeF. Whiteman, *The President as Policymaker: Jimmy Carter and Welfare Reform* (Temple University Press, 1981)；Richard Darman, "Note on Policy Development # 4" を含む．私は Francis Bator, Hale Champion, Richard E. Neustadt and Robert Zoellick その他の参加の下一年間かけて行われたこのテーマについての教員セミナーからの恩恵にもあずかっている．
同様の基本的な考えのいくつかを取り扱ったその他の文献として，複層的アドボカシーについて Alexander George, "The Case for Multiple Advocacy in Making Foreign Policy," (American Political Science Review, 66 (September 1972)：pp.751-785)，予算システムについて James W. Fessler and Donald F. Kettle, *The Politics of the Administrative Process* (Chatham House, 1991), pp.208-238，公的セクターにおける戦略策定システムについて John M. Bryson, *Strategic Planning for Public and Nonprofit Organizations* (Jossey-Bass, 1988) などの重要な著作がある．

⑻この技術はしばしば，政府の中のマネージャーが直面する典型的な任務である「政策形成プロセス」の「マネジメント」または「設計」として描かれてきた．この問題を刺激的な形で提示する事例として，"The Recission of the Passive Restraints Standard" (KSG Case #C16-82-455.0, Kennedy School of Government Case Program, 1982), "Ruckelshaus and Acid Rain," (KSG Case #C16-86-658.0, Kennedy School of Government Case Program, 1986)；"NHTSA and the Corporate Average Fuel Economy Standards" (KSG Case #C15-86-672.0, Kennedy School of Government Case Program, 1986)；"The Press and the Neutron Bomb" (KSG Case #C14-84-607.0, Kennedy School of Government Case Program, 1984)；"Ronald Reagan and Tax Exemptions for Racist Schools" (KSG Case #C15-84-609.0, Kennedy School of Government Case Program, 1984)；"Groundwater Regulation in Arizona" (KSG Case #C16-91-1066.0, Kennedy School of Government Case Program, 1991) などがある．

⑻この任務はしばしば「政策マネジメントシステム」の「マネジメント」または「設計」として描かれてきた．これは戦略計画策定システムの設計と，戦略計画策定のための予算プロセスの利用というテーマと密接に関連している．大統領レベルにおけるそのようなシステムの設計，開発及び運用について立ち入る議論として，Porter, *Presidential Decisionmaking* 参照．また，*A Presidency for the 1980's: A Report by a Panel of the National Academy of Public Administration* (National Academy of Public Administration, n.d.) も参照．この問題を描いたいくつかの事例として，Greg Mills, "PPB and the Surgeon General," (HBS Case 9-375-111, Harvard Business School, 1974)；Regina Herzlinger and Arva Clark, "Zero-Based Budgeting in the Public Health Service," (HBS Case 9-178-080, Harvard Business School, 1977)；Mark Moore, "Joan Claybrook and the National Highway Traffic Safety Administration" (KSG Case #C95-81-370.0, Kennedy School of Government Case Program, 1981); David Kennedy, "Managing EPA" (KSG Case #C16-87-729.0, Kennedy School of Government Case Program, 1987) 参照.

(82)第4章における, 正統性と説得力を持った決定を行うために, プロセスと実体双方の役割を強調する議論を想起されたい. また, Haymann, *The Politics of Public Management*, pp.74-89；及び Edith Stokey and Richard Zeckhauser, *A Primer for Policy Analysis* (Norton, 1978 [邦題『政策分析入門』佐藤隆三・加藤寛監訳, 勁草書房, 1998年]), pp.283-286も参照.

(83)公共政策の決定の法的根拠を何に見出すことができるかは, 行政法の主要な論点である. Jerry L. Mashaw, *Due Process in the Administrative State* (Yale University Press, 1985), pp.172-221参照.

(84)私はここで規範的理想として, 政府の「合理的主体」モデルを明示的に採用している. Porter もまた, この立場を採用する傾向にあるように見える. というのも, 彼はフォード大統領の経済政策委員会の業績の評価に当たって用いる基準においてこれらの要素に焦点を当てているからである. Porter, *Presidential Decisionmaking*, pp.184-189参照. もう一つの見方として, Charles E. Lindblom, "The Science of Muddling Through" (Shafritz and Hyde, *Classics*, pp.263-275に再録); 及び Lindblom, *Inquiry and Change: The Troubled Attempt to Understand and Shape Society* (Yale University Press, 1990), pp.257-302参照. Lindblom による合理的主体モデルの批判は, 熟議及び社会学習のモデルに分析を移行させた. 続く「公的討議, 社会学習, 及びリーダーシップ」のセクションを参照されたい.

(85)実体的な専門性, 社会科学, 及び政策分析が公共政策の決定に影響力を与えるためにどのように使われ, また使われないかについての議論として, 第2章注(26)参照.

(86)私はこの点を多くの私的な対話において強調してくれた Hale Champion に負うところが多い.

(87)権限の構造の重要性について, Jerry L. Mechling, "Analysis and Implementation: Sanitation Policies in New York City" (*Public Policy*, vol.26, no.2 (Spring 1978)): pp.278-283, 政府の意思決定における期限の重要性について, Allison, *Essence of Decisions*, p.168参照.

(88)John E. Chubb and Paul E. Peterson, eds., *Can the Government Govern ?* (Brookings Institution, 1989), pp.20-37.

(89)注(71)参照.

(90)私信, 1995年3月9日.

(91)Stokey and Zeckhauser, *Primer*, pp.5-6.

(92)この点に関する参照文献の長いリストについて, 第2章注(26)参照. 特に, Laurence E. Lynn Jr., ed, *Knowledge and Power: The Uncertain Connection* (National Academy of Sciences, 1978) 参照. 批判として, Mark H. Moore, "Social Science v. Policy Analysis: Some Fundamental Differences," (Daniel Callahan and Bruce Jenning eds., *Ethics: The Social Sciences and Policy Analysis* (Plenum Publishing, 1983) 収録); 及び Lindblom, *Inquiry and Change* 参照.

(93)Moore, "Social Science v. Policy Analysis."

(94)実現可能性の予測の重要性について, Graham T. Allison, "Implementation Analysis: 'The Missing Chapter' in Conventional Analysis" (*Benefit-Cost and Policy Analysis: 1974* (Aldine Publishing, 1975), pp.369-391収録) 参照.

(95)Neustadt and Fineberg, *The Epidemic That Never Was*, pp.232-236.

(96)この関係性についての議論として, Arnold J. Meltsner, *Policy Analysts in the Bureaucracy* (University of California Press, 1976)参照. また, Moore, "Social Science v. Policy Analysis" も参照. 社会科学が公的問題の解決に貢献する可能性についてのより継続的かつ急進的な批判として, Lindblom, *Inquiry and Change* 参照. どのような関係がありうるのかについての一案として, Giandomenico Majone, "Policy Analysis and Public Deliberation," ([邦題『政策過程論の視座: 政策分析と議論』今村都南雄訳, 三嶺書房, 1998年] Robert Reich, ed. *The Power of Public Ideas*

(Ballinger, 1988), pp.157-178収録）参照.

⑼Raiffa, *Decision Analysis.*

⑽Neustadt と Fineberg が *The Epidemic That Never Was*, pp.116-137においてその「考察」の焦点を当て，同書を有益たらしめているのはまさにこの点である.

⑼Lynn and Seidl, "Bottom Line Management." また，John M. Bryson, "Initiation of Strategic Planning by Governments," (*Public Administration Review*, vol.48, no.6 (November-December 1988)：995-1004); James W. Fessler and Donald F. Kettl, "Budgeting" (*The Politics of the Administrative Process* (Chatham House, 1991), pp.208-238収録); 及び Peter A. Pyhrr, "The Zero-Base Approach to Government Budgeting" (Shafritz and Hyde, *Classics*, pp.495-505収録) も参照.

⑽政策マネジメントシステムは戦略計画（策定）システムと，戦略計画策定のために使われる予算システムと密接に関連している. この分野における主要な文献として，注⑻参照.

⑾Allen Schick, "The Road to PPB: The Stages of Budget Reform" (*Public Administration Review*, 26 (December 1966)：243-258, Shafritz and Hyde, *Classics*, pp.299-318 再録). また，Fessler and Kettl, "Budgeting," pp.208-238; 及び Pyhrr, "Zero-Base Approach," pp.495-505も参照.

⑿Pyhrr, "Zero-Base Approach." これらの予算策定システムについて描いた事例として，Mills, "PPB and the Surgeon General," 及び Herzlinger and Clark, "Zero-Based Budgeting in the Public Health Service" 参照.

⒀Darman は予算システムと，Lynn and Seidl が "Bottom Line Management" で提示するより柔軟なシステムの双方が持つ固定された年間計画という特徴に特に批判的である. 彼の見方では，固定された年間計画は，政府において現れる多くの問題（そして機会！）に対応するにはあまりにも柔軟性がなさすぎるのである. Darman, "Policy Development Note #4," p.4参照.

⒁私はこの困難に関してとりわけ鮮明な個人的経験を有する. 当時の内国歳入庁（IRS）の長官であった Rose Egger は彼の主要なスタッフとラインの部下に対して，IRS の戦略計画を策定するよう依頼した. この依頼に対して彼が受け取ったものは，その予算提案に極めて類似した文書であった. それは組織のあらゆる主要な計画と活動を特定し，なぜそれらが重要であるかを説明していた. 彼は，戦略計画は将来の業務運営の改善のための革新と投資が期待できる比較的少数の分野を特定すべきであって，組織が現在行っているあらゆることを記述するものではないと考えていたことから，この成果に落胆を示した.

⒂規制官庁における政策マネジメントシステムを描いた事例として，Moore, "Joan Claybrook and the National Highway Traffic Safety Administration"; 及び Kennedy, "Managing EPA" 参照.

⒃Porter, *Presidential Decisionmaking*, pp.229-252.

⒄同上，pp.235-241.

⒅大統領をこのように見ることの危険性について，Laurence E. Lynn, Jr. and David DeF. Whitman, "The Perils of Policymaking" (*The President as Policymaker*, pp.3-15収録) 参照.

⒆Porter, *Presidential Decisionmaking*, pp.231-235.

⒇同上，pp.241-247. 意思決定に対するこのアプローチは長い間，Alexander L. George と関連づけられてきた. George, "The Case for Multiple Advocacy in Foreign Policy" (*American Political Science Review*, 66 (September 1972)：pp.751-785).

⑾Porter, *Presidential Decisionmaking*, p.177.

⑿Darman, "Policy Development Note #4."

⒀これは「戦略的」重要性を持つ決定のための枠組みの中で彼が行っている区別から黙示的に示される. 同上，p.3.

⒁Heymann は，「戦略とは，ある組織の活動に一貫性を持たせる目標と計画である. もしそれが

新しく，異なるものであれば，それは変化をもたらすための取組を示し，そして変化は常に反対を生む.」と述べている（Heymann, *The Politics of Public Management*, p.19）.

(115)そのようなグループへの参加は，新たに方向付けられた組織の主要なラインのマネージャーとなりうる人々の能力を試し，構築するために用いうる．しかし，このような場合においても，多くの決定はスタッフ業務よりも，ライン業務を通じて形成された勧告に基づいて行われるべきである.

(116)この焦点の当て方は，Darman が「課題同士を，また，課題を全体の戦略と関連づける」機能を強調する中で明確にされている．この点は Darman と，国務省及び法務省において Darman が構築したシステムの一部の利用者であった Elliot Richardson との会談において強調された.

(117)Hale Champion がこの見方を表明している.

(118)Lax and Sebenius, *The Manager as Negotiator*, pp.29-45.

(119)これは経済分析における通常の仮定であり，「ゲーム理論」と交渉分析に引き継がれたものである．ゲーム理論の導入としては，R. Duncan Luce and Howard Raiffa, *Games and Decisions*（Wiley and Sons, 1967), pp.3-6参照．交渉分析の導入については，Raiffa, *The Art and Science of Negotiation* 参照.

(120)個人的利益と政治に関する考えについては，John Ferejohn and Charles Shipan, "Congressional Influence on Bureaucracy"；及び Morris P. Fiorina, "Comment: The Problems with PPT"（共に *Journal of Law, Economics, and Organization*, vol. 6 (1990), それぞれ pp.1-20, 255-263）参照.

(121)Steven Kelman, *Making Public Policy: A Hopeful View of American Government*（Basic Books, 1987), pp.286-296. また，Gary Orren, "Beyond Self-Interest" 及び Steven Kelman, "Why Public Ideas Matter"（Reich, *The Power of Public Ideas*, それぞれ pp.13-30, 31-54収録）参照.

(122)Robert B. Reich, "Policy-Making in a Democracy"（Reich, *The Power of Public Ideas*, pp.123-156).

(123)公的利益と義務についての議論が行動のための実効的能力の構築において影響力を有する状況の例として，Neustadt, *Presidential Power and the Modern Presidents: Roosevelt to Carter* 参照.

(124)交渉を取り巻く状況から生まれる結果を分析するためには，分析者は交渉主体が取る戦略を「縮減した形」（reduced form）で見る必要がある．Luce and Raffia, *Games and Decisions*, pp.47-53 参照.

(125)同上，pp.56-154.

(126)Raffia, *The Art and Science of Negotiation*; Lax and Sebenius, *The Manager as Negotiator*.

(127)Lax and Sebenius, *The Manager as Negotiator*, pp.70-74.

(128)Neustadt, *Presidential Power and the Modern Presidents: Roosevelt to Reagan*, pp.50-90.

(129)Lax and Sebenius, *The Manager as Negotiator*, pp.246-254.

(130)同上.

(131)同上，pp.226-237.

(132)同上，p.111.

［訳注３］ジャック・スプラットはマザーグースに収録される童謡の一つ．ジャックは脂身が嫌い，夫人は赤身が嫌い，だから二人はきれいに皿をなめた，と歌われている.

(133)前掲(129)，p.11.

(134)同上，pp.84-86.

(135)私はこの表現は Roger Fisher と William Ury によって生み出されたと信じている．Fisher and Ury, *Getting to Yes*, pp.97-106参照.

(136)Lax and Sebenius, *The Manager as Negotiator*, pp.29-45.

(137)Thomas C. Schelling, *The Strategy of Conflict*（Harvard University Press, 1960).

(138)Fisher と Ury は *Getting to Yes* において，「秩序立った交渉」の要素を提示している.

(139)Lax and Sebenius, *The Manager as Negotiator*, pp.29-45.

(140)Fisher と Ury は異なる見方から，交渉当事者に秩序立った立場をとることを促す．彼らの分析において，それは多くの交渉において満足のいく決着を可能とするものであり，そして，何らかの合意に至ることは，当事者が過剰に攻撃的になる場合の一般的な結果である，合意がなされないことよりも一般的に言って良いのである．Fisher and Ury, *Getting to Yes* 参照

(141)Lax and Sebenius, *The Manager as Negotiator*, pp.218-230. また，James K. Sebenius, "Negotiation Arithmetic: Adding and Subtracting Issues and Parties" (*International Organization*, vol. 37, no. 2 (Spring 1983)：pp.281-316) も参照．

(142)Lax and Sebenius, *The Manager as Negotiator*, pp.46-62.

(143)Lax と Sebenius はこの批判を認識している．同上，pp.237-241参照．

(144)第 2 章における市民についての議論を想起されたい．ここで提示しているのは，「受益者」であれ，「義務を負う者」であれ，「クライアント」というより「市民」にとっての価値の表現を発展・促進するためには，交渉以外の何かが必要であるということである．

(145)これらの考えは Robert B. Reich, "Policy Making in a Democracy, Ronald A. Heifetz and Riley M. Sinder, "Political Leadership: Managing the Public's Problem Solving" (共 に Reich, *The Power of Public Ideas*, それぞれ pp.137-147, 179-203) に提示されている．また，Reich, *Public Management in a Democratic Society*, p.175, そして Ronald A. Heifetz, *Leadership without Easy Answers* (Harvard University Press, 1994 [邦題『リーダーシップとは何か！』幸田シャーミン訳，産能大学出版部，1996年]), pp.125-149も参照．

(146)Heifetz, *Leadership*, pp.235-236.

(147)Heifetz は「技術的」(technical) 業務と「適応的」(adaptive) 業務との重要な区別を行っている．前者は，権限を有する立場の者が答えを知っている場合に生じるものであり，後者はまだ答えが見つかっていないか，解決のためには変えようのない厳しい現実に適応することが求められる場合に生じるものである．Heifetz and Sinder, "Political Leadership", pp.185-191; 及び Heifetz, *Leadership*, pp.73-76参照．

(148)Heifetz はこれを適切な「一時停止環境」(holding environment) を作ることと呼んでいる．Heifetz, *Leadership*, pp.103-113参照．

(149)Reich, "Policy Making in a Democracy," pp.144-147.

(150)Heifetz は *Leadership*, pp.22-27において，この「困難な現実への適応」という考えを，リーダーシップの定義の要点として用いている．

(151)Robert B. Reich, "Public Administration and Public Deliberation: An Interpretive Essay" (*Yale Law Journal*, vol. 94 (June 1985)：1617-1641); 及び Arthur Applbaum, "Failure in the Marketplace of Ideas" (Kennedy School of Government, 非公開手記, 1993).

(152)Reich, "Policy Making in a Democracy," pp.144-147.

(153)これらの出来事は Henry Lee and Esther Scott, "Managing Environmental Risk: The Case of Asarco" (KSG Case #C16-88-847, Kennedy School of Government Case Program, 1988) に記されている．この事例は Reich, "Policy Making in a Democracy," pp.147-150と，Heifetz, *Leadership*, pp.88-100において分析されている．私は単に彼らの分析を繰り返しているだけである．

(154)David L. Kirp, *Learning by Heart: AIDS and Schoolchildren in America's Communities* (Rutgers University Press, 1989), pp.276-293.

(155)Heifetz, *Leadership*. 「政府の学習」に関する異なるアプローチは，Lloyd Etheredge, "Government Learning: An Overview" (Samuel L. Long, ed., *The Handbook of Political Behavior* (vol.2, Plenum Press, 1981), pp.73-161収録) において便利に要約されている．この論文は市民がどのように学習するかよりも，高い地位にある個々の行政官がどのように学習するかに焦点を当てているが，関連する考えの極めて便利な要約である．

(156)Heifetz, *Leadership*, pp.194-201.

(157)注(151)参照.

(158)Heifetz, *Leadership*, pp.235-249.

(159)Heifetz and Sinder, "Political Leadership," pp.187-191.

(160)Heifetz, *Leadership*, pp.241-246.

(161)これらの出来事は "Cancer and Environmental Hazards in Woburn, Massachusetts"（KSG Case #C16-86-660.0, Kennedy School of Government Case Program, 1986）に記されている. ここで提示されている分析は私自身によるものである.

(162)「ソーシャルマーケティング」という概念は, Philip Kotler と Eduardo Roberto が *Social Marketing: Strategies for Changing Public Behavior*（Free Press, 1989 [邦題『ソーシャル・マーケティング：行動変革のための戦略』井関利明監訳, ダイヤモンド社, 1995年]）にて導入し発展させたものである. また, Philip Kotler, "Social Marketing of Health Behavior"（L. W. Frederiksen, L. J. Solomon, and K. A. Brehany eds., *Marketing Health Behavior*（Plenum Press, 1984）収録）も参照. 公的セクターにおけるマーケティングの概念, これらの取組の適切な評価基準, そして100のメディアキャンペーンの事例を分析した秀逸な論文として, Janet A. Weiss and Mary Tschirhart, "Public Information Campaigns as Policy Instruments"（*Journal of Policy Analysis and Management*, vol.13, no.1 (1994)：pp.82-119）参照.「戦略的コミュニケーションキャンペーン」がうまくいった例を描いた事例として, "Selling the Reorganization of the Post Office"（KSG Case #C 14-84-610.0, Kennedy School of Government Case Program, 1984）; 及び "Please Be Patient: The Seattle Solid Waste Utility Meets the Press"（KSG Case #C16-91-1058.0, Kennedy School of Government Case Program, 1991）参照.

(163)公的な情報キャンペーンに対するプロパガンダ批判については, Jacques Ellul, *Propaganda: The Formation of Men's Attitudes*（Vintage, 1965）; 及び Benjamin Ginsberg, *The Captive Public: How Mass Opinion Promotes State Power*（Basic Books, 1986）参照. これに代わる, より希望的な見方として, Walter Lippman, *Public Opinion*（Free Press, 1981 [邦題『世論』掛川トミ子訳. 岩波書店, 1987]）, Martin Linsky, "The Media and Public Deliberation,"（Reich, *The Power of Public Ideas*, pp.205-227）, そして Weiss and Tshirhart, "Public Information Campaign as Policy Instruments" 参照.

(164)R. Craig Lefebvre and June Flora, "Social Marketing and Public Health Intervention"（*Health Education Quarterly*, vol.15, no.3 (Fall 1988)：pp.300-301）.

(165)警察でさえもその利用者, すなわち一般大衆, 出動要請を行う人々, さらには逮捕する対象者までも！に対する調査を行うようになった. 例えば, Frank Small and Associates, *Community Policing Initiatives in the Australian Capital Territory: 1992 Update*（Frank Small Associates, 1992）参照.

(166)100のメディアキャンペーンの取組の分析として, Weiss and Tschirhart, "Public Information Campaigns as Policy Instruments" 参照. 公衆衛生の分野はこれらの技法の発展と利用において特に関心を持たれ, 洗練されているように見える. これは, この分野における政府の介入が, 多数の個人を動員して, 重要な行動の変化を起こさせることにかかっているからかもしれない.

(167)これらの出来事は Robert D. Behn, *Producing Results: How Public Managers Can Create a Culture of Performance*（Governor's Center, Duke University, 1994）に描かれている. 人々が税金を払うための動機づけに関する理論についての議論は, Mark H. Moore, "On the Office of Taxpayer and Social Process of Taxpaying"（Philip Sawicki ed., *Income Tax Compliance*（American Bar Association, 1983）収録）参照.

(168)Behn, *Producing Results*, chap. 3, pp.7-9.

(169)同上, pp.19-21.

注　釈（第6章）　363

(170)同上，chap. 4，pp.9-17.
(171)同上，chap. 5，pp.3-6.

第6章　公的セクターにおける生産の再構築
——オペレーション管理の機能——

(1)リーダーシップとマネジメントとの間の区別は多大なる注意の対象となっている．例えば，John Kotter, *A Force for Change: How Leadership Differs from Management*（Free Press, Collier Macmillan, 1990［邦題『変革するリーダーシップ：競争勝利の推進者たち』梅津祐良訳，ダイヤモンド社，1991年］）参照．この区別は使い勝手の良いものではないという主張については，James Krantz and Thomas N. Gilmore, "The Splitting of Leadership and Management as a Social Defense"（*Human Relations*, vol.43, no.2（February 1990）：pp.183-204）参照.
(2)この説明は，Esther Scott によって記された4つの事例に基づいている："Managing the Boston Housing Authority: Note on Federal Public Housing Policy（1937-1980）"（KSG Case #N16-85-626, Kennedy School of Government Case Program, 1985), "The Boston Public Housing Authority（A）"（KSG Case #C16-83-563, Kennedy School of Government Case Program, 1983), "The Boston Public Housing Authority（B）"（KSG Case #C16-83-564, Kennedy School of Government Case Program, 1983)；及び "Managing the Boston Housing Authority: The Receivership Begins"（KSG Case #C16-85-627, Kennedy School of Government Case Program, 1985). 私はまた，一定の期間ケネディスクールで私の同僚であった Harry Spence との私的な対話からも利益を受けている．
(3)Scott, "Boston Public Housing（A），" p.1.
(4)第2章及び第3章における，公的セクターにおける破産についての議論を参照されたい．
(5)Scott, "Boston Public Housing（A），" p.1.
(6) "Voices from the Projects"（*Boston Magazine*, vol.73（December 1981）：170, Scott, "Managing the Boston Housing Authority," p.2における引用).
(7)Scott, "Managing the Boston Housing Authority," p.3.
(8)同上，p.14.
(9)同上，p.13.
(10)この説明は Zachary Tumin, "Lee P. Brown and the Houston Police Department: Part A"；及び "Lee P. Brown and the Houston Police Department: Part B"（未定稿，Kennedy School of Government, 1989）に基づいている．
(11)Tumin, "Brown and the HPD: Part A," p.8.
(12)同上，p.6.
(13)同上，p.8.
(14)同上，p.11.
(15)同上．
(16)同上．
(17)同上．
(18)同上，p.14.
(19)同上，p.16.
(20)同上，p.19.
(21)同上，p.20.
(22)Houston Police Department, *Assessment of the Department: Problems and Issues, September 1982*（Houston Police Department, 1982), p.ii.
(23)同上．

364

⑷同上，p.61.

⑸同上，pp.64-65.

⑹同上，p.62.

⑺同上，pp.62-63.

⑻Robert C. Wood, *Remedial Law: When Courts Become Administrators*（University of Massa-chusetts Press, 1990）参照．Herbert Kaufman もまた，公的組織が実際死に至ることを発見した．Kaufman, *Are Government Organizations Immortal ?*（Brookings Institution, 1976），pp.68-70参照.

⑼この点についての理論的論考については第2章を参照．義務を課す組織についての説得力のある導入的議論として，Malcolm Sparrow, *Imposing Duties: Changing Approach to Compliance*（Praeger, 1994）参照.

⑽公的組織が公営住宅の入居者に対してどれだけ義務を課すことができるかは，公営住宅事業が薬物取引やギャング活動の中心となったことに伴い，重要な問題となった．公営住宅の運営組織がこのような活動を事業から排除するためにどのようにその権力を行使できるかについての議論として，Deborah Lamm Weisel, *Tackling Drug Problems in Public Housing: A Guide for Police*（Police Executive Research Forum, 1990）参照.

⑾Herman Goldstein は警察が行わなければならない多様な機能についての古典的な記述を提供している．総論として，Goldstein, *Policing a Free Society*（Ballinger, 1977）参照.

⑿パブリックマネージャーがイノベーションの余地を見つけるにあたって直面する困難についての議論は，Moore, *Accounting for Change: Reconciling the Demands for Accountability and Inno-vation in the Public Sector*（Council for Excellence in Government, 1993），pp.106-107参照．また，James Q. Wilson, *Bureaucracy: What Government Agencies Do and Why They Do It*（Basic Books, 1989），pp.218-232も参照.

⒀Herman B. Leonard, "Theory S vs. Theory T"（Kennedy School of Government, 複写, 1984）．また，Robert D. Behn, *Leadership Counts: Lessons for Public Managers from the Massachusetts Welfare, Training, and Employment Program*（Harvard University Press, 1991），pp.203-206も参照.

⒁米国造幣局でさえ，戦略的にマネジメントされる必要がある．米国財務省印刷局のとある高官との議論を通じ，私は彼女がコイン収集家のための事業を始め，金属コレクション品生産においてフランクリン・ミントのような民間企業と競争すべきか，またどのようにそれを進めるべきかというという重要な問題に直面していることを知った．つまり，彼女は，伝統的な任務が求めるもの以外のものを生み出す能力があるとわかった公的組織を率いるという意味で，第1章における司書と同じ立場となったのである.

⒂公的セクターの組織の全般的な運営成績を測定・評価することは驚くほど困難である．米国会計検査院（GAO）は連邦各官庁の「総合的マネジメント評価」を行おうとした際，この課題に直面した．結局 GAO は，自分たちにできることはマネジメントシステムの評価と，一定の部局が行った限られた数の政策プログラムの基礎的な評価を組み合わせることだけであると理解した．GAO は長期間一定のままである主要なプログラムにおける生産性の向上を評価することはできず，また，組織が変化する政治的期待に適応する能力を評価することもできなかったのである．これらの報告書の例として，U.S. General Accounting Office, *Increasing the Department of Housing and Urban Development's Effectiveness through Improved Management*, vols. 1 and 2（GAO, 1984）；及び U.S. General Accounting Office, *Social Security Administration: Stable Lead-ership and Better Management Needed to Improve Effectiveness*（GAO, 1987）参照.

⒃ここで私は，「公的なマンデートを運営上の結果に転換することは，政府組織とそのリーダーに対して，製品とサービス提供の技術を理解し，これらに対して継続的に注意を払うことを要求する」とした Laurence E. Lynn Jr. に従っている．Lynn, *Managing Public Policy*（Little, Brown,

注　釈（第6章）　365

1987), pp.70-71参照．民間セクターにおけるアナロジーとして，Michael Hammer, *Re-Engineering the Corporation: A Manifesto for Business Revolution*（HarperBusiness, 1993［邦題『リエンジニアリング革命：企業を根本から変える業務革新』野中郁次郎監訳，日本経済新聞社，2002年］）参照．

(37)Herbert Kaufmann は巧妙にその環境に適応した組織についての美しい説明を提供している．Kaufmann, *The Forest Ranger*（Johns Hopkins University Press, 1960）参照．変化に適応した組織についての同様に素晴らしい説明として，Martha Derthick, *Agency under Stress: The Social Security Administration in American Government*（Brookings Institution, 1990）参照．

(38)これは James Q. Wilson が唯一イノベーションと呼ぶに値する類のものである．Wilson, *Bureaucracy*, p.225参照．

(39)この問題についての議論と，イノベーションの課題に直面した公的セクターのマネージャーの具体例を提示する事例として，Moore, *Accounting for Change* 参照．

(40)Terrence E. Deal and Allan A. Kennedy, *Corporate Cultures: The Rites and Rituals of Corporate Life*（Addison-Wesley, 1982), p.23.

(41)Max D. Richards, *Organizational Goal Structures*（West Publishing, 1978), pp.1-35.

(42)同上，pp.6-7.

(43)例えば，Kenneth Andrews は「長期計画には比較的一般的な文言が用いられる一方で，業務運営計画はしばしば比較的詳細な予算という形をとる．これらは短期的な業績を判断するための基準を確立するという必要性に対応することができる．」と述べている．Andrews, *The Concept of Corporate Strategy*（Irwin, 1987［邦題『経営戦略論』山田一郎訳，産業能率短期大学出版部，1976年］), p.111.

(44)これは Herbert Simon の見方のように思える．彼は「「目的」と「過程」との間には本質的な違いはなく，程度の差しかない．「過程」とは，その直近の目的が手段と目的の階層の中で低いレベルにある活動であり，「目的」とは，その目指す価値や目標が手段と目的の階層の中で高いレベルにある活動の集合である」(Simon, "The Proverbs of Administration," Shafritz and Hyde eds., *Classics of Administration*（2nd ed., Dorsey Press, 1987), p.171収録)．

(45)Richards, *Organizational Goal Structures*, pp.89-109.

(46)連邦政府の公営住宅政策の目標に関する議論について，Eugene J. Meehan, *The Quality of Federal Policymaking*（University of Missouri Press, 1979）参照．

(47)この戦略的概念の進化についての記述については，Malcolm K. Sparrow, Mark H. Moore and David M. Kennedy, *Beyond 911: A New Era for Policing*（Basic Books, 1990), pp.30-57参照．また，George L. Kelling and Mark H. Moore, "The Evolving Strategy of Policing"（*Perspectives on Policing*, no.4（National Institute of Justive, Kennedy School of Government, 1988）も参照．

(48)George L. Kelling et al., *The Kansas City Preventative Patrol Experiment: A Summary Report*（Police Foundation, 1974).

(49)William G. Spelman and Dale K. Brown, *Calling the Police: Citizen Reporting of Serious Crime*（National Institute of Justice, 1984).

(50)Peter W. Greenwood, Jan M. Chaiken and Joan Petersilia, *The Criminal Investigation Process*（D. C. Health, 1977）; John Eck, *Solving Crimes: The Investigation of Burglary and Robbery*（Police Executive Research Forum, 1984).

(51)Sparrow, Moore and Kennedy, *Beyond 911*, pp.95-125.「コミュニティ警察」や「課題解決型警察」などの警察業務の代替戦略が有効性であるという根拠の議論として，Mark H. Moore, "Community and Problem-Solving Policing"（Michael Tonry and Norval Morris eds., *Modern Policing*（University of Chicago Press, 1992), pp.99-158 収録）参照．また，Dennis Rosenbaum, *The Challenge of Community Policing*（Sage, 1994）も参照．

(52)コミュニティが自身を防衛する能力についての一般的見方として，Dennis P. Rosenbaum ed., *Community Crime Prevention: Does It Work?* (Sage, 1986) 参照.

(53)Mark H. Moore and Robert Trojanowicz, "Policing and the Fear of Crime" (*Perspectives on Policing*, no. 3, National Institute of Justice and Kennedy School of Government, 1988).

(54)同上.

(55)James Q. Wilson and George L. Kelling, "Police and Neighborhood Safety: Broken Windows" (*Atlantic Monthly*, March 1982), pp.29-38.

(56)Anthony M. Pate, Mary Ann Wycoff, Wesley G. Skogan and Lawrence W. Sherman, *Reducing Fear of Crime in Houston and Newark: A Summary Report* (Police Foundation, 1986).

(57)John E. Boydstun, Michael E. Sherry and Nicholas P. Moelter, *Patrol Staff in San Diego: One- or Two-Officer Units* (Police Foundation, 1977), p.28, Table 18.

(58)Mark H. Moore and Darrel W. Stephens, *Beyond Command and Control: The Strategic Management of Police Departments* (Police Executive Research Forum, 1991).

(59)Herman Goldstein, *Problem-Oriented Policing* (McGraw-Hill, 1990), pp.32-34.

(60)Lawrence W. Sherman, P. R. Garten and M. E. Burger, "Hot Spots of Predatory Crime: Routing Activities in the Criminology of Place" (*Criminology*, vol.21 (February 1989)：pp.27-55).

(61)Goldstein, *Problem-Oriented Policing*, pp.32-49.

(62)Sparrow, Moore and Kennedy, *Beyond 911*, pp.97-104.

(63)これらの技法に関する全般的な議論として，Goldstein, *Problem-Oriented Policing* 参照．これらの技法が実務でどのように用いられるかに空いての記述として，John E. Eck, William Spelman, Diane Hill, Darrel W. Stephens, John R. Stedman and Gerard R. Murphy, *Problem-Solving: Problem Oriented Policing in Newport News* (Police Executive Research Forum, 1987) 参照.

(64)この作戦はカリフォルニア州サンタアンナ警察による訓練用映像として作成されたビデオの主題となっている.

(65)望ましい製品を，特定の生産プロセス及び行政システムと結びつける論理は，Mark H. Moore, "A Feasibility Estimate of a Policy Decision to Expand Methadone Maintenance" (*Public Policy*, vol. 26, no. 2 (Spring 1978)：pp.285-304) に描かれている.

(66)私は同僚のRobert Leoneがこの点を強調してくれたことに負うところが大きい．それはJames L. Heskett, W. Earl Sasser and Christopher W. L. Hart, *Service Breakthroughs: Breaking the Rules of the Game* (Free Press, 1990) の中で，民間セクターのサービス企業の文脈でさらに発展させられている.

(67)Scott, "Managing the Boston Housing Authority," p.11.

(68)Michael T. Farmer, *Survey of Police Operational and Administrative Practices* (Police Executive Research Forum, 1978).

(69)Philadelphia Police Study Task Force, *Philadelphia and Its Police: Toward a New Relationship* (Philadelphia Police Study Task Force, 1987), p.129.

(70)法律に基づく組織がその法的権力が適切に行使されていることを示すため，それを説明できることの重要性についての議論として，Kenneth Culp Davis, *Discretionary Justice: Preliminary Inquiry* (Louisiana State University Press, 1969) 参照.

(71)司法行政における裁量の削減の重要性についての議論として，James Vorenberg, "Narrowing the Discretion of Criminal Justice Officials" (*Duke Law Journal*, vol.1976, no.4 (1976)：pp.651-697).

(72)警察官が遭遇する様々な状況を鮮明に事実に基づいて説明したものとして，Jonathan Rubinstein, *City Police* (Farrar, Straus, and Giroux, 1973) 参照．架空の説明として，Joseph Wambaugh, *The Blue Knight* (Little Brown, 1972 [邦題『ブルー・ナイト』工藤政司訳, 早川書房,

注　釈（第6章）　367

1981年〕）参照.

(73)Sparrow, Moore and Kennedy, *Beyond 911.* また，Mark H. Moore, William Spelman and Malcolm Sparrow, "Police Innovation: From Production Lines to Job Shops" (Alan Altshuler and Robert Behn eds., *Innovation in American Government: Challenges, Opportunities, and Dillemmas* (Brookings, 1997) 収録)

(74)Claude Levi-Strauss, *The Savage Mind* (University of Chicago Press, 1966 〔邦題『野生の思考』大橋保夫訳，みすず書房，1976年〕), pp.16-36.

(75)当時のヒューストン警察の文化のさわりとして，そして特に殺傷能力の行使に関する態度や女性の役割について，Kenneth Winston, "A Policewoman's (Non) Use of Deadly Force" (KSG Case #C16-91-1040, Kennedy School of Government Case Program, 1991).

(76)このような態度はヒューストンに限られたことではない．Mark H. Moore, "Police Accountability, Police Culture, and the 'Dirty Deal' " (*Governing*, vol.4, no.11 (August 1991)：9).

(77)Robert M. Fogelson, *Big City Police: An Urban Institute Study* (Harvard University Press, 1977).

(78)Sparrow, Moore and Kennedy, *Beyond 911,* pp.50-54. さらなる議論については Arthur Niederhoffer, *Behind the Shield: The Police in Urban Society* (Doubleday, 1967) 参照.

(79)Sparrow, Moore and Kennedy, *Beyond 911,* pp.54-57.

(80)Wesley G. Skogan, *Disorder and Decline: Crime and the Spiral of Decay in American Neighborhoods* (Free Press, 1990), pp.113-114.

(81)Leonard, "Theory S and Theory T." また，Behn, *Leadership Counts*, pp.203-206 も参照.

(82)なぜ形式化や伝統的な官僚形態が警察組織にこれほどよく合うのかについて，Mark H. Moore, "Policing : Deregulating or Redefining Accountability" (John Dilulio Jr. ed., *Deregulating the Public Service: Can Government Be Improved* (Brookings Institution, 1994), pp.198-235収録) 参照.

(83)Fogelson, *Big City Police.*

(84)統合犯罪レポートが警察業務に与えた影響の議論として, Dennis W. Banas and Robert C. Trojanowicz, "Uniform Crime Reporting and Community Policing: A Historical Perspective" (*Community Policing Series*, no. 5, Michigan State University, National Foot Patrol Center, 1985) 参照．また，George L. Kelling and James K. Stewart, "The Evolution of Contemporary Policing" (William Geller ed., *Local Government Police Management* (3 rd ed., International City Management Association, 1991), pp.3-21) も参照.

(85)警察の業績測定に関する議論として，Geoffrey Alpert and Mark H. Moore, "Measuring Police Performance in the new Paradigm of Policing" (John Dilulio Jr. ed., *Performance Measures for the Criminal Justice System*, Discussion Papers from the Bureau of Justice Statistics-Princeton Project (U. S. Department of Justice, 1993) 収録) 参照.

(86)Wesley Skogan, "Dimentions of the 'Dark Figure' of Unreported Crime" (*Crime and Delinquency*, vol. 23 (January 1977)：pp.41-50).

(87)Chester I. Barnard, *The Functions of the Executive* (Harvard University Press, 1966〔邦題『バーナード経営者の役割』飯野春樹編，有斐閣，1979年〕), pp.167-171.

(88)Wilson, *Bureaucracy*, pp.230-232.

(89)Moore, *Accounting for Change*, pp.119-122.

(90)報道がどのようにパブリックマネージャーの革新的な取組を罰するかについての鮮明な事例として，Esther Scott, "Managing a Press Feeding Frenzy: Gregory Coler and the Florida Department of Health and Rehabilitative Services" (KSG Case #C16-92-1135.0, Kennedy School of Government Case Program, 1992) 参照.

368

(91)この現象の興味深い事例として，David M. Kennedy, "Fighting Fear in Baltimore County"(KSG Case #C16-90-938.0, Kennedy School of Government Case Program, 1992) 参照．

(92)Moore, Spelman and Sparrow, "Police Innovation: From Production Lines to Job Shops."

(93)「学習する」組織であることが何を意味するのか，そしてそれを産むために何が必要となるのかについての秀逸な議論として，Chris Argyris and Donald Schon, *Organizational Learning: A Theory of Action Perspective*（Addison-Wesley, 1978）参照．

(94)Peter M. Senge, *The Fifth Discipline: The Art and Practice of the Learning Organization*（Doubleday, 1990 ［邦題『最強組織の法則：新時代のチームワークとは何か』守部信之 他訳, 徳間書店, 1995年]), p.188.

(95)Rosabeth Moss Kanter, *When Giants Learn to Dance: Mastering the Challenge of Strategy, Management, and Careers in the 1990's*（Simon and Schuster, 1989), pp.152-155.

(96)Thomas J. Peters and Robert H. Waterman, *In Search of Excellence: Lessons from America's Best-Run Companies*（Warner, 1982 ［邦題『エクセレント・カンパニー：超優良企業の条件』大前研一訳, 講談社, 1983年]), pp.284-285.

(97)Lee P. Brown, "Community Policing: A Practical Guide"（*Perspectives on Policing*, no. 12, National Institute of Justice, Kennedy School of Government, 1989).

(98)Jay Galbraith, *Designing Complex Organizations*（Addison-Wesley, 1973), pp.15-16.

第7章　実施戦略
――運営マネジメントの技法――

(1)Richard F. Vancil, *Implementing Strategy: The Role of Top Management*（Division of Research, Harvard Business School, 1982, HBS Case Service より入手可能).

(2)ハリー・S. トルーマン大統領は，大統領でさえも何が起こるかを指揮できないということを知った．彼は，アイゼンハワー将軍が大統領になればどれだけ不満を持つだろうかと想像することでその苛立ちを幾分解消させていた．「彼はこの机の後ろにただ座り，「これをしろ，あれをしろ」と言う．そして何が起こるだろうか，何も起きないのだ．」(Richard E. Neustadt, *Presidential Power and the Modern Presidents: The Politics of Leadership from Roosevelt to Reagan*（Free Press, 1990), p.10における引用)

(3)Laurence E. Lynn Jr. and John M. Seidl, "Bottom-Line Management for Public Agencies"（*Harvard Business Review*, vol.55, no.1 (1977)). また，Thomas North Gilmore, *Making a Leadership Change: How Organizations and Leaders Can Handle Leadership Transitions Successfully*（Jossey-Bass, 1988) も参照．

(4)パブリックマネージャーが何をするかについての一般的記述として，Herbert Kaufman, *The Administrative Behavior of Federal Bureau Chiefs*（Brookings Institution, 1981) 参照．

(5)Thomas J. Peters, "Leadership: Sad Tales in Silver Linings"（*Harvard Business Review*, no.79611 (1979)：pp.164-172).

(6)スペンスのとった行動とその結果を記すにあたって，私は主に Esther Scott, "Managing the Boston Housing Authority: The Receivership Begins"（KSG Case #C16-85-627, Kennedy School of Government Case Program, 1985)；及び Esther Scott, "The Boston Public Housing Authority (B)"（KSG Case #C16-85-564, Kennedy School of Government Case Program, 1983) に依っている．

(7)Scott, "Managing the Boston Housing Authority," p.32.

(8)Scott, "Boston Public Housing (B)," p.1.

(9)同上，p.3.

(10)同上，p.7.

注　釈（第7章）　369

⑾調達の課題についての一般的議論として，Steven Kelman, *The Fear of Discretion and the Quality of Government Performance*（AEI Press, 1990）参照.

⑿Scott, "Boston Public Housing（B）," p.8.

⒀同上，p.9.

⒁同上，p.10.

⒂同上，p.6.

⒃同上，p.10.

⒄同上，p.15.

⒅同上，p.16.

⒆同上.

⒇同上，p.17.

(21)同上.

(22)同上，p.18.

(23)同上.

(24)同上，p.20.

(25)同上，p.21.

(26)同上.

(27)同上，p.22.

(28)同上，p.23.

(29)同上，p.25.

(30)同上.

(31)Robert N. Anthony and Regina Herzlinger, *Management Control in Non-Profit Organizations*（Irwin, 1975）, pp.17-18.

(32)Scott, "Boston Public Housing（B）," p.26.

(33)同上.

(34)同上.

(35)同上.

(36)同上，p.27.

(37)同上.

(38)同上.

(39)同上，p.30.

(40)同上.

(41)同上.

(42)同上，p.34.

(43)ブラウンのとった考え，行動及びその結果についての説明は，Zachary Tumin, "Lee P. Brown and the Houston Police Department: Part A" ; 及び "Lee P. Brown and the Houston Police Department: Part B"（未公開草稿，Kennedy School of Government, 1989）に基づいている.

(44)Tumin, "Brown and the HPD: Part A," p.29.

(45)同上.

(46)同上.

(47)同上.

(48)Tumin, "Brown and the HPD: Part B," p.5.

(49)Houston Police Department, *Assessment of the Department: Problems and Issues, September 1982*（Houston Police Department, 1982）, pp.64-65.

(50)同上，p.65.

370

(51)同上.

(52)同上, p.67.

(53)同上.

(54)同上.

(55)Tumin, "Brown and the HPD: Part B," p.9.

(56)同上.

(57)同上, p.11.

(58)同上, p.12.

(59)同上.

(60)Lee P. Brown, *Plan of Action, April 1983* (Houston Police Department, 1983), p.1.

(61)同上.

(62)同上, pp.4-8.

(63)ウィルソンはこの状況を,幹部がその組織の業績について大きな変化を起こすことができるものであると考えている. Wilson, *Bureaucracy*, p.217参照.

(64)この議論は Mark H. Moore, "Police Leadership: The Impossible Dream ?" (Erwin Hargrove and John C. Glidewell eds., *Impossible Jobs in Public Management* (University of Kansas Press, 1991) 収録) においてさらに展開されている.

(65)Brown, *Plan of Action*, p.8.

(66)Malcolm K. Sparrow, Mark H. Moore and David M. Kennedy, *Beyond 911: A New Era for Policing* (Basic Books, 1990), pp.96-97.

(67)Herman Goldstein, *Problem-Oriented Policing* (Temple University Press, 1990).

(68)Tumin, "Brown and the HPD: Part B," p.17.

(69)同上, p.19.

(70)同上, p.22.

(71)同上, p.20.

(72)同上, p.21.

(73)同上.

(74)マネジメントに関する文献は民間セクターからも,公的セクターからも生まれている.民間セクターのマネジメントに関する文献には,Chester Barnard, *The Functions of the Executive* (Harvard University Press, 1938 [邦題『バーナード経営者の役割』飯野春樹編,有斐閣,1979年]); Peter F. Drucker, *Management: Tasks, Responsibilities, Practices* (Harper and Row, 1973 [邦題『マネジメント:課題・責任・実践』野田一夫・村上恒夫監訳,風間禎三郎等訳,ダイヤモンド社,1974年]); Michael E. Porter, *Competitive Strategy: Techniques for Analyzing Industries and Competitors* (Free Press, 1980 (邦題『競争の戦略 (新訂)』土岐坤他訳,ダイヤモンド社,1995年)); 及び Thomas J. Peters and Robert H. Waterman, *In Search of Excellence: Lessons from America's Best-Run Companies* (Warner, 1982 [邦題『エクセレント・カンパニー:超優良企業の条件』大前研一訳,講談社,1983年]) などの古典が含まれる.パブリックマネジメントに関する文献には,Laurence E. Lynn Jr., *Managing the Public's Business: The Jobs of the Government Executive* (Basic Books, 1981); Gordon Chase and Elizabeth C. Reveal, *How to Manage in the Public Sector* (Addison-Wesley, 1983); Jameson Doig and Erwin C. Hargrove, *Leadership and Innovation: A Biographical Perspective on Entrepreneurs in Government* (Johns Hopkins University Press, 1987); Laurence E. Lynn, *Managing Public Policy* (Little Brown, 1987; Philip B. Heymann, *The Politics of Public Management* (Yale University Press, 1987); Steven Kelman, *Procurement and Public Management: The Fear of Discretion an the Quality of Government Performance* (AEI Press, 1990); Erwin C. Hargrove and John C. Glidewell eds., *Impossible Jobs in*

注　釈（第7章）　371

Public Management (University of Kansas Press, 1991), Robert D. Behn, *Leadership Counts: Lessons for Public Managers from the Massachusetts Welfare, Training, and Employment Program* (Harvard University Press, 1991); Martin A. Levin and Mary Bryna Sanger, *Making Government Work: How Entrepreneurial Executives Turn Bright Ideas into Real Results* (Jossey-Bass, 1994); 及び Richard N. Haas, *The Power to Persuade: How to Be Effective in Government, the Public Sector, or Any Unruly Organization* (Houghton Mifflin, 1994) などがある.

⑺例えば, James Q. Wilson は多くの公的セクターの幹部は自分の独立性を確立することに多くの注意を払っていると観察している. 実際, 支配的な官僚制についての経済理論への挑戦として, 彼は公的セクターの幹部はしばしば成長よりも独立性を選好すると考える. Wilson, *Bureaucracy*, pp.179-195参照. 彼の見方では, この需要は, 自分たちの組織を最も低いコストで維持しなければならないという特別な責任を果たさなければならないという関心から生じる. 彼が述べているように, 「政府の幹部にとって, その行政機関の自律性を向上させることは, 利害関係者やライバルとなる官僚の数を最小化することによって組織維持のコストを下げ, そしてその機関の運営者にとって, 一貫性のある任務意識を発展させる機会を最大化する.」(p.183). Wilson はこれを肯定的なものとして述べており, 規範的なものではないことに留意されたい. 彼は, 平均的に, 幹部の「主要な関心は均衡を保つことにあり, 重量挙げをすることにはないと考えている. しかし, もし幹部が組織の方向性を変えたいと考え, この目的を達成するために多大なる仕事をしようと思うならば, 彼または彼女が取ることのできる重要な道筋の一つとして, 変化を要求する外部の環境の要素を取り込むことである.

⑺自分の組織を外部の説明責任や変化への要求から隔離することにとりわけ長けた幹部の事例として, Eugene Lewis, "Admiral Hyman Rickover: Technological Entrepreneurship in the U.S. Navy" (James W. Doig and Erwin C. Hargrove eds., *Leadership and Innovation: Entrepreneurs in Government* (Johns Hopking University Press, 1990) 収録) における, Hyman Rickover についての描写を参照されたい.

⑺組織とそのマネージャーに与えられた矛盾する圧力に関する描写として, Gary E. Miller and Ira Iscoe, "A State Mental Health Commissioner and the Politics of Mental Illness" (Hargrove and Glidewell, *Impossible Jobs in Public Management* 収録) を参照. John Chubb と Terry Moe は, 矛盾する政治的要求は米国における学校の失敗の主要な原因であると考える. Chubb and Moe, *Politics, Markets, and America's Schools* (Brookings Institution, 1990) 参照.

⑺Rickover は正反対の事例である. Lewis, "Admiral Hyman Rickover," pp.84-87参照.

⑺このメカニズムはナップ委員会時代において Patrick Murphy がニューヨーク市警察における汚職対策を成功させるにあたっても重要なものであった. ナップ委員会の存続無くしては, Murphy は汚職対策のための積極的な内部での取組をとることもできなければ, また, 彼がとった行動が同じ効果を生むと期待することもできなかった. "The Knapp Commission and Patrick Murphy" (KSG Case #C14-77-181.0, Kennedy School of Government Case Program, 1977) 参照.

⑻この点で, 彼らは Hargrove と Doig が公的セクターの起業者が利用可能と特定した戦略の一つを用いたのである. 彼らは政治的「分断が……一貫性を持って, 厳格に運営されている政府システムでは当然のようには得られない政治的同盟を築くためのイニシアチブの機会を生み, そしてこれらの機会はこのような起業活動に関心を持つ人々を惹きつけるのである. と述べている. Doig and Hargrove, *Leadership and Innovation: A Biographical Perspective*, p.9.

⑻Selznick, Wilson やその他の理論家は, 長い間, 組織の目的を**確立**し, **制度化**するにあたっての外部の政治環境の重要性を理解してきた. かくして, 例えば Selznick は「ある事業者, ある団体, またはある政府機関がはっきりとしたクライアントを作り上げるに連れて, その事業者は安定した支持の源と, 簡単なコミュニケーションの経路を伴った安定性を得ることとなる. 同時に, そ

の事業者は柔軟性を失う．制度化のプロセスが始まるのである．」（Philip Selznick, *Leadership in Administration: A Sociological Interpretation*（rev. ed., University of California Press, 1984［邦題『組織とリーダーシップ（新版）』北野利信訳，ダイヤモンド社，1975年］），p.7）と述べている．これと比較するとあまり知られていないこととして，これと同じ外部の圧力が組織の目的を**解体する場合や変える場合**にも重要となることである．実際外部の圧力は過去のコミットメントを解消することのできる唯一の溶媒かもしれないのである．したがって，もし幹部がその組織の目的や任務を変えようと考えるならば，彼らはそうしようとする外部の要求を受け入れなければならないのである．それが，これらの行政の幹部が継続性よりも変化を追求する事例における興味深い教訓なのである．

(82)公的セクターにおける実際の破産の分析として，Robert C. Wood, *Remedial Law: When Courts Become Administrators*（University of Massachusetts Press, 1990）参照．

(83)古典的な例はテネシー川流域開発公社（TVA）の David Lilienthal である．洞察力に満ちた分析として，Erwin C. Hargrove, "David Lilienthal and the Tennessee Valley Authority"（James W. Doig and Erwin C. Hargrove, *Leadership and Innovation: Entrepreneurs in Government*（Johns Hopkins University Press, 1990）pp.25-60）参照．

(84)「自律的」（autonomous）になりすぎることから生じる破滅の分析として，Robert Caro, *The Power Broker: Robert Moses and the Fall of New York*（Knopf, 1974）参照．

(85)Woodrow Wilson は大衆の意志と継続的な接触を維持することの決定的重要性を記してこう述べている．「我々にとっての理想とは，十分成長し，自己充足的な公務員が，確かな感覚と熱意を持って行動し，そして同時に，選挙と，継続的な市民との協議という方法によって大衆の考えと十分密接につながり，恣意性や，あってはならない階層間の分断を見つけることができることである．」Wilson, "The Study of Administration"（Jay M. Shafritz and Albert C. Hyde eds., *Classics of Public Administration*（2nd ed., Dorsey Press, 1987), p.22）.

(86)Rosabeth Moss Kanter は民間セクターの組織のイノベーションや改善の喚起にあたって，組織の外部環境が重要な役割を果たすとしてこう述べている．「組織の周囲にある，数え切れない形でそれをつつき，刺激する外部の世界は，変化を刺激するにあたって明らかに重要である．」Kanter, *The Change Masters: Innovation and Entrepreneurship in the American Corporation*（Simon and Schuster, 1983［邦題『ザ・チェンジ・マスターズ：21世紀への企業変革者たち』長谷川慶太郎監訳，二見書房，1984年］），p.280.

(87)Ronald A. Heifetz は，従業員がやりたくないような，新しい環境に適応する仕事を行うという課題に伴ってリーダーにかかる，従業員と対立するよりも，自分の追随者の期待を満たすべきというプレッシャーについて特に鮮明な説明を提供している．Heifetz, *Leadership without Easy Answers*（Harvard University Press, 1994［邦題『リーダーシップとは何か！』幸田シャーミン訳，産能大学出版部，1996年］），pp.69-73参照．

(88)Robert Behn の著作は，組織に対する外部の要求を作ることは，その組織を取り巻く政治が静まり返っていて，マネージャーが「戦略上の」イノベーションに加えて「プログラム上の」イノベーションを追求している時であっても重要となりうることを示唆している．この考えは Behn, "A Curmudgeon's View on Public Administration"（*State and Local Government Review*, Spring 1987, 47, 54-61）に現れる．彼はそして，Behn, *Leadership Counts* において，説得力のある例を示している．

(89)Thomas Gilmore は，組織の重要な戦略的変化，特にその組織がリーダーシップの変化を経る際に，部下がそれを起こすための最も重要なツールの一つであるとしている．Gilmore, *Making a Leadership Change: How Organizations and Leaders Can Handle Leadership Transitions Successfully*（Jossey-Bass, 1988）参照．

(90)John Kotter はこれがマネージャーが成功するための一つの要素であると信じている．Kotter,

注　　釈（第7章）　　373

The General Managers（Free Press, Collier Macmillan, 1986［邦題『ザ・ゼネラル・マネジャー：実力経営者の発想と行動』金井寿宏他訳，ダイヤモンド社，1984年］）参照．

(91)Alfred D. Chandler は遠い昔に，組織の戦略の選択と，一貫性のある組織構造との間の決定的なつながりを見出していた．Chandler, *Strategy and Structure: Chapters in the History of the Industrial Enterprise*（MIT Press, 1962［邦題『組織は戦略に従う』有賀裕子訳，ダイヤモンド社，2004年］）参照．

(92)これらの異なる組織の論理の明快な説明，そして組織の活動や目的を形作るにあたってマネージャーが組織構造を用いる方法についての包括的な議論として，Henry Mintzberg, *The Structuring of Organizations: A Synthesis of the Research*（Prentice-Hall, 1979），pp.108-115参照．

(93)外部への説明責任を受け入れることと，高いレベルで内部の説明責任を求める能力とのつながりは，繰り返しになるが，Patrick Murphy による，ニューヨーク市警察の汚職対策の取組において最も鮮明なものとなった．注(79)参照．

(94)Behn は Chet Atkins がマサチューセッツ州福祉局において「従業員訓練のための選択」プログラムの実施を管理するために用いたものと似たプロセスを描いている．Behn, *Leadership Counts*, pp.49-82参照．

(95)非営利組織のマネジメント統制プロセスにおける予算の役割については，Anthony and Herzlinger, *Management Control in Nonprofit Organizations*, pp.227-258参照．公的セクターにおける予算に関する議論については，Allen Schick, "The Road to PPB: The Stages of Budget Reform"（*Public Administration Review*, vol.26（December 1966）：pp.243-258）参照．

(96)これと似たトレードオフに直面し，異なる選択を行ったマネージャーの例として，"The MBTA: The Budget Process（A)"（KSG Case #C16-79-249.0）；及び "The MBTA: The Budget Process（B)"（KSG Case #C16-79-250.0, いずれも Kennedy School of Government Case Program, 1979）参照．

(97)Richard G. Darman, "Policy Development Note # 4 : Propositions for Discussion on Recent Progress and Problems in the Design of Policy Development Systems"（Kennedy School of Government, 複写, 1980）．

(98)John M. Bryson, *Strategic Planning for Public and Nonprofit Organizations*（Jossey-Bass, 1988），p.7.

(99)これは少し後，カスリーン・ウィットマイヤー市長の敗北ののち，ヒューストンにおけるブラウンの政策への政治的支持が崩れたことに伴って起きた．

(100)Kaufmann, *Federal Bureau Chiefs*, pp.77-78.

(101)民間セクターにおけるイノベーションについての議論として，Kanter, *The Change Masters*；及び Donald K. Clifford and Richard Cavanagh, *The Winning Performance: How America's High-Growth Midsize Companies Succeed*（Bantam, 1985［邦題『ウイニング・パフォーマンス：勝利企業の条件』大前研一訳，プレジデント社，1986年］）参照．

(102)重要な「プログラムのイノベーション」と，「戦略的イノベーション」との区別についての議論として，Mark H. Moore, "Gordon Chase and Public Sector Innovation"（Association for Public Policy Analysis and Management 第 9 回年次総会発表資料，1987年10月30日）参照．

(103)Malcolm Sparrow はイノベーションが組織を新しい目的に傾け，より一般的には組織を解凍する影響力について議論している．Sparrow, "Implementing Community Policing"（*Perspectives on Policing*, no.9, National Institute of Justice, Kennedy School of Government, 1988）参照．

(104)Moore, "Gordon Chase and Public Sector Innovation."

(105)Sparrow, "Implementing Community Policing."

(106)Wilson は組織の主要な技術の定義を定め，なぜそれがそれほどまでに変えにくいかを説明し，そしてそれが変えられうる条件を提示している．Wilson, *Bureaucracy*, pp.221-232参照．

⑴⒄この信念のもと，ブラウンはその他の多くの警察のマネージャーと一体となった．Sparrow, Moore and Kennedy, *Beyond 911*参照.

⑴⒅Lee P. Brown, "Community Policing: A Practical Guide for Police Officials"（*Perspective on Policing*, no.12, National Institute of Justice, Kennedy School of Government, 1989）.

⑴⒆この取組において直面した問題の説明として，David M. Kennedy, "Computer-Aided Police Dispatching in Houston, Texas"（KSG Case #C-90-985-0, Kennedy School of Government Case Program, 1990）参照.

⑴⒑政府が結果を共創するにあたってのクライアントの役割については，David Osborne and Ted Gaebler, *Reinventing Government: How the Entrepreneurial Spirit Is Transforming the Public Sector from Schoolhouse to Statehouse, City Hall to the Pentagon*（Addison-Wesley, 1992［邦題『行政革命』日本能率協会自治体経営革新研究会訳，日本能率協会マネジメントセンター，1995年］），pp.49-75参照.

⑴⒒同上.

⑴⒓Henry Mintzberg, *Structure in Fives: Designing Effective Organizations*（Prentice-Hall, 1993）, pp.53-54, 95.

⑴⒔Michael Barzelay and Babak Armajani, *Breaking through Bureaucracy: A New Vision for Managing in Government*（University of California Press, 1992）, pp.3-5.

⑴⒕同上.

⑴⒖民間セクターにおけるこれらの言葉は，Peter and Waterman, *In Search of Excellence* において生み出された．これらのテーマは Osborne and Gaebler, *Reinventing Government* において公的セクター向けのものにされている.

⑴⒗Anthony and Herzlinger, *Management Control in Nonprofit Organizations*.

⑴⒘イノベーション促進にあたっての外部環境の役割と，革新的な組織の設計については，Kanter, *The Change Master* と，Peter M. Senge, *The Fifth Discipline: The Art and Practice of the Learning Organization*（Doublebay, 1990［邦題『最強組織の法則：新時代のチームワークとは何か』守部信之他訳，徳間書店，1995年］）参照.

⑴⒙リーダーシップとマネジメントとの間の区別については，John Kotter, *A Force for Change: How Leadership Differs from Management*（Free Press, Collier Macmillan, 1990［邦題『変革するリーダーシップ：競争勝利の推進者たち』梅津祐良訳，ダイヤモンド社，1991年］）参照．この区別の防御装置としての解釈については，James Krantz and Thomas N. Gilmore, "The Splitting of Leadership and Management as a Social Defense"（*Human Relations*, vol.43, no.2（February 1990）：pp.183-204）参照．集団や組織が「適応的（adaptive）業務」を行うことを助けるという興味深いリーダーシップの定義と，権限を持つ立場からこの種のリーダーシップを行使することの困難については，Heifetz, *Leadership without Easy Answers* 参照.

⑴⒚Heifetz によると，「学習のペース」を管理することは，リーダーシップにとっての重要な要求である．Heifetz, *Leadership without Easy Answers*, pp.241-246参照.

⑴⒛「パートナーたち」もまた，Heifetz による効果的なリーダーシップのための処方箋の重要な要素の一つである．同上，pp.268-273.

⑴㉑Edward Banfield はマネージャーの「管理的（administrative）」業務と，組織の「実質的（substantive）」業務との間の区別を発展させている．彼はさらに，このうち前者は後者に従属しなければならず，組織，多くの計算は「科学」よりも「アート」によって指導され，とりわけ管理の「科学」ではないと述べている．*Public Policy*（vol.10（1960）：16-43）.

⑴㉒Kanter はまた，彼女が調査した組織における，トップレベルのマネージャーによる即興の重要性を指摘している．「ある一つのドラマチックな戦略的決定というよりも，時間をかけて行われた一連の小さな決定について述べる方が正確だろう．……のちに「その」戦略となった決定的な

注　釈（終章）　375

要素が形成されたり，コミットメントを整理した計画やミッションの宣言が生み出されたり，または重要な「ゴーサイン」が下されたりした主要な会議もあったかもしれない．」Kanter, *The Change Masters*, p.295. マネジメント活動の即興的な性格は，Behn の「手探り（groping）」という概念においても捉えられている．*Leadership Counts*, pp.127-150参照．ちょうどこのようなプロセスから，結果的に全体的な戦略に発展した過程を描いた興味深い事例として，"Ellen Schall and the Department of Juvenile Justice"（KSG Case #C16-87-793.0, Kennedy School of Government Case Program, 1987）参照．

(123)モメンタムを維持することの重要性に関して，1970年代初期のニューヨークで大規模なメサドン維持療法プログラムを作り出すに当たってのGordon Chase の行動を考えられたい．"Methadone Maintenance"（KSG Case #C14-76-65.0, Kennedy School of Government Case Program, 1976）参照．

終　章　分断された，不確実な世界における行動

(1)Malcolm Sparrow と私は Mark H. Moore and Malcolm K. Sparrow, *Ethics in Government: The Moral Challenges of Public Leadership*（Prentice-Hall, 1990），p.21においてこれらの対立するイメージを提示している．

(2)Herbert Kaufman は，政府のプロセスにおいて市民が表現されることを求める３つの主要な価値についての彼の古典的な議論において，この考えを「非党派的能力の追求」として描いている．Kaufman, "Emerging Conflicts in the Doctrines of Public Administration"（*American Political Science Review*, vol.50, no.4（December 1056）：pp.1057-1073）.

(3)一つの説明として，Telford Taylor, *The Anatomy of the Nuremberg Trials: A Personal Memoir*（Knopf, 1992）を読まれたい．John P. Burke はニュルンベルグの原則を，公務員が組織の要求に反して道徳的信念に基づいて行動することを義務付けるものと考えるが，しかし彼はこれを限られた例外とも考える．Burke, *Bureaucratic Responsibility*（Johns Hopkins University Press, 1986），pp.167-178参照．

(4)この原則は米国陸軍において，ベトナム戦争における William Calley Jr. 少尉の事例の取扱において改めて確認された．Robert Anthony Calaff, "Battling Evil from Within: Laws of War, Obedience, and U.S. Army Basic Training since My Lai"（Harvard University, 1985）.

(5)内部告発義務についての議論として，Sissela Bok, "Blowing the Whistle"（Joel Fleishman, Lance Liebman and Mark H. Moore eds., *Public Duties: The Moral Obligations of Government Officials*（Harvard University Press, 1981），pp.204-220収録）参照．また，Edward Weisband and Thomas M. Franck, *Resignation in Protest*（Grossman Publishers, 1975）も参照．

(6)John F. Kennedy, *Profiles in Courage*（Harper Perennial, 1956［邦題『勇気ある人々』宮本喜一訳，英治出版，2008年］）.

(7)Burke はこの見方に対する疑念を *Bureaucratic Responsibility*, pp.162-164にて提示している．

(8)この表明は，Kaufman が "Emerging Conflicts" において「代表性（representativeness）の追求」と表現している価値を反映している．

(9)この見方はこの10年間ケネディスクールのエグゼクティブプログラムで指導してきた行政官が一般的に受け入れたものである．

(10)Albert O. Hirshma は，その古典的著作 *Exit, Voice, and Loyalty*［邦題『離脱・発言・忠誠：企業・組織・国家における衰退への反応』矢野修一訳，ミネルヴァ書房，2005年］において，事業の参加者に開かれた選択について描写している．

(11)例えば Burke は，*Bureaucratic Responsibility*, p.163において，「官僚は一般的にその果たすべき役割について，明確なあらかじめ定義された表現や期待を受ける．期待や義務が不明確な場合，

官僚は立法部門や組織の上司などの権限を持つ者に対して，明確化を訴えることができる．さらに，単に上の階層に訴えることができるだけでなく，その訴えた先以外の者も，政治的選択にあたってのより良い視点を持っていることがしばしばある.」と述べている．これは前に述べたPendleton Herring の見方と対立する．彼は，「官僚の肩には，集団間の意見の違いを仲裁し，立法過程を通じて到達された経済・社会上の妥協を効果的かつ実現可能なものにするという重荷の大部分が載せられている．彼はこれらの任務を果たすにあたって，立法者よりも良い立場にあるのである．というのも，彼は日常の業務を通じて法が対応しようとする状況に直接関わることになるからである.」と述べている．Herring, "Public Administration and the Public Interest" (Jay M. Shafritz and Albert C. Hyde eds., *Classics of Public Administration* (2nd ed., Dorsey Press, 1987), p.74).

⑿Charles E. Lindblom, *The Policy-Making Process* (2nd ed., Prentice-Hall, 1980 [邦題『政策形成の過程：民主主義と公共性』藪野祐三・案浦明子訳, 東京大学出版会, 2004年]), p.5.「さらに，ある政策は政策立案者たちによる妥協から形成され，その誰もが，合意された政策がどのような問題に対応するのかよくわからないこともあるのである．時には，すでに述べたように，政策は「問題」では全くない，新しい機会から生まれることもあるのである.」

⒀Lawrence E. Lynn Jr. は, *Managing Public Policy* (Little Brown, 1987), pp.46-49においてこの点を最も力強くそして雄弁に主張している．

⒁Derek Bok, *The Cost of Talent: How Executives and Professionals Are Paid and How It Affects America* (Free Press and Maxwell Macmillan International), p.208.

⒂同上．

⒃このような厳しい環境に大きく異なる方法で対応したパブリックマネージャーを描いた一連の事例として，"Surviving at the EPA" と題された次の事例群を参照されたい．"Surviving at the EPA: David Thundermann" (KSG Case #C16-84-588.0), "Surviving at the EPA: Mike Walsh" (KSG Case #C16-84-589.0), "Surviving at the EPA: Mike Cook" (KSG Case #C16-84-590.0), "Surviving at the EPA: Bill Hedeman" (KSG Case #C16-84-591.0), "Surviving at the EPA: Gary Dietrich" (KSG Case #C16-84-592.0), "Note on the EPA under Administrator Anne Gorsuch" (KSG Case #N16-84-587.0, いずれも Kennedy School of Government Case Program, 1984).

⒄皮肉的になったマネージャーの像として，Michael Maccoby, *The Gamesman: The New York Corporate Leaders* (Simon and Schuster, 1976 [邦題『ゲームズマン：新しいビジネスエリート』広瀬英彦訳, ダイヤモンド社, 1978年]) 参照．

⒅例えば，Robert Caro, *The Power Broker: Robert Moses and the Fall of New York* (Knopf, 1974); 及び Eugene Lew, "Admiral Hyman Rickover: Technological Entrepreneurship in the U.S. Navy" (James W. Doig and Erwin C. Hargrove eds., *Leadership and Innovation: Entrepreneurs in Government* (Johns Hopkins University Press, 1990), pp.84-87収録) を参照されたい．

⒆この見方を提示することで私は，Woodrow Wilson が一世紀以上も前に定めた禁止に応えようとしているのである．それは，「我々は世論を王位につけた．そして，その在位中我々はこの主権者が，幹部が有するような専門性を速やかに身につけることを期待することを禁じられているのである．……我々が何らかの進展を得るためには，我々は世論と呼ばれる多数の専制君主に指示を出さなければないのである．……［人々は］全く単純でないことであっても合意できる．つまり，前進は差異の組み合わせによって，また計画を切り貼りし，そしてあまりにもストレートすぎる原則を抑制することによってのみ可能なのである．長い年月をかけて審議される決議や，あらゆる点に修正を加える炎のような指令もあるのである.」Jay M. Shafritz and Albert C. Hyde eds., *Classics of Public Administration* (2nd ed., Dorsey Press, 1987) における Wilson の "Study of Administration," pp.13, 1" 参照．

注　釈（終章）　377

⑳この立場を認めるにあたって，私は自身を Kaufman が政府事業に関する市民の関心について特定した第3の核心的価値，すなわち「幹部のリーダーシップの追求」（"Emerging Conflicts" 参照）に一致させている．私はまた，Robert Behn の「リーダーシップのメタ戦略」という考えにも同意している．Behn, *Leadership Counts: Lessons for Public Managers from the Massachusetts Welfare, Training, and Employment Program* (Harvard University Press, 1991), pp.203-208参照．

㉑「事後的な」説明責任への移行は，Thomas J. Peters と Robert H. Waterman が賞賛する企業のマネージャーが従う，「構え，撃て，狙え」という原則に一致するという追加的な利点がある．この原則に従うことによるメリットとして彼らが考えるのは，それが組織に「行動へのバイアス」を与えるということであり，それは物事が起きるスピードを上げるだけでなく，さらにアイデアが実施される信頼性も高めるということでもある．組織は自分自身を，物事を達成できる主体であると考えるようになるのである．Peters and Waterman, *In Search of Excellence: Lessons from America's Best-Run Companies* (Warner, 1992［邦題『エクセレント・カンパニー：超優良企業の条件』大前研一 訳，講談社，1983年］), pp.119-155参照．私はこの点に加えて，目標を「狙う」ことは，「撃った」後，少なくとも曳光弾を撃った後の方がしばしば容易になるということを指摘したい．これは，マネージャーはひとたび試してみた後の方が，想像している取組の実現可能性や価値について事前に知りうることよりもはるかに多くのことを知ることができるからである．公的セクターでは，より一般的なプロセスは，「構え，構え，構え，狙え，いや，もう一度構え直せ」である．公的セクターは，公務員に対して，完全に権限が与えられるまでの間行動を遅らせるよう，多大なプレッシャーをかける．この遅延は，社会を技術的失敗及び道徳的失敗双方のリスクから守ると推測されている．協議は，公的な行動を改善し，正当化するために必要なのだ，と．もちろん，これらはしばしば起こる．しかしこの戦略は，組織の動きを極めて遅くさせ，何らかの行動を起こすことができるという自信を失わせ，そして，プログラム評価の技法を通じて組織が達成した成果から学び報告することよりも，政策分析及び計画の技法を通じて何が起こるかを事前に予想しようとすることを重視させるという損失を生むのである．

㉒例えば，William F. Willoughby, *The Movement for Budgetary Reforms in the States* (D. Appleton, for the Institute for Government Research, 1918), pp.1-8, Shafritz and Hyde, *Classics*, pp.33-37における再録．

㉓Carol H. Weiss, "Purposes of Evaluation" (Shafritz and Hyde, *Classics*, pp.474-483再録)．

㉔第3章を参照．

㉕Mark H. Moore, "Realms of Obligation and Virtues" (Joel L. Fleishman, Lance Liebman, and Mark H. Moore eds., *Public Duties: The Moral Obligations of Government Officials* (Harvard University Press, 1981) 収録)．また，Moore and Sparrow, *Ethics in Government* も参照．

㉖公的セクターのマネジメントについての主観的経験の説明について，Donald Rumsfeld, "A Politician Turned Executive Surveys Both Worlds" (*Fortune*, vol.100, no.5 (September 10, 1979)：89-94)；及び Michael Blumenthal, "Candid Refletions of a Businessman in Washington" (*Fortune*, vol.98, no.1 (January 29, 1979)：pp.36-49) 参照．

㉗公務員のプライバシー権の射程についての議論については，Dennis F. Thompson, "The Private Lives of Public Officials" (Joel L. Fleishman, Lance Liebman and Mark H. Moore eds., *Public Duties: The Moral Obligations of Government Officials* (Harvard University Press, 1981), pp.221-247収録) 参照．

㉘目的を共有し，同僚の集団にコミットし，しかし疑問を持つに至った公務員が直面する道徳上の問題についての議論として，Michael Walzer, "Political Solidarity and Personal Honor"(Michael Walzer, *Obligations: Essays on Disobedience, War, and Citizenship* (Harvard University Press, 1981［邦題『義務に関する11の試論：不服従, 戦争, 市民性』山口晃訳, 而立書房, 1993年], pp.190-

202収録）参照.

⑵同僚の主張がどのようにして強制的になり，究極的には腐敗的になっていくかの鮮明な説明として，Thomas Powers, *The Man Who Kept the Secrets: Richard Helms and the CIA*（Knopf, 1979）参照.

⑶彼らは，権力を行使することの関心と，学習の必要性との間でのバランスを取らなければならない．Karl W. Deutsch はこのジレンマを評して，「単純な言葉で言って，権力を持つことは譲らなくてよいということ，そして，周囲の環境や他者に対して強制するということを意味する．この狭い意味での権力は，取り入れることよりも打ち出すこと，耳を傾けることよりも話す能力を優先することである．ある意味，それは学ばなくてすむという能力なのである．」と述べている．Deutsch, *The Nerves of Government: Models of Political Communication and Control*（Free Press, 1966［邦題『サイバネティクスの政治理論（新装版）』佐藤敬三他訳，早稲田大学出版部，2002年］）, p.11.

⑶この結論において私は Donald A. Schon に従っている．彼は，「このような結果を達成するために，政策立案プロセスにおける政治的競争に関わったプロフェッショナルは，敵対的な環境において質問する能力が求められるだろう．彼らは現実に対する自身の見方を，冷静に見直しつつも提唱し，それに基づいて行動するとともに，敵対者を理解しようとしつつも，対立する見方に対して敵対的な立場を取ることができなければならないだろう．」Schon, *The Reflective Practitioner: How Professionals Think in Action*（Basic Books, 1983［邦題『省察的実践とは何か：プロフェッショナルの行為と思考』柳沢昌一・三輪建二 監訳，鳳書房，2007年］）, p.350.

⑶「リーダーシップとはカミソリの刃である．というのも，人々が生活とコミュニティにおいて矛盾に直面し，新しい現実に適応するためにその価値や行動を変えていかなければならない社会的不均衡を，一定の間面倒を見なければならないからである．」Ronald A. Heifetz, *Leadership without Easy Answers*（Harvard University Press, 1994［邦題『リーダーシップとは何か！』幸田シャーミン訳，産能大学出版部，1996年］）, pp.126-128.

⑶同上，pp.163-165.

⑶同上，pp.235-237.

⑶同上，pp.268-271.

⑶Max Weber, "Politics as a Vocation"（［邦題『職業としての政治（改版）』脇圭平訳，岩波書店，2020年］H. H. Gerth and C. Wright Mills eds., *From Max Weber: Essays in Sociology*（Oxford University Press, 1946）, p.115収録）.

⑶同上.

⑶同上.

訳者あとがき

　私が原著と出会ったのは，2014年秋，ジョンズ・ホプキンス高等国際問題研究大学院（Johns Hopkins School of Advanced International Studies, SAIS）での，官民連携ケーススタディの授業においてである．

　授業は SAIS の官民連携イニシアチブの主任教授であり，ハーバード・ケネディスクールでも官民連携を担当していたアラン・トレーガー教授が担当し，少人数のクラスで，ケーススタディを材料に，自分ならどのような選択をするか，毎回白熱した議論が行われた．

　本書はその授業の基礎的な参考資料として取り扱われ，政治マネジメント，交渉など本書で紹介されている概念が，実際のケースの中でどのような効果を発揮したのかを学習した．

　著者のムーア教授は本書において，公的価値を創造し，実現することが可能であること，ならびに，そのために果たすパブリックマネージャーの役割について，具体的事例を通じて論じている．

　おそらく日本の行政官は，本書で紹介されている公的価値を実現するための手法を経験上知っているのではないかと考える．実際，法律上与えられている権限では目標達成に不十分であるとき，政治プロセスに働きかけ制度を改正することは，日常的な政策立案プロセスとなっている．

　それでも，どのような場合にその働きかけがうまくいき，逆にどのような場合にうまくいかないかは，個々の行政官の経験によるところが大きいのではないだろうか．とりわけ，今日のように，価値観が多様化し，技術革新も加速する中で，行政官がどのように政策上の目標，すなわち公的価値を見定め，その実現に向けてどのような主体に対して，どのような手段で働きかけていくべきかを，単に過去の自らの経験だけではなく，体系的に整理して学ぶことができることは，行政官全体の資質向上にとって有意義と考えられた．

　このような思いから，帰国後順次翻訳を書き始めてきたが，当初は出版することまでは考えていなかった．しかし，特に，2020年から新型コロナウイルスが各国で猛威を奮ったことで，行政官が不確実性にどのように立ち向かうべきかについて改めて考えさせられ，邦訳を世に出すに思い至った（本書は豚インフルエンザへの対応のケースを取り上げている）．

本書が，国，地方公共団体で実務を担われている行政官にとって少しでも参考になれば幸いであるとともに，行政官を目指す学生たちに，自分たちが未来どのような役割を担うことになるのかを示すことができれば幸いである．

　どれだけ多くの公的価値を創造し，実現するかは，すべての社会にとって共通の課題である．課題達成のために市民，行政官，選挙の洗礼を受けた政治家などが取り結ぶべき関係，公的価値を創造，実現する上でのパブリックマネージャーの役割について関心を寄せる多くの人々に対して，本書が何らかの示唆を与えることができれば望外の喜びである．

　末尾となってしまったが，本書の日本語訳刊行を認め，序文を寄せていただいた原著者のマーク H.ムーア教授，出版社の紹介から校正の確認まで支援をしてくれた父と，私の取組を陰ながら応援してくれた母，そして，4 年前の企画相談に始まり，緻密な校正と編集で最後までお世話になった晃洋書房の山本博子さんに心からのお礼を申し上げる．

　　2024年 7 月

　　　　　　　　　　　　　　　　　　　　　松 野 憲 治

索　引

〈アルファベット〉

ad hocracy　169
best alternatibe to a negotiated agreement,
　BANTA　175-178
BHA　225
CLPHA　243
DART　269-271
Department of Community Affairs, DCA　101,
　144
Deutsh, Karl　351
DYS　82, 85
EPA　55, 56, 78-80, 338
EPA の目標　87
HIV ウイルス　181
HPD　227
OJJDP　84
PODSCORB　316, 343
Robert Moses　354

〈ア 行〉

アサルコ精錬所　181
アダム・スミスのピン工場　221
アドボカシー　189
　起業的――　148, 149, 153, 155, 161, 354, 356
　（複層的）――, multiple advocacy　169, 357
アドホック（主義）　169
アメリカン・モーターズ（AMC）　338
アリソン, グレアム　1
安定化プログラム　244, 252
意思決定支援システム　168
意思決定プロセス　162-165
意思決定プロセスの正統性　124
一般討議とリーダーシップ　23
イニシアチブ　19
イノベーション　7, 12, 17, 24, 59, 60, 73, 91, 94,
　95, 112, 113, 210, 231-235, 284, 285, 288, 292-
　294, 316, 337, 346, 347, 364, 365, 372, 373
医薬品会社　119

依頼人たる市民　328
インテグレーター　314
ウィットマイヤー, カスリーン（ケーシー）
　201, 206, 373
ウィルソン, ウッドロー　30, 328, 343
ウェーバー, マックス　311
ウェストサイド司令本部　268, 271
ウォバーン（市）　183, 185
運営マネージャー　208-210
運営マネジメント　207, 208, 210
エグゼクティブプログラム　7
汚染対策という目標　87
オニール, ポール　140, 141
オペレーション管理　191

〈カ 行〉

カードウェル, ハリー　199, 200
カープ, デビッド　181
外部環境　120
外部授権（及び共創）環境　110
カヴァノー, ジェームズ　140
学習とリーダーシップ　185
学習のペース　374
課題環境　10, 53, 69, 95
価値を創造　26
環境団体　119
環境保護団体　120
環境保護庁　73
監察総監　344
間接マネジメント　347
官僚　21, 31
　――機構　151
議会　115, 116
起業アドボカシー　23
起業家精神　20, 27, 325
企業戦略　22, 62, 63, 67, 69, 74, 75, 80, 81, 303,
　337
機能的　289
機能別　289-291

機能別構造　226, 227
機能別配置（job shop）　221-223
機能別配置側　221
気まぐれなマンデート　329
ギャリティ，ポール（判事）　191, 206, 239, 246, 253
行政委員会　356
行政運営上の革新　209
矯正学校　335
行政官　30, 31
行政監督委員会　2
行政管理　5, 6, 8, 71, 72, 207
　　──システム　225, 226, 230, 235, 292-294
　　──上のイノベーション　232-234
行政管理論　5, 6
行政法　5, 6
行政予算管理局　140
　　──局長　140
強制力　28
共同体主義的　327
共同体主義哲学　327
恐怖緩和　271
　　──試験　271, 272
恐怖緩和プログラム　270
ギラン・バレー症候群　143
近隣地区情報ネットワーク　270
クーパー，セオドア（保健次官補）　137, 138, 140, 141
クライアント　14, 22, 35, 37, 50, 51, 68, 205-207, 374
クレーマー，アル　134, 135
経営管理　5
計画（策定）プロセス　280, 281
経験の蓄積　48
経済学　5
経済政策委員会　358
経済的　16
警察サービス対応　271
ゲーム理論　360
ケネディスクール　7, 315
権威　17
権限　16, 150, 151, 189, 326
　　──の分散　4

現状維持路線　310
建設業界　119
建設組合　105
「現代化」プログラム　193
現代化基金　243
建築労働者の組合　105
憲法　313
権力　9, 10, 44, 45, 51, 351
　　──の行使　52
効果的　16
公共政策　7
公共目的　8
攻撃的なアドボカシー　147
公権力　40, 45, 46, 332
公権力の行使　332
公衆衛生プログラム　331
交渉　5, 23, 148, 172, 174, 175, 189, 352, 353
　　──戦術　173
　　──により得られる合意に対する最善の代替策　175
　　──分析　174
厚生経済学　326, 327
高速道路建設計画　136
公聴会　163
公的価値　1, 8, 12, 21-23, 30, 34, 38, 48, 49, 53, 54, 56, 58, 67, 69, 73, 74, 95, 97, 98, 101-103, 111, 129, 130, 206, 213, 300, 303-305, 307, 342
　　──を探求　307
公的権力　50, 326
公的資源　30, 54
公的セクターにおける革新　336
公的セクターにおける戦略策定システム　357
公的セクターにおける破産　337, 363
公的セクターにおけるマーケティング　23, 148, 185, 187, 189, 362
公的セクターのマネージャー　185
公的組織が生産する「製品」　23
公的な起業家精神　317
行動チャネル　355
行動へのバイアス　377
公平　16, 52
衡平（equity）　332
　　──性　10, 41, 44-47, 50, 207

索　引　383

——性　6
公民権　356
公務員制度　19
　　——委員会　116
公務員の中立性　342, 343
公務員のプライバシー権　377
効率性　6, 10
合理的主体モデル　358
顧客　34-36
国内政策委員会　141, 162
国立司法省研究所　270
個人の自由　27
個人の選好　34, 42-44
国家の権力　27
コッター, ジョン　161
コミットメント　325
コミュニティ　223, 224, 266, 268
　　——グループ　217, 228
　　——警察　365
　　——組織対応チーム　270
　　——能力強化　250
コンパス　341
コンバットゾーン　103, 130, 181

〈サ　行〉

サージェント, フランシス　57, 83, 101, 133-
　　136, 144
裁判所　122, 152, 164
裁量　19, 59, 60
サビン, アルバート　141, 142
サリー, スタンレー　160
サンダー, リチャード（警部）　256, 257
サンタアンナ警察　366
支援サービスプログラム　250
資金　12, 27, 28, 54, 56
「事後的な」説明責任　377
市場調査　186
自然独占　340
実現可能性の予測　358
実施過程　5
指定地域担当チーム（DART）　269
自分が掲げる実質的な目標　88
市民　16, 18

——代表　47
——団体　119
——による熟議　179-182, 189
——による熟議と社会的学習　148
地元コミュニティ　258
　　——グループ　272
地元密着型の警察　273
社会学習　182, 183
　　——とリーダーシップ　182, 183
社会集団の希望　28
社会的学習　189
社会的規制　339
社会保障局の障害者プログラム　341
ジャクソン, イラ　187, 188
自由　27
集権化　228, 230, 251, 290
集権的　289, 291
　　——な意思決定プロセス　169
　　——マネジメント　168
州コミュニティ局　101, 104
集団的意思　30
集団的意思決定の過程　34
集団的意思決定プロセス　34
集団の目標　27
自由な選択　28
授権　18, 22, 37, 52, 71, 72
　　——・共創環境　123
　　——環境　119, 120, 122, 127, 211, 302, 308
首席顧問　122
条件　17
情報キャンペーン　349, 362
職能団体　116
ジョブショップ　170
ジョンソン, B. K.　200, 201, 204, 256, 260
審査委員会（administrative grievance panel）
　　246
人事システム　229, 230
人的ネットワーク　357
ストックパイル（stockpile）戦略　145, 146
スペンス, ハリー　191, 212, 213, 239, 252, 254
政策形成　5
　　——過程　3
政策決定は再評価　298

政策に対する授権　71
政策評価　32, 52
政策分析　31, 33, 36, 52, 308, 330, 341
政策またはプログラムのイノベーション　232
政策マネージャー　162
政策マネジメント　167, 189, 357
　　──システム　168, 169, 359
政策立案マネジメント　23, 148, 161, 162
政策を再評価　299
生産エンジニアリング　209
生産過程　23
生産プロセス　207, 217-220, 222, 224, 288, 294
生産ライン　170, 221, 223
政治科学　5
　　──分野　5
政治過程　10, 30
政治家の授権　31
政治からの権限委任　30
政治環境　53, 68, 95
政治情勢　23
政治宣言　16
政治的アドボカシー　144, 342
政治的意向　17
政治的意思決定　52
政治的環境　5, 8, 10, 20, 23, 60, 68, 69, 73
政治的権力　44
政治的指示　6
政治的授権環境　210, 307
政治的正統性　151, 163
政治的中立性　343
政治的な授権　71
政治的任命　19
政治的マンデート　336
政治的要請　8
政治と行政の間の厳格な区別　21
政治と行政の分離　321
政治任命の幹部　115
政治マネージャー　144
政治マネジメント　12, 23, 36, 109-116, 129,
　　131, 132, 143, 144, 146-148, 161, 172, 178, 179,
　　183, 185, 188, 189, 208, 209, 274, 330, 347, 351,
　　352
　　──戦略　184

青少年サービス局　58
青少年司法　335
　　──・非行防止局（OJJDP）　84
政治レベルの上司　116, 131
制定法　123
政党　116
正統性　10, 17, 23, 67, 71, 76, 97, 109, 120, 124,
　　130, 151, 162, 164, 189, 355
生物学的製剤局　107
政府の学習　361
政府の「合理的主体」モデル　358
整理された目的　89
責任　16, 17, 19, 23
説明責任　19, 21, 33, 72, 95, 101, 109, 111, 112,
　　115, 116, 129, 186, 206, 207, 274, 283, 301, 302,
　　304-306, 308, 322, 333, 339, 344, 346-348, 352
　　──の条件　348
　　──の引き受け（受け入れ）　276, 279, 373
ゼネラルエレクトリック社　339
ゼネラルマネージャー　345
ゼネラルマネジメント　347
セベニウス，ジェームズ　176
選挙で選ばれた監督者　22
選挙を経た首長　59
選好　28, 33, 37
全国予防接種プログラム　142
センサー，デビッド　106, 121, 137, 139, 140,
　　144, 149
「潜在的な」利害関係団体　355
全米ライフル協会　120
戦略計画（策定）システム　168, 357, 359
戦略的イノベーション，戦略上のイノベーション
　　232, 233, 373
戦略的計画プロセス　282
戦略的コミュニケーション　148, 185
　　──キャンペーン　362
戦略的トライアングル　23, 69-72, 340, 342
戦略的マネジメント　8, 23
戦略的目標　88
戦略的リーダー　344
戦略トライアングル　208
戦略マネージャー　238
戦略マネジメント　338

想像力　19-22
ソーシャルマーケティング　362
組織　15
　——環境　53
　——間の調整　113
　——構成　3
　——構造　278, 279
　——設計　277
　——戦略の実際の変化　238
　——戦略の変化　238
　——において蓄積された経験　48
　——の管理機構　23
　——の戦略　92
　——のミッション　210, 211, 217
　——論　5

〈タ　行〉

ダーマン，リチャード　170
大規模公営住宅機関評議会（CLPHA, Council of
　　Large Public Housing Authorities）　243
大統領　124
代表　28
　——者　14, 52
　——民主制　28, 29
ダイレクト市民調査　271
タウンミーティング　319
多目的司令センター　268
探求者　20, 301, 320
地域行政ネットワーク　83
地域コミュニティ　216, 228, 230, 265
　——グループ　216
地域入居者政策評議会（Local Tenants Policy
　　Council, LTPC）　250
地域ネットワーク　83
地域別　289-291
地域密着型警察　272
チェンバレンとヒトラーの交渉　126
抽象化　92, 93, 95, 339
　——レベル　92
抽象性　93
抽象的　94, 339
抽象度　93-95, 211
地理的　290, 292

　——分権　291
ディクソン，ジェームズ　140, 141
適正手続　6, 171, 333
テネシー川流域開発公社（TVA）　372
伝統的知恵　126, 127
伝統的な見方　126
店頭派出所　271, 272
ドイッチュ，カール　147
統一犯罪レポートシステム　228
統合犯罪レポート　367
道徳　303
　——観　296, 297
　——上のリスク　305
動物愛護団体　120
トクヴィル，アレクシス　319
独自コンピタンス　63, 64, 72
独立行政委員会　355
土地収用権　102, 103, 110, 116, 122, 129, 136
ドラッカー，ピーター　260
トルーマン，ハリー・S.（大統領）　368

〈ナ　行〉

内国歳入庁（IRS）　359
内部告発義務　375
ナップ委員会　371
ニクソン（大統領）　55, 74, 76, 90
ニスカネン　323
入居者グループ　226
入居者政策評議会（Tenant Policy Council）
　　245, 250
入居者選定手続き　219
ニュルンベルグ裁判　296
ニュルンベルグの原則　375
任務　15, 16, 18
　——環境　23
能力　351
ノースシェパード支署　272

〈ハ　行〉

パークプラザ　103, 129
　——計画（プロジェクト）　121, 110
　——再開発　144
パートナー　310

バーナード，チェスター　231
ハイフェッツ，ロナルド　309, 310
破産　337
パブリックマネージャー　1, 2, 11, 12, 16, 18,
　20, 22, 26, 29, 32, 36, 37, 50-54, 56, 59, 60, 69,
　71, 72, 97-99, 101, 115, 123, 129, 132, 188, 206,
　209, 299-301, 308, 309
パブリックマネジメント　8, 132, 273, 317
被害者フォローアップ　271
ヒューストン警察　191, 198, 214, 222, 227, 367
表現　86
費用効果分析　31, 33, 34, 52
費用効率性分析　34
費用便益分析　22, 31, 33, 34, 52, 61, 338
貧困層　119
品質管理　314
フォーカスグループ　186
フォード大統領　115, 141-143
　――の政策委員会　123
不確実性　108, 166, 167
豚インフルエンザ　106, 107, 347
ブラウン，リー　191, 198, 201, 207, 214, 222,
　255, 256, 369, 373, 374
プリンシパル＝エージェント問題　330
ブルーリボン委員会　156
プログラムのイノベーション　373
プログラム評価　22, 31-34, 36, 61, 308, 323,
　324, 330, 338, 341
プロジェクトマネージャー　225, 252, 253
プロダクトエンジニアリング　209
分権化　251-253, 267, 268, 270, 281, 289-292
分権型の構造　227
分配上の正義　333
米国会計検査院（GAO）　364
米国環境保護庁　54, 55
米国議会　315, 327
米国経済協力局（ECA）　340
米国疾病対策センター（CDC）　106
米国造幣局　364
米国の麻薬取締政策　340
ベイルズ，J. P.　204, 256, 260
ヘッドスタートプログラム　161
ベトナム戦争　375

変革　24
　――者　20
ベンサム，ジェレミー　333
報道陣　5
報道戦略　349
法律顧問　116, 122, 156, 164
法律と政治による授権　28
ポーター，ロジャー　168-170
ホームステッド・プログラム（homesteading
　program）　248
ホームルーム　105, 130, 132
ボストン再開発公社（BRA）　104
ボストン住宅公社（BHA）　191, 225, 239
ボストン住宅裁判所　245
ボストンの建設労働者の組合　105
ホワイト，ケビン（市長）　245

〈マ　行〉

マーケティング　62, 185, 186, 188
マキーハン，ジョン　257, 260
マサチューセッツ州議会　83, 242
マサチューセッツ州コミュニティ・開発局
　240
マサチューセッツ州最高裁判所　191
マサチューセッツ州青少年サービス局　54, 56,
　80
マサチューセッツ州保健局（DPH）　183
マシュー，デビッド（保健福祉省次官）　138,
　140
マスキー，エドモンド　55
マスキー上院議員　76
マネージャー　9, 10, 12, 25, 26
　――の「実質的」（substantive）能力と「行政
　　上の」（administrative）能力　322
マネジメント　10, 11, 292
　――上の性格　311
　――目標　25
マホーニー，マイルス　101, 121, 132, 134-137,
　149
麻薬戦争　348
マンデート　17, 31, 59, 67, 69, 72, 96, 109, 120,
　127, 300
マンデートの変化　127, 128

ミッション　67, 73, 79, 80, 85, 90, 93-95
ミッチェル，トマス　257, 260
ミラー，ジェローム　54, 57-60, 81, 82, 84, 85, 91
ミル，J. S.　327
民営化　331
民間セクターのイノベーション　372, 373
民主主義社会　5
民主的政治過程　21
民主的討議・社会的学習・及びリーダーシップ　148
メイヤー，ハリー　141
メサドン維持療法プログラム　375
メディア　47, 59, 117, 118, 157, 158
メディアキャンペーン　362
目的　12, 17, 22, 23, 67, 86
　　——の整理　88, 89
　　——の宣言　87, 89
　　——の表現　86
　　——を定義　345
　　——を表現　88
目標　59, 60, 86-90
　　——のピラミッド　211
物語　331, 333

〈ヤ　行〉

有効性　6, 10
予算策定システム　359
予算システム　280, 357, 359
予算部局　116
予算プロセス　168, 280, 281, 357
予防接種キャンペーン　182
予防接種諮問委員会（ACIP）　107
予防接種プログラム　111, 115

〈ラ・ワ行〉

ライン生産方式　221, 221

ラックス，デビッド　176
ラッケルスハウス，ウィリアム　54, 56, 58-60, 73, 74, 78-80, 82, 90
リーク，ジョナス　141, 142
リーダーシップ　60, 130, 131, 182, 292, 315, 325, 326, 337, 341, 342, 345, 372, 374
　　——とマネジメントとの間の区別　363, 374
　　——のメタ戦略　377
利益団体　19, 119-121, 175, 334, 349
利害関係者　67, 339
利害関係団体　2, 47, 55, 59, 70, 116, 119, 314, 349, 350
リスク　95-99, 108, 131, 210, 304, 306, 336
立法機関　5, 16
立法府　152
立法部門　59
利用者　22
リン，ジェームズ　140, 141
倫理　24
　　——上の義務　307
　　——的義務　325
　　——的責任　297
ルプー，ナンシー・アルトマン　164
レーガン大統領　164, 165, 243
歴史的知恵　126
歴史的な経験　126
歴史の教訓　126
連邦住宅都市開発省（HUD）　193, 240
連邦取引委員会　318
労働者団体　119
ロールズ，ジョン　327, 332
ロジャー・ポーター報告　123
論点ネットワーク　153
湾岸戦争　319

《著者紹介》

マーク H. ムーア

ハーバード大学ケネディ行政大学院（ケネディスクール）におけるパブリックマネジメント主任教授．同大学院の公共政策修士コースの創設メンバーの一人であり，ハーバード大学の公共政策博士を授与された一人でもある．

1974年に助教としてキャリアを始めた後，麻薬取締局での実務や，ケネディスクールでの刑事司法プログラムの立ち上げ，NPO 等市民団体の役割の研究等を経て，2007年からハーバード・ビジネススクール，2008年からハーバード教育大学院で教鞭をとり，両大学院での経験を活かして，ケネディスクールで社会イノベーションや社会変革の促進に取り組んでいる．

《訳者紹介》

松 野 憲 治（まつの　けんじ）

2005年一橋大学社会学部卒業，2006年国土交通省入省．ジョンズ・ホプキンス高等国際問題研究大学院国際関係・国際経済学修士．

パブリックマネジメント
──不確実な時代の公共戦略──

2024年 9 月10日　初版第 1 刷発行	＊定価はカバーに表示してあります

著　者	マーク H. ムーア	
訳　者	松　野　憲　治	
発行者	萩　原　淳　平	
印刷者	藤　森　英　夫	

発行所　株式会社　晃 洋 書 房

〒615-0026 京都市右京区西院北矢掛町 7 番地
電話　075(312)0788番(代)
振替口座　01040-6-32280

装丁　尾崎閑也　　　　　　　印刷・製本　亜細亜印刷㈱
ISBN978-4-7710-3683-3

JCOPY〈(社)出版者著作権管理機構委託出版物〉
本書の無断複写は著作権法上での例外を除き禁じられています．
複写される場合は，そのつど事前に，(社)出版者著作権管理機構
（電話 03-5244-5088, FAX 03-5244-5089, e-mail:info@jcopy.or.jp）
の許諾を得てください．